8 Lj 36 19

Paris
1912

Roman, Joseph

Manuel de sigillographie française

MANUEL

DE

SIGILLOGRAPHIE FRANÇAISE

PAR

J. ROMAN

CORRESPONDANT DE L'INSTITUT

PARIS

LIBRAIRIE ALPHONSE PICARD ET FILS,

AUGUSTE PICARD, SUCCESSEUR.

LIBRAIRE DES ARCHIVES NATIONALES ET DE LA SOCIÉTÉ DE L'ÉCOLE DES CHARTES

82, RUE BONAPARTE, 82

1912

MANUEL

DE

BIBLIOGRAPHIE FRANÇAISE

MACON, PROTAT FRÈRES, IMPRIMEURS

Tous droits de reproduction et de traduction réservés pour tous pays.
Copyright by Auguste Picard, 1912.

Costume de Jaquenart, bedeau, sur son sceau sans date, mais de la 1ᵉ moitié du XIVᵉ au plus tard comme le témoignent les caractères de l'inscription. S'IAREN ARTLEB❋EDAVT.

Roman

MANUEL

DE

SIGILLOGRAPHIE FRANÇAISE

PAR

J. ROMAN

CORRESPONDANT DE L'INSTITUT

PARIS

LIBRAIRIE ALPHONSE PICARD ET FILS,

AUGUSTE PICARD, SUCCESSEUR.

LIBRAIRE DES ARCHIVES NATIONALES ET DE LA SOCIÉTÉ DE L'ÉCOLE DES CHARTES

82, RUE BONAPARTE, 82

1912

AVANT-PROPOS

Dans le beau musée de peinture de Rouen, le public s'arrête volontiers devant un tableau du peintre distingué qu'était Albert Maignan[1]; il représente l'*Hommage des leudes francs à Clovis II enfant*.

Les membres grêles du petit prince reposent sur un coussin placé dans un grand trône sculpté ; entouré de figures sévères, malgré qu'elles veuillent se faire douces, l'enfant a peur, il cherche des yeux sa nourrice et a envie de pleurer. Une couronne deux fois trop grande et trop lourde pour sa faible tête est posée à ses pieds sur un amas de parchemins roulés.

Huit sceaux sont suspendus par des cordons à ces parchemins ; les uns sont ronds, les autres ovales ou en double ogive ; ils sont en cire brune, verte, violette ou rouge. On ne saurait trop admirer l'habileté de pinceau du maître qui les peignit, on voit qu'il les a copiés sur nature et caressés avec amour.

Ils n'ont qu'un défaut, ils sont, non du VIIe siècle, mais du XIIIe ou du XIVe. Jamais, au VIIe siècle, il n'y a eu de sceaux suspendus par des cordons,

---

1. Catalogue de 1911, n° 328.

tous sont plaqués sur l'acte scellé ; jamais il n'y eut alors de sceaux ovales ou en ogive, tous sont ronds ; jamais il n'y eut alors de sceaux rouges, violets ou verts, tous sont en cire de couleur naturelle.

Je me disais, en admirant ce tableau si impressionnant : quel malheur qu'Albert Maignan ne se soit pas douté qu'il existe une science nommée sigillographie qui a ses règles comme toutes les autres sciences auxiliaires de l'histoire, il n'aurait pas commis cette faute archéologique et son tableau eût été irréprochable, non seulement au point de vue de la composition, du coloris et de la facture, mais au point de vue historique. Décidément la sigillographie n'est pas assez connue dans le monde.

Ces réflexions m'ont engagé à composer ce petit *Manuel de sigillographie française* dont M. A. Picard a bien voulu être l'éditeur, car il n'existe encore aucun traité élémentaire sur cette matière dans lequel un homme du monde puisse en quelques heures apprendre ce qu'est la science des sceaux, quelles ont été ses règles et ses évolutions successives au cours des siècles.

Le *Dictionnaire de sigillographie pratique* de Chassant et Delabarre [1] date de plus de cinquante ans, le « texte est incomplet et les planches sont médiocres »[2].

1. Paris, 1860, 280 p., 16 planches.
2. BLANCHET. *Bibliographie critique de la sigillographie française*, 1902, p. 5.

— VII —

L'introduction, placée par M. Douët d'Arcq en tête du premier volume de son *Inventaire de la collection de sceaux des Archives de l'empire* (1863), est une excellente étude, mais outre qu'elle est peu maniable, puisqu'elle fait partie d'une publication en trois volumes *in-quarto*, elle a le double défaut de dater de quarante-neuf ans et d'avoir été composée à l'aide seulement des douze mille moulages de sceaux que possédaient alors les Archives nationales.

De l'ouvrage de M. Lecoy de la Marche, intitulé *Les Sceaux* (1889), il vaut mieux ne rien dire sinon que c'est un agréable morceau de littérature.

Il y avait donc une place à prendre dans cet ordre d'idées et un petit livre clair et pratique à faire. Ai-je réussi à donner une idée juste de la science des sceaux, de son importance au point de vue de l'histoire et de l'art, ceux qui voudront bien me lire en seront juges. Ce petit nombre de pages, on me permettra de le dire, est le résultat d'un travail très assidu de plus de deux ans ; pour les écrire j'ai dû voir en nature ou en moulage, en dessin ou en gravure près de cent mille sceaux français et consulter environ quinze cents volumes ou dissertations.

CHAPITRE I

HISTOIRE DU SCEAU [1]

Le sceau, en grec σφράγις, en latin *anulus*, au moyen âge *signum*, *sigillum* ou *bulla*, est un objet généralement lenticulaire, de métal ou de cire quelquefois recouvert de papier, appliqué ou suspendu à un écrit public ou privé, et qui témoigne de l'approbation ou tout au moins de la participation de celui dont il porte l'image, l'emblème ou le nom.

L'usage d'apposer l'empreinte d'un cachet sur les lettres missives dont on voulait assurer l'inviolabilité ou sur les actes dont on prétendait certifier l'authenticité, remonte à l'antiquité la plus reculée. L'Écriture sainte nous montre la reine Jézabel se servant de l'anneau d'Achab, son époux, pour sceller ses ordres; on a découvert en Assyrie des matrices de sceau d'argile et de pierre fine; deux admirables cachets en or massif du

---

1. Dom Tassin et dom Toustain. *Nouveau traité de diplomatique par deux religieux bénédictins*. Paris, 1750-1765, in-4°. T. IV, p. 1 à 443. — Laborde (Cte de). Préface de l'*Inventaire de la collection de sceaux des Archives de l'Empire* par Douët d'Arcq. T. I, 1863, p. 1 à 48. — Lecoy de La Marche. *Les sceaux*. Paris, 1889, in-8° (Bibliothèque de l'Enseignement des Beaux-Arts).

Musée du Louvre représentent l'un des Ptolémées en buste, vêtu sur l'un à l'égyptienne, sur l'autre à la grecque; enfin les historiens ont fait connaître les sujets gravés sur les anneaux dont faisaient usage quelques personnages historiques, Sylla, César, Auguste et plusieurs de leurs successeurs[1].

Suétone décrit minutieusement le mode de scellement usité de son temps. Les tablettes que l'on voulait sceller (*obsignare*) étaient percées de plusieurs trous dans lesquels on faisait passer jusqu'à trois fois un cordon sur lequel le cachet était imprimé, ce qui rendait toute indiscrétion à peu près impossible[2].

L'importance attribuée à l'empreinte de l'anneau était telle que Pétrone, en mourant, ordonna de briser son cachet, afin qu'on ne pût s'en servir pour donner un semblant d'authenticité à des correspondances supposées entre lui et des citoyens que l'on voudrait faire condamner comme criminels de lèse-majesté[3].

Sous l'empire romain l'authenticité des actes était donc garantie par la double formalité de la signature et de l'apposition de l'anneau de ceux qui les souscrivaient. C'est seulement au ve siècle de notre ère qu'une distinction commence à se produire entre le scellement des actes publics et celui des correspondances privées. Tandis que pour ces dernières on continua à se servir de l'*anulus*, qui sous le nom de *signet* a persisté pendant tout le moyen âge et qui persiste encore sous celui de *cachet*,

---

1. Suétone. *Les douze Césars*, Octave-Auguste, § i.
2. Suétone. *Les douze Césars*, Néron, § xvii.
3. Tacite. *Annales*, L. XVI, § 19.

l'usage s'établit pour les actes publics d'un scellement avec des bulles de plomb suspendues. Dès lors l'anneau ne fut plus que la propriété d'un simple particulier se servant de son empreinte pour clore sa correspondance et en assurer l'inviolabilité, tandis que la bulle fut une manifestation officielle d'une puissance publique ou privée certifiant l'exactitude des énonciations d'un acte.

Cet usage de la bulle se répandit très rapidement dans toute l'étendue de l'empire byzantin [1] ; tant que dura cet empire, les princes, les fonctionnaires publics, les églises, les monastères, scellèrent les actes émanés de leur chancellerie avec des bulles de plomb à double face. De l'Orient ce mode de scellement passa en Italie; dès 560, on connaît une bulle du pape Jean III.

A l'époque mérovingienne, les rois des Francs adoptent l'usage d'un sceau destiné à remplacer la signature. Les rois mérovingiens et carolingiens scellent leurs actes, les rois de Lorraine et de Bourgogne les imitent, mais aucun grand seigneur ou dignitaire ecclésiastique ne se permet d'usurper le droit au sceau qui reste un attribut incontesté du pouvoir royal. Jusqu'au début de la monarchie capétienne, malgré la prodigieuse dispersion de l'autorité publique entre les mains des possesseurs de bénéfices ou de fiefs, on ne voit pas qu'aucun d'eux ait tenté d'usurper le droit au sceau, ou du moins si cette usurpation a eu lieu quelquefois, ce fait a été exceptionnel et n'a laissé aucune trace.

---

1. SCHLUMBERGER. *Sigillographie de l'empire byzantin*. Paris, 1884 1100 sceaux. Voir aussi les nombreuses bulles publiées par M. Monceaux au cours de ces dix dernières années dans le *Bulletin de la Société des Antiquaires de France*.

C'est au milieu du x⁰ siècle seulement que nous constatons l'emploi du sceau par un nombre très restreint de princes ecclésiastiques ; au milieu du xi⁰ quelques princes séculiers entrent dans la même voie. Leur sceau est toujours d'un type différent de celui du roi et l'usage en est si peu fréquent qu'on n'en connaît pas plus de cinq ou six exemples, tous restreints aux provinces du nord de la France.

Il faut descendre jusqu'au xii⁰ siècle pour voir l'emploi du sceau se généraliser ; il remplace alors la signature quand, l'ignorance progressant, on ne trouve plus de parties ni de témoins sachant signer.

Au xiii⁰ siècle, toute pièce non scellée est réputée suspecte et il faut procéder à une enquête pour que son authenticité soit reconnue. Dès lors tous, seigneurs, évêques, abbés, chapitres, prieurs, dames, seigneurs inférieurs et fils de seigneurs, sont en pleine possession du droit de sceller. On veille à la garde et à la conservation des matrices de sceau comme d'objets précieux, on les brise, on les cancelle à la mort de leurs possesseurs pour qu'on n'en puisse abuser en scellant des actes faux.

Cependant, jusqu'au milieu du xiii⁰ siècle, il semble qu'il faille être un personnage notable ou une collectivité importante, pour avoir le droit de sceller ; des seigneurs puissants, des municipalités florissantes, avouent encore alors ne posséder aucun sceau, et empruntent au besoin celui d'un voisin. En 1204, Guillaume, comte de Forcalquier, autorise les consuls d'Embrun, ville cependant archiépiscopale, qui n'ont point de sceau, à se servir du sien. En 1247, les citoyens de Périgueux, ville épiscopale, n'ont pas encore de sceau et empruntent celui de leur évêque. Mais à partir de 1250, il n'y a plus d'exclusion ; les magistrats subalternes, les bourgeois même, s'arrogent le droit au sceau.

Au xiv⁰ siècle, l'usage du sceau est général aussi bien pour les princes que pour les bourgeois, les ouvriers et les paysans. Le sceau remplace alors les nombreux témoins qu'on avait l'habitude de convoquer dans les siècles précédents pour certifier par leur présence l'exactitude des clauses de l'acte souscrit.

Au xv⁰ siècle, cette licence paraît diminuer ; les sceaux sont moins nombreux et, les progrès de l'instruction aidant, parfois la signature des parties ou, à son défaut, le seing d'un notaire les remplace.

Ils sont moins nombreux encore au xvi⁰ siècle ; les actes notariés, rédigés alors en nombre infini et pour les objets les plus insignifiants, rendent le scellement des contrats et des transactions inutile, l'intervention d'un notaire présentant une garantie suffisante.

Aux xvii⁰ et xviii⁰ siècles, les sceaux se font très rares. Les rois, les princes, les évêques, les collectivités religieuses, les tribunaux supérieurs, un petit nombre de magistrats et d'administrateurs, font seuls usage d'un sceau véritable. Tous les autres ne se servent plus que de petits cachets de cire d'Espagne et, sans qu'on s'en doute, on en revient à ce qui se pratiquait dans l'antiquité.

En résumé, le sceau a suivi dans son expansion une marche inverse de celle de la diffusion de l'instruction et de la multiplication des notaires. Dans les siècles où l'ignorance est générale et où le notariat commence à peine à se constituer, les sceaux sont nombreux parce qu'ils remplacent la signature. Ils diminuent progressivement en nombre et en importance à mesure que l'instruction fait des progrès et que les notaires établis dans les moindres bourgades sont à la disposition de tous les citoyens lettrés ou illettrés.

CHAPITRE II

UTILITÉ DE L'ÉTUDE DES SCEAUX [1]

La sigillographie est une des sciences auxiliaires de l'histoire les plus précieuses pour l'étude des institutions féodales, des mœurs, de l'art, du costume et des généalogies au moyen âge.

Et tout d'abord le sceau étant une preuve de l'authenticité des actes auxquels il adhère, il est indispensable de pouvoir distinguer par leurs caractères propres les sceaux faux des sceaux authentiques. Un sceau faux, apposé à un acte, constitue déjà une présomption de fausseté pour l'acte lui-même ; or comme il a existé pour les sceaux une mode qui a constamment varié au cours des siècles, comme leur ornementation, leur forme, leur dimension, leur mode d'apposition ont différé sensiblement suivant les époques, il est nécessaire d'étudier en détail ces variations, qui sont le meilleur et même l'unique moyen, si le faux est ancien, de reconnaître l'authenticité ou la fausseté du sceau lui-même.

---

1. MAURY (ALFRED). *Une nouvelle science auxiliaire de l'histoire; la sigillographie ou science des sceaux* (Revue des Deux-Mondes, 15 octobre 1874). — DEMAY. *Le costume au moyen âge d'après les sceaux.* Paris, 1880, in-8°.

Au point de vue épigraphique et paléographique, les sceaux sont des documents de premier ordre. Les caractères des légendes varient de siècle en siècle suivant leur évolution naturelle ; le champ restreint du monument contraint le graveur à avoir recours à de nombreuses et intéressantes abréviations. En outre, souvent les légendes sigillaires expliquent et complètent les énonciations de l'acte en renfermant des titres, des surnoms ou des mentions de fiefs qui ne sont pas relatés dans le texte, ou qui n'y sont relatés qu'incomplètement. La charte et le sceau se complètent l'un l'autre.

Le sceau est incontestablement la source la plus riche à laquelle on puisse puiser pour l'histoire du costume. Des personnages de toute condition y sont figurés depuis le roi, le prélat, le chevalier jusqu'au simple ouvrier, avec leurs vêtements ordinaires ou d'apparat, leurs armes et leur coiffure. On suit sur les sceaux les variations du costume année par année, non seulement dans une unique province, mais dans toutes les provinces à la fois, avec les modes et les usages qui, suivant les lieux, les caractérisent.

La topographie urbaine, militaire et ecclésiastique, le mobilier, les monuments, sont représentés sur les sceaux par de nombreux échantillons. Des châteaux forts, des villes entières y sont reproduits, ces dernières fort reconnaissables à leurs ponts, à leurs cathédrales, à leurs édifices municipaux, tassés sans doute dans un étroit espace, mais cependant assez exactement reproduits pour pouvoir être identifiés [1]. Les navires avec leurs châteaux

---

[1]. Planches XVI et XVII et fig. 17.

de poupe, leurs mâts et leurs agrès sont à maintes reprises représentés sur les sceaux. A côté des monuments, les meubles usuels, chaises, fauteuils, pupitres, dressoirs, les instruments agricoles ou industriels, scrupuleusement figurés, nous permettent de contrôler et de compléter les représentations du même genre qui se voient dans les miniatures des manuscrits.

Le sceau est la seule source authentique pour la connaissance des armoiries, connaissance indispensable pour identifier et dater des édifices, des tableaux, des manuscrits, des objets d'art de toute nature ornés d'écussons armoriés.

L'iconographie sacrée trouve dans les types des sceaux de précieux renseignements. Des saints nombreux y figurent avec leurs symboles, les instruments de leur martyre, ou dans les circonstances les plus notables de leur vie. Les scènes de l'histoire sacrée y sont traduites par le burin avec les plus minutieux détails, qui permettent une utile comparaison avec les peintures, les sculptures et les autres représentations figurées. L'iconographie des personnages historiques peut, quoique dans une mesure plus restreinte, bénéficier de l'étude des sceaux. Certains portraits de princes sont vivants et par conséquent doivent être exacts. Les grands sceaux de Jean, duc de Berry, de ses cousins Pierre, duc de Bourbonnais, Jean, duc de Bretagne, Louis, duc d'Alençon; les contre-sceaux d'Humbert I, dauphin, et de son fils Jean II, donnent de ces princes des portraits, à n'en pas douter fort ressemblants. Le visage de Charles V sur son signet de 1371 offre une analogie frappante avec son portrait tel que les miniatures nous l'ont transmis [1].

Mais la question d'art domine toutes les autres. Le sceau nous permet de suivre pour ainsi dire pas à pas les progrès de la gravure sur métal et sur pierre fine depuis le vii° jusqu'au xviii° siècle, et les variations de l'ornementation qui, rudimentaire au début, sobre et élégante au xiii° siècle, devient touffue au xv°, subit au xvi° l'influence du goût italien et se retrouve charmante et légère au xviii°. Le sceau, monument à date certaine, est un des éléments les plus précieux qui existent pour étudier cet art dont la monnaie fournit des spécimens insuffisants, son champ étant trop étroit et ses types réglés à l'avance par la tradition. Le graveur de sceaux, libre de choisir ses types suivant sa fantaisie, de disposer son ornementation à sa guise, opérant sur un champ plus large, pouvait donner carrière à son imagination, ce qui était interdit au graveur de monnaies.

1. Planches XII et XXX, n° 4. — Douët d'Arcq. *Collection de sceaux*, n°˚ 67, 421, 452, 549, 895. — Roman. *Description des sceaux des familles seigneuriales de Dauphiné*, n°˚ 826 et 842.

CHAPITRE III

ÉTUDE ET CONSERVATION DES SCEAUX [1]

Au moyen âge on prenait les précautions les plus minutieuses pour assurer la conservation des sceaux, car, comme je l'ai dit plus haut, toute charte de laquelle ils avaient disparu était, jusqu'à preuve du contraire, considérée comme suspecte.

Les sceaux les plus anciens, qu'ils soient rivés à l'acte ou suspendus, sont entourés d'un rebord extrêmement épais et saillant qui protège le type contre les chocs et les frottements. Jusqu'au xive siècle, on donna à la plupart des sceaux unifaces une forme ovoïde qui les fait ressembler à la moitié d'un œuf coupé dans sa longueur, afin que leur masse homogène résistât mieux. La cire fut durcie par l'addition d'une substance crayeuse ou de cendres fines qu'on triturait avec elle. On alla jusqu'à enduire le sceau d'un vernis noirâtre pour soustraire l'empreinte à l'influence de l'humidité et de la chaleur [2].

---

1. LABORDE (DE), Introduction à l'*Inventaire des sceaux des Archives de l'Empire* par Douët d'Arcq, t. I, p. 1 à 48.
2. Un grand sceau de Philippe-Auguste, en cire verte, est recouvert d'un vernis qui le fait paraître noir (Archives nationales, K 27, n° 36). Un autre sceau d'un abbé de Saint-Denis a reçu, vers 1155, un traitement semblable (*Comité archéologique de Senlis*, 1891).

On les revêtit même de chemises feutrées, de bourses de parchemin bourrées d'étoupes, de sachets d'étoffes précieuses. Quand, par accident, le sceau venait à être brisé, on en rassemblait les fragments dans un sachet où quelquefois on les retrouve encore. Les chartriers des abbayes de Froidmont, du Jard et de Vaucelles, sont remarquables par la richesse des étoffes orientales dont on a revêtu les sceaux qui s'y trouvent. Au xve siècle, on remplaça ces sachets par des boîtes en bois et au xvie par des boîtes en fer-blanc.

Les sceaux plaqués furent l'objet de précautions d'un autre genre. Aux xive et xve siècles, les signets appliqués sur les actes sont souvent entourés d'une couronne faite de brins de roseau ou de filets de parchemin artistement tressés et incrustés dans la cire pour éviter l'écrasement du type. A partir de 1450 environ, on les recouvrit de papier qu'on interposa entre la cire et la matrice de sceau, et qui reçut directement l'empreinte ; on espérait que le papier, matière homogène, et non sujette à se briser, protégerait la cire sur laquelle il était posé.

Aucun de ces palliatifs n'a été absolument efficace ; les sceaux qui ont le mieux résisté, ce sont les plus anciens, épais, globuleux, rendus extrêmement durs par une addition de craie ou de cendres pétries avec la cire, et rivés à l'acte ou suspendus par de fortes ficelles. Les autres, surtout ceux en cire mince ou plaquée, ont en grande partie disparu et disparaissent tous les jours.

Heureusement les scribes du moyen âge ont eu soin, lorsqu'ils ont fait des copies ou des *vidimus* de chartes, de décrire les sceaux qui y étaient apposés ; ces descriptions, généralement exactes, nous sont d'un très grand secours pour compléter les types ou les légendes des sceaux détériorés.

⁂

Jusqu'au xviie siècle, on ne s'occupa des sceaux qu'au point de vue de leur importance comme témoignage d'authenticité des chartes ; à partir du xviie siècle, on commença à envisager aussi leur valeur historique, mais ce fut beaucoup plus tard que l'on comprit que la sigillographie est une science à part, distincte de la diplomatique, et que les sceaux, même détachés des actes, ont une valeur qui leur est propre.

Dom Mabillon, Dom Toustain et Dom Tassin, dans leurs célèbres traités de diplomatique [1], traitent assez longuement des sceaux, mais ils les envisagent surtout au point de vue de leur authenticité, laissant volontairement dans l'ombre le côté historique et artistique. Ils donnent les moyens les plus sûrs pour reconnaître les falsifications qu'on peut leur avoir fait subir, ou la transposition frauduleuse d'un sceau authentique à un acte faux, mais ils ne vont pas au delà ; tout un côté de la question, et non le moins intéressant, leur échappe.

Aux xviie et xviiie siècles les historiens provinciaux et les généalogistes, André Duchesne, Dom Lobineau, Valbonnais, Baluze, Montfaucon, Dom Vaissette, Dom

---

1. Mabillon (Dom). *De Re diplomatica.* L'édition citée au cours de ce Manuel est celle de Paris, 1709-1714, in-fol., 2 vol. — Tassin (Dom) et Toustain (Dom). *Nouveau traité de diplomatique.* Paris, 1750-1765, 6 vol. in-4°.

Plancher, Dom Morice, Dom Calmet, etc.[1], utilisent les sceaux dans une mesure très restreinte et en font graver, en général fort inexactement, quelques planches. En résumé, on passe alors à côté d'une mine précieuse sans songer à l'exploiter méthodiquement, et sans même soupçonner les richesses qu'elle renferme.

Gaignères († 1715) le premier, comprit l'importance des sceaux comme auxiliaires indispensables des études historiques. Alors que bien peu de personnes s'intéressaient à ces fragiles monuments, il avait réuni trente mille pièces scellées réparties aujourd'hui dans le fonds Clairambault, dans celui des Pièces originales du Cabinet des Titres et dans quelques autres fonds de la Bibliothèque nationale. Bien plus, il fit dessiner avec soin plus de quatre mille sceaux qu'il ne pouvait se procurer en original, sceaux généralement fort anciens, et pour la plupart aujourd'hui disparus. Ces recueils de Gaignères, quoique misérablement dépecés maintenant, sont extrêmement précieux[2].

1. Duchesne (André). *Histoire de la maison de Châtillon-sur-Marne.* Paris, 1621, in-fol. — *Histoire de la maison de Montmorency et Laval.* Paris, 1624, in-fol. — *Histoire généalogique de la maison de Vergy.* Paris, 1625, in-fol. — Lobineau (Dom). *Histoire de Bretagne.* Paris, 1707, 2 vol. in-fol. — Morice (Dom). *Mémoires pour servir à l'histoire de Bretagne.* Paris, 1742-1746, 3 vol. in-fol. — Baluze. *Histoire généalogique de la maison d'Auvergne.* Paris, 1708, 2 vol. in-fol. — Valbonnais. *Histoire de Dauphiné et des princes qui ont porté le nom de Dauphins.* Genève, 1722, 2 vol. in-fol. — Montfaucon. *Les Monuments de la Monarchie française.* Paris, 1729-1733, 5 vol. in-fol. — Vaissette (Dom). *Histoire générale de Languedoc.* Paris, 1730-1745, 5 vol. in-fol. — Plancher (Dom). *Histoire générale et particulière de Bourgogne.* Dijon, 1739-1781, 4 vol. in-fol. — Calmet (Dom). *Histoire ecclésiastique et civile de Lorraine.* Nancy, 1745-1757, 7 vol. in-fol.

2. Roman. *Les dessins de sceaux de la collection Gaignères à la Bibliothèque nationale* (*Mémoire des Antiquaires de France*, 1909, p. 42 à 158). Inventaire de 3.340 dessins de sceaux.

A la fin du xviii⁰ siècle, quelques essais, sans grande valeur, de descriptions d'ensemble commencèrent à se produire [1]. Puis éclatèrent les troubles révolutionnaires pendant lesquels on ne prit, naturellement, aucune précaution pour protéger les sceaux contre la destruction et beaucoup se perdirent. De 1800 à 1830, ce qui n'avait été que de l'incurie se transforma en système ; les archivistes inexpérimentés de cette époque n'attachaient généralement aucune importance aux sceaux, ils les coupaient et les faisaient fondre, sous prétexte qu'ils empêchaient les chartes de se tasser uniformément dans les cartons. C'est par milliers qu'ils disparurent pendant ce tiers de siècle.

En Angleterre, on attribuait alors plus d'importance aux sceaux qu'en France. En 1835, Doubleday, antiquaire anglais, obtint l'autorisation de procéder au moulage de dix-neuf cents sceaux du Trésor des Chartes ; ce fut une révélation et, en 1843, on songea en France à entrer dans la même voie. Lallemand qui avait été le collaborateur de Doubleday, commença à cette époque, par ordre du Garde général des archives royales, le moulage de tous les sceaux de ce dépôt. Quand Demay lui succéda en 1852, plus de huit mille sceaux étaient moulés ; en 1856, le chiffre des moulages s'élevait à quinze mille cinq cent quarante-sept.

Le public érudit commençait alors à s'intéresser à l'étude de la sigillographie ; une *Société de sphragistique* s'était fondée en 1850 et, de 1851 à 1855, elle publia

---

1. Par exemple : *Recueil de sceaux du moyen âge dits sceaux gothiques*, par le Mⁱˢ de Migieu (Paris, 1779, in-4°, 30 planches), ouvrage du reste médiocre.

quatre volumes de travaux de valeur fort inégale, mais renfermant beaucoup de recherches utiles. En 1860, M. Blancard, archiviste des Bouches-du-Rhône, publia le premier travail d'ensemble sur les sceaux, à savoir l'inventaire de tous ceux qui existaient dans le dépôt dont il avait la direction [1].

Presque en même temps Douët d'Arcq, le véritable créateur de la science sigillographique en France, entreprend son monumental ouvrage sur les sceaux des Archives impériales dont le premier volume paraît en 1863 et le dernier en 1869 [2]. Après sa mort, Demay lui succède et fait paraître successivement les Inventaires des sceaux de Flandre (1873), de Picardie (1875), d'Artois (1877), de Normandie (1881) et enfin de la collection Clairambault (1885) [3]. M. de Bosredon, ancien conseiller d'État, utilise, à la même époque, les loisirs que lui a créés la politique, en publiant les sceaux de l'Angoumois (1872), du Périgord (1880), du Limousin (1886-1892) et de l'Auvergne (1895) [4].

1. BLANCARD. *Iconographie des sceaux et bulles des Archives départementales des Bouches-du-Rhône*. Marseille, 1860, 2 vol. in-fol.
2. DOUËT D'ARCQ. *Collection de sceaux des Archives de l'Empire*. Paris, 1863-1868, 3 vol. in-4°.
3. DEMAY. *Inventaire des sceaux de Flandre*. Paris, 1873, 2 vol. in-fol. — *Inventaire des sceaux de Picardie* (1875), *et d'Artois* (1877), Paris, in-4°. — *Inventaire des sceaux de Normandie*. Paris, 1881, in-4°. — *Inventaire des sceaux de la collection Clairambault*. Paris, 1885-1886, 2 vol. in-4°.
4. BOSREDON (DE). *Sigillographie de l'Angoumois*, Périgueux, 1872, in-4° (avec J. Mallat). — *Sigillographie du Périgord*. Périgueux, 1880, in-4°. *Supplément*, 1882. *Deuxième édition*, Brive, 1891, in-4°. — *Sigillographie du Bas-Limousin*. Brive, 1886, in-4° (avec E. Rupin). *Supplément*, 1896. — *Notes pour servir à la sigillographie de la Haute-Vienne*. Limoges, 1892, in-8°. — *Sigillographie de l'ancienne Auvergne*. Brive, 1895, in-4°.

Toute une pléiade de savants, Charles Robert, d'Arbois de Jubainville, Hermand, Deschamps de Pas, Hucher, Jules Gauthier, Bertrand de Broussillon, de Farcy, abbé Albanès, Daguin, etc., ont, depuis cinquante ans, consacré des ouvrages remarquables aux sceaux de Lorraine, de Franche-Comté, d'Artois, de Provence, de Champagne, du Maine. J'ose à peine, à la suite de ces noms, inscrire le mien et rappeler mes travaux sur la sigillographie de Dauphiné et des Pièces originales du Cabinet des Titres de la Bibliothèque nationale [1].

Maintenant il n'est plus permis d'écrire l'histoire d'une ville, d'une province, d'une race chevaleresque, sans consacrer un chapitre à l'étude des sceaux ; c'est de leur examen que Demay a tiré tous les éléments de son excellente *Histoire du costume au moyen âge* ; le musée des moulages aux Archives nationales s'enrichit tous les jours ; à la mort de Douët d'Arcq, il comprenait vingt mille numéros, ce nombre est quadruplé aujourd'hui et on peut s'y procurer des empreintes excellentes.

---

1. ALBANÈS (ABBÉ). *Armorial et sigillographie des évêques de Marseille.* Marseille, 1884, in-4°. — ARBOIS DE JUBAINVILLE (D'). *Essai sur les sceaux des comtes et comtesses de Champagne.* Paris, 1856, in-4°. — BERTRAND DE BROUSSILLON ET DE FARCY. *Sigillographie des seigneurs de Laval.* Paris, 1888, in-8°. — *La maison de Craon.* Paris, 1893, 2 vol in-8°. — DAGUIN. *Les évêques de Langres.* Nogent, 1880-1883, in-4°. — DESCHAMPS DE PAS. *Sceaux des comtes d'Artois.* Paris, 1857, in-4°. — HERMAND ET DESCHAMPS DE PAS. *Histoire sigillaire de la ville de Saint-Omer.* Paris, 1860, in-4°. — LA PLAGNE-BARRIS. *Sceaux gascons du moyen âge.* Paris, 1888-1892, in-8°, 3 vol. ROBERT. *Sigillographie de Toul.* Paris, 1868, in-4°. — ROMAN. *Sceaux des familles seigneuriales de Dauphiné.* Paris, 1906, in-8°. — *Inventaire des sceaux des Pièces originales du Cabinet des Titres.* Paris, 1910, in-4°.

✱
✱ ✱

Les sceaux-matrices ont participé à la même évolution. Autrefois, sauf quand ils avaient appartenu à des personnages illustres, on n'y attachait qu'une importance secondaire; on faisait un tout autre cas des monnaies et des médailles. Maintenant ces petits bijoux uniques et parfois d'un travail exquis, sont appréciés à leur valeur véritable et on les recherche avidement.

Le Cabinet des médailles de la Bibliothèque nationale, le Musée des Archives nationales, ceux de Nîmes, de Troyes, de Grenoble, d'Arras, d'Avignon, etc., en possèdent de superbes séries et il n'est pas de musée de province qui n'en puisse montrer un certain nombre.

Depuis un demi-siècle les collectionneurs s'y sont vivement intéressés; M. le comte de l'Espine, MM. Cartier, de Tours; Hucher, du Mans ; Preux, de Douai; Lormier, de Rouen ; Bouchage et Mme Febvre, de Mâcon [1], en avaient réuni un grand nombre choisis avec goût et discernement. La collection Charvet les a presque tous absorbés.

Charvet publia, en 1872, sous le titre fallacieux de *Collection Dongé*, six cent trente-huit sceaux-matrices qui lui appartenaient [2]. En réalité il en possédait plus

---

1. *Catalogue de la collection de sceaux-matrices de M. E. Hucher.* Paris et Caen, 1863, in-8°. — *Catalogue de la collection du c[te] de L'Espine*, Paris, 1867, in-8°. — Soultrait (Cte de). *Notices sur les sceaux, de Mme Febvre de Mâcon* (Paris, 1854) et *de feu M. Bouchage* (Paris, 1855).

2. Charvet. *Description des collections de sceaux-matrices de M. E. Dongé.* Paris, 1872, in-8°.

du double et cet ensemble merveilleux, qui n'a jamais été dépassé, fut vendu aux enchères le 7 mai 1883 [1].

En 1897 (24 avril-1er mai) passa en vente publique la collection d'objets d'art du baron Pichon, dans laquelle se trouvaient deux cent cinquante matrices de sceaux ou de signets, la plupart admirables [2].

Enfin ce fut en 1909 (5-7 avril) le tour de la collection Schuermans qui s'était enrichie de quelques belles pièces dans les ventes précédentes, et qui comprenait huit cent quarante matrices de sceaux, signets ou cachets [3].

Actuellement il n'est pas de musée, pas d'amateur d'objets d'art qui ne tienne à honneur d'exposer dans ses vitrines quelque belle matrice de sceau, et la valeur de ces monuments, nécessairement uniques, ira toujours en progressant. On ne peut plus s'occuper de l'histoire du moyen âge, on ne peut plus s'intéresser à l'art subtil de cette époque, sans étudier les monuments sigillographiques qui en sont l'une des expressions les plus délicates et les plus authentiques.

1. *Collection Charvet. Médailles, antiquités, sceaux-matrices. Vente aux enchères publiques, le lundi 7 mai et jours suivants.* Paris, 1883, in-8°, 9 planches.
2. *Collections de feu M. le baron Pichon. Objets antiques, du moyen-âge, de la Renaissance.* Paris, 1897, in-8°, 16 planches.
3. *Collection de feu M. Henri Schuermans. Sceaux-matrices.* Paris [1909], in-4°, 16 planches.

CHAPITRE IV

DE L'EMPLOI DU SCEAU

L'importance exceptionnelle du sceau comme garantie de l'authenticité des actes publics et privés et aussi comme source d'un revenu considérable pour les possesseurs de droits de justice et de tabellionage, avait contraint à prendre des précautions multiples contre l'abus qu'en pouvaient faire les voleurs et les faussaires, contre sa perte et sa falsification.

Depuis saint Ouen, chancelier du roi Dagobert, le plus ancien de ces magistrats dont le nom soit connu, le grand sceau du roi de France était déposé entre les mains du chancelier dans une cassette close. Plusieurs officiers inférieurs, les scelleurs et les chauffe-cire [1] étaient chargés des détails du scellement.

Le grand sceau n'était pas transporté à la suite du roi dans ses déplacements, à moins que le chancelier ne l'accompagnât ; on y suppléait par un sceau dit sceau secret, qui se distinguait de l'autre par un type différent, une moindre dimension, la couleur de la cire et la légende, qui était : *Sigillum secreti regis in absentia magni*. Ces sceaux en l'absence du grand font leur appa-

---

[1]. LASTEYRIE (Cte DE). *Bulletin des Antiquaires de France*, 1883, p. 93.

rition sous Philippe de Valois pour disparaître après Henri II.

De même, en cas d'absence lointaine du roi, le conseil de régence institué par lui n'usait pas du grand sceau ordinaire, mais d'un autre gravé spécialement pour la circonstance et différent du grand sceau par son type et sa légende. Pendant la croisade de saint Louis, le conseil de régence use d'un sceau sur lequel est figurée une couronne royale entourée de la légende : *S' Ludovici dei grā. francor. reḡ. in partibus transmarinis agentis* (1270). Le conseil de régence institué par Philippe le Hardi dans des circonstances presque semblables se sert d'un sceau d'un type identique avec la légende : *S' Ph'i. dei grā. franc. ad regimen regni dimissū* (1285).

Les personnages d'un rang inférieur ne négligeaient aucune précaution pour confirmer l'authenticité de leur sceau, pour obvier à sa perte et pour en mettre la légende d'accord avec les changements d'état qu'ils pouvaient subir dans le cours de leur vie.

Très fréquemment le revers du sceau porte l'empreinte du doigt du sigillant, quelques poils de sa barbe ou quelques-uns de ses cheveux mélangés à la cire, pour témoigner de sa présence effective, au moment où l'acte a été rédigé, et de l'approbation qu'il lui donna.

Les personnes qui avaient droit à plusieurs sceaux à cause de fiefs ou d'offices divers, possédaient des matrices de sceau variées qu'ils employaient suivant les circonstances, pour que la concordance du type et de la légende avec les titres qu'ils prenaient dans l'acte lui-même fût une preuve d'authenticité. Un des exemples à la fois les plus anciens et les plus curieux de ces sceaux multiples peut se constater dans les deux sceaux de Robert de Courtenay, à la fois évêque d'Orléans et seigneur de Nonancourt et de Damville, appendus à un même acte de 1273 relatif à sa seigneurie de Nonancourt. Le premier, dont il use comme évêque d'Orléans, est à type sacerdotal, le prélat debout; le second, comme seigneur de Nonancourt, est à type armorial, et Robert de Courtenay a soin de spécifier ces différences et leur cause dans le libellé de la charte [1]. L'usage de ces sceaux multiples a persisté fort tard; à la fin du XVIe siècle, Claude de Savoie-Tende, gouverneur et grand sénéchal de Provence, use de trois sceaux, l'un personnel et les deux autres comme gouverneur et comme grand-sénéchal [2].

Très souvent les sceaux ont deux faces, et chaque face se réfère à une qualité différente de leur possesseur. Le plus ancien exemple connu de cet usage est celui d'Eudes de Conteville, à la fois évêque de Bayeux et comte de Kent (1050-1097). Ce personnage usait d'un sceau à double face, qui n'existe plus aujourd'hui mais dont la description nous a été conservée; sur l'une il tient un bâton pastoral en sa qualité d'évêque, et sur l'autre une épée en sa qualité de comte [3]. Les rois d'Angleterre, ducs de Normandie, sont représentés sur une face de leur sceau, couronne en tête, et assis sur un trône comme

---

[1]. STEIN. *Le double sceau de Robert de Courtenay* (*Bulletin des Antiquaires de France*, 1909, p. 387).

[2]. ROMAN. *Les sceaux de la famille de Savoie-Tende*. Valence, 1906, in-8°.

[3]. FARCY (DE). *Sigillographie de Normandie. Évêques de Bayeux*. Caen, 1875-1876, in-4°.

rois, et sur l'autre armés de toutes pièces, et galopant comme ducs de Normandie et d'Aquitaine. Il en est de même pour les rois de Navarre, comtes d'Évreux, et pour les comtes de Barcelone et de Toulouse. Par suite du même usage, lorsque Louis VII, roi de France, devient duc d'Aquitaine par son mariage avec Éléonore de Guyenne, il adjoint au type de majesté, dont il use comme roi, le revers équestre des grands feudataires.

Lorsque le possesseur du sceau changeait d'état, ou de titre, s'il devenait, par exemple, évêque ou chevalier, après avoir été abbé ou écuyer, il devait faire graver une matrice nouvelle, sur laquelle son nouveau titre était inscrit, et s'il était contraint de faire usage de son ancien sceau ou de quelque autre, en attendant que le nouveau fût gravé, il avait soin de faire mentionner dans le corps de l'acte cette circonstance particulière. *Nos predictus episcopus*, écrit Amédée de Roussillon, évêque de Valence, dans une charte de 1282, *cum sigillum nostrum decridari et fregi fecimus, sigillum secreti nostri presentibus apponi fecimus* [1].

Si une matrice de sceau était perdue ou volée, son propriétaire en faisait généralement la déclaration en présence du magistrat le plus voisin ; il spécifiait qu'il révoquait et désavouait par avance tous les actes, qui pourraient avoir été frauduleusement munis de ce sceau dont il n'avait plus la responsabilité. En 1372, Guy et Guillaume de la Trémouille ayant égaré leur sceau, s'empressent de protester en présence du bailli de Dijon contre l'abus qu'on en pourrait faire : *Ont protesté que*

---

[1]. PILOT DE THOREY. *Inventaire des sceaux des archives de l'Isère relatifs au Dauphiné*. Grenoble, 1879, in-8°, p. 97.

chose qui seroit ainsi faicte ne leur tourne à aucun préjudice, comme ils entendent d'ores en avant user de aultres scaulz esquels il aura certaines différences à ceulx qui sont perdus [1].

S'il advenait qu'une partie, en passant un acte, eût négligé de porter son sceau avec elle, ou même si elle n'en possédait aucun et était obligé d'emprunter celui d'un tiers, elle avait soin de mentionner le fait à côté de la formule d'apposition de son sceau. *Quia sigillum non habeo*, déclare Henri de Vergy, sénéchal de Bourgogne, en 1242, *sigillo matris mee usus sum* [2]. Les citoyens de Périgueux font insérer en 1247 dans une charte la mention suivante : *Nos etiam milites et cives Petragoricenses, quia sigilla autentica non habemus, sigillis reverendi patris episcopi Petragoricensis et Capituli presentes litteras procuravimus sigillari* [3].

A la mort du possesseur d'un sceau, surtout s'il était un personnage considérable, il était de règle que la matrice de son sceau fût ensevelie avec lui ou brisée ; cet usage explique la rareté des sceaux-matrices des rois, des hauts barons et des princes ecclésiastiques. Les matrices de sceau des reines Constance (1154-1160) et Isabelle de Hainaut (1180-1190) (pl. XIII, n° 2) ont été retrouvées dans leur tombeau. Quant à celles des rois de France elles étaient toujours brisées, et c'était le prieuré de la Saussaye, près Villejuif, qui avait le privilège

---

1. Petit. *Histoire des ducs de Bourgogne de la maison de Valois.* Paris, 1909, t. I, p. 45.

2. Duchesne (André). *Histoire de la maison de Vergy.* Paris, 1625, in-fol. Preuves, p. 192.

3. Bosredon (De). *Sigillographie du Périgord*, p. 32.

d'hériter des fragments des sceaux royaux mis en pièces à la mort des souverains ; on possède plusieurs reçus de la prieure attestant la remise de ces fragments d'argent brisé. On connaît un petit nombre de sceaux-matrices coupés à l'aide de cisailles ou détériorés à la lime après la mort de ceux auxquels ils appartenaient. Je puis signaler celui de Marguerite, dame de Villars-Thoire (pl. II, n° 1), brisé verticalement après avoir été rayé à coups de lime, et celui de Marguerite, abbesse d'Hièrre, brisé transversalement [1].

* * *

Dans une société aussi hiérarchisée que celle du moyen âge, l'apposition du sceau ne pouvait être laissée au hasard, une règle des préséances s'imposait, dans laquelle on devait tenir compte du rang social des parties et des témoins. Ce problème, toutefois, ne se posa pas avant la fin du xii° siècle, c'est-à-dire avant le moment où l'usage du sceau se fût très répandu. Lorsque certains actes furent munis de plusieurs sceaux (quelques-uns en portent plus de soixante), la question des préséances s'imposa.

Douët d'Arcq cite comme exemples une charte de Blanche de Navarre, comtesse de Champagne (1212), et une ordonnance de saint Louis (1230) dans lesquelles

---

1. Le premier, trouvé dans les ruines du vieux château de Montréal (Ain), appartient à M. le Cte Douglas. Le second a passé dans la vente Charvet (n° 745) et appartient à M. Caron à Paris. (Yerre, arr. de Corbeil, Seine-et-Oise).

interviennent comme témoins un assez grand nombre de seigneurs; les sceaux du roi et de la comtesse sont au centre, tandis qu'à droite et à gauche sont disposés ceux des barons suivant l'importance de leur situation sociale [1]. Mais cela est exceptionnel; presque toujours l'ordre de préséance a lieu de gauche à droite, la place la plus honorable étant occupée par l'archevêque ou l'évêque, même s'il n'intervient que comme témoin, puis par le souscripteur de l'acte, sa femme, son fils aîné, ses fils cadets, les autres membres de sa parenté, et enfin les étrangers. Il y a très peu d'exceptions à cette règle.

Pour prévenir toute erreur dans l'apposition du sceau, pour être certain que toutes les parties occuperaient bien la place qui leur était due, on inscrivait à l'avance le nom de chaque sigillant à côté de l'emplacement que son sceau devait occuper ou sur cet emplacement lui-même. Tantôt le nom est inscrit à côté du trou dans lequel devait passer la lanière ou le lacet auquel le sceau était suspendu, ce nom restant caché par le repli du parchemin qui existe presque toujours au bas de l'acte; tantôt il est inscrit sur la queue de parchemin à l'endroit même que le sceau suspendu devait occuper, et où la destruction seule du sceau permet de le lire.

Ces diverses prescriptions pour l'emprunt, le changement du sceau et les préséances, ont été religieusement observées jusqu'au XVe siècle; à partir de cette époque on y a attaché moins d'importance, et une foule de pièces sont munies de sceaux étrangers à celui qui les souscrit sans qu'il en soit fait mention. Bien plus, l'acte porte

---

1. Douët d'Arcq, *Collection de sceaux*, t. I, p. xxix.

quelquefois en toutes lettres que c'est le vrai sceau du sigillant, tandis que c'est inexact. Lorsque le sceau porte une légende et qu'elle est lisible, on peut avec son aide corriger ce que ces mentions ont d'erroné, mais au xvi⁰ siècle la plupart des sceaux étant anépigraphes, la connaissance seule des armoiries des personnages peut empêcher de tomber dans l'erreur. J'ai trouvé des parties scellant avec le sceau de leur mère, de leur trisaïeul, du premier mari de leur femme, ou du capitaine de leur compagnie, sans qu'aucune indication vienne l'attester.

*
* *

Généralement l'acte scellé contient la mention de l'apposition du sceau ou des sceaux, et la nomenclature des personnages auxquels ils appartiennent ; les formules usitées à cette occasion sont très variées et leur étude est du ressort de la diplomatique sur le terrain de laquelle il ne m'appartient pas de faire une incursion. Voici cependant à titre de renseignement quelques-unes de ces formules recueillies dans des actes de dates très diverses passés dans des régions de la France très éloignées les unes des autres [1].

Et subter plumbum sigillari jussimus (Charlemagne, vers 805).

Ut pleniorem obtineat firmitatis vigorem, anuli nostri impressione jusimus asignari (Charles le Chauve, 871).

---

[1]. *Chartes de Cluny, Cartulaires de Durbon, de Grenoble, de Saint-Victor,* Bibl. nation. mss. lat. 5418, p. 57, et GAUTHIER. *Inventaire de sceaux des archevêques de Besançon,* p. 120.

Et anuli nostri impressione sigillari jussimus (Robert, roi de France, 1008).

Sigilli mei impressione consigno (Hugues, archevêque de Besançon, 1087).

Sigilli nostri impressione prefatam pactionem et compositionem laudamus et confirmamus (Étienne, abbé de Cluny, 1166).

Plumbico sigillo presentem cartam sigillari precepi ad majorem et perpetuam firmitatem (Guillaume, comte de Forcalquier, 1174).

Presentem cartam sigilli mei munimine roboravi (Rotrou, comte du Perche, 1190).

Ut autem hec nostre constitutionis pagina perpetuam obtineat firmitatem, eam nostri sigilli munimine roboramus (Bernard, légat en Provence, 1195).

Nostri sigilli karactere munire curavimus (Robert Vidame, vers 1200).

Dicta ipsorum testium autenticare decrevi sigilli mei impressionem apponendo (Guillaume, évêque de Gap, 1201).

Hanc presentem cartam bulla nostra plumbea hic pendente sigillari fecimus in testimonium rei geste (Guillaume, évêque de Gap, vers 1235).

In testimonium premissorum predictas litteras sigillo nostro quo unico utimur, communiri et roborari fecimus (Raoul, abbé de Royaumont, 1316).

En tesmoignage de ce, avons à ces présentes lettres fait mettre nostre boullette (Louis de Nevers, seigneur de Dunkerque, 1318).

En tesmoing de ce, ces présentes sont scellées de nostre

propre scel (Madeleine de Thieuville, abbesse de la Trinité de Caen, 1439).

Datum sub dicti reverendi domini abbatis sigilli appensione (Louis de Langeac, abbé de Saint-Antoine en Viennois, 1569).

CHAPITRE V

DIVERSES SORTES DE SCEAUX

Les personnages d'un rang subalterne, bourgeois, clercs, magistrats inférieurs, châtelains, chanoines, etc., n'avaient qu'un sceau, généralement de petite dimension, qui était nommé *sigillum, seel, scel, sael, sagel* ou *seyau*.

Les seigneurs, les personnages ecclésiastiques qui avaient l'occasion d'intervenir fréquemment dans les actes publics et dont le sceau devait, en conséquence, être mis à l'abri des falsifications, faisaient usage d'un sceau et d'un contre-sceau, empreinte de petite dimension appliquée au revers du sceau. Le contre-sceau porte le nom de *contra-sigillum, sigillum secretum* ou *secreti, clavis, veritas* ou *custos sigilli*, son but était en effet d'assurer l'authenticité du sceau en empêchant qu'il fût altéré ou détaché.

Les grands seigneurs avaient, surtout au XIIe siècle, des sceaux à deux faces égales; c'était une sorte de privilège des hauts barons comme le démontre l'exemple suivant. Tant que les comtes de Valentinois ne possédèrent que cette comté, ils ne firent usage que d'un petit sceau uniface; lorsqu'en 1189 le comte de Provence leur eut inféodé le comté de Die, ils adoptèrent un sceau de plus grande dimension et à double face [1].

Beaucoup de sceaux municipaux offrent également cette particularité d'avoir une face et un revers égaux. Cet usage s'est conservé dans le midi de la France plus longtemps que dans le nord.

Outre les sceaux précédents, les grands feudataires, les princes ecclésiastiques avaient un ou plusieurs petits sceaux ou sceaux secrets, un ou plusieurs signets ou anneaux. Le sceau secret était réservé aux actes de moindre importance ; le signet c'est l'anneau dont l'empreinte est apposée sur les lettres missives et par les contrôleurs des finances sur les pièces de comptabilité.

Suivant qu'il appartient à un ecclésiastique ou à un laïc, le grand sceau prend le nom de *signum*, de *sigillum magnum* ou *majus*, de *sigillum pontificale* ou *rotundum*. Le petit sceau est dit *parvum sigillum*, *sigillum secretum* ou *secreti*, *sigiletum*. Le signet est un legs de l'antiquité, c'est l'*anulus* qui s'est perpétué jusqu'à nos jours sous le nom de *cachet*.

Les rois possédaient toute une gamme de sceaux d'importance diverse et dont l'emploi était soigneusement réglé, depuis le grand sceau : *sigillum majestatis*, le contre-sceau : *contra-sigillum*, le grand sceau secret transporté à la suite du roi dans ses déplacements : *sigillum secreti in absentia magni ordinatum*. Le petit sceau secret : *sigillum secreti, parvum, manuale*, jusqu'au signet ou anneau. Parfois il existe plusieurs sceaux d'un type différent pour chaque sorte de sceaux royaux,

---

[1]. Roman. *Sceaux des familles seigneuriales de Dauphiné*, p. 231 et suiv.

sauf pour celui de majesté qui demeure toujours invariable. J'ai mentionné dans le chapitre précédent le sceau du conseil de régence institué par le roi lorsqu'il partait pour un long voyage : *sigillum regis in partibus transmarinis agentis*, ou *ad regimen regni dimissum*.

Ce n'est pas tout, les grands seigneurs possédant plusieurs fiefs importants avaient souvent des sceaux différents pour chacun d'eux; les dauphins, par exemple, usaient de trois sceaux différents pour le Dauphiné, la baronnie de la Tour du Pin et celle de Coligny [1].

Si les sceaux personnels étaient nombreux et variés, les sceaux de juridiction étaient innombrables. Les seigneurs à juridiction avaient des sceaux distincts pour chaque juridiction et même pour chaque genre d'acte dans chaque juridiction; pour les tribunaux : *sigillum ad causas* ou *seel aux sentences*; pour les actes notariés : *sigillum contractuum, seel aux contraux, sigillum obligationum, seel du tabellionage*; pour les exploits d'huissier : *sigillum citationum*; pour les droits sur les héritages : *sigillum hereditagiorum*; pour les droits de foire, *sigillum pro nundinis*. Nous trouvons même au xive siècle les églises de Pont sur la Vienne et de Dravet en possession d'un sceau pour les actes de mariage, *ad matrimonia* [2].

Au surplus tous les tribunaux, les parlements, les bailliages, les vibailliages, les prévôtés, les sénéchaussées, les châtellenies avaient leur sceau spécial, soit que ces

---

1. Roman. *Sceaux des familles seigneuriales de Dauphiné*, n°s 822, 865.

2. *Mémoires des antiquaires de l'Ouest*, 1880. *Catalogue de la collection Charvet*, n° 896.

juridictions dépendissent du domaine royal ou d'un seigneur particulier, avec des types et des légendes appropriés : *Sigillum curie parlamenti Gratianopoli residentis; S' curie Kroli comitis Andegavensis ; S. reg. senescall. Agen' et Vascon'; S' baillie montanarum Alvergnie; Contra sigillum prepositure Stampensis sub manu regis*, etc.. Lorsque deux seigneurs se partageaient une juridiction, ils avaient un sceau commun dit *sigillum commune* ou *curie communis*.

Les magistrats, les administrateurs exerçant plusieurs offices, avaient un sceau différent pour chacun d'eux ; nous avons vu dans le chapitre qui précède le gouverneur et grand sénéchal de Provence avoir trois sceaux, l'un personnel et les deux autres pour chacun de ses offices ; les exemples de cet usage sont extrêmement fréquents aussi bien pour les laïcs que pour les ecclésiastiques. Par contre, lorsque plusieurs titulaires exerçaient un office en commun, les maréchaux de France, les receveurs des aides ou des montres par exemple, ils avaient des sceaux collectifs sur lesquels étaient gravées les armoiries de tous les titulaires. Les légendes des sceaux de la maréchaussée de France sont caractéristiques à cet égard : *seel commun de la marechaulcice de France* ou *ordonné à la marechaussée de France*.

Sauf à l'époque carolingienne, les sceaux métalliques ou bulles n'ont été en usage que dans le sud-est de la France, et les limites dans lesquelles on les rencontre ne dépassent pas la Provence, le Dauphiné, Lyon et une bande étroite sur la rive droite du Rhône. Les bulles d'or au nombre de deux que l'on peut signaler sont à l'effigie des princes angevins de Naples, comtes de Provence, mais agissant plutôt comme rois de Naples [1]. En dehors de celles-là les bulles d'or sont inconnues en France. Quant aux bulles de plomb, dont l'usage a commencé à la fin du XIIe siècle pour durer jusqu'au XVIe, elles sont presque exclusivement des sceaux de juridiction et sont qualifiées indifféremment de *bulla* et de *sigillum*.

Cette multiplicité de sceaux pour le même personnage, pour chacun des offices qu'il exerce, et chaque sorte d'acte qu'il souscrit, n'est pas très ancienne ; au XIe et même pendant presque tout le XIIe siècle, chaque personnage n'avait qu'un sceau qui lui suffisait dans toutes les occasions. Il ne paraît pas que les rois de France aient fait usage de contre-sceaux avant Louis le Jeune (1174), de sceau du conseil de régence avant saint Louis (1270), de sceau secret avant Philippe de Valois (1331), de sceau en l'absence du grand avant le même prince (1343). Il en est de même pour les seigneurs laïcs ou ecclésiastiques antérieurement au XIIIe siècle ; avant cette époque l'évêque et son officialité, le monastère et son abbé, le seigneur et son tribunal usaient du même sceau. A partir de 1250 au contraire, les sceaux se sont extrêmement multipliés, surtout, semble-t-il, dans un but de fiscalité ; c'est pour augmenter les émoluments du sceau que chaque juridiction, quelque minime soit-elle, et chaque sorte d'acte, a son sceau spécial. Au XIVe siècle surtout, le nombre des sceaux est immense, et ce nombre explique comment, après tant de pertes et de destructions, il en existe encore des milliers.

---

[1]. BLANCARD, *Iconographie des sceaux et bulles des archives des Bouches-du-Rhône*, pl. X, n° 3, et XII, n° 3.

CHAPITRE VI

MATIÈRE DES SCEAUX [1]

De l'époque mérovingienne et carolingienne il ne subsiste plus de matrice de sceau, mais seulement des anneaux sigillaires ; le plus célèbre est celui de Childéric Ier (458-481) (pl. II, n° 2) trouvé dans son tombeau à Tournay et fondu à la suite de l'exécrable vol commis en 1831 au Cabinet des médailles où il était déposé. C'était une bague épaisse en or massif, avec chaton gravé en creux portant l'effigie et le nom du roi. Celui de la reine Bertilde, femme de Dagobert (628-638), qui faisait partie du cabinet du baron Pichon [2], celui de Sigebert II (638-656) sont conçus de la même façon ; ce sont des bagues, celle de Bertilde avec une légende autour d'un monogramme, celle de Sigebert avec son buste de profil.

M. Deloche a publié la plupart des anneaux sigillaires qui subsistent ; le plus grand nombre est en or, quelques-uns sont en argent. L'or et l'argent furent les métaux généralement employés pour les anneaux, signets ou

---

1. DELOCHE. *Étude historique et archéologique sur les anneaux sigillaires et autres des premiers siècles du moyen âge.* Paris, 1900, in-8°. Voir aussi les catalogues des ventes Charvet, baron Pichon et Schuermans.
2. Cette bague est reproduite fig. 1.

cachets depuis l'antiquité jusqu'à la Révolution. Pour les vraies matrices de sceau, c'est-à-dire pour celles qui sont de grande dimension et n'ont pas la forme d'anneaux, on a fait usage de l'argent, du bronze, de l'ivoire et du plomb. Aucune matrice de sceau en or n'est venue jusqu'à nous, et s'il en a existé, ce qui est probable, la valeur du métal explique suffisamment leur disparition.

Les sceaux de la reine Constance (1154-1160) et d'Isabelle de Hainaut (1180-1190) (pl. XIII, n° 2) trouvés dans leurs tombeaux, celui de Jeanne d'Angleterre, reine de Sicile, morte en 1199, celui de la commune de Rouen (pl. XVIII, n° 2), figurant un lion furieux et datant de 1262, sont en argent, ainsi que celui du chapitre d'Embrun, du milieu du XIII° siècle, dont l'appendice de préhension figure un petit personnage finement ciselé [1].

Le matrices de sceau en bronze sont en nombre infini ; quant à celles de plomb je ne sais s'il en existe encore, mais il en a certainement existé ; les paysans et hommes de fief du nord de la France s'en sont souvent servi aux XIII° et XIV° siècles, les empreintes caractéristiques de leurs sceaux barbares, publiées en grand nombre par M. Demay, ne laissent aucun doute à cet égard [2].

On connaît quelques rares matrices de sceau en ivoire, matière que la chaleur de la cire en fusion ne devait pas tarder à faire craqueler et briser. La matrice de sceau de Foulques, évêque d'Amiens (1036-1058), celles de

---

[1]. Cabinet des Médailles, musée des Archives nationales, collections du baron Pichon et de M. R. Vallentin du Cheylar, à Montélimar.

[2]. Demay. *Inventaire des sceaux de Flandre* et *Inventaire des sceaux de Normandie*. Plusieurs sceaux provenant de matrices de plomb sont reproduits dans les planches.

l'abbaye de Saint-Servais et de Robert de Torcy (?) chevalier, sont les plus beaux spécimens connus de sceaux en ivoire [1].

Il existe au musée de Lyon une intaille en agathe représentant un évêque ou un abbé assis, tête nue et tenant un livre ou un bâton pastoral; M. Babelon, qui a décrit cet intéressant monument [2] et le croit du xe siècle, le considère comme une matrice de sceau, mais comme il ne porte aucune légende il subsiste un doute à cet égard. Il peut se faire cependant que la légende ait été gravée sur un entourage métallique maintenant disparu.

On trouve en effet des matrices composées d'une intaille généralement antique, plus rarement du moyen âge, sertie dans une couronne métallique. Cette disposition est surtout fréquente dans les anneaux sigillaires ou signets, dont la partie centrale est souvent occupée par une pierre gravée. Les inventaires princiers en font souvent mention, mais il n'en existe plus qu'un très petit nombre. Les sceaux de Jean Bullant et de Simon Buel, conservés au Cabinet des médailles, celui de Soffrey Morard, qui appartenait au baron Pichon, sont formés d'intailles entourées d'un cercle d'argent ; celui de Simon de Ventura, de la vente Charvet, est composé d'une cornaline sertie dans un cercle de bronze [3].

---

1. La première est au musée d'Amiens, la deuxième a été publiée par M. Babelon (*Bulletin des Antiquaires de France*, 1897, p. 261 ; la troisième par M. de La Guère (*ibid.*, 1885, p. 268).

2. BABELON. *Sceaux d'agathe et d'ivoire* (*Bulletin des Antiquaires de France*, 1897, p. 259).

3. On trouvera quelques-uns de ces sceaux reproduits ci-après fig. 36, 37, 40, 42.

*
* *

Examinons maintenant la matière des sceaux eux-mêmes, c'est-à-dire de l'empreinte obtenue au moyen d'une matrice et apposée ou appendue aux actes.

Il n'existe pas, à proprement parler, de bulles d'or en France, comme on en trouve aux actes émanés des empereurs d'Allemagne ou de la seigneurie de Venise. Les deux seules émanées de princes français et encore en place que l'on connaisse, celles de Charles II d'Anjou (1292) et de Robert Ier (1323), comtes de Provence et rois de Naples, ont été employées par ces princes plutôt en cette dernière qualité que comme comtes de Provence, ou tout au moins à l'imitation de leur chancellerie napolitaine [1].

Les bulles d'argent de quelques princes carolingiens, entre autres de Charles le Chauve, qui existent dans certaines collections, sont des surmoulés relativement modernes de bulles de plomb.

Je ne connais pas non plus en France de bulles de bronze indiscutables, comme on en trouve, paraît-il, quelques-unes en Allemagne. Deux exemplaires d'une bulle de Giraud Adhémar, seigneur de Montélimar, en bronze et unifaces, sont conservés au musée Calvet à Avignon, et dans la collection Caron, à Paris, mais l'absence de trous de suspension, caractère qu'ils ont de commun avec les bulles d'argent dont je viens de parler, doivent les faire considérer comme des moulages récents.

---

1. BLANCARD. *Iconographie des sceaux et bulles des archives des Bouches-du-Rhône*, pl. X, n° 3, et XII, n° 3.

En somme les chancelleries françaises n'ont fait usage que de la cire et du plomb.

La plupart des sceaux français sont en cire : les plus anciens en cire naturelle, avec adjonction de craie ou de cendres fines, ce qui leur donne une couleur blanchâtre, une grande dureté et a l'avantage de les rendre à peu près inaltérables à la chaleur. C'est à partir des dernières années du xiie siècle qu'on a commencé à teinter la cire en rouge, en vert ou en bleu ; cette dernière couleur est très rare.

Au xive siècle, on a tiré de charmantes épreuves de sceaux par la juxtaposition de plusieurs couleurs. Sur un noyau de cire naturelle, préalablement strié pour faciliter l'adhérence, on étendait une mince couche de cire rouge ou verte, très fine et très ductile, qui recevait l'empreinte. Elle se trouvait ainsi entourée d'un rebord saillant en cire naturelle, comme d'un cadre. De même pour le contre-sceau on appliquait au milieu du revers un mince disque de cire de couleur. Ces sceaux, tirés en plusieurs couleurs, ont été, en général, très soignés et réservés pour des actes importants.

A partir du milieu du xve siècle, le sceau en cire, soit plaqué soit suspendu, est souvent recouvert d'une feuille de papier qui reçoit directement l'empreinte. On espérait par ce procédé assurer la conservation du sceau, tandisqu'on n'obtenait qu'une épreuve grossière et défectueuse rapidement détruite, car le gâteau de cire aminci par la forte pression nécessaire pour faire saillir le type sur le papier se brisait au moindre choc.

Au xvie siècle, le mode de scellement le plus usité est en papier plaqué sur l'acte lui-même soit à l'aide d'une mince couche de cire, soit à l'aide de pâte ou de pain à cacheter. Ces sceaux en papier plaqué ont été constamment en usage jusqu'à la fin de la monarchie, sauf pour les rois, les princes, les grands corps de l'État qui ont toujours scellé en cire, et pour les magistrats inférieurs, les seigneurs subalternes et les petites collectivités ecclésiastiques qui ont fait usage de cire d'Espagne.

La cire d'Espagne qui est un mélange de résine, de craie, de laque et d'une matière colorante, avait été inventée, on ne sait par qui, à la fin du XVI° siècle; on en trouve déjà des exemples en 1580. Elle fut mise à la mode vers 1635 par un nommé Rousseau, marchand papetier à Paris[1], et servit au scellement de tous les actes de minime importance, quittances, nominations de gardes, certificats, légalisations, etc., et à cacheter les correspondances; elle sert encore à cet usage.

Les bulles de plomb ont été employées par les princes carolingiens; la plupart de celles que nous possédons d'eux sont détachées des actes et plusieurs sont d'une authenticité discutable; il est cependant hors de doute qu'à l'époque carolingienne il en a été fait usage, car, non seulement il en est fait mention dans un certain nombre de diplômes auxquels elles étaient suspendues, mais il en existe encore deux en place, l'une à un diplôme de 874 de Louis II, l'autre à un diplôme de Charles le Gros en 883 [2].

Ensuite on ne trouve plus de bulles en France pendant

---

1. Dom Tassin et dom Toustain. *Nouveau traité de diplomatique,* t. IV, p. 33.

2. La première est aux archives de Parme et la seconde à celles de Munich.

deux siècles. On possède, il est vrai, une bulle de Drogon, évêque de Thérouanne, rivée à un acte de 1065, mais cette bulle est plus que suspecte [1].

C'est à la fin du xiie siècle seulement qu'elles reparaissent en Provence, en Dauphiné, à Lyon et sur une bande étroite longeant la rive droite du Rhône et englobant le Forez, le Vivarais, le Gévaudan et le Bas-Languedoc jusqu'à Montpellier. Il faut remarquer que l'usage de la bulle se localise à peu près exactement (pas tout à fait cependant) [2] dans les territoires du sud-est de la France dépendant de l'empire germanique.

1. Voici pourquoi cette bulle, conservée dans les archives de l'abbaye de Messine près Ypres, est suspecte. Elle présente un ensemble de caractères exceptionnels et anormaux : 1° Toutes les bulles sont suspendues, celle-ci seule est rivée sur l'acte lui-même par un singulier procédé. Elle se compose de deux parties, l'une pour la face, l'autre pour le revers, s'emboîtant l'une dans l'autre au moyen d'un tenon, ménagé derrière la face, et s'encastrant dans une mortaise carrée ouverte dans le revers; puis soudé à l'étain; 2° Aucune bulle n'a la forme de deux segments de cercle d'un même rayon, se coupant en forme de navette (improprement dite forme ogivale), et celle-ci a cette forme : 3° Cette forme, dans les premiers sceaux où elle apparaît, est extrêmement surbaissée, les extrémités ne s'aiguisent qu'à partir de la fin du xiie siècle ; ici, en 1065, c'est-à-dire tout à fait au début de son apparition, cette forme est déjà fort allongée; 4° Les bulles ont toujours un type sur chacune de leurs faces; celle-ci est uniface; 5° Enfin il n'y a aucune autre bulle que celle-ci dans le nord et le nord-est de la France. Elle présente donc plusieurs particularités tout à fait exceptionnelles, dont l'ensemble, réuni dans un seul monument, tend à le rendre très suspect. Je crois que cette bulle a été faite deux ou trois siècles après sa date, pour remplacer un sceau antérieur détruit accidentellement : on choisit le plomb, matière très solide, pour que le même accident ne pût se produire une seconde fois.

2. Ces limites de la bulle ne coïncident pas tout à fait avec celles de l'Empire, puisqu'il y a des bulles en Forez et en Gévaudan qui n'en faisaient pas partie, et puisqu'il n'y en a aucune en Franche-Comté qui en faisait au contraire partie.

La plus ancienne bulle à date certaine est celle d'Adalbert d'Uzès, évêque de Nîmes en 1174 ; leur apogée est vers 1250, à partir de cette époque leur nombre décroît. En somme dans chaque seigneurie ou évêché leur existence a été éphémère ; une seule seigneurie, celle de Montélimar et Grignan en a fait un usage ininterrompu de 1184 à 1580.

Cet usage des bulles a été emprunté à la chancellerie papale, cela ne fait aucun doute [1]. C'est autour d'Avignon et pendant le séjour des papes dans cette ville qu'elles sont les plus nombreuses et leur décroissance commence au moment où les papes quittent la France pour retourner à Rome.

Les bulles de plomb servaient à peu près exclusivement aux tribunaux, et aux autres juridictions ecclésiastiques ou séculières. Dans le nord de la France les sceaux juridictionnels se distinguaient des autres par des légendes spéciales : *sigillum ad causas, obligationum, contractuum*, etc. Dans le sud-est ces légendes n'étaient pas en usage au xiiie siècle et les sceaux de juridiction étaient généralement distincts des sceaux personnels par leur matière, ces derniers étaient en cire et les autres en plomb.

1. Il n'a pas été emprunté à la chancellerie de l'empire germanique, puisqu'il n'existe aucune bulle en Franche-Comté, en Alsace et en Lorraine, limitrophes de cet empire, mais seulement dans des contrées qui en étaient fort éloignées. Il n'a pas été emprunté à la chancellerie espagnole, puisqu'on ne trouve aucune bulle le long des Pyrénées et dans le Haut-Languedoc. Les comtes de Toulouse n'ont pas usé de bulles comme comtes de Toulouse, ils en ont eu au contraire comme marquis de Provence ; ils n'ont donc pas importé en Provence un usage qu'ils n'avaient point chez eux, et ont au contraire adopté en Provence un usage déjà existant dans cette contrée et provenant d'Italie.

*
**

La couleur de la cire et la matière employée pour les scellements n'étaient pas laissées au hasard, elles avaient une raison d'être traditionnelle. Les rois de France scellaient toujours leurs lettres patentes avec leur grand sceau de cire verte, leurs lettres d'abolition avec leur grand sceau secret de cire naturelle, leurs lettres closes avec leur petit sceau secret de cire rouge, et leur correspondance avec leur signet également de cire rouge. La chancellerie royale respectait scrupuleusement les usages des provinces qui, peu à peu, s'annexaient à la monarchie. Les Dauphins de la race de la Tour du Pin scellaient en cire rouge et leur grand sceau était au type du cavalier; après l'annexion du Dauphiné à la France on continua, jusqu'à la Révolution, à sceller les actes relatifs à cette province en cire rouge et avec un sceau à type équestre.

Il en était de même du bas au haut de l'échelle féodale, la tradition locale était toujours respectée pour les scellements. Les Dauphins, par exemple, ne faisaient pas usage de bulles de plomb dans leur chancellerie personnelle, mais après avoir annexé à leur seigneurie les baronnies de Montauban (1302) et de Mévouillon (1317), ils trouvèrent des bulles de plomb en usage dans ces deux terres et continuèrent à s'en servir pour les actes qu'ils souscrivaient en qualité de barons de Mévouillon et de Montauban.

Il en était de même dans les autres provinces de France: l'annexion au domaine royal et les changements de seigneurs n'amenaient aucun bouleversement dans les usages locaux relatifs au scellement qui ne subirent aucune altération au moins jusqu'au xve siècle.

CHAPITRE VII

FORME ET DIMENSION DES SCEAUX

Les sceaux affectent des formes très variées, mais deux prédominent, la première est la forme ronde, la seconde est le résultat de deux segments de cercle de même rayon qui se coupent et n'a aucun nom en géométrie. Jusqu'à présent cette forme était nommée ogivale, mais M. Prinet ayant proposé de qualifier de *sceaux en navette* ceux qui se profilent ainsi, je ne fais aucune difficulté pour accepter ce terme faute de mieux [1].

[1]. Cette forme ne peut se traduire géométriquement que par une périphrase assez longue, inacceptable en sigillographie, et aucun des termes qu'on a proposés pour y suppléer n'est admissible. Le mot *ogival* a le défaut capital d'être inexact, puisqu'il suppose que l'arc brisé ou en tiers-point est une ogive, ce qui est faux. Le mot *ellipsoïde* est inadmissible puisque l'ellipse est toujours terminée par des courbes et non par des angles. Le mot *amygdaloïde* n'est pas plus juste puisqu'une amande est pointue d'un côté et demi-circulaire de l'autre. Mais de tous les termes le moins acceptable est celui d'*ovale* ou d'*ovoïde* parce que le mot *ovale* correspond à une figure géométrique parfaitement définie que les sceaux affectent très souvent. Si on qualifiait d'ovale un sceau composé de deux arcs en tiers-point soudés par leur base, comment nommerait-on la forme ovale véritable quand on aurait à décrire un sceau ayant cette forme, comme il y en tant au xvie siècle? Je crois donc que le terme *en navette* qu'emploient les joailliers pour désigner les chatons de bague de cette forme peut être adopté jusqu'à ce qu'on ait trouvé mieux.

Toutes les autres formes de sceaux sont exceptionnelles.

Jusqu'au XII⁰ siècle, sauf une exception dont je vais parler, les formes ronde et ovale ont été seules en usage, les mérovingiens et les carolingiens les emploient concurremment. Hugues Capet a un sceau ovale [1]; celui de Robert (pl. III, n° 2) est en navette tellement surbaissée qu'elle peut se confondre avec un ovale ; celui d'Henri I (pl. IV, n° 1), est rond, et tous ses successeurs ont des sceaux semblables. Durant le XI⁰ siècle le sceau rond est exclusivement employé ; les comtes d'Anjou, les ducs de Normandie et les évêques n'en ont pas d'autres.

A partir du milieu du XII⁰ siècle, le sceau rond est, en règle générale, celui des princes laïcs, des barons, des magistrats et des bourgeois ; le sceau en navette est celui des seigneurs ecclésiastiques, des dames, des corporations religieuses, des prêtres, des clercs. Cependant cette règle comporte de nombreuses exceptions.

Les évêques ont fait fréquemment usage du sceau rond jusqu'au XIII⁰ siècle et même après cette date ils s'en servent souvent pour leurs officialités et autres tribunaux.

Les dames qui se font représenter montées sur des haquenées se servent presque toujours d'un sceau rond ; en 1257 Béatrix de Beaudinar, en 1308 Alix de Mercœur (pl. X, n° 1), usent du sceau équestre rond [2]. Au contraire les dames représentées debout ont des sceaux en

---

1. MABILLON. *De Re diplomatica*, planches.
2. PILOT DE THORRY. *Inventaire des sceaux des archives de l'Isère*, n° 310.

navette; cependant la matrice de sceau, actuellement brisée, de Marguerite de Villars-Thoire (pl. II, n° 1), était ronde et la dame y figurait à pied tenant un faucon et un leurre.

Les communes et les magistrats communaux ont fait à peu près exclusivement usage de sceaux ronds.

En principe le sceau en navette est celui des ecclésiastiques ; cependant en 1161 Giraud Lambert, chevalier, a un sceau de cette forme qui le représente galopant, une lance à pennon en arrêt. Vers la même époque, Gilles de Gorran représenté marchant, couvert de son écu et l'épée haute, et en 1251 Hugues de Pierregourde, dont le type est un lévrier courant, usent de sceaux en navette [1].

On ne peut donc promulguer une règle absolue sur la corrélation de la forme des sceaux avec la situation sociale des personnes qui en usent.

Les seigneurs laïcs ont souvent fait usage, surtout dans les provinces méridionales, d'un sceau en forme d'écu, soit arrondi, soit aiguisé par le bas ; cette deuxième variété est peut-être un peu plus moderne que l'autre. Mathilde, comtesse de Flandre (1189), a un sceau en forme d'écu ; elle est figurée en pied sur une face et le revers est armorial ; ce sceau est tout à fait exceptionnel [2]. On trouve encore quelques exemples de ces sceaux en écusson au xiv° siècle.

Les sceaux amygdaloïdes me paraissent une dérivation des précédents. Ils sont extrêmement rares. L'exemple

---

[1]. Douët d'Arcq. *Collection de sceaux*, n° 2288. — Roman. *Sceaux des familles seigneuriales de Dauphiné*, n° 596.

[2]. Demay. *Inventaire des sceaux de Flandre*, n°ˢ 141 et 142.

le plus caractéristique que j'en puisse donner est la matrice du sceau de Guillaume Odonis qui date de la fin du XIIe ou du commencement du XIIIe siècle et sur laquelle est gravé un paon [1].

Quelques sceaux ecclésiastiques affectent des formes singulières.

Certains sceaux épiscopaux ou capitulaires très anciens sont piriformes ou en forme de flacon, le goulot étant figuré par l'appendice de préhension ; les sceaux du chapitre de Noyon en 1174 et d'Henri, archevêque de Bourges en 1199, en sont de bons exemples [2].

D'autres, plus rares encore et plus anciens, offrent la silhouette d'une fenêtre à plein cintre, tels ceux d'Élinand, évêque de Laon (1096), et de Garnier, abbé de Marmoutiers de 1137 à 1157 [3]. Les sceaux en losange sont peu communs ; le sceau équestre de Roncelin de Lunel (1292) en est un spécimen remarquable, et celui d'Arnaud Flotte (1352) en est un exemple d'autant plus curieux que ce seigneur ayant un losangé pour armoiries, la forme de son sceau dérive de celle des pièces de son écu [4].

La forme carrée se rencontre rarement ; si l'on excepte les bulles de plomb de Guillaume de Baladun et de Dragonet de Montauban (1229 et 1269) [5], elle ne paraît pas avant le XIVe siècle. Le sceau rectangulaire de

---

1. ROMAN. *Sceaux des familles seigneuriales de Dauphiné*, n° 578.
2. DOUËT D'ARCQ. *Collection de sceaux*, n° 6300.
3. Bibl. nat., mss. lat. 5441, p. 490 et 17026, p. 2.
4. ROMAN, *Sceaux des familles seigneuriales de Dauphiné*, n° 375. — Archives nationales, J. 277.
5. BLANCARD. *Iconographie des sceaux des Bouches-du-Rhône*, pl. XXIII, n°ˢ 3 et 4.

Guillaume de Villiers, appendu à un acte de 1384, est un charmant spécimen de cette forme de sceau [1]. Le seul sceau rectangulaire avec les extrémités supérieures et inférieures arrondies, que je puisse citer, est celui de l'ordre du Croissant qui date de 1462 et est l'un des plus grands connus, puisqu'il mesure 110 millimètres [2].

Les sceaux hexagones et octogones ne sont pas fréquents ; ceux de Lambert de Chabeuil (1248) et du Conseil delphinal (1346) sont hexagones [3].

Comme l'a justement observé Douët d'Arcq, les sceaux ovales sont ou très anciens ou très modernes ; très usités sous les mérovingiens et les carolingiens, ils disparaissent à peu près complètement au xie siècle pour ne reparaître qu'au xvie.

Toutes ces formes exceptionnelles sont plus communes dans les contre-sceaux ; elles sont très fréquentes dans les signets ou anneaux qui affectent le dessin le plus varié, carré, hexagone, octogone, ovoïde, polygonal, triangulaire, rectangulaire, etc., comme il est naturel à un chaton de bague.

Les bulles sont toutes rondes et à double face, sauf deux que j'ai citées plus haut et qui par exception sont carrées.

Cette particularité de la double face se rencontre dans un grand nombre de sceaux des grands feudataires dans la France entière, ducs de Normandie, comtes d'Anjou, de Toulouse, de Provence, de Valentinois et

---

1. Ce sceau est reproduit fig. 10.
2. *Bulletin des Antiquaires de France*, 1897, p. 183.
3. ROMAN. *Sceaux des familles seigneuriales de Dauphiné*, n°s 217 et 856.

Diois, Dauphins de Viennois, etc. Elle est commune dans un grand nombre de sceaux municipaux et de sceaux seigneuriaux ou épiscopaux du midi de la France. Cet usage ne se maintint pas aussi longtemps dans le Nord que dans le Midi ; les sceaux du Nord ne tardèrent pas à être empreints d'un seul côté, et quand la face adverse porte une empreinte, c'est celle d'un contre-sceau de moindre dimension.

Au xvie siècle il se produit une révolution dans les formes des sceaux. Les sceaux laïcs, sauf ceux des rois qui ne varient jamais, deviennent ovales, de ronds qu'ils étaient généralement. Les sceaux ecclésiastiques, presque tous en navette au xve siècle, deviennent d'abord ronds, puis au xviie siècle ovales, forme qu'ils conservent jusqu'à la Révolution. Cependant les exceptions ne manquent pas. Certaines maisons religieuses continuèrent jusqu'au xviiie siècle à sceller avec leurs vieilles matrices de sceau de forme ancienne qu'elles conservaient précieusement. Ces sceaux, plus vieux de deux ou trois siècles que les actes auxquels ils sont joints, se reconnaissent aisément à leur travail antique et surtout aux caractères qui composent leurs légendes. Quelques religieux conservent les vieilles formes traditionnelles, même dans leurs sceaux gravés au xviie siècle ; en 1603, Françoise de Quespray, abbesse de Gif, use encore d'un sceau en navette à son nom, de forme absolument archaïque, et représentant la Vierge debout sous un baldaquin, l'abbesse agenouillée à ses pieds [1].

---

1. Bibl. nat., mss. franc. 20905, n° 67.

La dimension du sceau semble avoir été en raison directe de l'importance sociale de celui qui le possédait. En 1186, Aymar de Poitiers, comte de Valence, a un sceau équestre de 55 millimètres ; en 1189, il reçoit l'inféodation du comté de Die et immédiatement troque ce sceau contre un autre de 63 millimètres [1].

Les plus grands sceaux sont ceux des rois de France ; le sceau de majesté de Charles VIII mesure 112 millimètres, ceux de Louis XI et de Henri II 115. Exceptionnellement ceux de Raymond, comte de Toulouse (1207), et de Philippe le Hardi, duc de Bourgogne (1403), mesurent également 115 millimètres, mais celui de Charles le Téméraire (pl. IX) ne dépasse pas 110 millimètres, et ceux de Louis, duc d'Anjou (1374), et de Humbert, ancien dauphin, patriarche d'Alexandrie (1354) (pl. XXII), mesurent 108 millimètres seulement [2].

Le plus grand sceau en navette que je connaisse est celui de Robert de Croy, évêque de Cambrai en 1529 (pl. XXVI, n° 2) ; il a 105 millimètres [3]. La moyenne des sceaux est très inférieure à ces dimensions exceptionnelles ; les sceaux équestres ne dépassent généralement pas 60 ou 70 millimètres et les sceaux armoriaux ont des dimensions moindres encore.

Les contre-sceaux, comme il est naturel, sont beaucoup plus petits ; ils ont en moyenne de 20 à 30 milli-

[1]. Roman. *Sceaux des familles seigneuriales de Dauphiné*, n°⁽ˢ⁾ 606, 607.
[2]. Tous les sceaux précédents ont été décrits par Douët d'Arcq.
[3]. Demay. *Inventaire des sceaux de Flandre*, n° 5859.

mètres. Quant aux signets ou anneaux, on en connaît de minuscules, depuis 5 millimètres, et rarement ils dépassent 20.

C'est au xv⁰ siècle et au commencement du xvi⁰ que les sceaux atteignent les plus grandes dimensions ; au milieu du xvi⁰ il se produit une diminution presque subite de leur diamètre et la dimension reste la même pendant deux siècles et demi.

*
* *

On ne connaît aucun sceau-matrice authentique pour les époques mérovingienne et carolingienne ; il ne subsiste plus de ce temps reculé qu'un certain nombre d'anneaux sigillaires [1].

Fig. 1. — *Anneau attribué à la reine Bertilde* (628-638).

Celui qu'on attribue à la reine Bertilde, femme du roi Dagobert (628-638), figuré ci-contre, peut donner une idée suffisante de leur forme et de leur composition [2].

---

1. DELOCHE. *Étude historique et archéologique sur les anneaux sigillaires et autres des premiers siècles du moyen âge.* Paris, 1900. in-8°.

2. *Catalogue de la vente du baron Pichon*, n° 16. Cet anneau a atteint à cette vente le prix de 3.500 francs.

A partir du xi⁰ siècle, quelques matrices de sceau authentiques sont venues jusqu'à nous ; elles deviennent de plus en plus nombreuses dans les siècles suivants.

Les plus anciens sceaux-matrices se composent d'un disque rond, gravé sur l'une de ses faces et sur le bord duquel est soudé un appendice de préhension débordant au dehors sur le même plan. Le sceau de Riquin, évêque de Toul (1108-1127), en fournit un excellent exemple [1].

Puis cet appendice disparaît et est reporté sur le revers du sceau. Il affecte d'abord la forme d'une arête médiane

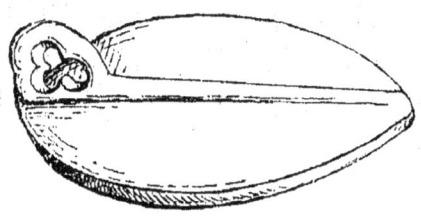

Fig. 2.

terminée sur un de ses côtés par un anneau de suspension soit simple, soit trilobé, tel que nous le montre la figure précédente.

Cette arête se transforme dans le courant du xiii⁰ siècle en une plaque verticale rigide, soudée à angle droit au revers de la matrice de sceau. Quelquefois cet appendice de préhension est élégamment ajouré, ciselé, orné de figures ou de rinceaux en relief ; naturellement ces matrices de sceau transformées en objets d'art sont fort rares [2]. La plupart de ces appendices sont sans orne-

[1]. Ce sceau est reproduit fig. 20.

[2]. Le sceau-matrice en argent du chapitre d'Embrun (xiii⁰ s.), qui appartient à M. Vallentin du Cheylard, est un remarquable spécimen de ces sceaux avec appendice orné.

ments ; un peu plus tard ils sont généralement percés d'un trou rond fait pour donner passage à une goupille destinée à fixer le manche en bois dans lequel l'appendice était encastré. Au xiv⁰ siècle on rendit plus portatif ce

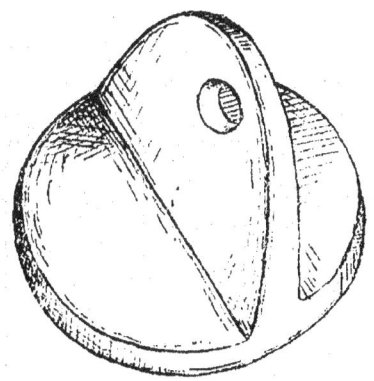

Fig. 3.

genre de sceau-matrice en transformant la plaque verticale rigide en plaque mobile, se rabattant au moyen de charnières, ce qui permettait de réduire l'épaisseur du sceau à 5 ou 6 millimètres. Les matrices de sceau de ce genre ont été en usage jusqu'au xvii⁰ siècle.

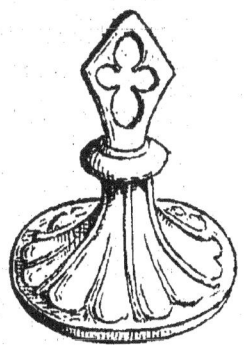

Fig. 4.

Les sceaux-matrices de petite dimension étaient presque

toujours surmontés d'un appendice conique terminé par un anneau soit simple, soit trilobé ou quatrilobé, comme on peut le voir dans la figure précédente. Quelques-uns particulièrement soignés, ornés le long de la tige d'anneaux ciselés et de folioles, sont d'une décoration élégante. Aux xviie et xviiie siècles, l'appendice conique plein se transforme en appendice à jour ; les cachets d'argent si communs, mais parfois si charmants, de la fin de l'ancien régime, sont les descendants directs, légèrement modifiés et allégis, de ces sceaux-matrices du moyen âge.

Telles sont les trois sortes de matrices de sceau les plus usitées, mais il en est d'autres d'un emploi moins fréquent.

Quelques-unes sont gravées sur leurs deux faces, chaque face correspondant vraisemblablement à un genre de scellement différent. J'ai déjà signalé le remarquable sceau en ivoire à double face de Foulques, évêque d'Amiens (1036-1056) ; je dois signaler encore celui d'Antoine Payan, chanoine de Châtillon, de la fin du xiiie siècle, sur lequel est gravé d'une part un château à trois tours, et de l'autre un pêcheur dans une barque tenant sa ligne [1]. D'autres matrices à appendice conique ont ceci de remarquable qu'elles pouvaient servir successivement de sceau et de signet. Leurs deux extrémités sont de dimensions différentes et aplanies, l'une étant à peu près le double de l'autre ; sur la plus grande sont gravées les armoiries et sur la moindre les initiales du propriétaire du sceau. Les matrices de Barthélemy Francon et de Pons de Salvio, toutes deux du xve siècle, ont

---

1. CHARVET. *Collection Dongé*, n° 483.

cette forme [1]. La collection Charvet renfermait un sceau-matrice du même genre, mais d'une forme différente : c'était une colonnette avec base et chapiteau ; sous la base étaient gravées les armes de N. Le Jay, conseiller des comptes, entourées d'une légende, tandis qu'au-dessus du chapiteau était gravé le même écusson sans légende (fin du XVIe siècle) [2].

Cette préoccupation de tenir réunis le sceau et le contre-sceau engagea quelquefois leurs possesseurs à les relier l'un à l'autre par une chaîne. On conserve aux Archives nationales le sceau en argent de l'abbaye de Saint-Denis, et aux archives de l'Ille-et-Vilaine celui des États de Bretagne ainsi attachés à leurs contre-sceaux par des chaînettes.

D'autres matrices de sceau au contraire étaient faites de manière à imprimer d'un seul coup les deux faces d'un sceau ; elles sont conçues de deux façons différentes. L'admirable matrice de sceau de Raymond de Mondragon, de 1200 environ (pl. I), se compose de deux disques métalliques réunis par une charnière et pouvant se rabattre sur un gâteau de cire placé entre elles [3]. Celle de Séguin de Porchères, de la fin du XIIIe siècle, est munie sur son pourtour de trois anneaux placés en triangle ; ils devaient s'insérer dans trois pointes soudées sur les bords de l'autre face de la matrice, que nous ne possédons plus, de manière à ce que tout fût en place pour le scellement. On connaît d'autres matrices du même genre munies de deux anneaux seulement.

1. La première est dans la collection Chaper à Grenoble, la seconde au Musée lorrain à Nancy.
2. CHARVET. *Collection Dongé*, n° 218.
3. Matrice de sceau conservée au Cabinet des médailles.

Dès le xiv° siècle, on trouve des sceaux-matrices en forme de boîte destinée à renfermer de la cire à sceller. Celui de Léon de Gavi se compose d'un récipient cylin-

Fig. 5. — *Sceau de Séguin de Porchères, vers 1280.*

drique en argent, en forme de barillet, pouvant s'ouvrir en deux parties égales, et se suspendre au moyen de deux anneaux saillants sur sa surface ; le sceau à type équestre est gravé à l'une des extrémités du barillet [1]. Cette boîte sigillaire était certainement destinée à renfermer la cire destinée à recevoir l'empreinte. Le désir de réunir dans un seul objet le cachet et la cire a donné naissance à ces tubes d'or ou d'argent, parfois très ornés, si nombreux aux xvii° et xviii° siècles, sur l'une des extrémités desquels est gravé un cachet, tandis que l'autre s'ouvre sur un vide intérieur qui peut renfermer un bâton de cire d'Espagne.

1. *Collection Charvet*, n° 1561.

On trouve encore au xvie siècle des sceaux gravés sur une tige cylindrique en fer; l'empreinte était donnée au moyen d'un coup de marteau appliqué sur l'autre extrémité. D'autres se composent d'une plaque métallique ayant au revers une longue pointe en fer soudée, destinée à être introduite dans un manche en bois. Les sceaux munis d'une douille dans laquelle était introduite l'extrémité d'un manche en bois ne datent que de la fin du xvie siècle; leur maniement facile les vulgarisa rapidement et ce mode de scellement fut bientôt adopté par le clergé, les tribunaux, les administrations. C'est le seul en usage aujourd'hui.

Il est important de remarquer que, dans le but de poser l'empreinte du sceau dans l'axe qui lui convenait et d'éviter, par exemple, que les personnages fussent placés la tête en bas ou les écussons renversés, on avait soin de marquer presque toujours l'extérieur de la matrice d'une étoile ou d'un autre petit signe destiné à en indiquer le haut. L'absence de ce signe est déjà une présomption de fausseté pour les sceaux-matrices les plus authentiques en apparence, car heureusement les faussaires ne s'avisent jamais de tout.

*
* *

L'art malhonnête de fondre ou de graver de fausses matrices de sceau ne date pas d'hier, il était cultivé au moyen âge. A la fin du xie siècle, Vitalis, orfèvre à Limoges, fabriqua une fausse bulle du pape Urbain II par ordre d'Humbaud, évêque de cette ville. Le pape reconnut la fraude et déposa l'évêque prévaricateur [1].

Depuis lors on n'a cessé de fabriquer de fausses matrices; celle d'Arnulf, comte de Flandre (918-965), a réussi à tromper d'habiles connaisseurs ; celle d'Alboin, évêque de Poitiers (937-962), a été tenue pour authentique par Benjamin Fillon [2] ; celle en ivoire et à deux faces du chapitre de Sens (XIe ou XIIe siècle), quoique de fabrication probablement moderne, n'a pas soulevé d'objections [3] ; celle de Guillaume des Roches, de la famille de Craon, a trompé Charvet qui cependant s'y connaissait [4].

Rien n'est plus malaisé que de distinguer une matrice fausse d'une vraie, puisque la fausse peut être faite d'après une empreinte prise sur un sceau authentique, coulée par des procédés qui, depuis le moyen âge, n'ont pas beaucoup varié, et retouchée au burin de manière à lui donner toute l'apparence d'un objet ancien. Le retrait du métal rend, il est vrai, les matrices fausses coulées plus petites que l'empreinte qui a servi à les fabriquer, c'est un moyen de reconnaître leur fausseté.

---

1. LECOY DE LA MARCHE. *Les sceaux*, p. 19. Robert d'Artois condamné comme faussaire en 1334 avait fait couper en deux dans le sens de la tranche un sceau royal, avait rattaché les cordons à une charte fausse fabriquée par ses ordres, et avait ensuite recollé sur eux les deux disques du sceau en les faisant chauffer (MORANVILLÉ. *Bibliothèque de l'École des Chartes*, 1887, p. 641).

2. FILLON. *Sceau d'Alboin, évêque de Poitiers* (*Archives historiques du Poitou*, 1872, p. 299).

3. QUANTIN. *Les sceaux du chapitre cathédral de Sens* (*Bulletin de la Société historique de l'Yonne*, 1861, n. 17).

4. BERTRAND DE BROUSSILLON et DE FARCY. *La maison de Craon*, t. I, p. 139, et *Catalogue Charvet*, n° 881.

Il est plus difficile de fabriquer de toutes pièces un sceau-matrice sans copier un modèle préexistant ; les quatre matrices citées plus haut sont inventées à plaisir et on peut constater, que pour celles de Poitiers et de Sens, le faussaire a joint un grènetis d'un aspect tout moderne à une composition archaïque, et cela seul suffit à dénoncer la falsification.

Toutes les matrices de sceau doivent être examinées à la loupe dans le plus minutieux détail avant de pouvoir être déclarées authentiques.

CHAPITRE VIII

MODE D'APPOSITION DES SCEAUX

Il n'existe plus d'empreinte d'anneaux sigillaires mérovingiens en place, mais un curieux objet publié par M. Deloche peut nous renseigner sur le procédé employé pour les faire [1].

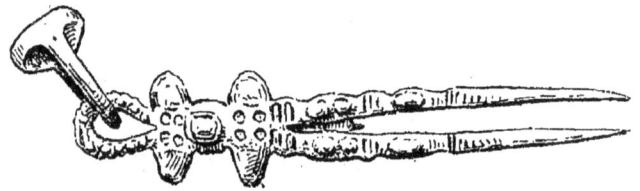

Fig. 6.

C'est une pince à deux pointes aiguës dans le haut de laquelle est engagé un anneau portant un monogramme et ne pouvant être retiré ; entre les deux bras de la pince s'allongeait une lame tranchante en acier tournant autour d'un axe ; la rouille l'a rongée, mais sa base existe encore. Pour sceller, on commençait par percer le parchemin avec les pointes de la pince, de manière à faire quatre trous disposés en croix ; faisant ensuite évoluer la lame

---

1. DELOCHE. *Une pièce sigillaire de l'époque mérovingienne.* Paris. 1909, in-8°.

tranchante autour de son axe, on coupait le parchemin par deux incisions qui se coupaient à angle droit dans l'axe des trous. On rabattait les quatre triangles de parchemin produits par cette opération ; on faisait passer à travers l'orifice ainsi ouvert une boulette de cire que l'on étalait sur et sous le parchemin et enfin on frappait l'empreinte.

Tous les sceaux mérovingiens, carolingiens (excepté, bien entendu, les bulles de plomb) et même ceux des premiers capétiens, ont été produits par une opération analogue, et ces sceaux rivés sur l'acte sont très solides ; les rois et les empereurs francs, les rois de Lorraine et de Bourgogne ont usé de ce procédé. Ce mode de scellement a été fort longtemps en usage concurremment avec celui de la suspension ; les évêques de Verdun ont encore des sceaux rivés en 1089, les comtes de Champagne en 1125, les évêques de Toul en 1127, les ducs de Lorraine en 1132. Le dernier sceau rivé qui soit connu est celui de Humbert III, comte de Savoie, en 1150[1].

Les bulles de plomb carolingiennes étant à double face étaient nécessairement suspendues ; les deux qui sont encore en place, celle de Louis II aux archives de Parme (874), celle de Charles le Gros dans celles de Munich (883), le sont. C'est évidemment à l'imitation des bulles que l'usage de suspendre les sceaux de cire s'est introduit. Les plus anciens sceaux de cire suspendus qui soient connus sont ceux de Richard, archevêque de Bourges (1067), et de Guillaume le Conquérant (1069)[2]. Les rois

---

1. Archives de l'abbaye de Saint-Maurice en Valais.
2. Archives nationales, K 20, n° 3 bis et n° 5. — Douët d'Arcq, Collection de sceaux, t. I, introduction, p. xxiii et n° 9998.

de France n'ont commencé que plus tard; jusqu'en 1108 Louis le Gros use encore de sceaux rivés; de 1108 à 1118 ses sceaux sont tantôt rivés, tantôt suspendus; à partir de 1118 ils ne sont plus que suspendus.

Il y eut deux procédés de suspension usités : sur double queue et sur simple queue. Le premier est le plus ancien.

On perçait dans le bas du parchemin une seule fente, ou deux fentes superposées ou juxtaposées, et on y faisait passer le cordon de suspension. On s'efforçait par de multiples combinaisons de nœuds, d'entrelacements, de rendre impossible l'enlèvement du sceau sans le mettre en pièces, pour éviter qu'on ne le transportât à un acte

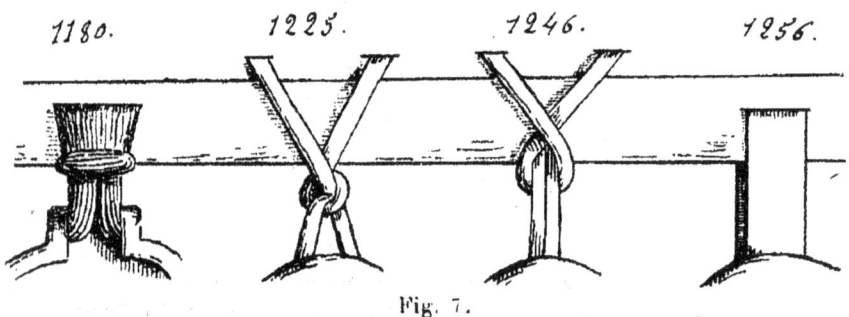

Fig. 7.

frauduleux. Les deux extrémités du cordon venaient se réunir dans le sceau lui-même qu'elles traversaient; quelquefois, pour plus de sûreté, l'un des lacets était ramené sur le côté et forme un angle droit avec l'autre. Le croquis ci-dessus montre quelques-uns des modes de suspension les plus usités [1].

[1]. Le premier exemple (1180), en lacs de soie non tissée, est pris dans le dossier de Courtenay aux Pièces originales du Cabinet des titres de la Bibliothèque nationale; les trois autres proviennent des chartes exposées dans la galerie des chartes du même dépôt.

Pour suspendre les sceaux on s'est servi de lanières de cuir souple, de cordons de fil, de laine, de soie et de bandes de parchemin. Les lanières de cuir sont les plus anciennes et on les trouve encore en usage dans la première moitié du xiiie siècle. A partir de 1180 environ, on trouve la soie, le fil et la laine. Quelquefois la soie est à l'état brut, c'est-à-dire en écheveau et non tissée ; mais le plus souvent on emploie des cordelettes ou des rubans plats tissés ou tressés, de plusieurs couleurs, quelquefois en damier et d'un joli effet. Quelques cordons sont aux couleurs des armoiries du sigillant ; d'autres sont ornés d'initiales et de devises. Une charte de Richard Cœur de Lion de 1190 porte un sceau suspendu par un cordon de soie verte sur lequel on a brodé quatre vers galants, cadeau de quelque noble dame à son royal chevalier [1]. Certains modes de suspension sont exceptionnels. Douët d'Arcq a signalé le sceau de Geoffroi, évêque d'Amiens en 1104, qui est suspendu par ses deux extrémités à des cordons distincts, comme pend une enseigne à deux tringles de fer parallèles. Il a signalé aussi ceux de Guillaume, évêque de Carcassonne, et de son chapitre (1248), suspendus aux deux bouts du même cordon que l'on avait fait passer dans le parchemin par deux trous différents. Une charte normande de 1205 nous montre les sceaux de seize barons divisés en deux groupes de huit, chacun d'eux suspendu à autant de rubans amarante tressés ensemble et sortant du même trou [2].

Il n'est pas rare que le même cordon supporte plusieurs

---

1. Delisle (Léopold). *Notice sur les attaches d'un sceau de Richard Cœur de Lion* (Bibliothèque de l'École des chartes, 1852-1853, p. 56).
2. Douët d'Arcq. *Collection de sceaux*, t. I, p. xxiv et xxv.

sceaux. Quelques-personnages suspendent leur signet au-dessous de leur grand sceau pour que le scellement soit plus solennel ; le grand sceau et le signet du dauphin Humbert II sont suspendus au même cordon à une charte de 1343 [1]. Une autre charte du milieu du XIIIe siècle porte suspendus à droite et à gauche les sceaux du prévôt d'Oulx et de l'abbé de Suze, et entre eux sont trois ficelles, chacune supportant trois sceaux superposés, ceux de divers ecclésiastiques auxquels le document a été communiqué et qui le reconnaissent par l'apposition de leur sceau [2].

Pour sceller sur simple queue, on détachait sur le bord inférieur de la charte une languette de parchemin qui lui restait attachée par une de ses extrémités et sur laquelle on apposait le sceau, en ayant soin que la cire entourât les deux côtés de la languette, qui, de cette façon, était noyée dans le sceau lui-même. Ce mode de scellement avait cet avantage que le sceau ne pouvait être détaché sans que la pièce ne fût détériorée et qu'on ne pouvait l'adapter à une autre, mais par contre, il manquait de solidité.

De nombreuses chartes portent plusieurs sceaux appendus par ce procédé. Douët d'Arcq cite un acte souscrit en 1320 par vingt-deux bourgeois de Crépy-en-Valois, auquel sont suspendus leurs vingt-deux sceaux par autant de petites bandes de parchemin détachées de la pièce [3].

L'usage du scellement sur simple queue de parchemin

---

1. Archives municipales de Briançon.
2. Archives municipales d'Embrun.
3. Douët d'Arcq. *Collection de sceaux*, t. I, p. xxv.

est très postérieur à l'autre ; on n'en trouve pas trace avant les dernières années du xiiie siècle, mais en revanche il fut très employé dans tout le cours du xive et du xve. Le scellement sur double queue était usité pour les actes importants et l'autre pour ceux d'un moindre intérêt.

Certaines chartes sont tellement surchargées de sceaux suspendus (quelques-unes en ont plus de soixante) qu'on dut, pour leur trouver une place, les faire remonter à droite et à gauche sur les bords latéraux.

Lorsqu'un acte était trop long pour être écrit sur une seule peau de parchemin, il fallait en coudre une seconde au bas de la première et quelquefois plusieurs autres : dans ce cas il était d'usage que les parties apposassent leur sceau sur chaque couture pour l'approuver. Quelques actes ont donc plusieurs sceaux suspendus sur leurs flancs outre ceux qui sont suspendus au bas.

L'usage de suspendre le sceau ne fit pas absolument disparaître celui de le plaquer ; un grand nombre de sceaux secrets de rois, de gouverneurs de provinces, de grands feudataires, sont plaqués sur une mince couche de cire étendue sur l'acte ; presque tous les actes en papier qui sont scellés le sont par ce procédé. Il est à peine besoin de dire que la plus grande partie des sceaux appliqués de cette façon ont aujourd'hui disparu, car la cire, extrêmement mince, s'est brisée dès qu'elle a été parfaitement sèche.

Les signets sont presque toujours plaqués, mais ils ont mieux résisté grâce à leur exiguïté et surtout à la précaution qu'on prenait souvent de faire dans le parchemin des piqûres qui retenaient la cire, ou mieux encore une incision triangulaire à travers laquelle on la faisait passer, ce qui rivait le signet sur l'acte. Au xv⁰ siècle l'usage fut très répandu de plaquer les signets au centre d'une grande croix tracée par le frottement d'une pointe de cire sur le parchemin, soit qu'on voulût obtenir ainsi une plus grande surface d'adhérence, soit simplement par un pieux usage.

Pendant la première moitié du xvi⁰ siècle, les actes sont munis soit de sceaux suspendus soit de sceaux plaqués ; à partir de 1550, sauf les grands sceaux des rois, des princes, des tribunaux supérieurs et de quelques personnages ecclésiastiques, on ne trouve plus que des sceaux plaqués.

CHAPITRE IX

TYPES DES SCEAUX[1]

Les graveurs de sceaux n'étaient pas obligés, comme les tailleurs de monnaies, de reproduire exclusivement et servilement les types qui leur étaient imposés, mais ils étaient contraints de suivre la mode et surtout de se conformer à la tradition si puissante au moyen âge. Or la mode a régné en maîtresse dans la conception des sceaux ; le sujet, le genre d'ornementation, se sont insensiblement modifiés au cours des siècles suivant le goût du jour ; les mêmes types, le même système de décoration ont été usités en même temps sur toute la surface de l'Europe civilisée, avec les seules divergences provenant des goûts artistiques variés des divers peuples. La tradition a été également toute puissante ; c'est elle qui

---

1. Ouvrages généraux : Douët d'Arcq. *Collection de sceaux des Archives*. Paris, 1863-1868, in-4°, 3 vol., 11840 sceaux. — Demay. *Inventaire des sceaux de la collection Clairambault*. Paris, 1885-1886, in-4°, 2 vol. 9708 sceaux. — Roman. *Inventaire des sceaux des Pièces originales du Cabinet des titres*. Paris, 1910, in-4°, 1 vol. paru, 8061 sceaux. — *Les dessins de sceaux de la Collection Gaignères* (Mémoires des Antiquaires de France, 1909, p. 42), 3340 sceaux. — Gray-Birch. *Catalogue of saels in the British Museum*. London, 1887-1900, in-8°, 6 vol. Voir le volume V. — Catalogues des collections *Charvet* (1883), baron *Pichon* (1897) et *Schuermanz* (1909).

a immobilisé les types et qui les a répartis entre les diverses classes de la société, de telle sorte que l'une ne pouvait usurper les types attribués aux autres.

Laissons de côté pour le moment les sceaux antérieurs au milieu du xie siècle, qui feront l'objet d'un article à part ; c'est la période d'incubation pendant laquelle les sceaux sont rares, barbares et presque toujours imités de l'antique. Les types en usage depuis la deuxième moitié du xie siècle peuvent être ramenés à un petit nombre, et il faut avant tout les diviser en deux sections, les types laïcs et les types ecclésiastiques qui dérivent de conceptions différentes et ne sauraient être confondus.

Les types généraux sont, pour les laïcs : la figure royale assise ou *type de majesté* ; le cavalier armé pour la guerre ou la chasse ou *type équestre* ; le personnage debout, en pied ou à mi-corps ou *type pédestre* ; le champ ou l'écu armorié ou *type armorial* ; la reproduction de monuments ou *type topographique*. Douët d'Arcq proposait de classer les sceaux des dames sous une rubrique particulière ; je crois cette division arbitraire, car les dames sont représentées à cheval, ce qui rentre dans le type équestre, ou debout, ce qui rentre dans le type pédestre ; je ne vois donc aucune raison plausible de leur assigner une place à part.

Les sceaux ecclésiastiques ont pour types les plus fréquents, un ecclésiastique debout, assis ou à mi-corps ou *type sacerdotal* ; Dieu, la Vierge, les saints ou leurs symboles, vénérés par le sigillant agenouillé ou même sans que le sigillant paraisse, type que Douët d'Arcq nomme légendaire, mais qu'il est, je crois, préférable de qualifier *d'hagiologique*.

Mais ce n'est pas tout ; une foule de types sigillographiques soit laïcs, soit ecclésiastiques ne rentrent dans aucune des catégories précédentes ; beaucoup de sceaux commandés par des personnes qui ne tenaient pas à se conformer à la mode régnante ou à la tradition établie, sont d'une conception qui s'en éloigne. Ils figurent des scènes de la vie publique ou privée, des têtes humaines, des animaux, des armes offensives ou défensives, des outils, des ustensiles, des astres, des végétaux, des monstres tels qu'en peut rêver l'imagination la plus capricieuse. Il est inutile de chercher à classer ces types divers sous des rubriques rigides et Douët d'Arcq les avait réunis sous le nom de *type arbitraire* auquel j'ajouterai les mots *et de fantaisie* pour en bien préciser le sens.

Les contre-sceaux diffèrent sensiblement des sceaux par leurs types et leurs légendes ; j'en traiterai à part dans deux articles consacrés l'un aux contre-sceaux des laïcs, l'autre à ceux des ecclésiastiques.

On trouvera à la suite un article particulier traitant des intailles et du rôle qu'elles jouent en sigillographie, et un autre relatif aux signets ou anneaux dont les types et les légendes diffèrent tellement de ceux des sceaux et contre-sceaux qu'ils ne peuvent être confondus avec eux.

Je vais essayer de dégager les caractères généraux de ces types divers.

SCEAUX LAICS

§ 1. — *Sceaux antérieurs à 1025* [1].

Je réunis dans un article à part ces très anciens sceaux, car ils proviennent d'une inspiration toute spéciale. Qu'ils soient, comme la plupart, imités de l'antique ou des byzantins, qu'ils soient une tentative de représentation figurée des princes auxquels ils appartiennent, ils sont séparés par un abîme des sceaux de la fin du xie siècle.

Les Capétiens ont absolument rejeté la bulle carolingienne et n'ont pas imité les types de leurs prédécesseurs, ou plutôt un seul type carolingien a eu de l'influence sur leurs sceaux, celui du roi à mi-corps, de face et couronné, qui a été l'origine du type de majesté, et ne fait son apparition qu'en 958 sous Lothaire.

Les sceaux des rois mérovingiens sont généralement en si mauvais état qu'on ne peut porter sur eux un jugement au point de vue de l'art. Ceux de Childéric Ier (458-481) (pl. II, n° 2) et de Sigebert II (638-656), dont les

---

[1]. MABILLON (DOM). *De Re diplomatica*, 1681, in-fol., 38 sceaux. — DOUËT D'ARCQ. *Collection de sceaux*, t. I, p. 267-270, 31 sceaux. — DELOCHE. *Étude historique et archéologique sur les anneaux sigillaires*. Paris, 1900, in-8°, 311 sceaux. — BRUEL. *Charles de Cluny*. Paris, 1876, in-4°, t. I, pl. II, 5 sceaux. — ROSEROT. *Notice sur les sceaux carolingiens des archives de la Haute-Marne*. Joinville, 1892, in-8°, 4 sceaux. — HALPHEN. *Recueil des actes de Lothaire et de Louis V (954-987)*. Paris, 1898, in-4°, 4 sceaux. — PILOT DE THOREY. *Inventaire des sceaux des archives de l'Isère*. Grenoble, 1880, in-8°, un sceau. — BLANCARD. *Monographie des sceaux des Bouches-du-Rhône*. Marseille, 1860, in-fol., un sceau.

matrices originales ont existé jusqu'à une époque récente, et qu'en conséquence on peut le mieux juger, ne sont que des pastiches des types monétaires contemporains des empereurs byzantins. Childéric Ier est représenté de face, les cheveux longs et noués, vêtu du paludament et tenant une lance verticale ; Sigebert II au contraire est figuré en buste de profil. Dagobert (628-638), Thierry III (688-691), Clovis III (691-693), Childebert III (695-711) (pl. II, n° 3), Chilpéric II (711-720), sont tous posés de face, autant qu'on en peut juger, leur longue chevelure tombant sur leurs épaules, et accompagnés parfois de croix gravées dans le champ. Childéric III (743-752) au contraire est représenté en buste, lauré, drapé et tourné à droite.

Les sceaux carolingiens sont plus nombreux que les mérovingiens, mieux conservés, d'une composition supérieure. Il faut observer tout d'abord qu'à la différence des princes mérovingiens, les Carolingiens ont fait pour leurs sceaux un usage fréquent d'intailles, soit antiques, soit gravées à leur époque.

Les effigies des Carolingiens, visiblement imitées de celles des empereurs romains, les représentent presque toujours de profil, laurés ou diadémés, et vêtus du paludament. Charlemagne (774) (pl. II, n° 4), Louis le Débonnaire (816) (pl. II, n° 5), Pépin d'Aquitaine (829 et 835), Lothaire (843), Charles le Chauve (843), Louis le Bègue (879), Carloman (882), Charles le Gros (886 et 887), Louis d'Outremer (936-954) et Charles le Simple (951), usent de sceaux ovales à ce type. Le sceau de Charles le Gros (pl. III, n° 1), le représente même avec la lance et le bouclier, imitation évidente des types impériaux.

Eudes (888-898), Zwentibold, roi de Lorraine (895-897), Louis l'Aveugle (921 et 929), roi de Bourgogne, Rodolphe Ier (932) et Conrad le Pacifique (943), ses successeurs, ont des sceaux de la même forme et du même type, de dimensions diverses. Les matrices étaient toujours formées d'intailles.

Les empereurs carolingiens ont aussi fait usage de bulles de plomb à double face, imitées des bulles byzantines, mais un certain nombre de celles qui sont venues jusqu'à nous, détachées de leur titre, inspirent une juste méfiance; plusieurs sont certainement fausses, soit qu'elles aient été inventées de toutes pièces, soit qu'elles soient des surmoulés modernes, comme certaines bulles d'argent.

Sur ses bulles authentiques, Charlemagne est figuré en buste, diadémé, vêtu du paludament et tourné à droite ; au revers est gravé son monogramme cruciforme. Charles le Chauve a un type un peu différent ; son buste est de face et sa tête tournée de profil ; au revers est aussi son monogramme. Sur l'une de ses bulles, Louis le Bègue est figuré en buste, regardant à droite, lauré et drapé et au revers est une inscription en plusieurs lignes transversales. Une deuxième bulle, très barbare, représente le même prince de face couronné et tenant un sceptre ; le revers est pareil au précédent. Enfin Charles le Gros est en buste, tourné à droite, lauré, vêtu du paludament et l'inscription du revers est dans une couronne de laurier.

Peu à peu, à mesure que les traditions de l'antiquité romaine s'obscurcissent, l'usage de la bulle et du profil lauré devient moins fréquent, et le sceau de cire, rivé sur l'acte et représentant l'empereur de face prédomine. Nous avons vu le type de l'empereur de face poindre sous Charles le Chauve et Louis le Bègue ; les sceaux de Lothaire (958, 966, 967) témoignent à cet égard d'une

Fig. 8. — *Sceau de l'empereur Lothaire*, 958-967.

évolution définitive. Il est représenté à mi-corps, de face, barbu, drapé dans un manteau retenu sur l'épaule par une agrafe, ceint d'une couronne à trois fleurons, tenant dans l'une de ses mains un sceptre, et dans l'autre un bâton de commandement. Ici on ne retrouve plus trace d'inspiration antique.

Hugues Capet et Robert, son successeur (vers 997) (pl. III, n° 2), copient servilement le sceau de Lothaire, à ce détail près, qu'ils tiennent un globe et un fleuron. Rodolphe le Fainéant, roi de Bourgogne (1011)[1], use

[1]. PILOT DE THOREY. *Étude sur la sigillographie du Dauphiné*. p. 12. pl. 31.

du même type de face et couronné. Nous le verrons se transformer en type classique de majesté.

* *

A côté de ces grands sceaux officiels, il existe un nombre assez considérable d'anneaux sigillaires. M. Deloche en a publié 311 et je ne crois pas que son excellent ouvrage ait épuisé la matière. Quelques-unes de ces bagues ont été, à tort ou à raison, attribuées à de grands personnages, à la reine Radegonde, femme de Clotaire, à la reine Bertilde, femme de Dagobert [1]; quand on constate quelle difficulté on éprouve à déchiffrer un monogramme d'une complication même élémentaire, on est naturellement porté à se renfermer à l'égard de ces attributions dans un certain scepticisme. La plupart de ces anneaux ne sont ornés, en effet, que d'un monogramme sans élégance, comme presque tous ceux du vɪᵉ au xᵉ siècle, dans les méandres duquel on peut à la rigueur retrouver les noms de *Ragnethramnus*, de *Marculfus*, etc. Un petit nombre porte gravées sur le chaton des représentations figurées soit isolées, soit associées à une légende, par exemple un buste de profil avec les mots *Graifardus felix*, *Antoninos*, *Abboneso*, etc.; deux bustes d'homme et de femme affrontés avec la légende : *Sabine vivas*; un lion, un oiseau. Quelques-uns ont pour chaton une intaille antique; la légende *Domnobertus feet*, par exemple, est gravée autour d'une représentation de l'Espérance ailée appuyée sur une ancre.

Les sceaux mérovingiens sont tous ovales; ceux des

---

1. Voyez cet anneau reproduit ci-dessus fig. 1.

Carolingiens également, sauf les bulles et quelques bagues qui sont rondes. Le sceau rond en cire ne commence qu'avec Lothaire (958), mais à partir de ce moment cette forme prédomine, sauf pour le sceau de Robert qui est en navette extrêmement surbaissée et entourée d'une large bordure guillochée.

§ 2. — *Type de majesté* [1].

Le plus ancien sceau français au type de majesté est celui du roi Henri Ier (1035) (pl. IV, n° 1). Ce type procède de la représentation du prince à mi-corps en usage depuis le règne de Lothaire, c'est-à-dire depuis quatre-vingts ans. C'est le même visage barbu, la même couronne à trois fleurons, la même draperie rattachée sur l'épaule et le même sceptre tenu dans la main. Complétez la silhouette du personnage en figurant sa partie inférieure, agrandissez légèrement le champ du sceau, et le type de majesté est créé.

Après la mort de son père, Philippe Ier monte sur le trône à l'âge de sept ans, et use du même sceau que Henri Ier, il n'y a que le nom de changé (1068); une simple substitution de nom a suffi pour inaugurer la chancellerie du nouveau règne. En 1086 seulement on se décida à faire graver un sceau nouveau sur lequel le roi est imberbe. Le trône aussi subit une modification

---

1. Douët d'Arcq. *Collection de sceaux*, t. I, du n° 32 à 136. — Bosredon (de). *Répertoire des sceaux des rois et des reines de France*. Périgueux, 1893, in-4°. — Stadler. *Sceau inédit de Philippe Ier* (Revue archéologique, t. III, p. 736).

complète; au lieu d'être une chayère architecturale, il se transforme en un siège dont les bras sont terminés par des avant-corps d'animaux. Les fleurons qui ornent la couronne et le sceptre se transforment rapidement en fleurs de lys.

Dès lors le type de majesté est parfait et, sauf quelques modifications de détail, il restera le même jusqu'à la fin de la monarchie capétienne. Le sceau de majesté de saint Louis (1240) nous offre un spécimen très pur de ce type (pl. V).

A partir de Philippe le Bel, le manteau royal est attaché par un fermail sur l'épaule gauche, tandis qu'antérieurement il l'était sur l'épaule droite. Louis le Hutin le premier (1315) surmonte l'effigie royale d'un petit baldaquin gothique. Philippe le Long (1317) étale derrière lui une draperie fleurdelisée qui va peu à peu se transformer en pavillon. Jean II (1353) pose les pieds sur deux lions. Charles V (1365) remplace les lions qui ornaient les bras du trône par deux dauphins. Le siège de Charles VII (1441) est orné de quatre dauphins. Sous Louis XI, la draperie que nous avons vu commencer à paraître sur le sceau de Philippe le Long est transformée en un vaste pavillon fleurdelisé qui enveloppe l'effigie royale (1461). Sous Henri II (1548), deux anges volant soulèvent les deux côtés du pavillon.

C'est Louis VII qui le premier orna le revers du grand sceau; lorsqu'il eut épousé Éléonore de Guyenne, il se fit représenter au revers armé de toutes pièces et galopant, en sa qualité de duc d'Aquitaine (1141). Après la répudiation d'Éléonore, il remplaça ce revers par un contre-sceau fait d'une intaille antique (1174-1176).

Sous Philippe-Auguste (1180) cette intaille fait place à une fleur de lys florencée; sous Louis VIII (1223), la fleur de lys est remplacée par un écu fleurdelisé. Philippe le Bel et ses trois fils, devenus roi de Navarre, joignent sur leur contre-sceau les chaînes de Navarre aux fleurs de lys de l'écu. Charles V surmonte l'écu d'une couronne royale et l'accompagne d'un sceptre et d'une main de justice (1365). Charles VI fait supporter l'écu par un ange tenant ces deux insignes (1392). Charles VII le fait supporter par deux anges tenant les mêmes attributs (1441), et depuis lors le type reste immuable.

Le grand sceau secret ou sceau secret en l'absence du grand n'a pas été invariable comme le sceau de majesté. Sous Philippe de Valois, il apparaît pour la première fois (1343) et représente un écu de France couronné. Sous Charles V (1376), c'est encore l'écu (pl. VI) mais surmonté du roi à mi-corps accompagné de deux dauphins[1]. Sous Charles VI (1380), le roi est figuré en pied et appuyé sur l'écu. Charles VII a deux grands sceaux secrets, l'un purement armorial (1461), l'autre qui est une réduction du type de majesté, le roi assis de face (1465). Le sceau en l'absence de Henri II est au type armorial et il cesse à partir de François II.

Les sceaux de régence dont on s'est servi pendant que saint Louis était en Orient (1270) et que Philippe le Hardi était hors du royaume (1285), ont pour type une couronne royale d'un très beau style. Ce type a probablement servi de modèle à la belle et rare monnaie de

---

1. Douët d'Arcq. *Collection de sceaux*, n° 64.

Philippe de Valois connue sous le nom de la *couronne d'or*.

Les petits sceaux secrets des rois de France sont fort nombreux et la plupart au type armorial ; je renvoie le lecteur aux chapitres consacrés à ce type et aux contre-sceaux.

*
* *

En principe, seul le roi de France pouvait faire usage du type de majesté ; cependant quelques princes possessionnés en France s'en sont servis, mais comme rois hors de France. Ces princes sont au nombre de quatre : le comte d'Évreux, roi de Navarre ; le comte de Provence, roi de Naples ; le duc d'Aquitaine et de Normandie, roi d'Angleterre ; et le comte de Toulouse [1].

Les rois de Navarre et de Naples étant de la maison de France, le type de majesté de leurs sceaux n'est qu'une copie de celui des rois de France. Les deux premiers rois de Navarre, Louis le Hutin (1315) et Philippe d'Évreux (1339), ont un sceau de majesté à revers équestre ; les deux autres, Charles le Mauvais (1366) et Charles III (1393), ont un revers armorial.

Charles d'Anjou, comte de Provence et roi de Naples (1271), tient, dans son sceau de majesté, le sceptre et le globe crucifère ; le revers est équestre. Le même type se poursuit, sans varier beaucoup, jusque sous le roi René (1452).

---

1. Un seul duc de Bretagne Jean V, en 1440, s'est permis d'usurper le type de majesté inconnu sous ses prédécesseurs, mais cette usurpaion n'a pas eu de suite.

Les deux autres dynasties princières n'appartenaient pas à la maison de France, aussi leur type de majesté offre-t-il des différences sensibles avec celui de nos rois. Guillaume le Conquérant, à peine monté sur le trône d'Angleterre, adopte un sceau sur lequel il est représenté d'un côté assis, couronné, tenant une épée droite et un globe, comme roi. Le revers (pl. VII, n° 1), dont il use comme duc d'Aquitaine et de Normandie, est équestre (1069)[1]. Ses successeurs jusqu'à Henri V copient servilement ce sceau. Henri V, adopté par Charles VI et se regardant comme devenu roi légitime de France, supprime le revers équestre et le remplace par un contre-sceau copié sur celui des rois de France.

Le sceau de majesté des comtes de Toulouse est également très différent de celui des rois de France. Constance, duchesse de Narbonne et de Toulouse (après 1194) (pl. IV, n° 2), tient une croix devant elle, un globe fleurdelisé, et est accostée du soleil et de la lune[2]. Son successeur Raymond VI (1201) a une épée posée transversalement sur ses genoux; Raymond VII (1218) est représenté de même, mais il tient de plus dans sa main élevée un petit château, peut-être le château Narbonnais de Toulouse; le revers des sceaux précédents est équestre. Simon (1217) et Amauri de Montfort (1224), pendant leur règne éphémère en Languedoc, adoptèrent pour leurs sceaux le même type de majesté, mais avec revers armorial. Les comtes de Toulouse étaient de race royale, apparentés aux rois d'Aragon, c'est ce qui explique l'usage qu'ils font du type de majesté. Quant à Simon de

---

[1]. Douët d'Arcq, Collection de sceaux, n° 9998.
[2]. Ibid., n° 741.

Montfort il se servit du même type, parce qu'il l'avait trouvé adopté par les comtes ses prédécesseurs.

La plupart des sceaux de majesté dont se sont servis les princes dont il vient d'être question sont à double face, l'une au type de majesté, comme rois à l'étranger, l'autre au type équestre, comme princes français vassaux de la couronne. Comme conséquence de ce principe, Louis le Hutin, lorsqu'il n'est plus duc d'Aquitaine, supprime le revers équestre qu'il a inauguré lorsqu'il a acquis ce duché par son mariage, et les rois d'Angleterre, au contraire, lorsqu'ils ont la prétention d'être rois de France, font disparaître de leurs sceaux le revers équestre dont ils usaient comme ducs d'Aquitaine et de Normandie.

§ 3. — *Type équestre* [1].

Le type équestre est celui des princes de la famille royale, des grands feudataires, puis, par extension, de tous les possesseurs de fiefs de haubert. Depuis 1106 où Louis, fils de France et futur Louis VI, avait un sceau équestre, jusqu'en 1724 au moins, où Louis d'Orléans, fils du Régent, avait un sceau du même genre [2], tous les princes de race capétienne, comtes d'Artois, de Provence, de Toulouse, ducs de Bourgogne, d'Orléans, dauphins de Viennois, sires de Bourbon, etc., ont eu des sceaux équestres.

1. DEMAY, *Le costume de guerre et d'apparat d'après les sceaux du moyen âge*. Paris, 1875, in-8°.
2. Le sceau de Louis de France est reproduit dans Mabillon (*De Re diplomatica*); un exemplaire du sceau de Louis d'Orléans m'appartient.

Le plus ancien que nous connaissions est celui de Geoffroi-Martel, comte d'Anjou (1040-1060). Depuis cette date les seigneurs laïcs se servent exclusivement de ce type jusqu'à la fin du XIIe siècle ; il est encore dominant au XIIIe, se fait plus rare au XIVe, rare au XVe et est tout à fait exceptionnel au XVIe siècle et dans les siècles suivants, sauf pour quelques princes du sang, les ordres de chevalerie et les ducs de Lorraine.

Il existe deux types différents de sceaux équestres : celui de guerre et celui de chasse.

Le premier présente les caractères généraux suivants : le seigneur, armé de toutes pièces, monte un cheval de bataille, brandit ses armes et tient son écu [1].

Les plus anciens sceaux équestres représentent le cavalier coiffé d'un heaume conique et ouvert, vêtu d'une longue cotte de mailles, tenant une lance ornée d'un gonfanon, ou droite et appuyée sur son épaule, ou projetée en avant ; son écu est serré contre sa poitrine. Geoffroi-Martel, comte d'Anjou (1040-1060), a la tête tournée de face, tandis que son cheval, sans caparaçon, marche au pas à droite. Ses successeurs jusqu'à Geoffroi V (1129-1151), Louis qui fut Louis VI, roi de France (1106), Thierri, comte de Montbéliard (1125-1160), et Raoul, comte de Vermandois (vers 1160), sont représentés d'une façon presque identique [2]. Guil-

---

1. M. Prinet a remarqué que les vassaux de l'empire germanique montaient plutôt un cheval tourné à gauche, à la mode allemande, et les vassaux du royaume de France un cheval tourné à droite. Mais cette règle comporte de nombreuses exceptions.

2. Bibl. nat. mss. lat. 5419, p. 90, 5446, p. 135, 5480, p. 380 ; mss. franç. 20370, p. 59. — JULES GAUTHIER. *Étude sur les sceaux des comtes et du pays de Montbéliard* (Mémoires de la Société d'émulation de Montbéliard, 1899, p. 341).

laume le Conquérant (1069) (pl. VII, n° 1) est figuré, comme duc de Normandie, à cheval, au galop, et sa lance à pennon reposant sur son épaule. La représentation du cavalier tenant une lance à pennon devient rare à partir du milieu du xıı⁰ siècle, mais elle ne disparaît pas absolument. En 1294, Pierre de Chambly porte encore cette arme offensive, et au milieu même du xv⁰ siècle, Guiot de Rye, galopant sur un cheval tourné à droite, tient un écu et une lance à pennon armorié reposant sur son épaule [1].

La lance sans pennon et tenue en arrêt ne se rencontre guère qu'à la fin du xıı⁰ siècle et au siècle suivant, et ce type n'a jamais été commun. On peut citer comme exemple la bulle barbare de Géraud Adhémar (1184) [2] et les sceaux d'Hugues, comte de Troyes (1118), de Roger-Bernard, vicomte de Foix (1276) et de Roger de Mauléon (1279). Celui de Geoffroy de Milly (1242) nous montre ce seigneur galopant et tenant des deux mains sa lance en arrêt sans indice de bride ni d'écu [3].

Dès le xıı⁰ siècle, c'est une large et forte épée que presque toujours tient le cavalier ; il la brandit derrière lui en fauchant. Très rarement elle est tenue droite contre l'épaule ; cependant Foulque d'Aunou (vers 1180) et Geoffroi de Richemont, duc de Bretagne (1184), la tiennent de cette façon. Très rarement aussi elle est pointée en avant comme sur le sceau de Jean de

---

1. Douët d'Arcq. *Collection de sceaux*, n° 245.
2. Voir cette bulle gravée fig. 43.
3. Pasquier. *Sceaux des comtes de Foix* (*Bulletin de la Société ariégeoise*, 1886, p. 293). — Douët d'Arcq. *Collection de sceaux*, n° 2839. — Bibl. nat. mss. lat. 5441, p. 495,

Varennes appendu à un acte de 1284[1]. L'épée depuis le xiie siècle s'allégit insensiblement, elle se fait peu à peu mince, courte et devient au xviiie siècle une simple épée de parade avec garde fort visible.

Parfois le cavalier est armé d'une lance à pennon sur une face du sceau et d'une épée sur l'autre, par exemple les comtes de Flandre, Philippe d'Alsace (1164) et Baudouin (1201)[2].

Les autres armes offensives ne sont représentées que tout à fait exceptionnellement. Trincavel, vicomte de Béziers (1247), brandit une masse d'armes ; Perseval de Rosans, seigneur de Bruis (1292), lance un javelot, et Louis, vicomte de Thouars (1350), s'appuie sur un épieu tenu verticalement[3].

Les armes défensives ont subi, au cours des siècles, des modifications beaucoup plus profondes que les armes offensives.

Le heaume est d'abord sans ornements, pointu et ouvert ; au xiie siècle, il s'augmente d'un nasal destiné à protéger la face ; puis le timbre s'arrondit ou s'aplatit et s'orne de brides ou de volets qui retombent par derrière en manière de couvre-nuque. Le sceau de Philippe d'Alsace, comte de Flandre (1170), nous offre un très beau spécimen des heaumes de cette époque (pl. VIII, n° 1)[4]. Quelques heaumes affectent la forme d'un cha-

---

[1]. LÉCHAUDÉ D'ANISY. *Extrait des chartes et autres actes normands.* — Bibl. nat. mss. lat. 5441, p. 303, et 5443, p. 126.

[2]. DEMAY. *Inventaire des sceaux de Flandre*, n° 139. — Bibl. nat. mss. lat. 5480, p. 318.

[3]. DOUËT D'ARCQ. *Collection de sceaux*, nos 760 et 1588. — Bibl. nat. mss. lat. 5449, p. 48.

[4]. DEMAY. *Inventaire des sceaux de Flandre*, n° 138.

peau à larges bords (Raoul, comte de Clermont, 1170 [1]), ou d'un cylindre élevé ; on ne trouve ce dernier qu'en Flandre. Au XIIIe siècle, le timbre arrondi se ferme au moyen d'une visière et d'une mentonnière grillagées, puis il se surmonte d'un cimier plus ou moins historié. Au XIVe siècle, le heaume devient très haut par la superposition d'un cimier immense, figurant un animal fantastique ou quelque objet étalé : vol, écran, cornes ornées de houppes ou de grelots. Au milieu du XVe, il s'arrondit de nouveau, la visière se relève et permet de distinguer les traits du cavalier ; le cimier perd de son importance et, au XVIe et au XVIIe siècle, il n'est plus qu'un panache.

Le bouclier ou écu, d'abord serré contre la poitrine, puis porté au bras gauche et vu en dedans quand le cheval marche de gauche à droite, est porté transversalement et verticalement à partir du milieu du XIIe siècle, c'est-à-dire du moment où il commence à se couvrir d'armoiries. Il devint parfois immense, disproportionné, jusqu'à cacher le cavalier tout entier comme sur le sceau de Robert de Poissy (1200) [2], et cela dans le but de faciliter la représentation des armoiries. Mais à mesure que les graveurs, devenus plus habiles, savent faire tenir un blason compliqué dans un espace restreint, l'écu se rapetisse et se suspend au cou du cavalier par une guiche. Les plus anciens sont ornés au centre d'un *umbo* et sont bordés de clous et de bandes de renforcement d'un dessin géométrique, qu'on a pris quelquefois bien à tort pour des pièces d'armoiries. Au XVe siècle, l'écu est très petit (Charles le Téméraire (1468), pl. IX),

1. Bibl. nat. mss. lat. 5424, p. 129-131.
2. Bibl. nat. mss. lat. 5481, n° 92.

au xvi⁰, il est triangulaire ou échancré (Charles, duc de Vendôme, 1530), puis il devient ovale (Louis, duc d'Orléans, 1724) [1].

La cuirasse est d'abord une longue cotte de mailles ou broigne rattachée à une pèlerine semblable fixée au heaume ; elle est quelquefois tellement longue qu'elle ne laisse visible qu'une faible partie de la jambe. Elle est souvent couverte d'écailles ou d'annelets. Les sceaux de Richard Cœur de Lion, comme duc d'Aquitaine et comte de Poitou (1185), en sont des exemples excellents [2]. Peu à peu elle se raccourcit et se recouvre d'une cotte d'armes plus ou moins ample. Généralement la cotte d'armes est plus courte que la cotte de mailles, mais quelquefois elle la recouvre entièrement. Artaud de Roussillon (1270) est vêtu d'une longue cotte échiquetée, c'est-à-dire à ses armes [3].

Peu à peu le cavalier prend une allure moins lourde : sa ceinture se dessine, sa cotte de mailles se transforme en cuirasse damasquinée terminée en jupe plissée, sur son épaule paraît l'épaulière, pièce métallique carrée, armoriée, destinée à protéger cette partie du corps contre les coups de taille, il porte des gants remontant haut sur l'avant-bras, des brassards, des cuissards, avec pièces de rapport destinées à faciliter le jeu des jointures, des solerets pointus avec pièces de recouvrement en queue d'écrevisse et des éperons avec molettes en étoile. L'épée que le cavalier tient à la main est attachée à la cuirasse par une chaînette. Le sceau de Robert

1. DEMAY, *Inventaire des sceaux de la Flandre*, n° 107. — Bibl. nat. mss. franc. 20393 n° 73 et mes archives.
2. Bibl. nat. mss. lat. 5441, p. 452, et 5480, p. 363 et 455.
3. ROMAN, *Sceaux des familles seigneuriales de Dauphiné*, n° 740.

de Fiennes, connétable de France, châtelain de Saint-Omer (1353-1364), nous offre un exemple excellent de toutes les dispositions précédentes [1]. Celui de Pierre de Chambly (1294) présente une singulière représentation de l'épée; le cavalier, tenant d'une main une lance et de l'autre son écu, ne peut tenir son épée qui, tirée hors du fourreau et retenue par une chaînette à la cuirasse, voltige derrière lui [2].

Au début la selle n'est pas représentée sur les sceaux, c'est une simple housse qui est posée sur le dos du cheval et retenue par la sous-ventrière ; au milieu du xiie siècle, le pommeau de la selle, le troussequin et les étriers deviennent visibles, aussi bien que le mors, le poitrail, la croupière et la bride. La selle à partir du xive siècle se hausse de plus en plus, et finit par emboîter le bassin du cavalier d'une façon absolument rigide. On peut voir cette disposition sur les sceaux de Charles le Téméraire et de Robert de Fiennes dont il vient d'être question.

Le cheval est d'abord nu ; à la fin du xiie siècle une housse apparaît sous la selle et au xiiie siècle elle se transforme en caparaçon, c'est-à-dire en une draperie flottante qui finit par couvrir le cheval tout entier, ne laissant visible que l'œil, la bouche et les quatre pieds. En réalité ce sont deux housses, l'une pour la partie antérieure, l'autre pour la postérieure avec une coupure sous la selle. La partie postérieure de la housse est seule figurée sur le sceau d'Aymar de Poitiers (1270) [3].

C'est à partir de 1200 que la housse se dessine et dès

---

1. HERMAND ET DESCHAMPS DE PAS. *Histoire sigillaire de Saint-Omer*. Paris, 1860, pl. VIII, n° 38.
2. DOUËT D'ARCQ. *Collection de sceaux*, n° 245.
3. Id., *ibid.*, n° 612.

le début elle se couvre de pièces héraldiques empruntées au blason du possesseur du sceau et adaptées à la surface à décorer. Le sceau de Robert Ier, comte d'Artois (1237), est un spécimen remarquable de cette ornementation magnifique [1].

Fig. 9. — *Sceau de Robert Ier, comte d'Artois*. 1237.

A la fin du XIIIe siècle le chanfrein se surmonte d'une aigrette parfois semblable à celle qui orne le heaume du cavalier. Hugues, baron de Faucigny (1314), et son cheval ont tous deux pour cimier un marmouset sans bras, debout dans une rainure de cerf [2].

1. Deschamps de Pas. *Sceaux des comtes d'Artois*. Paris, 1857, pl. I, n° 1.
2. Roman. *Sceaux des familles seigneuriales de Dauphiné*, n° 832.

La bride et le poitrail sont, au début, simples et sans ornements, mais à la fin du xiiie siècle ils acquièrent une grande importance, sont brodés, ornés de franges, de dandins et de sonnettes. Charles, duc d'Orléans (1440), inscrit même sur ces harnachements sa devise : *Ma voulenté* [1].

Je dois signaler trois exemples (je n'en connais pas d'autre) de dames vêtues du costume chevaleresque et enfourchant un cheval à la mode virile ; ce sont Garcende, comtesse de Provence (1220), qui galope, une lance en arrêt ; Galburge, princesse d'Orange (1256), et Galburge de Mévouillon (1259), qui brandissent des épées. Toutes trois sont armées de toutes pièces et coiffées d'un heaume clos [2].

On connaît aussi cinq exemples du type équestre écourté ou reproduit partiellement. On s'est contenté, dans ce cas, de graver le buste du cavalier — c'est-à-dire sa tête heaumée, l'écu porté transversalement, le bras brandissant l'épée par derrière — et une faible partie du vêtement. Le plus ancien spécimen de ce type se voit sur le petit sceau de Philippe de France, comte de Poitiers (1316), et on n'en trouve aucun autre après 1327 [3].

A mesure que les vêtements du cavalier et le harnachement du cheval deviennent plus somptueux et plus magnifiques, le champ du sceau s'orne à son tour ; au milieu du xive siècle, il est réticulé, grillagé, couvert de

---

1. Douët d'Arcq. *Collection de sceaux*, n° 948.
2. Blancard. *Iconographie des sceaux et bulles des Bouches-du-Rhône*, pl. V, n° 2, et pl. XXVII, n° 3. — Valbonnais. *Histoire de Dauphiné* etc., t. I, pl. VI, n° xii.
3. Prinet. *Bulletin du Comité des travaux historiques*, 1910, p. 63.

rinceaux. Autour du sceau de Philippe de Rouvres, duc de Bourgogne (1361), règnent deux cercles concentriques l'un de rosaces, l'autre de têtes barbues alternant avec des mufles de léopards. Celui de Louis d'Orléans (1401) est couvert d'un grillage compliqué dont les claires-voies renferment des aiglettes et des têtes de lions [1]. Celui de Charles le Téméraire (1468) (pl. IX) est semé de briquets, de lions combattant des monstres au milieu de feuillages et d'écus armoriés. Au XVIᵉ siècle, cette ornementation du champ disparaît.

*
* *

Le type de chasse se caractérise par les traits suivants : le cavalier, vêtu d'une longue robe, sonne de l'olifant, tient sur son poing un oiseau de vol et est accompagné de chiens, de bêtes fauves ou d'oiseaux dans le champ. Généralement la tête est nue, elle est quelquefois coiffée d'un capuchon (Guillaume, neveu de Gautier, châtelain de Saint-Omer, 1157) [2], ou d'un heaume (Isoard d'Aix-Artaud, 1239) [3]. Presque toujours le vêtement est une longue robe (Hugues Tyrel, 1133 ; Guillaume, seigneur de Gien 1184) [4] ; cependant les Montfort et les Lusignan, qui font un usage fréquent du type de chasse, sont souvent vêtus de la tunique courte ou cotte hardie. Rare-

1. Petit. *Histoire des ducs de Bourgogne.* Paris, 1905, t. IV, pl. IV, n° 1. — Douët d'Arcq. *Collection de sceaux*, n° 911.
2. Hermand et Deschamps de Pas. *Histoire sigillaire de Saint-Omer*, pl. V, n° 20.
3. Roman. *Sceaux des familles seigneuriales de Dauphiné*, n° 28.
4. Douët d'Arcq. *Collection de sceaux*, n° 3795.

ment les chasseurs brandissent des armes, c'est presque toujours l'olifant ou l'oiseau de vol qu'ils tiennent, cependant Renaud de Graçay (1159)[1] porte un épieu sur son épaule, et Guillaume de Lignières (1230)[2] en tient un en arrêt, tandis que son olifant voltige derrière lui. Le sceau de Simon de Montfort, comte d'Évreux (1211)[3], nous montre le type de chasse dans toute sa perfection (pl. VII, n° 2).

Les Lusignan, comtes de la Marche, ont particulièrement affectionné ce type et en ont fait usage de 1195 à 1308. Tantôt ils sonnent de l'olifant, tantôt ils tiennent un faucon au poing, tantôt le cheval galope, tantôt il marche au pas; il existe aussi quelques variantes dans le costume. Mais toujours le cavalier a la main droite posée sur le dos d'un animal accroupi sur la croupe du cheval. Cette curieuse particularité ne se rencontre pas ailleurs, et cet animal pourrait être un chien ou encore un de ces léopards apprivoisés pour la chasse dont les croisés avaient vu en Orient les princes arabes se servir[4].

Il faut noter que le type de chasse et le type de guerre se trouvent assez souvent associés sur le même sceau, l'un occupant la face, l'autre le revers. Bernard, seigneur d'Anduze, est représenté sur sa bulle du XIII° siècle, d'un côté galopant, l'épée haute, l'écu au bras et de l'autre sonnant de l'olifant et perçant de son épieu un sanglier placé sous le ventre de son cheval[5]. La plu-

---

1. Douët d'Arcq. *Collection de sceaux*, n° 2303.
2. Id., *ibid.*, n° 2587.
3. Id., *ibid.*, n° 708.
4. Id., *ibid.*, n°° 833 à 848. — Bibl. nat. mss. lat. 5450, p. 109, 120, 122, et 5480 p. 140, 141 et 201.
5. Bulle détachée appartenant à M. A. Blanchet.

part des grands sceaux des Montfort (1176-1234) sont d'un côté au type de guerre et de l'autre au type de chasse.

Le type de chasse comporte, naturellement, quelques différences pour les sceaux de dames. Les dames à cheval ont toutes à peu près le même costume et la même allure : coiffe plate à mentonnière, un faucon et une fleur au poing et dans l'autre main la bride ; elles sont assises à la manière des femmes sur une haquenée marchant au pas et couverte d'une housse. Voilà l'allure générale, les détails varient.

Constance, comtesse de Toulouse (1162-1172), tient un rameau à la main [1]. Mainsende, dame de Commegnies (1235) [2], tient un faucon et passe devant un grand écu armorié que son cheval déborde des deux côtés (pl. VIII, n° 2) ; elle réunit ainsi le type de chasse et le type armorial. La dame de Pierrepertuse en Languedoc (1240), coiffée d'un voile, tenant une fleur de lys, est vêtue d'une robe collante surchargée de broderies, et de longs effilés pendent du bord de sa housse [3]. Alix, comtesse de Duras (1264), est coiffée d'un mortier à mentonnière et sur sa robe est passé un étroit justaucorps ; la housse est brodée et ornée d'effilés [4]. Le sceau d'Alix de Mercœur, comtesse de Valentinois (1308) [5] est l'un des plus récents sceaux féminins à type de chasse ; comme dans la plupart des précédents des animaux apparaissent dans le champ (pl. X, n° 1).

1. Douët d'Arq. *Collection de sceaux*, n° 741.
2. Demay. *Inventaire des sceaux de Flandre*, n° 961.
3. Douët d'Arcq. *Collection de sceaux*, n° 3210.
4. Id., *ibid.*, n° 682.
5. Id., *ibid.*, n° 614.

Quelquefois les effigies du mari et de la femme se font pendant sur les deux faces du sceau. La dame de Pierrepertuse, dont je viens de parler, est au revers de son mari figuré en costume de guerre; la dame de Fougères (1163) paraît également au revers de son mari ; coiffée de longues nattes, elle tient une fleur de lys d'une main et un faucon de l'autre [1].

Nous avons constaté que le type équestre de guerre est demeuré en usage jusqu'au xviiie siècle; le type de chasse ne s'est pas, à beaucoup près, prolongé aussi longtemps, car il n'a pas dépassé le xive siècle.

* *

Une autre représentation équestre, différente des précédentes, se rencontre fréquemment sur les sceaux des magistrats municipaux [2]. Les maires, les consuls, les échevins ne pouvaient usurper les armes et l'allure des chevaliers; ils ne voulaient pas, non plus, être confondus avec les bourgeois et le peuple dont ils étaient les chefs; ils ont généralement adopté le type équestre de chasse en lui faisant subir quelques modifications.

La plupart sont représentés nu-tête, chevauchant au pas, et tenant appuyé sur leur épaule ou brandissant un bâton noueux ou recourbé. C'est le type adopté par les

---

1. Douët d'Arcq. *Collection de sceaux*, n° 2227.
2. Coetlogon (Cte de) et Tisserand. *Les armoiries de la ville de Paris, sceaux, emblèmes, devises, etc.* Paris, 1873, in-4°, 2 vol. On y trouve la reproduction d'un grand nombre de sceaux municipaux de la France entière. — Demay. *Sigillographie du moyen âge. Les maires et les échevins* (*Musée Archéologique*, 1877, p. 220). — Douët d'Arcq. *Collection de sceaux*, t. II, n°^{s} 5410 à 5855.

magistrats municipaux d'Hesdin (1211), de Roye (1228) (pl. X, n° 2) [1], de Poitiers (1303), de La Rochelle (1440), etc. D'autres tiennent à la main une simple baguette de commandement (Corbie, 1228; Boulogne, 1269; Laon, 1371; Chaudardes, 1308, etc.).

Quelques autres, en petit nombre, ont cru pouvoir se permettre, tout en restant nu-tête et en costume civil, de paraître l'épée à la main (Doullens, XIIe s.; Mantes, 1208; Pontoise, 1228, etc.). Le maire de Semur-en-Brionnais (XIVe s.) tient une épée et un écu aux armes de Bourgogne; autour de lui, six têtes sont censées représenter les conseillers de la commune [2]. Celui de Saint-Josse-sur-Mer (1230) tire son épée du fourreau; celui de Saint-Riquier (1291) brandit une masse d'armes. Le maire de Saint-Quentin (1308) est représenté à cheval, tenant un bâton noueux et accompagné de deux gardes du corps à pied armés de massues. Ceux de Wailly (1260) et de Chauny (1303) sont suivis par une troupe armée de lances, de pertuisanes, d'épées, de faux emmanchées et qui représente la garde bourgeoise [3].

Quelques maires se contentent de chevaucher paisiblement, la tête couverte d'un capuchon et un faucon au poing, celui d'Oléron, par exemple, qui se détache sur un champ semé d'étoiles. Le sceau le plus remarquable dans ce genre est celui de Dijon; le maire, un capuchon rejeté sur les épaules, tient un faucon au poing et chevauche au pas; il est au centre d'une bordure de vingt arcatures dont chacune renferme la tête de face

---

1. DOUËT D'ARCQ, *Collection de sceaux*, n° 5791.
2. *Catalogue Charvet*, n° 986.
3. DOUËT D'ARCQ, *Collection de sceaux*, n°ˢ 5758 et 5803.

d'un des membres du conseil de la ville (1308)[1].

Dans le midi de la France à Béziers (1226), Castelnaudary (1242), Rabastens (1242), Villemagne (1303), etc. certains sceaux municipaux représentent un cavalier armé de toutes pièces, heaumé, une épée ou une lance à la main et galopant sur un cheval de guerre ; je ne pense pas que ce soit le maire qu'on ait figuré sous ce costume chevaleresque ; j'y verrais plutôt ou le possesseur du fief ou l'administrateur royal, bailli ou châtelain. Dans le chapitre suivant, nous constaterons que certains chevaliers à pied, debout au milieu des magistrats municipaux, sont les prévôts royaux ou ducaux ; pour les cavaliers dont il est question ici, la preuve nous manque, mais je crois que, par assimilation, il faut interpréter ce type de la même manière.

En 1225 le sceau du gardien des foires de Champagne pour le comte représente également un cavalier marchant au pas et tenant un faucon ; la légende : *Sigillum ferentis sparverium*, est curieuse. Peut-être ce magistrat cumulait-il l'office de gardien des foires de Champagne avec celui de fauconnier du comte [2].

Le type du cavalier s'est prolongé beaucoup plus longtemps sur les sceaux municipaux que sur les sceaux seigneuriaux. En 1440 la ville de La Rochelle usait encore d'un sceau représentant le maire chevauchant et portant un bâton recourbé sur son épaule ; le champ est semé de fleurettes et d'un écu chargé d'une galère [3].

---

1. CHARVET. *Collection Dongé*, n° 506. — DOUËT D'ARCQ. *Collection de sceaux*, n°ˢ 5474 et 5475.

2. Bibl. nat., mss. lat. 5417, p. 275.

3. Bibl. nat. Cabinet des titres. Pièces originales, t. 176, dossier 10673, n° 2.

§ 4. — *Type pédestre.*

Les sceaux sur lesquels figurent des personnages en pied appartiennent à des chevaliers ou à des dames et, très différents suivant qu'ils appartiennent aux uns ou aux autres, ils doivent être étudiés à part.

Rares jusqu'au xive siècle, les figures viriles debout se multiplient à partir de cette époque ; pendant trente ans, de 1380 à 1410, ce type est l'occasion d'œuvres d'art tout à fait remarquables au point de vue décoratif, puis la mode change, et après 1460 le type pédestre disparaît.

L'une des plus anciennes représentations de la figure virile debout, que je ne puis passer sous silence quoiqu'elle apparaisse sur un sceau ecclésiastique, est celle de saint Victor (pl. XI, n° 1) sur le sceau de l'abbaye parisienne de ce nom (vers 1150)[1]. Le saint vu debout est de profil coiffé d'un heaume conique à long volet, vêtu d'une cotte de mailles descendant à mi-jambe, tient une épée large et courte et se couvre d'un long bouclier à *umbo*.

Quelques sceaux assez rares reproduisent ce type où le personnage est immobile. Jean d'Orléans use encore en 1359 d'un sceau sur lequel il est représenté tenant une épée, une lance et un grand écu et qui est absolument dans le style du xiie siècle [2].

Mais d'autres figures ont plus de mouvement et représentent des cavaliers démontés cherchant à se défendre

---

1. Douët d'Arcq. *Collection de sceaux*, n° 8326.
2. Demay. *Inventaire de la collection Clairambault*, n° 6898.

avec leur lance ou leur épée contre des charges de cavalerie. Gilles de Gorran (vers 1200), armé de toutes pièces, court l'épée haute et couvert de son écu [1], Jean Dore (1356) tient son écu et une lance transversale, la pointe en bas [2] ; enfin Guillaume de Choiseul (1367) tient son écu et une courte lance [3].

Ces sceaux, dans lesquels le chevalier semble aller au combat, ne persistent pas au delà de 1370 ; ensuite le personnage debout, armé de toutes pièces, revient à son immobilité et ne paraît être qu'un prétexte à l'exhibition d'un pennon ou d'un écu armorié auxquels il sert de support. Nicolas de Beaufort-Montboissier, par exemple, coiffé d'un heaume à cimier, tient une lance

Fig. 10. — *Sceau de Guillaume de Villiers*, 1384.

droite et un écu armorié (1374) [4]. Guillaume de Villiers,

1. Douët d'Arcq. *Collection de sceaux*, n° 2288.
2. Bibl. nat. Cabinet des Titres. Pièces originales, t. 1014, dossier 23165, n° 2.
3. Archives de la Côte-d'Or ; (communiqué par M. Coulon.)
4. Bibl. nat. Cabinet des Titres. Pièces originales, t. 240, dossier 5343, n° 7.

capitaine de Carantan (1384), est représenté de profil, armé de toutes pièces, la visière de son bassinet levée avec une grande plume pour cimier, l'épée au côté et tenant des deux mains une lance à pennon armorié ; il est entre deux panneaux couverts de rinceaux et de la

Fig. 11. — *Sceau de Guillaume de Laire*, 1407.

devise : *En bonne foy*. Ce sceau de forme carrée est des plus intéressants [1].

Geoffroi de Meingre dit Boucicaut, gouverneur de Dauphiné (1402), est debout de trois quarts, coiffé d'un heaume clos cimé d'un aigle, vêtu d'une cuirasse damas-

1. Bibl. nation. Cabinet des titres, pièces originales, T. 3021, dossier 66921, n° 37.

quinée, d'une jupe plissée et lacée, avec ceinturon à dandins, et sur le tout une courte houppelande à longues manches ouvertes. Il a une main sur le pommeau de son épée, tient de l'autre un pennon au dauphin et son écu est pendu à son cou par une guiche. Le champ semé de fleurettes est traversé par une banderole à devise [1].

Son successeur dans le gouvernement de Dauphiné, Guillaume de Laire (1407), est représenté nu-tête vêtu d'une armure complète damasquinée, le collier de l'ordre du camail au cou, l'épée au côté et tenant des deux mains l'écu de la province. Dans le champ est suspendu son bassinet cimé d'une grande corne faisant pendant à un écu à ses armes (Fig. 11) [2].

Ce type se modifie par l'adjonction de certains accessoires.

Jean de Ligne (1437), debout et nu-tête est vêtu d'une courte houppelande à longues manches sur un pourpoint quadrillé, serré à la taille par une ceinture à dandins à laquelle un poignard est suspendu : il a une main sur le pommeau de son épée, l'autre tient une lance ; son écu est pendu à son cou par une guiche ; à gauche son bassinet est appuyé contre un arbre ; à droite paraît la partie antérieure d'un cheval de guerre caparaçonné [3].

Jean Hardi, trésorier royal (1346) est figuré l'épée haute, un écu au bras, assis sur un lion, tandis que Philippe Gouhier (1357), armé de même, est debout sur un animal semblable, et qu'Itier de la Pérusse (1387),

---

1. ROMAN. *Sceaux des familles seigneuriales de Dauphiné*, n° 480.
2. *Ibid.*, n° 454.
3. DEMAY. *Inventaire des sceaux de Flandre*, n° 1228.

debout, armé de toutes pièces, tenant une lance droite et un écu ovale est accompagné de deux lions [1].

Gassion du Châtel (1372) est debout à côté d'un griffon accroupi ; Jean de Digoine (1380), nu-tête et en pourpoint est accompagné de deux griffons [2]. Aubert de Saint-Livière (1383), debout dans un cadre ovale, tient son écu à deux mains, sur un champ semé de six cygnes et de quatre listels sur lesquels le mot *Bon* est gravé. Jean Chartier, geôlier de Chartres (1404), tient une épée appuyée contre son épaule et il a à la main la clef de la prison dont il a la garde [3].

Les princes de la famille royale, les ducs de Berry, de Bourbon, d'Alençon et de Bretagne, ont porté le type pédestre à un degré de perfection qui n'a pas été dépassé. Jean, duc de Berry (vers 1380) est debout de face sous une riche arcature gothique, la tête ceinte d'une couronne de pierreries, vêtu d'une longue houppelande et tenant un sceptre ; deux niches latérales renferment un ours heaumé et un cygne portant au cou l'écu de Berry (pl. XII) [4].

Jean IV, duc de Bretagne (1380), est debout armé de toutes pièces, vêtu d'un pourpoint d'hermine, tenant une lance droite et appuyé sur son écu ; son heaume est dans le champ [5]. Louis, duc de Bourbon (1394), est

---

[1]. Bibl. nation. Cabinet des titres, pièces originales, T. 1370, dossier 30964, nos 2 et 3, et T. 1480, dossier 33546, n° 2. — DEMAY. *Inventaire de la collection Clairambault*, n° 4501.

[2]. ROMAN. *Inventaire des sceaux des pièces originales*, nos 2966 et 3976.

[3]. *Ibid.*, n° 2892.

[4]. DOUËT D'ARCQ. *Collection de sceaux*, n° 421. — Cabinet des médailles, Legs de Bastard.

[5]. DOUËT D'ARCQ. *Collection de sceaux*, n° 549.

debout sous un pavillon très orné, nu-tête, vêtu d'une cotte d'armes armoriée et tenant une épée haute; à gauche sur une colonnette est posé son écu timbré d'un heaume cimé d'une grande queue de paon [1]. Pierre, comte d'Alençon (1398), est debout de face, coiffé d'un chapeau de fleurs, vêtu d'une houppelande fleurdelisée, tenant une épée haute et l'autre main posée sur son écu; à côté de lui est accroupi un lion heaumé. Au fond est tendue une draperie réticulée semée de la lettre P, de fleurs de lis et de la devise : *Leaument* [2].

Ce type a donc produit des monuments d'une rare beauté décorative et il a été fort répandu. Le sceau de Jean de Montenay appendu à un acte de 1458 est peut-être le dernier spécimen qu'on en puisse signaler [3].

Quelques-uns des personnages représentés ne sont pas des combattants mais des chasseurs; leurs sceaux pourraient être nommés sceaux pédestres de chasse. Baudouin de Lobbes (1212) est représenté debout en tunique courte serrée à la taille, appuyé sur un épieu; Pons de l'Estable (1247) vêtu de même, porte un oiseau de vol sur chacun de ses poings gantés; enfin Jean Canard, chambellan du duc de Bourgogne (1390), debout sous un baldaquin gothique entre deux écus armoriés, tient également un faucon [4].

---

1. Douët D'Arcq. *Collection de sceaux*, n° 452.
2. *Ibid.*, n° 895.
3. Demay. *Inventaire de la collection Clairambault*, n° 6308.
4. Demay. *Inventaire des sceaux de Flandre*, n° 1237. — Roman. *Sceaux des familles seigneuriales de Dauphiné*, n° 353.

*
* *

Les représentations de dames debout sont extrêmement nombreuses, c'est le type féminin par excellence ; elles apparaissent au milieu du XIIe siècle pour disparaître à la fin du XIVe seulement.

Les dames sont d'abord coiffées d'aumusses ou de capuchons pointus, puis de mortiers généralement assujettis par des mentonnières, puis de voiles, de toques réticulées que dépassent leurs cheveux, de chapeaux de fleurs ou de longues tresses.

La robe est toujours très longue, assez étroite, serrée à la taille et couvrant les pieds ; quelquefois elle est armoriée. Le manteau, quand il en existe un, est d'abord relevé en plis lourds sur le bras, puis il est doublé de fourrures, étalé par derrière et retenu autour du cou par un fermail ou une chaînette. Quelquefois le manteau se raccourcit et les manches s'élargissent et s'allongent.

Les mains sont généralement gantées et l'une ou toutes deux tiennent un objet symbolique ou réel, fleur, oiseau de vol, etc. Par un geste très fréquent, une main touche le fermail ou la chaînette qui retient le manteau autour du cou.

Éléonore de Guyenne (1152 et 1200) est coiffée d'une aumusse pointue, et de lourdes draperies chargent ses avant-bras ; elle tient un rameau et un faucon [1]. Élisabeth, comtesse de Flandre (1170), coiffée d'un mortier rond à brides, vêtue d'une robe étroite et plissée, relevée

---

1. Bibl. nat. mss. lat. 5419, p. 81 et 5480, p. 265 et 486.

en plis lourds sur les bras, tient un faucon (pl. XIII, n° 1) [1]. Ode de Pougy (1221), vêtu d'une courte houppelande à longues manches, tient une fleur [2]. Marie de Quincy (1233) a une robe toute brodée de macles; le vêtement d'Isabelle de Beaumont (1290) est chargé d'animaux héraldiques [3]. Alix de Nemours (1265), coiffée d'une toque réticulée à mentonnières, les cheveux retombant en longues tresses, le manteau doublé de vair et les mains gantées, tient un faucon [4].

Quelques dames ont les mains vides. Yolande, comtesse de Soissons (1207), porte les siennes au fermail qui attache son manteau [5]; Mabille de Poitiers, dame de Montélimar (1290), a les bras croisés sur sa poitrine et est coiffée d'un bonnet à barbes pendantes [6]. Mais le plus grand nombre tient un objet à la main; Hélissinde de Trainel (1228) tient un rameau [7]; Agathe, dame de Pierrefonds (1183), une fleur de lys [8]; Isabelle de Hainaut, reine de France (1180-1190), une fleur de lys et un sceptre (pl. XIII, n° 2) [9]; Philippe de Nangis (1289), un sceptre seul [10]; Yolande, comtesse de Dreux (1208), tient des deux mains une fleur de lys contre sa poitrine [11]; Félicie de Gray (1267) tient d'une main un fau-

---

1. DEMAY. *Inventaire des sceaux de Flandre*, n° 140.
2. DOUËT D'ARCQ. *Collection de sceaux*, n° 3290.
3. *Ibid.*, n° 1359.
4. *Ibid.*, n° 3045.
5. Bibl. nat. mss. lat. 5473, p. 123.
6. ROMAN. *Sceaux des familles seigneuriales de Dauphiné*, n° 9.
7. DEMAY. *Inventaire de la collection Clairambault*, n° 9033.
8. Bibl. nat. mss. franc. 20368, p. 12.
9. DOUËT d'ARCQ. *Collection de sceaux*, n° 153.
10. Bibl. nat. mss. lat. 5467, p. 132.
11. *Ibid.*, mss. lat. 5418, p. 75.

con, de l'autre un écu posé devant elle ; Gila de Flouri (1320) tient un écu de sa main abaissée vers le sol [1] ; Alix de Bruit (1316) tient un écu de chaque main [2] ; Jeanne de Beaucey, comtesse de Pézenas (1370), en a un troisième suspendu au cou par une guiche ; Catherine de Juvincourt (1269) tient un livre [3] ; Marie de Nédonchel (1268), un anneau ; Mahaut, comtesse de Nevers (1257), tient un faucon et un olifant [4] ; Agnès de Faucigny (1263) lève les bras et tient un écu de chaque main [5] ; Alexandre de Rieulay (1297) porte un petit château à trois tours sur sa main levée [6] ; Philippe, dame de Saint-Venant (1269), tient un petit chien qu'elle caresse [7].

Il est assez rare que les dames soient représentées de profil ; on en trouve cependant quelques exemples. Amicie de Chanteloup (xɪvᵉ s.) est debout de profil, tenant un livre et lisant, et Marguerite de Villars-Thoire est de profil et tient un faucon et un leurre, sur le sceau brisé que nous reproduisons (pl. II, nᵒ 1).

Parfois l'ornementation du champ est intéressante. Marie, comtesse d'Auge (1255), flatte de la main un chien qui se dresse contre elle [8] ; Amicie, comtesse de Montfort (1220), est accompagnée de deux chiens et de deux rinceaux serpentant dans le champ [9] ; Marie des

---

1. Bibl. nat. mss. lat. 5470, p. 122.
2. *Ibid.*, p. 102.
3. Douët d'Arcq. *Collection de sceaux*, nᵒ 2516.
4. *Ibid.*, nᵒ 870.
5. Cibrario et Promis. *Sigilli de' principi de Savoia*. Turin, 1834.
6. Demay. *Inventaire des sceaux de Flandre*, nᵒ 1448.
7. Douët d'Arcq. *Collection de sceaux*, nᵒ 1583.
8. Bibl. nat. mss. lat. 5471, p. 140.
9. *Ibid.*, mss. lat. 5441, p. 260 et 261.

Hingettes (1392), de deux écus [1], et Isabeau d'Orchancourt (1397), de quatre écus armoriés; Blanche de Ponthieu, comtesse d'Aumale (1369), est accostée de deux dauphins [2]; Mahaut de Brabant, comtesse d'Artois (vers 1260), de deux lions [3]; enfin Laure de Montfort, comtesse de Grandpré (1267), se détache sur un semis de lionceaux [4].

Dès la deuxième moitié du XIII siècle, l'architecture se joint à la figure humaine dans les sceaux des dames; elles sont debout sous des baldaquins de plus en plus touffus et compliqués.

En 1223, Marie de Quincy, vêtue d'une robe brodée de macles, est déjà debout sous une demi-voûte en perspective crénelée et soutenue par un contre-fort. Les sceaux de trois comtesses d'Artois, Marguerite d'Artois (1302-1329), Jeanne de France (1329-1346) et Marguerite de Flandre (1361-1382), montrent la complication progressive de cette ornementation architecturale en moins d'un siècle [5]. Tandis que la première est sous un simple baldaquin soutenu par deux contreforts, la dernière est sous un monument composé de cinq voûtes surmontées de gâbles, de neuf clochetons, et supporté par des pilastres ornés de logettes contenant des anges. Un des plus beaux sceaux de ce type est celui de Blanche de Navarre, reine de France (1368) (pl. XI, n° 2). Elle est debout sous une riche voûte gothique,

---

1. Demay. *Inventaire de la collection Clairambault*, n° 4686.
2. *Ibid.*, n° 406.
3. Deschamps de Pas. *Sceaux des comtes d'Artois*, pl. I, n° 3.
4. Bibl. nat. mss. lat. 5473, p. 133.
5. Deschamps de Pas. *Sceaux des comtes d'Artois*, pl. II, III et IV, n°⁸ 6, 10 et 14.

couronnée, tenant un sceptre et accompagnée de deux écus [1]. Un des plus surchargés d'ornements est celui de Yolande de Flandre, comtesse de Bar (1373), debout sous un triple baldaquin, coiffée de nattes épaisses vêtue d'une robe étroite à longues manches; ses mains reposent sur des écussons supportés par des anges et des hommes sauvages. Le champ est couvert d'une tenture réticulée, les claires-voies ornées de bars, de lions et

Fig. 12. — *Sceau de Dragonette de Moirans*, 1250.

des chaînes de Navarre; deux femmes la soutiennent par le haut et deux hommes sauvages la soulèvent par le bas [2]. Ainsi qu'on en peut juger, ce type de la dame debout a toujours été en s'ornant et en se surchargeant de plus en plus.

Il est assez rare que les dames soient représentées assises. Cependant Iseldis, femme d'Hasculfe de Soligné (vers 1183), est assise sur un banc, étendant une

1. Douët d'Arcq. *Collection de sceaux*, n° 164.
2. *Ibid.*, n° 806.

main et tenant sur l'autre un oiseau de vol [1]. Jeanne d'Angleterre femme de Raymond IV, comte de Toulouse (1196-1199), est représentée assise sur un trône, une main posée sur son cœur et tenant de l'autre une petite croix devant sa poitrine [2].

Enfin le sceau de Dragonette, dame de Moirans (1250) nous retrace une scène complète. La dame coiffée d'un mortier et tenant une fleur de lys, est assise sur un siège orné d'avant-corps d'animaux; au-dessus d'elle un arbre s'arrondit en berceau. A sa droite, une servante agenouillée lui présente un miroir (Fig. 12) [3].

Plus rares encore sont les sceaux de dames qui les représentent en buste. Maneudis de Tourville, sur son sceau en navette, appendu à un acte de 1242, est figuré en buste très écourté, tournée de trois quarts à gauche et coiffée d'un mortier retenu par une mentonnière [4].

*
* *

Un grand nombre de sceaux municipaux représentent des personnages assis ou debout. Lorsqu'ils sont vêtus en chevaliers, heaumés, tenant l'épée et le bouclier, ce sont les prévôts ou autres officiers royaux ou seigneuriaux qui commandent dans la ville. En certains cas cela ne peut faire aucun doute ; sur un sceau de Salins en Franche-Comté, par exemple, un person-

---

1. Bibl. nat. mss. lat. 5476, p. 13. et 17.
2. *Catalogue de la vente du baron Pichon*, pl. VII, n° 227. Ce superbe sceau-matrice en argent, a atteint 3010 francs en vente publique.
3. ROMAN. *Sceaux des familles seigneuriales de Dauphiné*, n° 528.
4. Bibl. na . mss. lat. 5423, p. 133.

nage est assis accompagné de deux autres debout ; au-dessus de sa tête on lit le mot PPSIT' (*prepositus*), et à côté des autres le mot ECVINI. Ce sceau représente donc le prévôt et les échevins de Salins [1]. Ceux de Périgueux (1223), de Senlis (1228), de Vaucouleurs (1308), représentent un guerrier armé de toutes pièces qui ne peut être également qu'un administrateur royal, les échevins n'ayant pas droit d'usurper le costume chevaleresque. Il en est de même, à plus forte raison, lorsque le chevalier debout au centre du sceau, c'est-à-dire à la place d'honneur, est accompagné de personnages sans armes, nu-tête et en costume civil ; ces derniers sont certainement des magistrats municipaux.

A Compiègne (xiii° s.), le chevalier est accompagné de chaque côté de trois échevins ; à Soissons (1228), il est accompagné de chaque côté de sept échevins (pl. XIV, n° 1) [2]. Ce type intéressant a été imité à Douai, à Noyon et dans plusieurs autres villes du nord de la France.

A Pézenas le sceau de la commune représente un personnage couronné, tenant un sceptre, assis sur un trône et accompagné de trois petits personnages debout (1303). C'est vraisemblablement le roi de France, comte de Toulouse, et les consuls de la ville [3].

Les maires, consuls, échevins sont souvent figurés debout ou assis, tenant des baguettes ou des bâtons de commandement et en costume civil. Le maire d'Athies

---

1. GAUTHIER (Jules). *Inventaire des sceaux des juridictions souveraines et domaniales du comté de Bourgogne* (*Mémoires de l'Académie de Besançon*, 1884, p. 205).
2. DOUËT D'ARCQ. *Collection de sceaux*, n° 5802.
3. *Ibid.*, n° 5663.

(1228) est assis et tient un bâton de commandement, de même que les trois consuls de Saint-Flour (1308), les quatre de Peyrusse (1243), les cinq de Brétenoux (1309), les six échevins de Saint-Omer, qui sont placés sous un baldaquin architectural représentant, sans doute, la maison commune (1247), et les sept consuls de Figeac (1309) [1].

Le maire de Bruyères en Laonnais (1228) est debout en courte tunique, tenant un rameau d'olivier; celui de Laon, à la même date, tient une épée haute dans son fourreau; les deux consuls d'Issoire (1308), sont debout face à face, tenant des baguettes et encapuchonnés; les trois échevins de Fismes (1308) sont armés d'une épée, d'une lance et d'une pertuisane; les douze échevins de Doullens (fin du XIIe s.) marchent de profil sur trois rangs, les premiers portant des haches droites, les autres des haches sur l'épaule, et la légende est : *Hii sunt scabini*; enfin les cinq consuls d'Embrun (1250), debout de face, sont vêtus, les trois du milieu d'une tunique courte en leur qualité de bourgeois, celui de gauche d'une longue robe comme chanoine de Notre-Dame, et celui de droite du costume chevaleresque en sa qualité de noble [2].

Le maire, un bâton ou une baguette à la main, est quelquefois entouré de têtes qui sont censées représenter le conseil de la cité. Les deux échevins de Saint-Omer (1213), assis de face sur un banc, sont entourés de neuf

---

1. HERMAND ET DESCHAMPS DE PAS. *Histoire sigillaire de Saint-Omer*, pl. I, n° 2. — DOUËT D'ARCQ. *Collection de sceaux*, n°s 5468, 5742, 5815 et 5849.

2. DOUËT D'ARCQ. *Collection de sceaux*, n°s 5750, 5462 et 5482, 5767, 5771. — Archives municipales d'Embrun.

têtes qui semblent voltiger dans les airs [1]; celui de Troyes est entouré de douze têtes (1232), et celui de Dijon (xive s.) de vingt têtes [2].

Quelques-uns de ces sceaux municipaux offrent d'autres particularités qu'il n'est pas sans intérêt de signaler. Celui de Chaumont en Vexin (1211) représente le maire nu-tête, debout à côté d'une petite église ; celui d'Asnières (1252) tenant une baguette et une fleur de lys, est debout entre deux ânes dressés sur leurs pieds de derrière ; enfin le sceau de la ville de Beaune (1218) est orné d'une figure symbolique de la cité sous la forme d'une dame debout tenant une épée haute [3].

D'autres sceaux municipaux représentent des personnages à mi-corps en costume chevaleresque. Celui de Cappy (1228) figure un homme d'armes en buste, armé de toutes pièces, une hache d'armes sur l'épaule et placé sur un pont dont les extrémités sont fortifiées de tours [4]. Celui de Pont-à-Mousson (xive s.) est peu différent; le chevalier, le bassinet relevé, tient une lance et un écu aux armes de Bar [5]. Sur celui de Noyon (1259) le chevalier n'est pas sur un pont, mais sur une tour crénelée, et brandit une épée et une bannière [6].

Plusieurs de ces sceaux municipaux sont de grande dimension, avec face et revers, d'une composition remarquable et d'un travail achevé.

---

1. HERMAND ET DESCHAMPS DE PAS. *Histoire sigillaire de Saint-Omer*, pl. I, n° 1.
2. DOUËT D'ARCQ. *Collection de sceaux*, n°{s} 5475 et 5497.
3. *Ibid.*, n°{s} 5473, 5574 et 5575.
4. *Ibid.*, n° 5754.
5. *Catalogue de la collection Charvet*, n° 854.
6. DOUËT D'ARCQ. *Collection de sceaux*, n° 5786.

§ 5. — *Type armorial* [1].

Le type armorial est celui dans lequel le motif dominant est emprunté au blason, soit qu'il soit contenu dans un écusson, soit qu'il occupe tout le champ du sceau. C'est le plus répandu au moyen âge, mais il ne paraît pas avant la seconde moitié du xiie siècle, car c'est de cette époque seulement que date l'invention des armoiries.

Les armoiries sont des symboles destinés à permettre aux soldats d'une même troupe de se reconnaître sur le champ de bataille et elles sont la conséquence de l'invention du heaume à nasal qui, cachant la figure des combattants, les rendaient étrangers les uns aux autres. Pour pouvoir se reconnaître, ils ont dû faire peindre sur leurs boucliers ou leurs cottes d'armes des ornements se détachant en couleurs vives et tranchées et pouvant se distinguer de loin. Un bataillon recruté dans un même fief adoptait un symbole qui était la représentation de ce fief; ces symboles, transmis de génération en génération, sont devenus les armoiries.

Déjà en 1256 les armoiries portaient le nom d'*arma*; sur le contre-sceau de Béatrix de Savoie, comtesse de Provence, on lit, à cette date, autour d'un écu à la croix de Savoie : *Arma comitis Sabaudie et marchis Ithalie* [2]. L'écu portait dès 1211 le nom de *clipeus*; autour de l'écu d'Alard de Croisilles, on lit à cette date: *Clipeus*

---

[1]. DEMAY. *Le blason d'après les sceaux du moyen âge.* Paris, 1877. in-8°

[2]. DOUËT D'ARCQ. *Collection de sceaux*, n° 1108.

Alardi[1]. On le trouve aussi nommé *scutum* ou *escu* ; *Sub scuto patris mei est meum secretum*, lisons-nous en 1233 sur le sceau de Marguerite, dame d'Avaugour; *Soi l'escu mun pere sūt mi secre*, sur celui d'Isabelle, dame de Fougères (1253)[2].

Je ne veux pas faire ici un cours d'héraldique[3]; il me suffira de faire remarquer que, dès le début du xiiie siècle, les règles de cette science sont parfaitement arrêtées, et sont, autant qu'on en peut juger, celles qui demeurent encore en vigueur. A la même époque, les pièces et meubles de l'écu, qu'ils soient des pièces géométriques, des animaux, des végétaux, etc., sont exactement les mêmes que maintenant, ainsi que les diverses brisures destinées à faire distinguer les membres d'une même famille. L'art héraldique s'est immobilisé dès sa création.

Le type héraldique ou armorial a régné sans interruption dans les sceaux de la deuxième moitié du xiie siècle à 1790, mais la forme des écus et l'ornementation des accessoires, timbre, cimier et supports a varié à l'infini. Voici la marche de ce type :

D'abord quelques symboles héraldiques apparaissent accessoirement dans le champ des sceaux équestres. Enguerran de Candavène, comte de Saint-Pol (1141-1150), est représenté sur son sceau, galopant et brandissant son épée ; dans le champ, sont gravées des gerbes d'avoine

---

1. Douët d'Arcq. *Collection de sceaux*, n° 1969.
2. Demay. *Inventaire des sceaux de Normandie*, n° 267. — Douët d'Arcq. *Collection de sceaux*, n° 1261.
3. M. Max Prinet doit publier dans la collection de manuels historiques publiés par M. Picard, un Manuel de science héraldique, ce qui me dispense de m'en occuper ici.

qui constituent depuis lors les armoiries de son illustre maison [1]. Puis, dès 1160, les armoiries apparaissent sur les boucliers que portent les cavaliers. En 1187 [2], l'écu armorié fait son apparition dans le champ du sceau concurremment avec des symboles héraldiques non contenus dans un écu. Dès 1208, on voit paraître autour de l'écu quelques pièces accessoires en manière de supports. Vers 1210, l'écu devient très allongé et est beaucoup plus fréquent que le champ armorié. A partir de 1250, l'écu est généralement contenu dans un encadrement orné de dentelures et de fleurons. Vers 1325, l'écu se penche et se surmonte du heaume cimé lui-même d'un objet quelconque et est soutenu par des personnages ou animaux nommés supports. Après avoir dominé jusque dans la première moitié du XVIe siècle, ce type est remplacé par celui de l'écu découpé en cartouche à la mode italienne et entouré de feuillages stylisés et de banderoles. A la fin du XVIe siècle l'écu affecte la forme ovale qui reste en usage jusqu'à la fin du XVIIIe siècle.

Au début, comme je viens de le dire, les armoiries remplissaient fréquemment le champ du sceau sans être contenues dans un écu.

Un des exemples les plus topiques de cet usage se voit sur le sceau de Guillaume d'Aix-Artaud (1212) [3]. Sur une face le baron est représenté à cheval ; sur l'autre se voient trois châteaux à trois tours inégales, très

---

1. DEMAY. *Inventaire des sceaux de l'Artois*, n° 69.
2. Millin (*Antiquités nationales*, t. IV, XLIX, pl. III) nous a conservé le dessin d'un sceau armorial de Roger, sénéchal de Meulant appendu, dit-il, à un acte de 1174, mais ce sceau n'a pas été retrouvé et peut-être y a-t-il là une erreur de date.
3. ROMAN. *Sceaux des familles seigneuriales de Dauphiné*, n° 27.

ornées et posées 2 et 1, sans aucune légende. Ces trois châteaux sont les armoiries que la famille d'Aix-Artaud a toujours portées. Le revers du sceau-matrice de Raymond de Mondragon (pl. 1) porte dans le champ les deux dragons monstrueux à face humaine et caressant leur longue barbe qui sont les armoiries de sa famille.

Cette figuration des armoiries dans le champ du sceau, fréquente au début du XIIIe siècle, va toujours en se raréfiant ; à partir de 1250, elle n'est plus très commune et l'un des derniers exemples que j'en puisse citer est le sceau de Robert le Veneur en 1326, sur lequel figure dans le champ une croix cantonnée de quatre lionceaux [1].

Le plus ancien sceau à écusson armorié que j'ai trouvé date de 1187. La forme primitive de l'écu est celle d'une toupie, on la trouve sur le sceau de Robert de Chartres (1193) [2] et sur plusieurs autres jusqu'à 1230 environ. Puis l'écu s'effile, s'allonge et sa silhouette affecte des formes très diverses. Celui de Garin de Belloy (pl. XIV, n° 2) a une forme amygdaloïde, c'est-à-dire que sa partie supérieure est demi-circulaire (1212) [3]. Celui de Silvion de Clérieu (1249) a, au contraire, le haut très échancré ; celui de Guillaume d'Entremonts (1228) a la barre supérieure rectiligne [4]. On ne peut rien induire, du reste, de ces variétés dans les formes de l'écu, pas même une date ; Gaucher Adhémar de Monteil, par exemple, use

---

1. DEMAY. *Inventaire de la collection Clairambault*, n° 9323.
2. DOUËT D'ARCQ. *Collection de sceaux*, n° 1738.
3. DEMAY. *Inventaire des sceaux de Picardie*, n° 139.
4. ROMAN. *Sceaux des familles seigneuriales de Dauphiné*, n°s 259 et 346.

en 1335 d'une bulle ornée sur chaque face d'un écusson, l'un est en pointe, l'autre est arrondi par le bas [1].

L'écu affecte les formes les plus variées. Deux frères, Artaud et Odilon de Montellier (1276), ont l'un un écu absolument rond et l'autre un écu en forme de cadenas [2]; Guillaume de Plessier (1354) a un écu ovale; Élisabeth de Saint-Vérain (1262), un écu en losange et c'est l'un des plus anciens exemples de cette forme qui, au siècle suivant, sera ordinairement adoptée par les dames [3]; Catherine de Vendôme, duchesse de Bourbon (1374), a un écu quadrangulaire ou en bannière [4].

Au xve siècle on trouve des écus ovales, octogones, en forme de palette, contournés sur les bords. A partir de la fin du xve siècle l'écu est souvent en forme de cartouche, déchiqueté au sommet et irrégulièrement incurvé sur les flancs. A partir du milieu du xvie, la forme ovoïde domine jusqu'à la Révolution.

*
* *

Le sceau armorial simple, c'est-à-dire ayant pour type un écu sur champ vide, se rencontre jusqu'au cours du xvie siècle, mais dès la deuxième moitié du xiiie, deux détails d'ornementation font leur entrée dans le champ des sceaux armoriaux. D'abord indépendants

---

1. Bibl. nat. Nouv. acq. lat., 2525, n° 1.
2. ROMAN. *Sceaux des familles seigneuriales de Dauphiné*, n°[s] 544 et 545.
3. DOUËT D'ARCQ. *Collection de sceaux*, n° 3554. — DEMAY. *Inventaire de la collection Clairambault*, n° 7218.
4. Bibl. nat. mss. fr. 20392, n° 19.

l'un de l'autre, ils vont se combiner au xiv⁰ siècle et modifier profondément l'allure de ces sceaux, je veux parler de l'encadrement et des supports.

L'encadrement est une combinaison de lignes géométriques, entourant l'écusson et ornant le pourtour du champ du sceau. Les plus anciens sont aussi les plus simples et consistent très souvent en une étoile à huit pointes, tracée par deux traits parallèles. Les sceaux d'Aymar de Poitiers (1278), de Guillaume d'Aix-Artaud (1279)[1] et beaucoup d'autres à la même époque, sont ornés de cet encadrement géométrique. Puis le dessin se complique. D'abord on intercale des fleurons dans les angles rentrants, puis l'encadrement est formé d'angles et d'hémicycloïdes combinés, ou d'angles aigus et d'angles obtus, ou d'accolades et d'arcs brisés alternés. Sa silhouette devient un trilobe, un quadrilobe, une rosace ; au xiv⁰ siècle, tous les vides de l'encadrement sont remplis de fleurons, d'animaux, de symboles pieux, de dentelures ajourées, de toutes les combinaisons, en un mot, dont s'est servi l'art gothique pour orner les monuments qu'il a créés.

Parfois cette décoration pèche par la surcharge, mais souvent elle est sobre, élégante et remarquablement étudiée. Le sceau d'Aymar de Poitiers (1354), par exemple, comporte un encadrement à six angles, dans chacun desquels est un écusson triangulaire et les vides extérieurs contiennent des lions et des dragons accroupis[2].

1. ROMAN. *Sceaux des familles seigneuriales de Dauphiné*, n⁰ˢ 32 et 619.
2. PILOT DE THOREY. *Inventaire des sceaux des archives de l'Isère*, n⁰ 29.

Celui de Raoul de Louppy (1364) figure un encadrement trilobé; dans les angles extérieurs sont inscrits trois *oculus*, séparant des ouvertures triangulaires allongées [1]. Dans le petit sceau du dauphin Humbert II (1340), l'écu est dans un encadrement de quatre angles à tiers-points et de quatre angles aigus alternés, chaque

Fig. 13. — *Sceau de Raoul de Louppy*, 1364.

arc renfermant un petit personnage et les vides extérieurs des rosaces [2]. Le sceau de Baudouin de Créquy (1345) est orné de quatre arcs brisés travaillés à la façon d'une fenêtre gothique (pl. XV, n° 1) [3]. L'écu de Jeanne de France, comtesse d'Artois (1329-1346), est contenu dans un triple encadrement composé d'abord de six hémicycloïdes, puis d'un cercle, enfin de six angles aigus ornés

---

1. Roman. *Sigillographie des gouverneurs de Dauphiné*, pl. II, n° 3.
2. Roman. *Sceaux des familles seigneuriales de Dauphiné*, n° 852.
3. Demay. *Inventaire des sceaux de Flandre*, n° 742.

chacun de trois roses et séparant autant de cercles armoriés [1].

Toutes les combinaisons possibles de lignes droites ou courbes ont concouru à produire les encadrements des sceaux armoriaux et le caprice décoratif des graveurs s'y est donné libre carrière.

Ils ont même été jusqu'à utiliser, pour encadrer les écussons, les motifs architecturaux; quelques-uns sont sous des baldaquins gothiques, comme ceux de Jean Lempereur, trésorier (1359), et de Charles le Mauvais, roi de Navarre (1377). Ce dernier, placé dans une élégante niche, est timbré d'une branche fleurie, becquetée par deux oiseaux, et supportée par deux lévriers et deux lions [2].

*
* *

En même temps que l'encadrement apparaissent les supports, c'est-à-dire des objets côtoyant l'écu et étant censés les soutenir. En 1217, Urson de Merville accompagne son écu de deux candélabres à trois pieds [3], et en 1249 et 1257 deux clefs en pal flanquent à droite et à gauche les écussons de Silvion I et de Silvion II de Clérieu [4]. Il n'y a pas de doute, ce sont bien là des supports.

C'est certainement le type équestre du xiie siècle, dans

---

1. DESCHAMPS DE PAS. *Sceaux des comtes d'Artois*, pl. IV, n° 10.
2. DEMAY. *Inventaire de la Collection Clairambault*, n°s 3305 et 6667.
3. DOUËT D'ARCQ. *Collection de sceaux*, n° 233.
4. ROMAN. *Sceaux des familles seigneuriales de Dauphiné*, n°s 259 et 261.

lequel l'écu, porté verticalement, était dépassé par la tête heaumée du cavalier, qui a donné l'idée de timbrer l'écusson avec un heaume. D'abord il est posé à plat sur la barre supérieure de l'écu, puis dans la première moitié du xivᵉ siècle, comme l'écu perd généralement sa position verticale pour se pencher de droite à gauche, le heaume est placé de profil sur son angle supérieur. Souvent on aperçoit la guiche, ou courroie, qui prenant naissance sous le heaume, vient se rattacher à des anneaux fixés sur les côtés de l'écu et est censée le soutenir. Ce type n'est qu'un fragment du type équestre; il a débuté par un buste de cavalier heaumé et portant un écu transversal [1].

En même temps l'écu s'entoure de supports. Un des plus anciens exemples qui existe de ce type complet se voit sur le sceau de Gaucher Adhémar de Monteil (1335); l'écu y est penché, timbré du heaume de profil, cimé d'un dragon, et supporté par deux petits personnages à pied [2]. Un des plus élégants exemples de ce type arrivé à sa perfection se voit dans le petit sceau de Pierre, duc de Bourbonnais (1352) (pl. XV, n° 2) [3].

L'encadrement, dont j'ai parlé plus haut, se combine immédiatement avec l'écu heaumé et supporté; dès lors le type est parfait et il restera tel, sans se modifier sensiblement, jusqu'au milieu du xviᵉ siècle, produisant des décorations très riches et très variées.

Les deux supports sont généralement semblables, mais parfois ils diffèrent l'un de l'autre lorsque l'écu est

---

1. Voir ci-dessus p. 88.
2. ROMAN. *Sceaux des familles seigneuriales de Dauphiné*, n° 15.
3. DOUËT D'ARCQ. *Collection de sceaux*, n° 150.

parti ou écartelé de deux blasons différents ; alors le graveur a souvent emprunté à chacun des blasons l'un de ses supports traditionnels.

On trouve comme supports des anges, des dames, des hommes sauvages, des magiciens à bonnet pointu orné d'une aigrette, des lions, des griffons, des léopards, des dragons, des aigles, des cerfs, des renards, des chevaux, des ours, des hermines, des chats-huants, des chameaux, des sirènes à queue de poisson, des dauphins, des tours, des arbres, etc. Quelquefois les animaux-supports sont heaumés ; en un mot le goût bizarre du moyen âge s'est donné libre carrière dans ce motif de décoration. La matrice du sceau de Jean de Fiennes (xve s.), qui m'appartient, est un spécimen excellent de ce type. L'écu est penché, timbré d'un heaume de profil, cimé d'une tête de cerf et supporté par un lion et un griffon d'un très beau style. La légende est inscrite sur une banderole (pl. XV, n° 4).

Outre les supports symétriques et pour ainsi dire parallèles, il en existe d'autres d'un modèle différent ; ils consistent en un seul personnage, homme d'armes, homme sauvage, dame ou ange, portant l'écu, mais ici le personnage n'est qu'un accessoire et non plus, comme dans le type pédestre, le possesseur du sceau lui-même représenté.

L'ange debout ou à mi-corps, tenant l'écu à deux mains devant lui, est surtout un support des sceaux ecclésiastiques ; on le trouve cependant, quoique plus rarement sur les sceaux laïcs (Jean de Kaeradlonet, 1371 [1]). Il a été

---

1. Bibl. nat., Cabinet des titres, Pièces originales, t. 1603, dossier 36917, n° 2.

surtout fort en usage pour les contre-sceaux des rois et des princes du sang.

Le support de l'homme d'armes à mi-corps, de face, le heaume clos, l'épée haute, l'écu armorié au bras, se trouve depuis 1330 jusqu'à 1450 ; en somme c'est un fragment du type pédestre, comme l'écu penché et heaumé en est un du type équestre. Il est des sceaux de ce type fort élégants dans lesquels le heaume est surmonté d'un haut cimier historié (Guillaume Flotte de Revel, 1340) [1]. Quelquefois l'écu que l'homme d'armes porte au bras est lui-même supporté par un lion (Jean de l'Ile-Jourdain, 1340) [2].

Le sceau d'Édouard, sire de Saint-Didier (1383), nous montre ce type arrivé à une extrême complication ; l'homme d'armes tenant l'écu est assis sous un baldaquin gothique et à ses côtés dans quatre logettes sont autant d'hommes sauvages portant des écussons.

L'homme sauvage, que l'imagination populaire du moyen âge considérait comme l'habitant des immenses forêts qui couvraient encore alors la France, est un personnage nu, velu et barbu. Il paraît très souvent comme support sur les sceaux des forestiers, mais on le rencontre aussi sur d'autres. Son arme est presque toujours le bâton noueux. Il est debout, portant un écu et une massue, sur le sceau de Jean Reyrieu (1388) ; portant un écu et terrassant un dragon à coups de massue, sur celui de Guillaume de Maule (1377) ; heaumé, cimé d'un singe et assis sur un lion, sur celui de Jean de Giresme

---

1. Bibl. nat., Cabinet des titres, Pièces originales, t. 1169, dossier 26643, n° 2.
2. Demay. *Inventaire de la Collection Clairambault*, n° 4805.

(1383) ; debout tenant un écu et une épée haute sur le sceau de Nice de Moscoet (1345) ; accompagné de quatre cygnes et de quatre soleils, sur celui de Louis de Sancerre (1376) [1].

Les dames-support sont assises ou debout, tenant généralement d'une main un heaume et de l'autre un écu. Sur le sceau d'Yvon Huart (1371), la dame est assise, une main posée sur un lion accroupi et tenant de l'autre un écu suspendu à un arbre ; sur celui de Jean du Cygne (1437), elle porte une épée haute et un écu ; sur celui de Robert Patry (1369), elle tient des deux mains un écusson supporté par deux lions [2]. Une scène fort gracieuse sert de support à l'écusson de Guillaume Cousinot (1450) ; dans un jardin entouré d'une palissade, un gentilhomme et une dame sont enlacés et penchés l'un vers l'autre et la dame tient l'écu des Cousinot [3].

Un certain nombre de sceaux sont ornés d'écussons portés par des animaux isolés. L'un des plus anciens est celui d'Aymar de Bressieu (1258) où l'écu est sur un lion rampant qu'il recouvre presque en entier. L'écu de Jean, fils du dauphin Humbert (1294), est suspendu par une guiche au col d'un griffon [4] ; c'est un chien heaumé qui porte celui de Guillaume de Bourbon (1364) ;

---

1. DEMAY. *Inventaire de la Collection Clairambault*, n°s 4089 et 8379. — ROMAN. *Inventaire des sceaux des Pièces originales*, n° 7246.

2. DEMAY. *Inventaire de la Collection Clairambault*, n° 7007. — ROMAN. *Inventaire des sceaux des Pièces originales*, n° 3817.

3. ROMAN. *Inventaire des sceaux des Pièces originales*, n° 3643.

4. ROMAN. *Sceaux des familles seigneuriales de Dauphiné*, n°s 192 et 839.

un cygne à tête humaine celui de Philippe d'Orléans, comte de Valois (1365) ; un aigle d'un style superbe tenant deux lions dans ses serres a sur la poitrine l'écu de Louis, duc d'Anjou (1370); un lion accroupi et tenant une fleur de lys dans ses griffes, porte pendu à son cou l'écu de Jacques de Garesses (1386) ; un dragon porte celui d'Andrieu Bencelin (1387) et un léopard celui de Mahieu Carette (xv° s.) [1].

Le duc Jean de Berry a affectionné les sceaux à motifs de ce genre ; en 1344, 1364 et 1393 ses petits sceaux représentent une aigle heaumée et battant des ailes (pl. XV, n° 3), un cygne heaumé, et un ours debout, portant des écus et des bannières [2].

L'un des sceaux à la fois les plus compliqués et les plus intéressants que je connaisse avec ce mode d'ornementation, est celui de Jean II de Chalon, comte d'Auxerre (1343). Il représente un griffon les ailes éployées, la tête remplacée par un buste de chevalier, armé de toutes pièces, l'épée haute, coiffé d'un heaume couronné cimé d'une corne ; il pose une patte sur une tête humaine barbue (probablement une tête de Sarrasin) et l'autre sur un écu armorié [3].

*
* *

Les cimiers sont variés à l'infini ; des têtes et des cols de tous les animaux possibles dans des vols étendus, des

---

1. Bibl. nat., Cabinet des titres, Pièces originales, t. 288, dossier 6219, n° 3. — Douët d'Arcq. *Collection de sceaux*, n°⁸ 342 et 1628. — Demay. *Inventaire de la collection Clairambault*, n°⁸ 1351, 3965 et 6903.

2. Douët d'Arcq. *Collection de sceaux*, n°⁸ 423, 424 et 426.

3. Cabinet des médailles, Legs de Bastard, n° 112.

lions accroupis ou passants, des dragons, des têtes de Mores ou de vieillards diadémés, des écrans avec rappel des armoiries de l'écu, entourés de cornes, de trompes ornées de houppettes, des têtes humaines agrémentées de longues oreilles, des têtes de chevaux effarés, des vases de fleurs, des queues de paon, des plumails, des lendiers et jusqu'à des bottes éperonnées. Il est impossible d'en faire une nomenclature complète.

La plupart peuvent être de fantaisie, mais beaucoup

Fig. 14. — *Sceau de Guillaume de Harville*, 1412.

ont une raison d'être. La famille d'Albret, par exemple, porte traditionnellement comme cimier une tête humaine à longues oreilles ; on a voulu y voir des oreilles d'âne, ce sont, en réalité, des oreilles de lièvre car on faisait dériver le mot Albret du latin *leporetus* [1].

Les supports et le cimier du sceau de Guillaume de Harville (1412) présentent une scène de la vie animale ; le cimier est une libellule et les supports deux lézards rampant vers elle pour la dévorer [2].

1. Douët d'Arcq. *Collection de sceaux*, n°ˢ 1142 à 1145. — Roman. *Inventaire des sceaux des Pièces originales*, n°ˢ 110 à 126.
2. Bibl. nat. mss. franc. 6211, n° 250.

Les volets ou lambrequins qui tombent du heaume couvrent parfois une grande partie du champ de leurs enroulements, et le champ lui-même est guilloché, diapré ou réticulé, les claires-voies remplies de fleurettes, de têtes d'animaux, d'initiales ou d'une de ces devises mystérieuses que le moyen âge affectionnait.

Ce type sigillaire s'est perpétué, sans modifications notables jusqu'au milieu du XVIe siècle, comme on

Fig. 15. — *Sceau de Bernardin de Clermont.* 1513.

peut en juger par le sceau de Bernardin de Clermont (1513) où l'écu penché est cimé d'un demi-dragon et supporté par des lions [1].

Tant que la hiérarchie féodale fut fortement constituée et respectée, les familles chevaleresques seules jouirent du privilège de timbrer leurs écus avec un heaume ; à partir du milieu du XVIe siècle les familles parlementaires voulurent aussi timbrer leurs écus et elles les surmon-

---

[1]. Demay. *Inventaire de la Collection Clairambault*, n° 2594.

tèrent du mortier, c'est-à-dire de leur coiffure professionnelle, qu'elles ornèrent de cimiers et accompagnèrent de lambrequins.

Un assez grand nombre de sceaux armoriaux, depuis le milieu du xive siècle, sont ornés non seulement d'un, mais de plusieurs écus armoriés. Nous avons vu précédemment celui de Raoul de Louppy (1364) [1] portant trois écussons, d'autres en portent jusqu'à cinq. Louis de Willerval (1380) a un sceau composé de la façon suivante : au centre est l'écu principal, entouré d'une légende circulaire, et au delà de la légende sont quatre écus plus petits soutenus par un lion et un griffon [2]. Philippe, duc du Bourgogne (1385), a également cinq écussons sur son petit sceau ; au centre celui de Bourgogne entouré de ceux de Flandre, Artois, Bourgogne-comté et Rethel, sur un fond de rosaces et de dentelures [3].

*
* *

Jusqu'au milieu du xvie siècle, les dames n'ont généralement fait usage du type armorial que dans les contre-sceaux de leurs sceaux équestres ou pédestres ; cependant on trouve bien plus anciennement quelques sceaux féminins armoriés. Dès 1183 Iseldis, femme d'Hasculfe de Soligné, a un sceau rond dont le champ porte un losangé sous un chef, mais cela est exceptionnel [4]. A

---

1. Ce sceau est reproduit ci-dessus, figure 13.
2. DEMAY. *Inventaire de la Collection Clairambault*, n° 9689.
3. DOUËT D'ARCQ. *Collection de sceaux*, n° 475. — Bibl. nat. mss. franç. 20374, n°15.
4. Bibl. nat. mss. lat. 5470, p. 83 et 5476, p. 17 et 87.

partir de 1350, les dames font, au contraire, un usage presque exclusif du sceau armorial.

Ainsi au centre du sceau de Blanche de France, duchesse d'Orléans (1353), est un B, initiale de son nom, entouré de quatre écussons de France et d'Orléans, dans un quadrilobe ouvragé [1]. Catherine, comtesse de Vendôme (1374), a un écu carré ou en bannière, contenu dans un encadrement qui renferme les quatre symboles des évangélistes [2].

A partir du xv° siècle, les écus des dames sont le plus souvent en losange. Marguerite, duchesse de Bourgogne (1403), Marie de Bretagne, duchesse d'Alençon (1421), Isabelle de Portugal, duchesse de Bourgogne (1438), Catherine d'Armagnac, duchesse de Bourbon (1484), ont des sceaux avec des écus de cette forme, entourés des symboles des évangélistes et d'autres ornements variés et cet usage s'est perpétué jusqu'à l'époque moderne [3].

Je dois signaler le sceau remarquable de Marie de Bretagne, comtesse de Provence (1388). Le type est un grand ℳ oncial couronné, la couronne soutenue par deux anges volant; sur la barre perpendiculaire centrale sont gravées les armoiries d'Anjou-Sicile; dans l'intervalle qui suit à gauche, celles de France; dans l'intervalle de droite, celles de Bretagne, et sur les jambages incurvés extérieurs une L et un K, initiales des noms de Louis et de Charles, fils de la princesse [4].

En général les femmes partissent leurs armoiries avec

---

1. Douët d'Arcq. *Collection de sceaux*, n° 940.
2. Bibl. nat. mss. franç. 20392, n° 19.
3. Douët d'Arcq. *Collection de sceaux*, n°ˢ 479 et 485.
4. Bibl. nat. mss. franç. 20484, n°ˢ 29 et 30.

celles de leurs maris ; rarement les armoiries des deux époux sont écartelées dans le même écusson. En 1297 Jeanne de Longni, femme de Pierre d'Evrecy, a pour type de son sceau un arbre auquel sont pendus les écus juxtaposés des deux époux [1].

*
* *

Certains offices exercés en commun par plusieurs titulaires avaient des sceaux sur lesquels étaient gravées les armoiries de tous les titulaires ; on constate cet usage sur les sceaux des receveurs des aides, des receveurs des montres et de la maréchaussée de France.

Jean de Chambly et Gui de Beaumont, receveurs des montres en 1367, ont fait graver sur leurs sceaux leurs deux écus juxtaposés, dans une rosace gothique [2]. Au contraire Robert de Wargnies, Roger le Masuier et Pierre Bourgeoise, autres receveurs des montres (1370), ont un sceau commun dans lequel leurs trois armoiries sont combinées dans un écusson unique qui forme un coupé parti en chef [3].

Les maréchaux de France, du Dauphin et duc d'Anjou, toujours au nombre de deux, ont aussi des sceaux communs. Les maréchaux de France de 1346 au xvi° siècle ont leurs armoiries parties dans un unique écusson contenu dans un encadrement gothique, entouré de feuillages et de banderoles ou suspendu à un arbre par une guiche.

1. DEMAY. *Inventaire des sceaux de Normandie*, n° 242.
2. DEMAY. *Inventaire de la collection Clairambault*, n° 2102.
3. *Ibid.*, n° 9664.

Les maréchaux du duc d'Anjou (1369-1370) ont fait figurer sur leur sceau commun un aigle d'un très beau style, tenant un écu dans chacune de ses serres [1],

* *
*

Les sceaux des titulaires de certains offices ont des supports ou une ornementation traditionnels. Les grands

Fig. 16. — *Sceau d'Antoine des Essars, vers 1480.*

maîtres des arbalétriers de France ont leurs écussons timbrés ou supportés par des arbalètes. L'écu de Jean de Châtillon, grand maître en 1381, est timbré d'une arbalète ; celui de David de Rambures (1412) est timbré d'une arbalète et soutenu par deux autres [2].

L'office celui dont les sceaux étaient les plus traditionnels était celui des forestiers [3]. En 1410 le

---

1. Demay. *Inventaire de la collection Clairambault*, nº⁸ 5686 à 5711. — Roman. *Inventaire des sceaux des Pièces originales*, nº⁸ 7018 à 7029.
2. Demay. *Inventaire de la collection Clairambault*, nº⁸ 2336 et 7579.
3. Roman. *Les sceaux des forestiers au moyen âge.* Paris, 1906, in-8°, 23 sceaux.

sceau de Jean de Beaumont, maître enquêteur en Champagne et Brie, porte son écusson entouré d'arbres avec eaux courantes, oiseaux et bêtes fauves ; celui de Louis de Laval-Châtillon, grand maître des eaux et forêts de France (1468), nous montre son écu penché, surmonté de sept arbres et suspendu par une guiche à celui du milieu [1]. Avec Antoine Des Essars, maître des eaux et forêts en Champagne et Brie (vers 1480) le type est parfait. L'écu est penché, posé sur huit arbres et suspendu à l'un d'eux ; un cerf et un sanglier sortent de derrière lui et il est posé sur un ruisseau d'eau courante. Les sceaux généraux de l'administration des forêts en 1553 et 1663 sont au même type, l'écu aux trois fleurs de lys remplaçant simplement les armoiries particulières des grands maîtres, et ce type ne varie plus jusqu'à la fin du règne de Louis XIV, époque à laquelle il est remplacé par le type banal qui caractérise les sceaux de toutes les administrations royales de cette époque.

§ 6. — *Type topographique.*

Le type topographique comporte la reproduction de monuments; il a été extrêmement répandu surtout dans les sceaux municipaux ou des bailliages, prévôtés et châtellenies. On trouve aussi des monuments sur les sceaux des seigneurs ecclésiastiques et séculiers, ou des corporations religieuses, mais en petit nombre.

---

[1]. BERTRAND DE BROUSSILLON ET DE FARCY. *Sigillographie des seigneurs de Laval*, p. 83.

Pierre de Donjon (1225) a sur son sceau un donjon à toit pointu ; Robert du Pont (1227) un pont à quatre arches ; Gui de la Tournelle (1245) une muraille fortifiée de trois tourelles [1]. Il est facile de voir que ce sont là des monuments inventés à plaisir et faisant allusion aux noms des possesseurs de ces sceaux.

Il n'en est pas toujours ainsi cependant. Plusieurs dauphins ont fait graver au revers de leur grand sceau la représentation de la ville de Vienne, à la possession de laquelle ils élevaient des prétentions, et c'est même une des séries qui montre le mieux le progrès accompli par la gravure de sceaux de la fin du XIIe siècle au milieu du XIVe. Hugues de Bourgogne, dauphin (1189), a au revers de son sceau la ville de Vienne figurée par trois tours rondes reliées par une enceinte crénelée. Pendant plus d'un siècle ce type persiste, également barbare [2]. En 1334, Humbert II reproduit également la ville de Vienne au revers de son sceau équestre (pl. XVII, n° 1), mais ici quelle différence ! le Rhône coule entre les deux villes de Vienne et de Sainte-Colombe reliées par un pont ; la ville est entourée d'une enceinte fortifiée de tours ; la cathédrale Saint-Maurice, l'église Saint-Pierre, l'Hôtel de Ville et plusieurs autres monuments se pressent dans cette enceinte [3]. C'est peut-être le plus beau sceau topographique qui existe, mais il est unique dans la série seigneuriale.

---

1. Douët d'Arcq. *Collection de sceaux*, n° 2030. — Bibl. nat. mss. lat. 5425, p. 161 et 5462, p. 297.

2. Pérard. *Recueil de plusieurs pièces servant à l'histoire de Bourgogne*, p. 262.

3. Roman. *Sceaux des familles seigneuriales de Dauphiné*, n° 850.

Les monuments figurés sur les sceaux ecclésiastiques sont intéressants parce qu'ils sont parfois la reproduction d'édifices ayant réellement existé. En 1281, nous voyons sur le sceau de Prémontré une façade d'église gothique; en 1406, le sceau de la Sainte-Chapelle de Vincennes (pl. XVII, n° 2) représente le château de Vincennes dans son ensemble avec son donjon, sa chapelle, son enceinte crénelée, ses tours et même quelques arbres de la forêt qui l'avoisine [1]. Celui d'Humbert, abbé de Cîteaux en 1462, représente cinq églises posées en sautoir; la plus grande qui est au centre, marquée de la lettre C, est l'abbaye mère ; les autres, plus petites, marquées d'un P, d'un C, d'un F et d'une lettre illisible, sont les filiales de la célèbre abbaye [2]. Le prieuré de Montjoux (1315) a fait graver sur son sceau une colonne qui subsistait à cette époque du temple antique érigé sur le Mont-Cenis [3]. Enfin tout le monde connaît le sceau de la Sainte-Chapelle de Paris (1480) qui nous montre, sur un champ fleurdelisé, la façade fort ressemblante de ce monument exquis [4].

Les sceaux topographiques des bailliages, prévôtés, châtellenies, etc., sont fort loin de présenter le même intérêt; ce ne sont, pour la plupart, que des reproductions de fantaisie du château où siégeaient ces tribunaux. Presque toujours c'est un édifice à trois tours, celle du milieu plus haute ; quelquefois l'écusson royal est gravé

---

[1]. Douët d'Arcq. *Sceaux des Saintes Chapelles*. (*Revue archéologique*, 1848, p. 603.)
[2]. Bibl. nat. mss. franç. 20892, p. 121.
[3]. Dufour et Rabut. *Sigillographie de Savoie*, pl. II, n° 140.
[4]. Douët d'Arcq. *Collection de sceaux*, n° 7833.

au-dessus de la porte, ou des bannières sont plantées sur les tours. Le château de Coucy, représenté sur les sceaux de ce bailliage d'une manière à peu près identique de 1406 à 1450, paraît cependant avoir été copié sur nature et c'est un spécimen intéressant de l'architecture militaire du moyen âge. Ce sont d'abord deux étages concentriques de murs crénelés, au milieu desquels une porte surmontée de mâchicoulis forme terrasse ; dans cette porte un loup est accroupi ; sur la terrasse un porc-épic est couché au-dessus d'un écu d'Orléans. Plus haut se dresse un château à quatre tours, percé au centre d'une porte dans laquelle se tient debout un chevalier armé [1]. Un beau sceau de la châtellenie des Andelys (xve s.) représente le Château-Gaillard au-dessous de deux écussons ; il est figuré par trois tours rondes, avec toits en pointe, debout au haut d'une montagne qu'un chemin prend en écharpe pour aboutir par une porte ouverte dans la tour centrale [2].

*
* *

Les sceaux municipaux sont infiniment plus riches que les séries dont il vient d'être question en reproductions exactes de villes et de monuments ; plus de cent villes ont fait graver sur leurs sceaux ou leur vue d'ensemble ou leurs monuments principaux [3].

---

1. ROMAN. *Inventaire des sceaux des Pièces originales*, n° 3547.
2. CHARVET. *Collection Dongé*, n° 200.
3. DE COETOLOGON ET TISSERAND. *Les armoiries de la ville de Paris*, cet ouvrage renferme plusieurs planches de sceaux municipaux. — DOUËT D'ARCQ. *Collection de sceaux*, n°s 5440 à 5855. — DEMAY. *Inven-*

On a employé quatre systèmes de décoration pour les sceaux topographiques municipaux ; on y a gravé ou bien des monuments rudimentaires et de fantaisie, ou bien l'édifice le plus marquant de la ville, ou la ville tout entière, ou encore le plan de la ville.

Un grand nombre de petites villes ou même de grandes ne se sont pas mises en frais de gravure et leurs sceaux les représentent sous la forme d'une porte de ville ou d'un château ou même d'une simple muraille. On voit une simple muraille crénelée et portillée sur les sceaux de Villemer (1242), d'Embrun (1250), d'Albi et de Saverdun (1303) ; une tour sur celui d'Épinal (1404); trois tours dans une enceinte sur celui de Limoges (1303). A l'Argentière le sceau figure un donjon à deux étages (1303) et à Caussade une simple maison (1308), peut-être l'hôtel de ville. Les portes de villes sont extrêmement communes, qu'elles soient surmontées d'une tour (Capdenac, 1243), flanquées de deux (Verdun de Gascogne, 1242), ou munies de trois (Thionville, 1529). De toutes ces représentations banales la plus fréquente est celle de châteaux, flanqués de tours, qui vont de deux (Beaumont-sur-Oise, 1228) jusqu'à cinq (Pamiers, 1267).

Plusieurs villes dans l'enceinte desquelles il existait quelque monument célèbre l'ont adopté pour type de leur sceau ; Nîmes (1303) a ses arènes et de chaque arcade sort un cavalier armé ; Tarascon (1211) a son château sur le Rhône accompagné de la tarasque ; Besançon (1259) a son antique arc de triomphe figuré par quatre colonnes

---

laire des sceaux de Flandre, n°˚ 3838 à 4138 ; *de Normandie*, n°˚ 1631 à 1655 ; *d'Artois*, n°˚ 1016 à 1061 ; *de Picardie*, n°˚ 731 à 751. — LA PLAGNE-BARRIS. *Sceaux gascons du moyen âge*, III° partie.

supportant un dôme [1]. Toulouse (1214) montre face à face l'église Saint-Sernin et le château Narbonnais; Bordeaux (1297) a la porte de la Grosse Cloche, au sommet de laquelle deux guetteurs sonnent du cor. Les villes qui s'enorgueillissaient d'un pont remarquable le faisaient graver sur leur sceau : Avignon (1221) a le pont de Saint-Bénézet dominé par Notre-Dame-des-Doms; Lyon (1271) a celui de la Saône qui sépare les deux quartiers de Fourvière et de la Croix-Rousse et sur lequel une grande croix est debout; Pontoise (1228) a un pont à cinq arches sous lequel est un poisson et Cahors (1309) un pont à six arches fortifié de cinq tours.

Les villes représentées dans leur ensemble témoignent parfois d'une grande habileté de composition ; les monuments sont sans doute un peu tassés dans un cadre trop étroit, mais peuvent cependant s'identifier. L'un des plus anciens sceaux de ce type est celui de Valenciennes de 1197; il ne représente encore qu'un château dans une enceinte crénelée. En 1296, cette représentation sommaire se complète; l'enceinte est flanquée de six tours et percée d'une porte défendue par deux autres tours; dans l'intérieur se dressent deux donjons séparés par un étendard chargé d'un lion. Cambrai (1227) est figuré par une double enceinte vue obliquement, munie de six tours et renfermant deux monuments à coupole (pl. XVI, n° 1). Bayonne (1351) est également dans une enceinte fortifiée de tours, avec trois portes crénelées à l'une desquelles on distingue verroux et cadenas; la cathédrale Notre-Dame avec de multiples arcatures et un haut clocher

---

1. CASTAN. *Les sceaux de la commune et de l'hôtel de ville de Besançon.* (Société d'émulation du Doubs, 1870, p. 443.)

domine le tout et pour qu'on ne puisse s'y tromper à côté d'elle on lit les mots : $\overline{Sca}$ Maria. Arras (1452) est représenté par une enceinte de huit tours en perspective, au milieu de laquelle s'élève un donjon à toit pointu cantonné de deux étages de tours; dans le champ courent

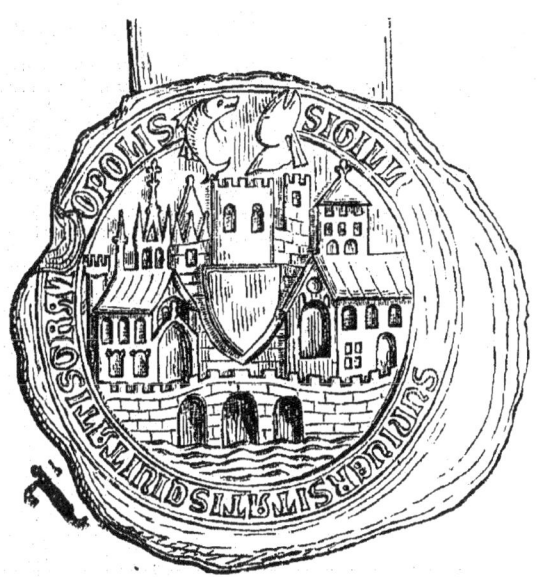

Fig. 17. — *Sceau de la ville de Grenoble, 1497.*

deux rats, un troisième fuit par la porte entr'ouverte (pl. XVI, n° 2). On retrouve des types semblables, ne différant des précédents que par des détails, sur les sceaux d'un grand nombre d'autres villes.

Quelques villes dont la seigneurie était partagée entre l'évêque et un seigneur laïc ont eu soin de le faire connaître par la manière dont leur sceau est composé. A Lavaur (1308) le type comporte un demi-château et une moitié d'église ; à Belaye (1309), c'est un château à deux tours accosté d'une crosse et d'une fleur de lys. Le sceau le plus beau que je connaisse dans ce genre est celui de la ville de Grenoble (1497), il représente le pont sur l'Isère, l'église Notre-Dame appartenant à l'évêque et surmontée d'un buste épiscopal, la chapelle Saint-André du palais delphinal surmontée d'un dauphin, la tour municipale, la tour Clérieux, la tour romaine et le palais delphinal, tous monuments ou encore existants ou parfaitement connus (fig. 17)[1].

Deux villes Marmande et Penne d'Agen (1243) ont fait représenter sur leurs sceaux, non leur perspective, mais leur plan ; les monuments au lieu d'être vus en élévation sont dans une position renversée et horizontale ; les murs et les portes sont figurés à plat. Ce n'est pas beau, mais cela mérite d'être signalé pour sa singularité.

*
* *

A côté des monuments assis dans le sol, on peut classer les monuments flottants, c'est-à-dire les navires [2]. Matés, les voiles déployées, ils paraissent avec leurs châteaux de poupe, leurs ancres pendantes et leurs rameurs, sur les sceaux de la ville de Paris depuis 1210, de Dieppe (1362), d'Harfleur (1440), de Libourne (1532), etc. Ce type a été employé aussi par Robert Demizel (1340), Richard Hapequin (1358) et plusieurs autres capitaines de nefs.

---

1. Douët d'Arcq. *Collection de sceaux*, n⁰ˢ 5640 et 5814. — Roman. *Bulletin des Antiquaires de France*, 1879, p. 282.

2. Demay. *Études sigillographiques. Le type naval.* (*Revue archéologique*, 1877, p. 281.)

Le sceau d'Oléron (1235) représente une barque montée par plusieurs rameurs et se dirigeant sur une mer agitée et poissonneuse vers un port dont on distingue les tours et les jetées [1]. Celui de Biarritz (1351) figure une barque dirigée par trois rameurs et un timonier, tandis qu'un harponneur debout s'apprête à lancer son harpon sur une baleine (pl. XIX, n° 1) [2].

Comme on peut en juger, les sceaux topographiques ne sont, en général, pas très anciens, on n'en rencontre pas avant les dernières années du XII° siècle ; dans ceux qui sont un peu compliqués, ce sont toujours les monuments religieux qui tiennent la place d'honneur, dominant tous les autres de la hauteur de leurs clochers.

§ 7. — *Type arbitraire ou de fantaisie.*

Beaucoup de possesseurs de sceaux n'ont pas voulu s'astreindre à copier un type classique ; ils n'ont consulté que leur fantaisie seule et ont commandé au graveur la reproduction d'une scène qui leur rappelait soit un événement dans lequel ils avaient joué un rôle, soit les fonctions qu'ils remplissaient, ou encore un type faisant allusion à leur nom ou qui simplement leur plaisait. Beaucoup de ces types avaient un sens précis pour eux et n'en ont plus pour nous. Douët d'Arcq, par exemple, a décrit un sceau de l'hôpital de Chartres (1352) représentant un personnage vêtu d'un long froc

---

1. DEMAY. *Inventaire de la collection Clairambault*, n°ˢ 3149, 4510 et 5225. — Bibl. nat. mss. lat. 5480, p. 464.
2. DEMAY. *Inventaire des sceaux de Flandre*, n° 3875.

à capuchon et tenant sous le bras un autre personnage plus petit qui présente une barque matée [1]. Le sens de cette scène nous échappe et il en est de même pour beaucoup d'autres.

Un des sujets les plus intéressants gravés sur les sceaux est la prestation d'un hommage. Gérard de Saint-Aubert (1194) est figuré, vêtu en chevalier, coiffé d'un heaume plat et agenouillé devant une dame debout qui tient ses mains dans les siennes ; derrière lui paraît la partie antérieure de son cheval de bataille. Raymond de Mondragon (vers 1200), également armé de toutes pièces, l'épée au côté, coiffé d'un heaume à timbre arrondi, est agenouillé devant une dame qui serre ses mains dans les siennes; ils tiennent dans leurs mains unies une baguette qui doit être brisée après la prestation de l'hommage (pl. I). Enfin Conon de Béthune (1202) paraît dans une scène identique; au-dessus des personnages le mot *Merci* est inscrit dans le champ [2]. Il est à remarquer que ces hommages sont rendus à des dames, jamais à des hommes, ce qui explique peut-être qu'on ait tenu à perpétuer le souvenir de ces événements probablement assez rares.

On peut rapprocher des sceaux précédents un sceau-matrice appartenant à M. Schlumberger, représentant un chevalier agenouillé, le faucon au poing, devant une dame debout qui le couronne; la légende est charmante : *Dame ou q̄e ce soie vostre suis* (XIVᵉ s.).

Une scène qui a eu une grande vogue c'est un combat

---

1. Douët d'Arcq. *Collection de sceaux*, n° 9958.
2. Bibl. nat., Cabinet des médailles. — Demay. *Inventaire des sceaux de Flandre*, nᵒˢ 580, et 1556.

contre un lion soit en souvenir de la prouesse de Samson, soit comme symbole de force et de puissance. Les deux frères Hugues et Guillaume l'Archevêque, seigneurs de Parthenay (1180-1220 et 1205-1220), se sont faits représenter vêtus d'une courte tunique, coiffés d'une mitre et à cheval sur un lion dont ils ouvrent la gueule avec violence. Pariset Perrin (1380) a un sceau presque semblable, mais c'est un homme d'armes qui chevauche et déchire le lion. Sur le sceau de Thibaud, prévôt d'Amiens (xiv° s.), c'est une femme qui, dans la même attitude, écarte les mâchoires du lion ; sur celui de Jean Blaive, sergent du guet (1396), c'est un homme sauvage et velu qui accomplit cette prouesse; enfin la ville de Rue en Ponthieu (1303 et 1384) a fait graver sur son sceau un chevalier combattant un lion, mais face à face et l'épée au poing [1].

Quelques sceaux représentent des scènes de chasse. Thévenin le Maréchal, forestier (1396), s'est fait figurer en tunique courte et relevée, tenant en laisse un vigoureux limier dans une forêt. Le sceau de la prévôté de Saint-Germain-en-Laye (xiv° s.), où nos rois prenaient si souvent le plaisir de la chasse, représente un chasseur galopant et perçant un cerf de son épieu. Ceux de Jean Poilevilain (1257) et d'Eudes le Turc (1267) représentent également des cavaliers mais font de plus allusion au nom de leurs possesseurs ; Jean Poilevilain est figuré galopant et saisissant un vilain par les cheveux ; Eudes le

---

1. Douët d'Arcq. *Collection de sceaux*, n° 5792. — Demay. *Inventaire de la collection Clairambault*, n° 1043 et *Inventaire des sceaux de Picardie* n° 894. — Bibl. nat. mss. lat. 5443 p. 61 et mss. franç. 20589, n° 61.

Turc en bonnet phrygien et robe flottante, décoche une flèche derrière lui [1].

Nous avons vu ci-dessus le sceau municipal de Biarritz (1351) offrant le curieux tableau d'une pêche à la baleine (pl. XIX, n° 1).

Sur le sceau de Bertrand, comte de Forcalquier (1168), nous voyons un personnage en robe longue, assis et jouant de la harpe ; le même type se retrouve sur une bulle de Guillaume de Montpellier avec la légende : *Confitebor tibi in cythara dominus Deus meus*, et sur le sceau de maître Etevin, orfèvre (xiii[e]s.), avec la légende : *Ie sui un rei ki ici vos arpe* [2]. Je crois que c'est une allusion au saint roi David.

Beaucoup de docteurs ès lois, en théologie, en médecine se sont fait représenter dans l'exercice de leurs fonctions ; il me suffira de citer Bienvenu de Campeis, juge de Gapençais (1276), qui est assis, coiffé d'un mortier, vêtu d'une robe longue, devant un pupitre sur lequel il feuillette un volume. Pierre Bona, médecin (1313), s'est fait représenter à mi-corps, de face, vêtu d'une houppelande fourrée, coiffé d'une toque et examinant le liquide suspect contenu dans un flacon à long col. Robert le Forestier, chirurgien du roi (1346), est debout en robe et mortier, tenant une baguette et tâtant le pouls à un malade demi-nu et assis. G. de Blanche-

---

1. Douët d'Arcq. *Collection de sceaux*, n°ˢ 3246, 3786 et 4891. — Roman. *Sceaux des forestiers*, p. 8.

2. Blancard. *Iconographie de sceaux et bulles des Bouches-du-Rhône*, pl. XXIII, n° 1. — Charvet. *Collection Dongé*, pl. IV, n° 3. — Longpérier. *Sceau de M° Étevin, orfèvre*. (*Bulletin des Antiquaires de France*, 1859, p. 127). Voyez figure 44.

rie, apothicaire (xiv⁰ s.), est debout sous un arbre et pile une drogue dans un mortier [1].

Les types de quelques sceaux sont inspirés par des fabliaux populaires au moyen âge. Un petit sceau-matrice de la collection Schlumberger, représente Aristote, coiffé d'un bonnet pointu, marchant à quatre pattes, bridé et chevauché par Campaspe. Deux autres de Robert Pleurepain et Guillaume Sachespée, figurent la scène principale du fabliau du Vilain et de l'Oiseau ; l'oiseau perché sur un arbre, chante : *oci, oci, le vilain* ! au nez du vilain qui veut singer le gentilhomme [2].

Les sceaux qui renferment une allusion au nom de leur propriétaire sont très nombreux, quelquefois même ils offrent de véritables rébus, qui ne peuvent être devinés que si le nom du sigillant est préalablement connu. Gauthier des Agneaux (vers 1210) a pour type un agneau ; Philippe des Autieux (xii⁰ siècle), deux autels de forme antique juxtaposés ; Robert d'Avesnes (1274), une gerbe d'avoine cantonnée de quatre étoiles ; Richier de l'Aigle (1180), un aigle éployée ; Jean Chevrin (1500), un arbre entouré d'une haie ; contre lequel se dresse un chevreau, Aleaume Cacheleu (1329), un berger sonnant du cor et poursuivant un loup ; Raymond Catel (1303), un petit chien ; Jean l'Enfant (1436), un enfant dans un berceau ; Raoul des Haies (1401), un arbre entouré d'une haie ; Guillaume Hareng (vers 1236), un hareng ; Pierre

---

1. ROMAN. *Sceaux des familles seigneuriales de Dauphiné*, n° 329. — VALBONNAIS. *Histoire de Dauphiné*, t. I, pl. VI, n° xix. — DOUËT D'ARCQ. *Collection de sceaux*, n° 5857.

2. Collections Blanchet et Schlumberger. — *Mémoires des Antiquaires de l'Ouest*, 1880, p. 373. — *Bulletin des Antiquaires de France*, 1910, p. 110.

des Jumeaux (1293), deux enfants semblables l'un à l'autre, séparés par un arbre dont ils cueillent les fruits ; Guillaume Longuespée (vers 1200), une épée en pal avec son ceinturon ; Jean Louvet (1292), un loup emportant un agneau et saisi par un chien ; Eble de Mauléon (vers 1200), un lion marqué d'une coquille à l'épaule [1].

Un sceau de Jean Dalée (1418) représente un grand I passé dans un D, accosté d'une aile et de deux E, ce qui traduit exactement le nom du possesseur du sceau [2].

Les outils professionnels ou insignes de charges exercées sont fort nombreux sur les sceaux ; en voici quelques exemples: Guillaume de Hangest, trésorier du roi (fin XIVe siècle), porte une clef accompagnée de deux fleurs de lys ; Perreau, barbier (XIVe siècle), un plat, un rasoir et une savonnette ; Geoffroi, bonnetier (XIVe siècle), un bonnet et une mitaine faisant pendant à deux étoiles ; Mahieu Le Barbier, charpentier (1433), deux haches, les manches enlacés, accostées de quintefeuilles et de feuillages ; Jean Ebbin, forestier (1306), une cognée ; Pierre de Ham, maître des fossiers du roi (1339), deux bêches en sautoir ; Guillaume Halle, maçon (1371), un marteau et une équerre ; Nicolas Lame, autre maçon (1371), une équerre, une truelle et un compas ; Jean Prévôt, maréchal-ferrant (1305), un fer à cheval, un clou et un marteau ; Pardin le Raumier, boulanger

---

1. DOUËT D'ARCQ. *Collection de sceaux*, n°s 1648, 2372, 5126 et 5899. — GUESNON. *Sigillographie de la ville d'Arras*, Paris, 1865, in-4°. — LÉCHAUDÉ D'ANISY. *Extrait des chartes et autres actes normands*. — DEMAY. *Inventaire des sceaux de Normandie*, n°s 61, 85 et 2070.

2. Bibl. nat. Cabinet des titres, Pièces originales, t. 961, dossier 21231, n° 2.

(xive siècle), une pelle chargée d'un pain ; P. Résonat, tondeur de drap (xive siècle), de grandes cisailles ; et enfin Guillaume Houdard, monnayeur (xive siècle), une main tenant des pinces [1].

Les armes offensives ou défensives sont moins nombreuses ; Arseau de Salins (1381) a pour type un heaume cornu placé au haut d'une tour ; Delmace de Semur (xiie siècle) et Jacques, sénéchal d'Autun (1272), un bras tenant une épée haute (pl. XV, n° 5) ; Reynaud de Beaudemont (1256), une épée côtoyée de deux croissants ; la ville de Saint-Amand (1529), une épée accostée de deux fleurs de lys ; Guillaume Gales (1231), un arc amorcé d'une flèche, et Robert de la Chapelle (1257), un fer de flèche [2].

*
* *

C'est par milliers que les animaux sont représentés sur les sceaux, et quelques-uns sont d'un style superbe. De beaucoup le plus fréquent est le lion, presque toujours dressé (Roger Cauceis, 1201 ; Hugues de Brendealcourt, 1211 ; Guillaume de Moustiers, 1233). Les sceaux municipaux d'Arles portent un lion furieux entouré de la légende : *Nobilis in primis dici solet ira leonis* ; ceux de Rouen (1262) portent également un lion d'un très beau

---

1. DOUËT D'ARCQ. *Collection de sceaux*, nos 5871 et 5888. — DEMAY. *Inventaire des sceaux de Flandre*, n° 5676. *Inventaire de la collection Clairambault*, nos 4406, 4426 et 7439. — *Mémoires de la Société des Antiquaires du Centre*, 1877. — *Société de Sphragistique*, 1854, p. 271.
2. DOUËT D'ARCQ. *Collection de sceaux*, nos 302, 1728, 3568 et 5545.

style (pl. XVIII, n° 2), Agnès de Grandmoulin (1279) a pour type un lion chevauché par une aigle [1].

D'autres sceaux portent un lévrier soit seul, soit poursuivant un 'gibier (Isabelle de Bussières, 1267), un cerf, un chevreuil broutant (Simon du Bois, 1236), un

Fig. 18. — *Sceau de la ville de Dunkerque, 1226.*

chamois (Jean de Viris, 1340), un cheval effaré (Richard de Longueville, 1237), une chèvre, un porc-épic, un écureuil, un singe, etc. [2].

1. DOUËT D'ARCQ. *Collection de sceaux* n° 2308. — ROMAN. *Sceaux des familles seigneuriales de Dauphiné*, n° 564. — BLANCARD. *Iconographie des sceaux des Bouches-du-Rhône*, pl. XXXV, n°ˢ 1 à 4. — DEMAY. *Inventaire des sceaux de Normandie*, n° 1647.
2. DOUËT d'ARCQ. *Collection de sceaux*, n°ˢ 1461. — DEMAY. *Inventaire de la collection Clairambault*, n° 9571. — Bibl. nat. mss. lat. 5481, p. 76.

De tous les oiseaux l'aigle est le plus fréquemment figurée sur les sceaux soit à une seule soit à deux têtes ; très fréquente dans le sud-est de la France, elle y fait allusion à la suzeraineté de l'Empire. Dreux de Mello (1203) porte une aigle à deux têtes tenant dans chaque bec une clef; Robert de Saint-Léonard (1219), une tête d'aigle arrachée, et Hervé de Monisoult (1221), une aigle combattant un dragon. Puis viennent le faucon, quelquefois coiffant un lièvre (Pierre de Genci, 1267); le gerfaut sur les sceaux municipaux d'Avignon (1251) ; des colombes tantôt isolées ou tenant un rameau dans leur bec, mais le plus souvent perchées au nombre de deux sur des rameaux stylisés; le héron (Jean Héronst, 1396); le paon (Guillaume Odonis, fin du XIIe siècle) ; le coq (Philippe Chaudel, 1263) ; la perdrix (Richard de Saint-Samson, 1268) ; le pélican, etc. [1].

Le sceau de la ville de Dunkerque (1226) a pour type une morue [2]. On trouve aussi des bars et des harengs figurés sur les sceaux.

Quelques animaux sont heaumés ou mantelés aux armes, décoration tout à fait dans le goût du moyen âge ; ces types ne se rencontrent pas avant le XIVe siècle et ne se prolongent pas au delà du premier tiers du XVe. Robert d'Augeran (1352) porte un lion accroupi, heaumé et cimé d'un vol; Charles de Montmorency (1360), une aigle heaumée, cimée d'un limier; Hugues du Boulay

---

[1]. Douët d'Arcq. *Collection de sceaux*, n°s 2959, 3528, 3547 et 5500. — Demay. *Inventaire de la collection Clairambault*, n° 4639. — Blancard. *Iconographie des sceaux des Bouches-du-Rhône*, pl. XXXVI, n° 8 et XXXVII, n°s 1 à 6. — Roman. *Sceaux des familles seigneuriales de Dauphiné*, n° 578.

[2]. *Mémoires de la Société Dunkerquoise*, 1853-1854, p. 146.

(1365), un lévrier accroupi, mantelé aux armes, heaumé, cimé d'une aigle supportée par deux griffons, et Amé de Baux (1351), une biche couchée, mantelée et heaumée. La mairie de Calais (xve siècle) a comme type un sanglier d'un beau style mantelé (pl. XIX, n° 2) et Geoffroi de la Roche (1352), un lion également mantelé soutenu par quatre pattes de lion [1].

Les graveurs de sceaux n'ont pas manqué de reproduire aussi ces animaux monstrueux que les tailleurs d'image du moyen âge ont prodigué dans leurs sculptures, le dragon, le griffon, le basilic, etc. Jean Blanchet, secrétaire du roi (1375), a un griffon accroupi, les ailes dressées et armoriées ; un anonyme du xive siècle a adopté comme type un oiseau à tête humaine encapuchonnée ; Raoul Laret (1240), un loup à tête humaine bondissant, et Pierre de Saint-Gervais (xive siècle) un chien à tête de femme, coiffé d'un bonnet. Je dois signaler particulièrement un centaure galopant et tirant de l'arc que l'on voit sur le sceau de Raoul de Combray (1200), beau morceau visiblement imité de l'antique [2].

Il est impossible de tenter des multiples objets gravés sur les sceaux, outre les précédents, une énumération qui serait toujours incomplète. Celui que l'on trouve le plus souvent c'est la fleur de lys ou ordinaire ou florencée, sur les folioles de laquelle sont

---

1. Demay. *Inventaire de la collection Clairambault*, nos 403, 724 1329, 6408 et 7783. — *Inventaire des sceaux d'Artois*, n° 1036. — Roman. *Inventaire des sceaux des Pièces originales*, n° 1876 et 7801.

2. Demay. *Inventaire des sceaux de Normandie*, n° 192. — *Mémoires des Antiquaires du Centre*, 1889. — Léchaudé d'Anisy. *Recueil de sceaux normands*, pl. XVIII, n° 28.

parfois perchés deux oiseaux. Puis viennent les étoiles
à cinq, six ou huit rayons ; Hue d'Auvilliers (1274) a
une étoile à cinq rayons chargés d'autant de besants [1]. Il
est à remarquer que la fleur de lys est un symbole
plutôt féminin et l'étoile un symbole plutôt masculin.
Autres symboles banaux : un croissant sous une étoile
ou entouré d'étoiles ; un feuillage stylisé sur lequel
perchent quelquefois deux oiseaux affrontés, l'agneau
pascal ; le massacre de cerf ; la croix fleurdelisée, ancrée,
feuillue, ou debout sur un ou plusieurs coupeaux, la
coquille, la rencontre de taureau, etc.

Catherine de Virzy (1270) a pour type sigillaire un
dextrochère ; Roger de Mortagne (1275), un bras tenant
une bannière ; Agnès de Coucy (1269), un bras tenant
un arbre sur lequel deux oiseaux sont perchés ; Simon
de Coudray (1232), un bras tenant une fleur de lys où
perchent aussi deux oiseaux ; Mauricede Montaigu (1195),
une main levée et appaumée ; Raoul de Hazebrouck
(1226), une main tenant deux clefs ; Guillaume du Fay
(1250), une main tenant une cuiller et accostée du soleil
et de la lune ; enfin Mathilde de Milly (1255), un poing
ganté portant un oiseau de vol [2].

On trouve encore l'olifant enguiché (Adam de Boulon-
ville, 1257) ; la harpe (Bérenger d'Arpajon, 1303) ; le
hanap (Marguerite d'Hermonville, 1273) ; l'ancre (Garin
Crespel, 1251) ; un sceptre fleurdelisé (Agnès de l'Eau,
1270) ; une clef en pal (Guillaume du Fay, 1250) ; deux
clefs entourées de rinceaux sur le sceau magnifique de

---

1. Douët d'Arcq. *Collection de sceaux*, n° 1258.
2. *Ibid.*, n°⁸ 1923, 2128, 2394, 2845 et 2983. — Bibl. nat. mss. lat.
5441, p. 323 et 5462, p. 279.

la ville de Condom (xiii⁰ siècle); des têtes humaines de face, de profil, des arbustes fleuris, des bouquets de fleurs et même une jambe bottée (Jean de Sacy, 1223)[1].

Je dois signaler tout particulièrement deux types remarquables. Le sceau de la prévôté d'Orléans en 1295 porte sur l'une de ses faces une fleur de lys, et sur l'autre, l'avers des deniers au type chartrain; celui de R. Montagut, à peu près contemporain du précédent, est la copie de la monnaie des comtes de Toulouse, une crosse surmontée d'une croisette et accostée de deux billettes. Ce sont les seuls emprunts qu'à ma connaissance la sigillographie ait faits à la numismatique[2].

Quelques sceaux n'ont pour type qu'une inscription; un grand nombre de revers de bulles sont dans ce cas et n'ont pour tout ornement qu'une légende inscrite en plusieurs lignes transversales. Cela se voit même sur quelques sceaux de cire des archevêques d'Arles. En 1235, Gautier de Vignori a un sceau du type équestre dont le revers se compose de la légende *Sigillum Galterii* se coupant en croix[3]. La plupart de ces sceaux, dont le motif principal est une inscription, ne sont pas antérieurs à la fin du xiv⁰ siècle. En 1377, les fermiers de l'impôt prélevé à Rouen sur le treizième du vin, avaient adopté comme type la légende : *Le treizième du vin de Rouen*, écrite en deux lignes transversales sur un champ fleurdelisé. En 1507, Geoffroi de Beaucours inscrit son

---

1. Douët d'Arcq. *Collection de sceaux*, nᵒˢ 1209 et 2400. — *Catalogue de la collection Charvet*, nᵒ 1098. — Léchaudé d'Anisy. *Recueil de sceaux normands.*

2. Bibl. nat. mss. lat. 5410, p. 303. — Musée de Bourges.

3. Dom Plancher. *Histoire générale et particulière de Bourgogne*, t. II, p. 524.

nom en trois lignes sur un tableau carré entouré de deux écussons et de deux lions. Enfin au XVIIe siècle les quatre coseigneurs de Mansonville (Tarn-et-Garonne) avaient fait graver leurs noms : *Navare-Carmainz-Dugout-Romegas* dans les quatre cantons d'une croix [1].

*
* *

Certains types sigillaires ne peuvent être classés dans aucune des catégories précédentes ; ce sont des types singuliers, isolés, par l'adoption desquels des esprits originaux ont prétendu se signaler. J'en excepterai cependant celui des têtes humaines figurant les conseillers des villes, que l'on rencontre assez souvent sur les sceaux municipaux ; c'est même le plus ancien type communal.

Dès 1189, les consuls d'Avignon sont figurés au nombre de quatre en buste et se faisant face deux par deux et l'un au-dessus de l'autre. En 1195, les têtes des douze conseillers de Meulan (pl. XVIII, n° 1) sont rangées de face sur trois lignes et surmontées d'une fleur de lys ; en 1318, le sceau municipal d'Amiens figure une rose autour de laquelle sont disposées en rond six têtes séparées l'une de l'autre par autant de roses ; en 1351, celui de Beaumont en Argonne représente les têtes de sept échevins et celle du maire est au revers [2]. Généralement le graveur a essayé de faire

1. DEMAY. *Inventaire de la collection Clairambault*, n°s 758 et 8003. — *Catalogue de la collection Charvet*, n° 1101.

2. DEMAY. *Inventaire des sceaux de Normandie*, n° 1645. — DOUËT D'ARCQ. *Collection de sceaux*, n° 5738. — BLANCARD. *Iconographie des*

des portraits; d'une tête à l'autre les traits diffèrent et l'arrangement de la barbe et des cheveux n'est pas le même.

Par contre les types suivants sont d'invention pure et il faut remarquer qu'ils sont d'une basse époque, généralement postérieure au milieu du XIVe siècle. Jean le Marchand (1340), par exemple, a pour type une croix à long pied séparant une tête virile d'une tête féminine. Pierre de Préaux, sergent du guet (1347), a une dame assise posant les mains sur deux lions accroupis et mantelés ; Guillaume l'Archevêque (1360) a un sceau composé d'une intaille antique au-dessus de laquelle paraît un chevalier à mi-corps, heaumé avec une mitre pour cimier, et brandissant une bannière armoriée; Sansonnet de Caumont (1365) a un homme sauvage, heaumé, mantelé, tenant à la main un rameau et foulant aux pieds un lion ; les élus des aides de Mâcon et Chalon (1377) ont adopté pour type commun un homme sauvage couronnant les deux lettres I et ℳ que deux lions tiennent dans leurs griffes; Jean de Gouvieux, sergent du guet (1396), a deux personnages dont l'un tient une crosse et l'autre un lion, symbolisant, sans doute, les juridictions épiscopale et prévôtale; enfin Jean de Varennes (1419) a sur son sceau un ange soutenant un grand V chargé d'étoiles, contenant le soleil et la lune et supporté par une aigle et un lion, le tout sous un baldaquin gothique [1].

sceaux des Bouches-du-Rhône, pl. XXXVII, n° 1. — SAIGE. *Sceaux extraits du Trésor des chartes de Rethel*, 1889. — Voir aussi ci-dessus p. 97, 108 et 109, la description de sceaux municipaux avec têtes de conseillers.

1. DEMAY. *Inventaire de la collection Clairambault*, n°[s] 237, 1957, 4175, 5461, 5647. 7405 et 9243.

Ces exemples, pris au hasard, peuvent donner une idée de la fantaisie qui a présidé à la composition d'un grand nombre de sceaux des xiv⁰ et xv⁰ siècles ; ils défient toute classification.

Dès la deuxième moitié du xv⁰ siècle, les graveurs s'assagissent et renoncent à multiplier ainsi outre mesure les symboles et les ornements.

§ 8. — *Types de contre-sceaux.*

Le contre-sceau étant une empreinte faite au revers du sceau, pour avoir la certitude qu'on ne pût le détacher sans l'altérer, il en résulte qu'il ne pouvait y avoir de contre-sceau quand le sceau était rivé à l'acte. Le plus ancien connu est celui de Robert le Frison, comte de Flandre en 1076 ; il est rond et représente une tête barbare de profil, les cheveux frisés et tenant dans sa bouche un bouquet de trois tiges terminées par des perles [1]. Encore ce contre-sceau est-il exceptionnel comme ancienneté ; on n'en connaît aucun autre avant le xii⁰ siècle. Les plus anciens sont ensuite ceux d'Hugues de Montaigu, évêque d'Auxerre (1126), de l'abbaye de Saint-Germain d'Auxerre (vers 1140), de Philippe d'Alsace, comte de Flandre (1164), etc. Ils appartiennent comme on voit, à des personnages du nord et de l'est de la France ; dans le midi ils ont été beaucoup plus tardifs ; on y faisait surtout usage de sceaux à double face et le contre-sceau n'y apparaît qu'au xiii⁰ siècle.

1. Demay. *Inventaire des sceaux de Flandre*, n° 134, gravé.

L'exiguïté du contre-sceau, qui dépasse rarement 30 millimètres, est cause que les types qu'on y voit habituellement sont fort différents de ceux des sceaux ordinaires; la place manquait pour leur donner toute l'ampleur voulue. Cependant l'un des types les plus usités sur la face se retrouve constamment sur le contre-sceau, c'est le type armorial; plus de la moitié des contre-sceaux des laïcs sont armoriaux, seulement les écussons sont plus rarement timbrés de heaumes à cimiers et accompagnés de supports; on les simplifie pour qu'ils puissent tenir dans un étroit espace.

Beaucoup de contre-sceaux sont composés d'intailles dont je me réserve de parler dans un article spécial.

Un certain nombre d'autres, enfin, ne sont que des réductions du type principal et représentent le possesseur du sceau à cheval au galop avec des armes de guerre ou un accoutrement de chasse, mais cela n'est pas commun et paraît avoir été surtout l'apanage de très grands seigneurs, d'Hugues, comte de Saint-Pol (1190), de Pierre de Courtenay, comte d'Auxerre (1205), de Thomas de Savoie, comte de Flandre (1237), de Jean de Montfort (1274), ce dernier au type de chasse. Henri, comte de Troyes (1188), a sur son contre-sceau un chevalier debout, peut-être lui-même figuré en pied[1]. Ce genre de contre-sceau appartient exclusivement au nord de la France.

Je dois signaler deux types de contre-sceau avec personnages en pied, remarquables par leur singularité.

---

1. Douët d'Arcq. *Collection de sceaux*, n°ˢ 361, 506, 622 et 2907. — D'Arbois de Jubainville. *Essai sur les sceaux des comtes de Champagne*. Paris, 1856.

Une dame R. de la Garde est représentée sur le sien debout en robe longue, relevant son manteau et tenant de la main droite une épée haute (xiiie siècle); celui de Geoffroi le Fourrier, chevalier (1272), figure un personnage marchant de profil et portant sur son épaule une botte de foin au bout d'un bâton [1].

Fig. 19. — *Contre-sceau de R. de la Garde, XIIIe siècle.*

Beaucoup de contre-sceaux représentent des bustes dont quelques-uns sont les portraits des possesseurs du sceau. La tête du dauphin Humbert I (1287) a une telle intensité de vie qu'on ne peut la considérer comme une image de fantaisie; encore moins celle de son fils Jean II (1308), représenté de face dans un quadrilobe cantonné des lettres IOh'A, ce qui ne laisse aucun doute sur l'identité du personnage représenté. Peut-être faut-il voir aussi des portraits dans les bustes de profil du chambellan Urson (1226) (pl. XX, n° 1), d'Henri, comte de Bar (1272), et dans le buste de face de Gilles de Hénin (1630). Celui qui est au revers du sceau municipal de

---

1. La matrice du contre-sceau de R. de la Garde trouvée à Châteauvilain (Isère) et communiquée par M. Saint-Olive, est encore munie d'un fragment de la chaînette qui la rattachait au sceau. — DOUËT D'ARCQ. *Collection de sceaux*, n° 2232.

Beaumont-en-Argonne (1351) représente vraisemblablement le maire de cette ville. La cour de la Loye, en Franche-Comté (1318), porte également dans son contresceau une tête de profil avec la légende : *Caput cervini*, qui est fort énigmatique ; sur le sien, la ville de Sens (1263) a fait graver un buste de femme de face avec la légende : *Civitas* ; ici il n'y a pas de doute, c'est la personnification de la cité [1].

Les représentations d'animaux sont très nombreuses, soit qu'ils constituent une pièce des armoiries du sigillant, soit qu'ils aient une signification particulière qui le plus souvent nous échappe. Robert, comte d'Artois (1275), a un mufle de lion de face d'un beau caractère ; un anonyme du XIIIe siècle, un lion aux prises avec un dragon, et la légende : *Leo pugnat cum dracone* ; Gui de Dampierre, comte de Flandre (1304), un dragon entre deux lions ; Louis de Ghistelles, chambellan du roi (1418), un lion accroupi tenant une bannière armoriée ; Mathieu de Montmorency (1276) a une aigle entre deux fleurs de lys ; Hamelin d'Anthenaise (1246), une aigle à deux têtes (pl. XX, n° 4) ; Renaud de Tricot (1245), un coq ; Dreux de Mello (1239), une colombe ; Dauphin, comte d'Auvergne (1199), un dauphin ; Jean de Belleville (1249), un brochet entre deux quintefeuilles [2]. On

---

1. Douët d'Arcq. *Collection de sceaux*, n°ˢ 239, 797 et 5496. — Roman. *Sceaux des familles seigneuriales de Dauphiné*, n°ˢ 826 et 842. — Gauthier. *Inventaire des sceaux de juridiction du comté de Bourgogne*.
2. Douët d'Arcq. *Collection de sceaux*, n°ˢ 399, 630, 1250, 2777, 2946 et 3769. — Demay. *Inventaire de la collection Clairambault*, n° 4049. — Deschamps de Pas. *Sceaux des Comtes d'Artois*, pl. 11, n° 4. — de Bosredon. *Sigillographie de l'ancienne Auvergne*.

trouve encore sur les contre-sceaux des léopards, des griffons, des cerfs, des lévriers, etc.

On y trouve des armes offensives, défensives et des bannières. Jean de Châtillon, comte de Blois (1361), Jean d'Armagnac (1369), Dierekin de Maldeghem (1226) (pl. XX, n° 2) ont des heaumes simples ou cornus; Guillaume Longuespée (1200), une épée en pal; Gui, comte d'Auvergne (1202), un gonfanon; Amaury de Montfort (1234), une bannière partie et émanchée entre deux fleurs de lys; Archambaud, sire de Bourbon (1247), une bannière marquée de cinq mains appaumées, en sautoir [1].

Il est impossible et il serait fastidieux d'énumérer tous les objets gravés sur les contre-sceaux; les fleurs de lys y paraissent en nombre infini, ainsi que les étoiles, les trèfles, les quintefeuilles, les croissants, les coquilles, le huchet enguiché, le fer à cheval, la ramure de cerf, la tour, la tour avec avant-mur, le château à trois tours, le roc d'échiquier sommé d'une étoile (Bertrand de Gourdon, 1225), le chandelier (Adam, chambellan, 1224), la feuille de fougère (Geoffroi Félicier, 1212), la serre d'aigle (Élie Rudel, 1224), le bonnet empanaché (Guillaume de Milly, 1213), le poing ganté portant un faucon (Geoffroi de Milly, 1293), etc. [2].

Les représentations pieuses sont rares sur les contre-sceaux de seigneurs laïcs; je puis signaler cependant le chef de saint Jean-Baptiste sur celui de Geoffroi de Rançon (1235), saint Michel terrassant le dragon sur

1. DOUËT D'ARCQ. *Collection de sceaux*, n°s 349, 384, 416, 712, 970 et 2673.
2. *Ibid.*, n°s 2293, 2842 et 3478.

celui de Jean, duc de Bretagne (1395), et une main tenant des ceps, allusion à un miracle de saint Léonard, sur celui de la ville de ce nom en Languedoc (1308)[1]. Au contraire les croix ancrées, feuillues, vidées et cléchées ou de Toulouse, y sont communes.

Le contre-sceau armorial de Raoul le Délié (1226) est le produit d'une matrice gravée en relief, en conséquence l'empreinte est un creux, ce qui est une anomalie[2].

Le contre-sceau a servi très souvent isolément en guise de petit sceau ; les exemples de cet usage sont tellement nombreux, surtout parmi les princes de la famille royale, qu'il est inutile de les citer. Le cas est plus rare où le contre-sceau appartient à une autre personne que le sceau lui-même ; Arthur, chancelier de Pierre, évêque de Rennes (1199-1210), a son contre-sceau au revers du sceau de son maître ; Perrin le Villain (1270) a le sien au revers du sceau d'Amaury de Meulan, et ce contre-sceau représente un lion à queue fourchue (pl. XX, n° 3) ; Humbert de Choulay (1324) a le sien au revers du sceau d'Hugues, baron de Faucigny, dont il était le bailli[3].

L'usage du contre-sceau ne fit que décroître à partir du xiv° siècle ; à partir de la fin du xvi°, il n'y a plus de contre-sceaux qu'aux sceaux royaux et à quelques autres rares sceaux pendants et ces contre-sceaux sont tous armoriaux.

---

1. Douët d'Arcq. *Collection de sceaux*, n°ˢ 546 et 5695. — Bibl. nat. ms. lat. 5480, p. 232.
2. Douët d'Arcq. *Collection de sceaux*, n° 2014.
3. *Ibid.*, n° 2826. — Valbonnais.

SCEAUX ECCLÉSIASTIQUES [1]

Dès 660 Ebrégésile, évêque de Meaux, avait un cachet sur lequel était représenté saint Paul, ermite ; en 876 Eccard, abbé de Précy, avait un sceau d'améthiste sur lequel était gravé un homme terrassant un lion et un autre en cristal où figurait un serpent [2]. Sans remonter aussi loin, les plus anciens sceaux ecclésiastiques que nous possédons sont d'une époque où l'on ne connaît encore d'autres sceaux laïcs que ceux des rois de France, c'est-à-dire de la première moitié du Xe siècle.

Le sceau de Walbert, évêque de Noyon, date de 933, celui d'Adalbéron, évêque de Metz, de 942, celui de Roricon, évêque de Laon, de 949 à 976 ; puis viennent ceux des archevêques de Tours (1005), de Besançon (1036), des évêques de Cambrai (1057), de Nantes (1065), des archevêques de Sens (1067) [3], etc. On remarquera que tous ces sceaux sont du nord de la France ; il s'en faut que dans le midi les sceaux ecclésiastiques remontent à une antiquité aussi reculée.

Histoire de Dauphiné, t. I, pl. II, n° XIV bis. — Bibl. nat. ms. lat. 17028, p. 68.

1. DEMAY. *Les sceaux du moyen-âge. Le costume sacerdotal*. Paris, 1877. (Gazette des Beaux-Arts.)
2. *Nouveau traité de diplomatique par deux Bénédictins*, t. IV, p. 17.
3. DEMAY. *Inventaire des sceaux de Flandre*, n° 5815. — *Bulletin du comité archéologique de Noyon*, 1867. — *Bulletin de la Société d'histoire et d'archéologie de la Moselle*, 1858. — *Bulletin de la Société archéologique de Sens*, 1868. — Bibl. nat. ms. lat. 17027, p. 167 et 17047, p. 53.

Un même système décoratif a présidé à la composition des sceaux de tous les ecclésiastiques, qu'ils soient évêques, abbés, prieurs, doyens de chapitre, quelle que soit, en un mot, leur situation hiérarchique. Ils présentent dans leur conception beaucoup plus d'unité que les sceaux laïcs et procèdent d'un système très différent.

D'abord il est extrêmement rare que les sceaux ecclésiastiques (sauf les bulles de plomb) soient à double face; quand ils ont un revers c'est un contre-sceau. Je puis signaler cependant un très beau sceau en navette de Raymond-Arnaud de la Barthe, évêque de Comminges (1189-1204), sur lequel on voit d'un côté l'évêque debout et de l'autre la Vierge, et quelques autres, également en navette, des archevêques d'Arles, dont le revers porte une inscription [1].

Au début l'évêque est nu-tête, en buste ou en pied, ensuite il est mitré, soit debout, soit assis. A partir de la deuxième moitié du XIIIe siècle, l'évêque debout, mitré, crossé et bénissant, est généralement placé sous un baldaquin architectural, qui se transforme peu à peu en dais gothique. Au XIVe siècle ce dais acquiert de vastes proportions et est accompagné d'écussons armoriés et d'anges adorateurs.

Concurremment avec ce type, un autre commence à se manifester au XIIIe siècle; le prélat est agenouillé sous une voûte au-dessus de laquelle est son saint patron à mi-corps et de face. Au XIVe siècle, le saint, au lieu d'être à mi-corps, est debout sous un baldaquin gothique,

---

[1]. LAPLAGNE-BARRIS. *Sceaux gascons du moyen âge*, n° 745. — BLANCARD. *Iconographie des sceaux des Bouches-du-Rhône*, pl. 62 et 63.

tandis que le prélat, agenouillé et priant au bas du sceau, est accosté d'écus armoriés.

A mesure qu'on se rapproche de l'époque moderne, les deux types précédents se combinent. Au centre du sceau paraissent quelquefois trois ou quatre saints debout ou des scènes pieuses compliquées ; au-dessus un second tableau renferme un buste de saint ou même une scène complète ; enfin au bas du sceau, sous une voûte, est relégué le prélat de profil, mitré, crossé, agenouillé, priant et accosté d'écus armoriés.

Ce type, usité non seulement pour les évêques, mais pour les chapitres, les abbayes, les prieurés, se perpétue jusqu'à la fin du xve siècle, mais peu auparavant naît le type armorial, c'est-à-dire uniquement composé de l'écusson du prélat ; il domine au xvie siècle et persiste jusqu'à la fin de l'ancien régime.

Il y a donc à noter trois types principaux pour les sceaux ecclésiastiques : je nomme *type sacerdotal*, celui où le sigillant, en buste ou en pied, occupe la place d'honneur [1] ; *type hagiologique*, celui où la place principale est tenue par une scène pieuse ou la représentation de saints, et où le sigillant est relégué au bas du sceau ; *type armorial*, celui où l'écu armorié tient la place dominante. A ces trois types il faut ajouter le *type arbitraire ou de fantaisie*, c'est-à-dire composé de symboles qui ne rentrent pas dans la classification précédente, et enfin les types usités pour les contre-sceaux.

1. Ce terme n'est pas absolument exact puisqu'un diacre, ni une nonne ne sont des prêtres (*sacerdotes*); mais le terme *type ecclésiastique* ne serait pas plus juste puisqu'une religieuse n'est pas un ecclésiastique, et il aurait l'inconvénient de forcer à répéter deux fois la même expression : *sceaux ecclésiastiques, type ecclésiastique*.

§ 1. — *Type sacerdotal.*

Sur les plus anciens sceaux épiscopaux le prélat est nu-tête. Walbert, évêque de Noyon (933), est debout, nu-tête, tenant la crosse et bénissant ; son sceau est ovale. Adalbéron, évêque de Metz (942), tient la crosse et le livre des Évangiles. Helgot, évêque de Soissons (1085), Jean, évêque d'Orléans (1111), sont debout, crossés et bénissants. Geoffroi, évêque d'Amiens (1113), et Hugues, évêque d'Auxerre (1126), tiennent leur crosse et un livre (pl. XX, n° 5) [1].

Plus souvent encore l'évêque tête nue est assis sur un trône orné d'avant-corps d'animaux. Dès 1005 Hugues de Châteaudun, archevêque de Tours, est assis, crossé, bénissant et décoré du *pallium*. Liébert, évêque de Cambrai (1057), Lambert, évêque d'Arras (1097), Benoît, évêque de Saint-Malo (1110), Philippe, évêque de Troyes (1120), sont presque identiques au précédent. Hildebert, évêque du Mans (1100-1125), tient d'une seule main la crosse et un livre ; Ponce, évêque de Clermont (1175), une main sur sa poitrine et l'autre posée sur un livre ouvert sur ses genoux, est dans l'attitude d'une prestation de serment [2].

---

[1]. DE MARSY. *Comité archéologique de Noyon*, 1867. — SAUER. *Bulletin de la Société archéologique de la Moselle*, 1858. — DOUËT D'ARCQ. *Collection de sceaux*, n° 6473. — Bibl. nat. ms. lat. 17021, p. 132 ; 17027, p. 266 ; 17028, p. 184.

[2]. DEMAY. *Inventaire des sceaux de Flandre*, n°ˢ 5790 et 5815. — DE BOSREDON. *Sigillographie de l'ancienne Auvergne*, p. 437. — Bibl. nat. ms. lat. 17027, p. 98 ; 17036 ; p. 63 ; 17047, p. 53.

Des sceaux assez nombreux représentent les évêques nu-tête et en buste. Roricon, évêque de Laon (949-976), tient la crosse et bénit ; Hugues, archevêque de Besançon (1036), sort à mi-corps d'une sorte de châsse ornée ; il est décoré du *pallium*, tient une crosse et un livre.

Fig. 20. — *Sceau de Riquin, évêque de Toul.* 1108-1127.

Les sceaux de Riquin, évêque de Toul (1108-1127), et de son successeur Henri de Lorraine (1130), sont remarquables ; ces prélats tiennent une crosse transversale d'un modèle très simple, et un livre sur lequel le mot **PAX** est écrit [1]. Jean, évêque de Saint-Brieuc

---

1. GAUTHIER. *Inventaire des sceaux des archevêques de Besançon*, p. 128. — ROBERT. *Sigillographie de Toul*, pl. I, n°ˢ 1 et 2.

(1129), Geoffroi, archevêque de Bordeaux, et Bernard, évêque de Saintes (1147), ont une attitude semblable, mais bénissent de la main gauche. Le type de l'évêque à mi-corps a été en usage pendant une partie du moyen âge pour les sceaux des officialités et tribunaux ecclésiastiques; il réapparaît même quelquefois fort tard sur les sceaux épiscopaux ordinaires; en 1492, Frédéric de San-Severino, évêque de Maillezais, est encore représenté à mi-corps, de face, mitré, crossé, bénissant et accosté d'écussons à ses armes. On rencontre aussi le même type, mais fort rarement, sur les sceaux abbatiaux; Jouin, abbé de la Couronne (1150), est figuré en buste, bénissant et tenant une crosse transversale [1].

Le type de l'évêque debout ou assis, mais coiffé de la mitre cornue, est un type de transition; il n'existe qu'au XIIe siècle. Le sceau d'Eudes, évêque de Cambrai (1110), en est l'un des plus anciens exemples; le prélat est mitré, crossé, bénissant et assis sur un trône. Herbert, évêque d'Avranches (1139), Samson de Mauvoisin, archevêque de Reims (1155), Alard, évêque de Cambrai (1177), sont représentés de même. Plus rarement les évêques sont debout : Herbert, évêque d'Avranches (1158), Henri, évêque de Bayeux (1164-1205) (pl. XXI, n° 1), et Grégoire, évêque de Gap (1175), ont cette attitude [2].

1. Bibl. nat. ms. lat. 5480, p. 167 et 369; 17024, p. 79; 17027, p. 308.
2. Demay. *Inventaire des sceaux de Flandre*, n°[s] 5820 et 5826. — *Inventaire des sceaux de Normandie*, n° 2185. — Roman. *Sigillographie du diocèse de Gap*, pl. I, n° 1. — Bibl. nat. ms. lat. 17022, p. 33 et 36; 17043, p. 33.

Vers 1200, la mitre cornue disparaît et est remplacée par la mitre droite. Dès lors la figure épiscopale reste invariable.

Un des plus anciens exemples se voit sur le sceau de Liétard, évêque de Cambrai (1133) ; l'évêque assis sur un trône orné de lions, est mitré, crossé et bénissant. Signalons encore celui d'Alard, évêque de Cambrai (1177), sur lequel les bras du trône se prolongent par de grands rinceaux qui couvrent le champ ; celui de Pierre Romain, archevêque d'Embrun (1177), assis, vu de trois quarts, sur un banc garni d'un coussin, coiffé d'une mitre à longs fanons, bénissant et tenant sa crosse transversalement ; enfin celui de l'officialité de Perpignan (1290) représentant l'évêque assis, tenant un livre des deux mains et accosté d'une crosse et de la légende : *Ite judicate*[1].

Les sceaux sur lesquels le prélat est figuré debout sont en nombre infini et quelquefois le personnage est accompagné d'ornements accessoires. Jean, évêque d'Évreux (1185), est cantonné de deux chandeliers; Cadioc, évêque de Vannes (1240), de deux clefs ; Mathieu des Essars, évêque d'Évreux (1304), de deux écussons. Les fonds sont parfois guillochés, réticulés, ornés de semis de fleurs de lys, d'aiglettes, de lions, du soleil, de la lune, etc. Robert, évêque de Troyes (1232), est même accosté de deux petites figures de saint Pierre et de saint Paul, et quelques évêques provençaux ont fait

---

1. DEMAY. *Inventaire des sceaux de Flandre*, n⁰ˢ 5822 et 5826. — ROMAN. *Sigillographie du diocèse d'Embrun*, pl. I, n° 1. — FOUCHER. *Sphragistique roussillonnaise* (Société des Pyrénées-Orientales, 1863).

graver des deux côtés de leur effigie, des bustes de saints dans des cadres coupant la légende[1].

Au nombre des plus beaux sceaux de ce type épiscopal je citerai celui d'Erard, évêque d'Auxerre (1271) ; sa mitre et ses gants sont brodés, il porte le manipule et tient une crosse à élégant enroulement ; il est vêtu d'une longue tunique brodée d'un orfroi, d'une aube qui dépasse l'étole pastorale et d'une chasuble aux plis sobres et bien dessinés: Le champ est semé de colombes, d'une fleur de lys et d'un soleil (pl. XXI, n° 2)[2].

Robert de Lénoncourt, archevêque de Reims, est encore représenté, sur son sceau de 1516, debout, crossé, mitré et tenant un livre ; c'est l'un des derniers exemples de ce type[3].

Les évêques élus, mais non encore consacrés, sont vêtus d'une manière différente. En général ils ne portent ni mitre ni crosse et tiennent des deux mains un livre sur leur poitrine. Il y a cependant des exceptions. Jean, évêque élu de Dol (1163-1173), est debout, sans la crosse, mais coiffé de la mitre cornue ; il porte le *pallium* et tient les bras étendus à la manière des orants. Pierre (1173) et Hugues (1192), évêques élus de Cambrai, sont nu-tête, en dalmatique, le premier tient une fleur de lys et un livre, le second un livre serré contre la poitrine[4].

Une représentation intéressante et qui mérite d'être

---

1. Douët d'Arcq. *Collection de sceaux*, n° 6916. — Bibl. nat. ms. lat. 17029, p. 164 ; 17034, p. 45 et 115.
2. Demay. *Inventaire des sceaux de Flandre*, n° 5809.
3. Bibl. nat. ms. lat. 17043, p. 119.
4. Demay. *Inventaire des sceaux de Flandre*, n°s 5824 et 5828. — Bibl. nat. ms. lat. 17025, n° 38.

notée est celle de Jean de Comines, évêque du Puy en 1305. Il est debout, mitré, tenant d'une main la crosse et de l'autre une épée haute, symboles de sa double autorité spirituelle et temporelle. Ce sceau rappelle ceux des juridictions temporelles et officialités des évêques d'Autun et de Gap, sur lesquels sont gravés une crosse et une épée juxtaposées, avec la légende : *Ecce gladii duo hic* (1240-1280-1309)[1].

* *

Au milieu du xiiie siècle paraît un ornement nouveau, qui ne tarde pas à prendre dans le sceau épiscopal une place considérable, le baldaquin. Le sceau d'Othon de Grasse, évêque élu de Gap (1252), en offre l'un des plus anciens exemples ; au-dessus du personnage, un petit baldaquin gothique, ajouré, est supporté par deux colonnettes ; Raymond de Mévouillon, archevêque d'Embrun (1292), est, au contraire, debout, sous un baldaquin suspendu, en forme d'édicule composé de trois pavillons[2]. Peu à peu le baldaquin se complique, se surmonte de clochetons avec pinacles et feuillages à crochets. En 1435, le sceau de Jean, abbé de Saint-Wandrille, est orné d'un baldaquin, véritable monument gothique ; derrière le personnage s'ouvre la perspective d'une nef d'église avec fenêtres en arc brisé et colonnettes surmontées de fines dentelures[3].

1. Douët d'Arcq. *Collection de sceaux*, n°s 6827, 6945 et 6946. — Roman. *Sigillographie du diocèse de Gap*, pl. XI, n° 43.
2. Douët d'Arcq. *Collection de sceaux*, n° 6317. — Roman. *Sigillographie du diocèse de Gap*, pl. II, n° 7.
3. Bibl. nat. ms. lat. 20913, n° 69.

Le grand sceau d'Humbert, ancien dauphin, patriarche d'Alexandrie (1354), est l'exemple le plus complet de ce type. Le prélat est assis au centre du sceau sur un fond réticulé ; il est accosté d'écussons et des symboles des évangélistes ; sept baldaquins historiés, soutenus par de légères colonnettes, abritent la Vierge, quatre saints et deux chérubins (pl. XXII). La richesse ornementale de ce sceau n'a pas été dépassée [1].

Ce type, où le prélat tient la première place, se perpétue jusqu'au milieu du xve siècle, mais il se fait de plus en plus rare et finit par être absolument remplacé par le type hagiologique. En 1455 Jean Bernard, archevêque de Tours, est encore représenté assis, mitré, bénissant et tenant une croix sous un baldaquin accosté de deux pinacles dans lesquels les bustes de saint Pierre et de saint Paul timbrent deux écus armoriés ; c'est l'un des derniers exemples d'un évêque ainsi figuré [2].

Sur la plupart des effigies épiscopales les vêtements liturgiques, chasuble, étole, manipule, amict et aube, se distinguent ; je ne parle pas de la ceinture qui, naturellement, est cachée. Les fanons de la mitre sont très souvent visibles, ainsi que le *sudarium*, mouchoir suspendu à la crosse, et le *pallium*, orné de croisettes et retombant sur la poitrine. Très souvent le prélat est ganté ; on distingue même parfois l'anneau pastoral et la broderie des sandales. Des orfrois ou des broderies courent le long du collet de la chasuble, aux bords des manches et au bas des vêtements, et une agrafe ou fermail s'étale sur la poitrine. Il est à remarquer que les vêtements

---

1. ROMAN. *Sceaux seigneuriaux de Dauphiné*, n° 854.
2. Bibl. nat. ms. lat. 17047, p. 215.

épiscopaux sont généralement beaucoup plus ornés au XII⁰ siècle qu'aux siècles suivants. On s'en rendra compte en comparant, par exemple, l'effigie de Pierre de Brixey, évêque de Toul (1166 et 1171), avec celles de ses successeurs, dont les vêtements sont beaucoup plus simples que les siens[1].

*
* *

Les sceaux des abbés, abbesses, doyens de chapitres, prieurs, etc., sont beaucoup moins anciens que ceux des évêques ; on n'en trouve aucun avant le XII⁰ siècle, et même pendant toute la durée de ce siècle les sceaux des abbayes et de leurs abbés ne sont pas distincts. En 1174 Guillaume, abbé de Saint-Denis, ordonne que désormais le sceau de l'abbé différera de celui de l'abbaye, de manière à ce que la communauté ne puisse être engagée par l'apposition du sceau de son abbé[2].

Le type classique des abbés est un personnage debout, nu-tête, tenant une crosse et un livre ; quelques-uns sont représentés à mi-corps (Henri, abbé de Froidmont, 1207)[3]. Les abbesses sont de plus coiffées d'un voile. Les autres dignitaires ecclésiastiques tiennent presque toujours des deux mains un livre sur leur poitrine.

Michel, abbé de Saint-Florent de Saumur (1208), Thibaud, abbé de Sainte-Geneviève de Paris (1261), Jean, abbé de Saint-Aubert de Cambrai (1301) (pl. XXIII, n° 1), sont debout, nu-tête, tenant la crosse et le

---

1. ROBERT. *Sigillographie de Toul*, pl. II, n°ˢ 3 et 4.
2. *Nouveau traité de diplomatique par deux religieux bénédictins*, t. IV, p. 353.
3. DOUËT D'ARCQ. *Collection de sceaux*, n° 8731.

livre. Raerius, abbé de Nouaillé (1231), tient la crosse en biais; Ebles, prieur de Brives (1261), tient un tau ; Étienne, abbé de Marmoutiers (1268), tient un tau et un livre ; Lambert, abbé de la Couronne (1138), tient une longue croix et un livre ; Jean, abbé de Saint-Séverin de Châteaudun (1212), est de plus accosté de deux longues palmes ; Jean, abbé de Saint-Lucien de Beauvais (1261), est accompagné de saint Pierre et de saint Paul ; Richaud, abbé de Clairecombe (1255), coiffé d'un chapeau triangulaire, tient une crosse et un parchemin roulé [1].

Plus rarement les abbés sont assis, et cette pose implique généralement des prétentions à un rang supérieur. Guérin, abbé de Saint-Julien de Tours (1160), est assis sur un banc, coiffé de la mitre cornue, crossé et bénissant, comme serait un évêque ; Louis, abbé de Bucilly près Vervins (1170), est assis, tenant la crosse et le livre ; Thomas, abbé des Vaux-de-Cernay (1225), est assis dans le même appareil, sur un trône orné d'avant-corps de lions [2].

Les abbesses sont généralement debout ; Marguerite, abbesse de Notre-Dame de Soissons (1187), est debout, voilée, avec une guimpe, portant une crosse transversale et un livre ; Alix, abbesse de Flines (1264), est accompagnée de deux quintefeuilles, et Béatrix, abbesse de Maubeuge (1328), de deux écus à ses armes. On trouve encore dans le champ de ces sceaux des fleurs de

---

1. Demay. *Inventaire des sceaux de Flandre*, n° 6899. — Mallat. *Sigillographie de l'Angoumois*, 1880. — Roman. *Sigillographie du diocèse de Gap*, pl. XIV, n° 61. — Bibl. nat. ms. lat. 5423, p. 105 ; 5441, p. 404 et 412 ; 5450, p. 50 ; 5480, p. 337.
2. Bibl. nat. ms. lat. 5419, p. 105 ; 5441, p. 215.

lys, le soleil, la lune, des coquilles, des quintefeuilles, etc. Adeline, abbesse de Malnoue (1207), porte la crosse et retient de son autre main les plis de son manteau ; Marie, abbesse d'Etrun (1264), est voilée, coiffée d'un chapel, vêtue d'une longue robe, d'un manteau à manches pendantes ; elle tient une fleur et un oiseau de vol, ce qui prouve qu'elle aimait les plaisirs de la chasse[1].

Je ne connais qu'Élisabeth, abbesse de Montmartre (1182), qui soit assise ; elle est sur un siège orné de têtes de lions et tient un livre et une crosse[2].

Puis, comme nous l'avons vu pour les évêques, abbés et abbesses sont représentés sous des baldaquins gothiques plus ou moins touffus. Le vêtement, du reste, varie peu. Je puis signaler cependant Hélie, abbé de Marmoutiers (1399), qui est debout sous un baldaquin, mitré, crossé et bénissant[3].

Il en est de même pour les abbesses. Gertrude, abbesse de Maubeuge (1427), est sous un dais très décoré, accompagnée de deux anges dans des logettes, portant des écus armoriés ; Huguette du Hamel, abbesse de Port-Royal (1455), est coiffée d'un chapeau plat posé sur son voile. Le sceau de Jeanne de la Fin, autre abbesse de Port-Royal (1481), peut être considéré comme un des meilleurs spécimens de ce type (pl. XXIII, n° 2) qui s'est perpétué jusqu'à la fin du xvie siècle. En 1571, Marie le Poivre, abbesse de Fontenelle, est encore figurée en pied sous un

---

1. DOUËT D'ARCQ. *Collection de sceaux*, n° 9227. — DEMAY. *Inventaire des sceaux de Flandre*, nos 7239, 7242, 7270 et 7301.
2. DOUËT D'ARCQ. *Collection de sceaux*, n° 9233.
3. Bibl. nat. ms. lat. 5441, p. 29.

baldaquin de style Renaissance, avec le costume traditionnel [1].

Les doyens, prévôts des chapitres, archidiacres et prieurs, ont suivi la même tradition que les abbés, mais avec moins d'unité ; eux aussi sont représentés tête nue, debout, de face et tenant presque toujours un livre des deux mains (Adam, doyen du chapitre de Cambrai, 1207 ; Simon, archidiacre d'Arras, 1222 ; Raoul, prieur de Saint-Saulve de Valenciennes, 1289), mais ils ont fait usage de plusieurs autres types [2].

Guillaume, prévôt du chapitre d'Arras (1215), tient un livre et une palme, et on trouve, dans le nord de la France, plusieurs autres exemples de cette représentation ; Geoffroi de Clermont, doyen du chapitre de Vienne (1285), tient devant lui un ciboire des deux mains ; Philippe de France, doyen de Saint-Samson (1225), a la main gauche étendue et tient de la droite une fleur de lys ; Gui, prieur d'Argenteuil (1222), et Guillaume, prieur de la Beuvrière (1223), sont figurés de profil, tenant un livre et lisant ; enfin Baudouin, doyen de Saint-Pierre de Douai (xiiie siècle), est debout, en vêtements sacerdotaux, devant un autel sur lequel il consacre le pain et le vin du saint sacrifice. Quelques rares prieurs ont même usurpé le costume épiscopal, entre autres Jean de Vaucelles, prieur de Saint-Prix (1439), qui est debout mitré, crossé, bénissant et accosté de deux rinceaux [3].

---

1. Demay. *Inventaire des sceaux de Flandre*, n°s 7254 et 7271. — Bibl. nat. ms. franç. 20609, n° 122 et 143.

2. Id. *Ibid.*, n° 6096, 6150 et 7409.

3. Id. *Ibid.*, n°s 6173, 6249, 7399 et 7400. — Pilot de Thorey. *Inventaire des sceaux des archives de l'Isère*, n° 215. — Bibl. nat. ms. lat. 5417, p. 251.

Puis les doyens, archidiacres, prieurs, etc., sont debout sous des baldaquins gothiques. Dès 1218 Gautier Boute, archidiacre de Douai, est sous un petit dais architectural, ornementation très rare à une époque aussi ancienne. Raymond de Saint-Véran, prieur de Saint-Médard (1294), est debout sous un baldaquin très orné supporté par des colonnettes, tenant un livre serré contre sa poitrine ; Bertrand, prieur de Cassan (1303), dans une pose semblable, tient un livre et une crosse [1].

Il est rare que les membres du clergé ou les officiers capitulaires inférieurs, chantres, capiscols, trésoriers, simples chanoines, prêtres ou clercs, aient fait graver leur effigie sur leurs sceaux ; on y trouve plutôt l'image de quelque saint, un symbole pieux, des écussons armoriés, et surtout des types banaux ou de fantaisie, desquels il sera question dans un article suivant.

§ 2. — *Type hagiologique.*

Le type hagiologique est celui où la place d'honneur est attribuée à un saint ou à une scène pieuse, la figure du sigillant, quand elle existe, étant reléguée au second plan. Dans sa forme la plus simple, il comporte seulement un buste, un saint en pied ou une scène, sans adjonction d'autres accessoires, et il est souvent cela, en effet, sur les sceaux des communes et des chapitres. Plus de quarante villes, plus de cent trente-cinq chapitres ont fait graver sur leur sceau l'effigie de leur patron ou une scène de sa légende. Les citoyens de

---

[1]. Douët d'Arcq. *Collection de sceaux*, n° 9492. — Pilot de Thorey. *Inventaire des sceaux des archives de l'Isère*, n° 259.

Clermont-Ferrand, de Narbonne, de Nîmes, ont mis sur leur sceau la Vierge, leur patronne ; ceux de Metz, de Sarrebourg, de Toul, saint Étienne ; ceux de Pamiers, saint Antonin ; ceux de Saint-Omer, le saint qui a donné son nom à leur ville ; ceux de Marseille, saint Victor ; ceux de Tarascon, sainte Marthe ; ceux de Condom, de Dinant, saint Pierre, etc. Il est fort rare qu'un seigneur laïc ait adopté un type hagiologique, je dois citer cependant Guillaume Talevas, comte de Ponthieu, qui, en 1195, avait fait graver sur son sceau un personnage à mi-corps et nimbé, un saint évidemment [1].

Les chapitres et les abbayes ont fait comme les communes et même avec beaucoup plus d'ensemble. La Vierge paraît sur les sceaux des chapitres d'Arras, de Bayeux, de Beaune, de Cambrai, de Chartres, de Clermont, de Corbeil, de Coutances, de Die, de Dôle, d'Embrun, d'Évreux, de Grenoble, de Laon, de Lyon, de Mantes, de Melun, de Mende, de Metz, de Montauban, de Nîmes, de Noyon, d'Orange, de Paris, de Poitiers, de Reims, de Riom, de Rodez, de Rouen, de Saint-Flour, de Senlis, de Soissons, de Valenciennes, etc. Puis viennent le plus souvent reproduits saint Étienne, saint Pierre, saint Martin, saint Maurice, saint Vincent, etc. Parmi ces effigies il en est de fort belles ; beaucoup de scènes sont composées avec art et sans surcharge inutile. L'abbaye de Joyenval (1244) a fait figurer sur son sceau saint Quentin décapité par une main qui brandit une épée, tandis qu'une colombe vole au-dessus de lui ; dans le compartiment supérieur, saint Laurent,

---

1. DEMAY. *Inventaire des sceaux de Flandre*, n° 281.

béni par une main céleste, est étendu sur un gril (pl. XXIV, n° 2). Celle de Gorze (1321) a fait graver sur le sien un saint Georges d'un beau style, vêtu en chevalier, tenant une lance à pennon et chevauchant sur champ ouvragé (pl. XXV, n° 1)[1].

Pour les sceaux d'évêques, abbés ou dignitaires capitulaires, l'évolution du type est tout autre. Nous avons vu dans le chapitre précédent que ces personnages se font d'abord représenter en buste ou en pied, puis sous des baldaquins gothiques ; vers le milieu du XIIIe siècle, un autre mode de composition fait son apparition ; le sigillant n'est pas absent de son sceau, mais il s'adjoint son patron et même se subordonne à lui. Ce type se compose généralement, au début, d'une figure de saint de face au haut du sceau ; au-dessous, sous une voûte, l'évêque ou l'abbé est à genoux et prie ; aucun baldaquin ne paraît encore. Eudes Clément, archevêque de Rouen (1256), est de profil, agenouillé sous une voûte, au-dessus de laquelle la Vierge est assise entre deux anges adorateurs (pl. XXIII, n° 3) ; au-dessus de Pierre, archiprêtre de Flavigny (1256), de P. Silvain, chanoine de Saint-Pierre-le-Puellier de Poitiers (XIVe s.), de Raymond, prieur de Cazeneuve (1301), la Vierge est à mi-corps de face ; sur le sceau de Guillaume, prieur de Cornillan (1258), la salutation angélique est représentée au-dessus du prieur de profil ; sur celui de Guillaume, prieur de Sainte-Agathille (XIIIe s.), c'est sainte Agathe qui est figurée à mi-corps et de face au-dessus du prieur agenouillé ; enfin Guillaume de Royn, évêque de

---

1. DOUËT D'ARCQ, Collection de sceaux, n°[s] 8234 et 8250.

Grenoble (1318), est représenté à genoux, mitré, crossé et priant, sous une voûte surmontée de la Vierge accompagnée de saint Hugues et de saint Vincent[1].

Ensuite la représentation s'augmente d'un dais ou baldaquin, et le sceau se compose alors de deux étages, l'un inférieur consistant en une voûte sous laquelle est agenouillé le sigillant, l'autre supérieur, très orné, avec colonnettes, pinacles, niches et clochetons, sur lequel se déroule une scène ou bien sur lequel sont debout un ou plusieurs saints. De bons exemples de ce type sont les sceaux de Philippe des Moulins, évêque d'Évreux (1384), et de Michel de Perellos, archevêque d'Embrun (1422), sur lesquels la Vierge, portant l'enfant Jésus et tenant une branche de lis, est assise sous un riche baldaquin, accompagnée d'anges adorateurs, tandis que le prélat est agenouillé au-dessous entre deux écussons. Sur le sceau de Jean de Rochois, abbé de Saint-Wandrille (1400), la Vierge est accompagnée de saint Wandrille et de saint Louis; sur celui d'André, évêque de Cambrai (1393), de saint Pierre et de saint Paul (pl. XXIV, n° 1)[2].

Quelquefois le type est un peu différent; au lieu d'être agenouillé sous une voûte au bas du sceau, le sigillant est agenouillé aux pieds de son saint patron; dans ce cas son écu armorié prend au bas du sceau la place qu'il

---

1. Douët d'Arcq. *Collection de sceaux*, n°⁸ 6370, 7943 et 9508. — Valbonnais. *Histoire de Dauphiné*, t. I, pl. III, n° V. — *Bulletin des Antiquaires de l'Ouest*, 1880. — *Catalogue de la collection Schuermans*, pl. IV, n° 17; voir aussi pl. IV, n° 21 et pl. V, n° 17.

2. Demay. *Inventaire des sceaux de Flandre*, n° 5849. — Roman. *Sigillographie du diocèse d'Embrun*, pl. II, n° 7. — Bibl. nat. ms. lat. 5425, p. 17.

eût pu occuper. Jean II Dauphin, fondateur des Trinitaires de Crémieu, paraît sur le sceau de cette maison, vêtu d'une cote armoriée et agenouillé aux pieds de saint Augustin debout sous un baldaquin et tenant une représentation de la Trinité (xiv⁰ s.); Henri, comte de Champagne, fondateur de la Collégiale de Saint-Étienne de Troyes, est agenouillé aux pieds de ce saint et lui présente un plan de l'église (xiv⁰ s.); Guillaume de Tréville, penancier de Coutances (1457), est au pied de saint Pierre faisant pendant à un écu armorié sur lequel s'appuie ce saint. En 1603, Françoise de Quespray, abbesse de Notre-Dame de Gif, use encore d'un sceau en navette avec baldaquin, sur lequel elle est représentée à genoux aux pieds de la Vierge [1].

A la fin du xiv⁰ siècle l'ornementation se surcharge encore ; ce n'est plus de deux étages mais de trois qu'elle se compose. Au-dessus de l'étage principal se dessine une arcade qui renferme la Vierge à mi-corps, son Couronnement, l'Annonciation, saint Maurice, saint Georges à cheval, ou toute autre scène. Quelquefois l'étage central est orné de quatre ou cinq personnages debout dans autant de niches, ou d'un seul accompagné d'anges adorateurs agenouillés dans des logettes ou sous des toitures ; presque toujours le sigillant est accosté d'écussons armoriés. Le champ se transforme alors parfois en un tableau, en un bas-relief complet. Le sceau de Marguerite de Sorennes, prieure des Hautes-Bruyères,

---

1. CHARVET. *Collection Dongé*, n° 40 ; voir aussi le n° 90. — COFFINET (ABBÉ). *Grand sceau du chapitre de la collégiale de Saint-Étienne de Troyes* (Société de Sphragistique, 1851, p. 209). — Bibl. nat. ms. franç. 20882, p. 39 ; 20905, n° 67.

près de Paris (1365), représente Jésus-Christ tenant une longue croix, sortant du tombeau, et accompagné d'un ange assis, de trois femmes et de deux soldats endormis ; celui du couvent des Clarisses de Condom (1471) représente l'Apparition de Jésus-Christ aux saintes Femmes dans un jardin ; celui de Louis de Beaumont, évêque de Paris (1480), nous montre la Vierge enlevée au ciel par des anges, tandis que les douze apôtres entourent le sépulcre vide[1]. Un des plus beaux sceaux de cette époque est celui de la Trésorerie de la Sainte-Chapelle de Bourges (1470). Au centre, sous un baldaquin, Jésus-Christ, tenant un globe, est debout ; à droite saint Jean pose la main sur Jean, duc de Berry, agenouillé ; à gauche sainte Catherine pose la main sur la duchesse Catherine de France également agenouillée ; de chaque côté, dans deux étages de logettes, sont des anges à mi-corps et au haut deux autres anges supportent l'écu du duc de Berry[2].

Voici un sceau singulier du couvent des Dominicains de Carcassonne (1446), dans lequel le graveur a copié la disposition des sceaux précédents, tout en faisant quelque chose de très différent. Il représente la légende de la révélation de la mort de saint Dominique au frère Guala, prieur de Brescia, telle que le conte la *Légende dorée*. Sous un petit dais architectural, saint Dominique nimbé, vêtu d'un manteau à capuchon pointu, est assis de face, accosté de deux échelles tenues en équilibre par deux anges sortant de nuages ; dans la partie inférieure,

---

1. Douët d'Arcq. *Collection de sceaux*, n° 6805. — Bibl. nat. ms. franc. 20902, n° 38 et 20915, n° 90.
2. Douët d'Arcq. *Collection de sceaux*, n° 7840.

sous une voûte triangulaire, le frère Guala (qui tient la place ordinaire de l'évêque ou de l'abbé priant) est étendu et endormi [1].

Il est extrêmement rare que des personnages laïcs aient usé des sceaux composés comme les précédents ; Agnès de Candavène a cependant en 1264 un sceau sur lequel la Vierge à mi-corps est sous un baldaquin, tandis que la dame est agenouillée au-dessous sous une voûte, mais cet exemple est peut-être unique, je n'en pourrais indiquer un second [2].

Les Universités et les Collèges ont usé pour la plupart de sceaux à type hagiologique ; quelques-uns ont cependant fait graver sur le leur un docteur enseignant (Orange) ou même un bonnet de docteur (Aix-en-Provence). Les Universités de Paris et de Cambrai, les collèges d'Harcourt et de Cluny, ont pris pour emblème la Vierge, leur patronne. Sur le sceau du collège d'Harcourt (1475) elle est debout tenant une branche de lis et accompagnée de sept docteurs agenouillés [3]. Le sceau-matrice en argent de l'Université de Paris est conservé au Cabinet des Médailles et plusieurs empreintes du xiiie siècle en sont conservées ; c'est une belle œuvre d'art (pl. XXV, n° 2). Au centre, sous un baldaquin, la Vierge est assise portant l'Enfant-Jésus ; autour d'elle huit arcades divisant le champ en autant de compartiments ; deux renferment des professeurs lisant, deux autres des écoliers discutant, deux autres un seul écolier écrivant, une septième contient une sainte debout tenant une palme et

---

1. Bibl. nat. ms. franç. 25972, n° 1822.
2. Demay. *Inventaire des sceaux de Picardie*, n° 212.
3. Roman. *Bulletin des Antiquaires de France*, 1877, p. 48.

un livre, enfin la huitième renferme un évêque debout, de profil, sans doute l'évêque de Paris [1].

Le sceau de l'École de médecine de Montpellier au XIIIe siècle représente la Vierge à mi-corps au-dessus d'un docteur enseignant et du bœuf ailé de saint Luc. Celui de l'Université de la même ville en 1293 a pour type la Sagesse couronnée et assise au-dessus de six étudiants représentant les arts libéraux ; la légende est : *Per me reges regnant et potentes scribunt justiciam*. Enfin le sceau de l'Université de Caen postérieur à 1437 est armorial, mais l'écu est accompagné de cinq écoliers symbolisant les cinq facultés [2].

A partir de la fin du XVe siècle, le style de quelques-uns de ces sceaux à baldaquins se modifie ; au lieu d'être gothiques ils s'inspirent de la Renaissance italienne. Ce sont alors des édicules soutenus par des colonnes classiques, surmontés de frontons supportés par des corniches et plus ou moins imités de l'antique. Évidemment les graveurs de ces sceaux, que l'on trouve surtout dans le midi, étaient Italiens ou élèves d'Italiens, mais à côté d'eux les graveurs français continuent à orner leurs baldaquins à la mode du moyen âge. Cet usage du baldaquin disparaît au commencement du XVIIe siècle.

*
* *

Il n'est pas inutile de rechercher dans quelle attitude et avec quels attributs Dieu et les saints ont été repré-

---

1. Douët D'Arcq. *Collection de sceaux*, n°s 8015.
2. V. Prentout. *Les sceaux de l'Université de Caen* (*Bulletin archéologique*, 1910, p. 75). — *Cartulaire de l'Université de Montpellier*, t. I, p. XXXVII, pl. G.

sentés sur les sceaux. Je laisse de côté les personnages qui simplement revêtus de vêtements épiscopaux ou portant seulement la palme du martyre, ne sortent pas d'une ordinaire banalité et je me contente de noter ceux qui sont dignes de remarque par quelque détail caractéristique[1].

DIEU LE PÈRE. Barbu, couronné, assis de face sur un arc céleste et bénissant (Abbaye de la Sainte-Trinité de Lessay, XIVe s.); de même dans un nimbe en losange accompagné des symboles des évangélistes (Maison des dominicains de Thieuloye, 1328); debout, bénissant et tenant un globe (Guillaume Bréart, commandeur de Burgaud, 1367)[2].

JÉSUS-CHRIST. L'Enfant Jésus dans son berceau entre une tête d'âne et une tête de bœuf; au-dessous, la Vierge couchée et saint Joseph assis (Sœurs mineures de la Garde, XIIIe s.)[3]; Jésus enfant, debout, de face entre la Vierge et saint Joseph (Blanche de France, religieuse à Longchamp, 1340). Le Baptême du Christ : il est debout au milieu du Jourdain sur une colonne d'eau, entre sa tunique suspendue et saint Jean-Baptiste (Gui du Bois, chanoine de Reims, 1285) ; type semblable mais une colombe vole au-dessus de la tête du Christ (Abbaye de Saint-Jean-au-Bois, au diocèse de Soissons, 1303). La Résurrection de Lazare : le Christ est debout de profil et lève la main, en face de lui, Lazare dans son sépulcre ;

---

1. DOUËT D'ARCQ. *Collection de sceaux.* Introduction, p. LXVIII à LXXXIII.
2. Bibl. nat. Cabinet des titres, Pièces originales, t. 496, dossier 11186, n°s 3 et 4.
3. *Bulletin de la Société de sphragistique,* 1855, p. 293.

derrière lui, deux femmes (Léproserie de Saint-Lazare à Paris, 1264); le Christ, tenant une longue croix, tend la main à Lazare sortant du tombeau (Jean de Corbigny, chapelain du duc de Bourgogne, 1305) ; le Christ, levant la main, ressuscite Lazare ; sur une banderole on lit : *Lazare veni foras* (Gui de Champdivers, 1345[1]). La Cène (Hôtel-Dieu de Rouen, 1366). Entrée à Jérusalem : le Christ, monté sur une ânesse, tient une palme (Chapitre de Saint-Mainbeuf, de Montbéliard, xiiie s.)[2]. La Flagellation : le Christ, attaché à une colonne, est frappé par deux bourreaux (Frères mineurs de Beauvais, 1303). *Ecce homo* : le Christ, couronné d'épines, les mains attachées et de face (Robert Lamoureux, prêtre, 1368). Le Christ de pitié : son buste nu, les bras levés, entre deux anges dont l'un tient la lance et les clous et l'autre la croix (Jean, abbé d'Anchin, 1374); son buste sur une croix, les mains croisées et liées ; derrière lui la lance et l'éponge au bout d'un roseau (Françoise de Barville, prieure de Sainte-Claire d'Argenton, 1557). Le Portement de la croix : le Christ, courbé, de profil, porte la croix (Pons de Saint-Gilles, dominicain, 1255). Le Christ en croix (Chapitre du Saint-Sépulcre de Caen, 1226). Le Calvaire : le Christ entre saint Jean et la Vierge (Grande Chartreuse, de 1367 à 1581). La Résurrection : le Christ tenant une longue croix, sort du tombeau ; à côté de lui un ange assis et trois femmes debout ; au-dessus, deux soldats couchés (Marguerite de Sorennes,

---

1. ROMAN. *Inventaire des sceaux des Pièces originales*, n° 2790.
2. GAUTHIER. *Étude sur les sceaux des comtes et du pays de Montbéliard* (*Mémoires de la Société d'émulation de Montbéliard*, 1899, p. 341).

prieure des Hautes-Bruyères, 1365) [1] ; debout de face, tenant une longue croix et bénissant (Frères mineurs de Châlons-sur-Marne, 1254). L'Apparition aux saintes Femmes : le Christ, tenant une longue croix, repousse Madeleine agenouillée ; on lit sur une banderole : *Noli me tangere* ; entre eux, un arbre (Frère Gilbert, xive s.) [2] ; il apparaît aux saintes Femmes dans un jardin et les bénit (Clarisses de Condom, 1471). Le Christ assis tenant une longue croix et bénissant (Abbaye de Saint-Sauveur d'Anchin, 1172).

Le Saint-Esprit. La Pentecôte : sous la forme d'une colombe, le Saint-Esprit plane au-dessus des douze apôtres divisés en deux groupes (Guillaume, prieur de Saint-Esprit de Bayonne) [3].

La Trinité. Dieu le père, assis, coiffé de la tiare, tient devant lui des deux mains une croix au-dessus de laquelle est une colombe (Abbaye de la Trinité de Fécamp, de 1385 à 1431) : en outre, à gauche et à droite, saint Pierre et saint Paul debout (Louis de Crevant, abbé de la Trinité de Vendôme, 1512).

La Vierge. Représentée en buste, nimbée, tenant un sceptre fleurdelisé sur le sceau de l'abbaye de Fontgombaud (1268) ; assise portant l'Enfant Jésus et une branche de lis ou une fleur de lis, sur un grand nombre de sceaux quelquefois accompagnée de deux anges adorateurs (Eudes Clément, archevêque de Rouen, 1257) (pl. XXIII, n° 3) ; debout et entourée d'une volée de colombes (Abbaye de Grandselve, 1504) ; debout et

---

1. Bibl. nat. ms. franc. 20915, n° 90.
2. *Mémoires de la Société des Antiquaires de l'Ouest*, 1880.
3. Laplagne-Barris. *Sceaux gascons du moyen âge*, p. 64, n° 90.

accompagnée de deux autres saints sur un grand nombre de sceaux (Chapitre de Notre-Dame de Beaumont-sur-Oise, 1252). L'Annonciation est également figurée un nombre infini de fois et toujours d'une façon à peu près identique (Jeanne Culdoë, abbesse de Lourcine-Saint-Marcel à Paris, 1374). L'Assomption ; la Vierge debout, soutenue par deux anges au-dessus de nuages ondulés, tend les mains (Abbaye de Notre-Dame de Mirebeau, XIIIe siècle)[1] ; elle est enlevée par plusieurs anges ; au-dessous les douze apôtres entourent son sépulcre vide (Louis de Beaumont, évêque de Paris, 1480). Le Couronnement est souvent représenté ; la Vierge est assise en face du Christ assis qui la couronne (Denis, doyen du chapitre de Sens, 1217). La Vierge entourée de la lune, d'une étoile, d'un lis, d'un cèdre, d'un miroir, d'une fontaine, du soleil, d'une porte, de deux tours, d'un olivier, d'un rosier, d'une plante de baume, d'un jardin fermé (N. de Neuville, abbesse de l'Immaculée-Conception, XVIIe s.)[2].

Saint Agricol. Debout, en costume épiscopal, il est accompagné dans le champ de six cigognes (Chapitre de Saint-Agricol d'Avignon, XIVe s.)[3].

Saint Aignan. Debout, en costume de clerc, il reçoit de saint Euverte, son prédécesseur à l'évêché d'Orléans, la crosse épiscopale (Chapitre de Saint-Aignan d'Orléans, 1286).

Saint Allyre (*Illidius*), évêque de Clermont. Il célèbre

---

1. *Mémoires de la Société des Antiquaires de l'Ouest*, 1880.
2. *Catalogue de la collection Charvet*, n° 720.
3. Id. Ibid., n° 1020.

la messe devant un autel (Chapitre de Saint-Allyre de Montpeyroux, xiv° s.).

Saint Amé et Saint Maurand. En buste de face et nimbés, ils sont séparés par une tige fleuronnée (Chapitre de Saint-Amé de Douai, 1337).

Saint André. Debout, nu-tête, tenant un livre et une longue croix (Chapitre d'Avranches, 1163 et 1256). Son martyre : il est lié, vêtu, sur une croix renversée (Abbaye de Saint-André-du-Bois, 1303); il est lié, vêtu, sur une croix en sautoir (Prieuré de Rameria, 1266). accompagné de deux bourreaux et surmonté d'une main bénissante (Abbaye de Saint-André-lès-Avignon, xv° s.); vêtu d'une peau de bête, il est crucifié (Chapitre de Viviers, 1305).

Saint Antoine. Debout, accosté de flammes, tenant une sonnette et un livre et accompagné d'un porc (Abbaye de Saint-Antoine en Viennois, 1408). Assis, vêtu d'un manteau marqué d'un tau sur l'épaule, tenant un bâton surmonté d'un tau et entouré de malades agenouillés (Aymon, maître de la maison de Saint-Antoine en Viennois, en 1293) [1].

Saint Antonin. La tête et le bras du saint sortent d'une barque sur laquelle sont perchés deux aigles et qui vogue vers un château (Ville et chapitre de Pamiers, 1226, 1267, 1303).

Saint Augustin. Debout, mitré et crossé, il tient dans sa main droite une petite figure de la Trinité (Couvent des Trinitaires de Crémieu, xiv° s.)[2].

Sainte Barbe. Debout, elle tient une palme et une

---

1. Valbonnais. *Histoire de Dauphiné*, t. I, pl. IV, n° XII.
2. Charvet. *Collection Dongé*, n° 40.

tour à toit pointu (Charles de Villiers, abbé de Notre-Dame du Val, 1508).

Saint Barthélemy. A mi-corps, de face, tenant un livre et un coutelas (Abbaye Saint-Barthélemy de Beauvais, xive s.).

Saint Bénigne. A mi-corps (Abbaye de Saint-Bénigne de Dijon, 1307), ou debout (Même abbaye, xiiie s.), il tient une palme et un livre; deux mains le percent de chaque côté avec des broches [1].

Saint Benoît. Tête nue, en robe monacale, tenant une crosse, il est debout, accompagné de six moines agenouillés (Chapitre de Saint-Benoît de Paris, 1379). Debout, sur champ étoilé, il tient une crosse et une petite église (Abbaye de Saint-Benoît-sur-Loire, xve s.) [2].

Saint Bernard de Menthon. En vêtements épiscopaux, il tient le démon enchaîné sous la forme d'un ours monstrueux (Jean de Grolée, abbé de Montjoux, 1443) [3].

Saint Bertin. Assis, nu-tête, tenant une crosse et un petit navire (Abbaye de Saint-Bertin, 1454).

Sainte Catherine. Assise, couronnée et nimbée, tenant un livre et discutant avec deux docteurs qu'un démon volant inspire (Prieuré de Sainte-Catherine du Val des Écoliers à Paris, 1375).

Sainte Cécile. Debout, voilée, vêtue d'une longue robe et d'un manteau, elle s'appuie sur une croix processionnelle (Chapitre de Sainte-Cécile d'Albi, 1303).

Saint Chef (*Theuderius*). En buste de face coiffé

---

1. *Catalogue de la collection Charvet*, n° 942.
2. *Catalogue de la collection Badeigts de Laborde*, 1869, n° 386.
3. Dufour et Rabut. *Sigillographie de la Savoie*, pl. II, n°[s] 138 et 141.

d'une couronne royale (Humbert de Rivière, prieur de Lieudieu, xiv⁰ s.)[1].

Saint Chéron (*Corannus*). Debout, de profil, tenant sa tête dans ses mains; à côté de lui, des arbres et une fontaine (Abbaye de Saint-Chéron de Chartres, 1235).

Saint Christophe. Debout, appuyé sur un long bâton, traversant un fleuve et portant l'Enfant Jésus sur ses épaules (Gilbert André, clerc des Comptes, 1414)[2].

Sainte Claire. Debout, voilée, tenant un livre et ayant une corde à nœuds pour ceinture (Jeanne de Boucherville, abbesse de Longchamp, 1347). Debout, tenant un ostensoir (Clarisses de Grenoble, 1573)[3].

Saint Clément, évêque de Metz. Debout, en vêtements épiscopaux, il tient un dragon enchaîné (Ville de Metz, xiv⁰ s.).

Sainte Clotilde. Couronnée, nimbée, assise de face, tenant un sceptre fleurdelisé et portant la main à son fermail (Chambrier de l'abbaye Sainte-Geneviève de Paris, 1269).

Saint Crépin et saint Crépinien. Debout, de profil, affrontés, nimbés, en robe longue; entre eux, une palme et un arbre (Abbaye Saint-Crépin de Soissons, 1235).

Saint Cybar (*Eparchus*). Il est à genoux nu-tête, un ange lui apparaît (Jean, aumônier de Saint-Cybard d'Angoulême, 1226)[4].

Saint Cyr. Debout, en costume épiscopal, tenant une

---

[1]. Ma collection.
[2]. Bibl. nat. Cabinet des titres, Pièces originales, t. 1083, dossier 24901, n° 133.
[3]. Bibl nat. Cabinet des titres, Pièces originales, t. 2616, dossier 58213, n° 7.
[4]. De Bosredon et Mallat. *Sigillographie de l'Angoumois*, 1872.

main de justice et perçant un sanglier avec sa crosse ; dans le champ, un arbre et un buste de femme (Chapitre de Saint-Cyr d'Issoudun, xiv⁰ s.)[1].

Saint Cyr et sainte Juliette. Nus, à mi-corps, de face, les bras croisés sur la poitrine, ils sont plongés dans des chaudières inégales ; au-dessous, des flammes (Prieuré de Saint-Cyr de Friardel, xiv⁰ s.)[2].

Saint Denis. Debout, en vêtements sacerdotaux, il tient entre ses mains sa tête le cou en haut (Eudes, doyen de Saint-Denis, 1233). Il tient entre ses mains son crâne (son « test ») (Abbaye de Saint-Denis de Montmartre, 1216). De face, il tient des deux mains sa tête mitrée (Prieuré de Saint-Denis de la Châtre, 1408).

Saint Dié (*Deodatus*). Il est assis de face sur un trône, mitré, crossé et bénissant (Chapitre de Saint-Dié, 1260)[3].

Saint Dominique. Debout, il discute avec les Albigeois dont le livre est brûlé ; une main céleste le bénit (Prieur des Dominicains de Douai, 1273). A genoux, il est vêtu d'une chasuble par la Vierge debout (Couvent des Dominicains de Marvejols, xiv⁰ s.). Nimbé et assis devant un pupitre sur lequel est un livre, il professe une leçon à six étudiants (Couvent des Dominicains de Saint-Omer, 1419)[4].

Sainte Élisabeth de Hongrie. Courbée, elle lave les

---

1. *Catalogue de la collection Charvet*, n° 933.
2. Roman. *Sceau du prieuré de Friardel* (*Bulletin des Antiquaires de France*, 1906, p. 320).
3. Quintard. *Sigillographie de Saint-Dié*, 1896.
4. Hermand et Deschamps de Pas. *Histoire sigillaire de Saint-Omer*, p. 133. — Demay. *Inventaire des sceaux de Flandre*, n° 7463. — Charvet. *Collection Dongé*, n° 83.

pieds d'un pauvre (Hôpital de Sainte-Élisabeth de Valenciennes, 1263)¹.

Sainte Élisabeth, mère de la Vierge. Assise de face, elle instruit la Vierge enfant debout à côté d'elle (Louis d'Harcourt, évêque de Bayeux, 1464).

Saint Éloi. Debout, en vêtements épiscopaux, il tient un livre et un marteau; au-dessus une colombe (Église de Saint-Éloi de Gy, xive s.)². Assis et nimbé, il ferre sur une enclume le pied coupé d'un cheval debout devant lui sur trois pieds (Prieuré de Saint-Éloi de Paris, 1370).

Saint Étienne. La lapidation de ce saint est l'une des scènes les plus souvent représentées (Villes de Metz, 1297, de Toul, 1300, etc.). Parfois la scène du martyre est remplacée par une pluie de pierres qui tombe sur le saint. Il est souvent figuré tenant une palme et dans un pli de sa robe trois pierres.

Saint Eustache. Agenouillé, priant, devant une croix qui apparaît dans la ramure d'un cerf (Hubert, cardinal de Saint-Eustache, 1270).

Saint Eutrope, évêque de Saintes. Agenouillé et mitré, il est frappé d'un coup de hache par un bourreau (Prieuré de Saint-Eutrope de Saintes, 1301)³.

Saint Euverte (*Evortius*), évêque d'Orléans. Assis, coiffé d'une mitre cornue, il tient une crosse et un livre; une colombe vole au-dessus de lui (Abbaye de Saint-Euverte d'Orléans, xiiie s.).

Saint Evrard, duc de Frioul. Armé de toutes pièces, l'épée haute, il galope à gauche (Abbaye de Cysoing,

---

1. Demay. *Inventaire des sceaux de Flandre*, n° 7565.
2. *Bulletin des Antiquaires du Centre*, 1886.
3. De Bosredon. *Sigillographie de l'Angoumois*.

1286). Debout, armé de toutes pièces, il tient une petite église (Alard Cuvillon, abbé de Cysoing, 1578)[1].

Saint Evroul (*Ebrulfus*). Assis, nu-tête, il tient une crosse et une banderole sur laquelle on lit : *Audite filii precepta mea* (Abbaye de Saint-Evroul, 1274).

Saint Firmin, évêque d'Amiens. Debout, il tient sa tête entre ses mains (Chapitre d'Amiens, 1328).

Saint Florent. En buste, de face, portant une croix sur sa poitrine et accompagné d'une crosse et d'un livre (Abbaye de Saint-Florent de Saumur, 1264).

Saint Florentin. Sortant des flots à mi-corps, il tient un livre des deux mains (Abbaye de Saint-Florentin de Bonneval, 1265).

Saint François d'Assise. Debout de profil, en robe monacale, il tend les mains vers quatre oiseaux volant (Frères mineurs d'Auxerre, 1243). Debout de face, tenant un livre et entouré de onze oiseaux volant (Vital, maître des frères mineurs d'Aquitaine, 1274). Debout, les bras levés (Hugues Constant, gardien des frères mineurs de Montferrand, 1461)[2].

Saint Front. Assis de face, en costume épiscopal, bénissant et enfonçant sa crosse dans la gueule d'un dragon (Ville de Périgueux, 1308).

Saint Fuscien. A genoux, nu-tête; un bourreau lève son épée pour le frapper (Abbaye de Saint-Fuscien-au-Bois, 1336).

Saint Gaudens. A genoux, nu-tête; à côté de lui, un bourreau pose la main sur sa tête et lève son épée (Chapitre de Saint-Gaudens, 1303).

---

1. Demay. *Inventaire des sceaux de Flandre*, n°⁸ 6735 et 7013.

2. Bibl. nat. Cabinet des titres, Pièces originales, t. 415, dossier 9293, n° 4.

Saint Gengoul (*Gengulfus*). Il est debout, armé de toutes pièces, tenant une lance et un écu (Abbaye de Saint-Gengoul de Heinsberg, 1384).

Saint Georges. Debout, vêtu en chevalier, tenant un écu à la croix et frappant un dragon de sa lance (Prieuré de Saint-Georges d'Hesdin, 1164). A cheval vêtu de mailles, coiffé d'un heaume plat, tenant une lance à pennon et galopant à droite (Chapitre de Saint-Georges de Roye, xiiie s.)[1]. A cheval, vêtu en chevalier, enfonçant sa lance dans la gueule d'un dragon (Abbaye de Saint-Georges-sur-Loire, 1232). De même, mais une femme est debout près de lui (Chapitre de Pithiviers, 1415).

Saint Géraud d'Aurillac. A cheval, en tunique courte (Prieuré de Saint-Géraud d'Aspres, 1238). A pied, en tunique courte et manteau, une main sur la poitrine et tenant de l'autre une palme (Mainfroi, prieur d'Aspres, 1241)[2].

Saint Gervais et saint Prothais. Agenouillés et tenant des palmes, à droite et à gauche de la Vierge assise et portant l'Enfant Jésus qui les couronne (Chapitre de Notre-Dame de Soissons, 1231).

Saint Géry (*Gaugericus*). Debout, mitré, crossé, tenant un livre et foulant aux pieds un dragon (Chapitre de Cambrai, 1514)[3].

Saint Ghislain. A mi-corps, mitré, tenant une croix et bénissant, entre un ours et un aigle (Abbaye de Saint-Ghislain, 1476)[4].

---

1. Charvet. *Collection Dongé*, n° 35.
2. Roman. *Sigillographie du diocèse de Gap*, pl. XV, n°[s] 62 et 65.
3. Demay. *Inventaire des sceaux de Flandre*, n° 6090.
4. Id. *Ibid.*, n° 6793.

Saint Gilles. Debout en costume d'abbé, caressant une biche dressée contre lui (Abbaye de Saint-Samer-au-Bois, 1387).

Saint Guillaume d'Aquitaine. En costume de chevalier, heaumé et vêtu d'une tunique, il tient un épieu et un olifant (Hôpital de Saint-Guillaume de Montpellier, XIIIe s.). Debout, en costume monacal il tient un étendard (Ordre des Guillelmites de France, 1554).

Sainte Hélène. Couronnée, à genoux, au bas du Calvaire, elle fait fouiller le sol par un ouvrier; un peu plus bas, Constantin à cheval fait porter la croix devant lui (Pierre, sous-doyen du chapitre d'Orléans, 1274)[1].

Saint Humbert. En costume sacerdotal; un cerf se réfugie sous son manteau (Abbaye de Maroilles, 1288)[2].

Saint Jacques le Majeur. Il est assis sur un rocher au milieu des flots, tient une banderole où son nom est inscrit et saisit un bâton que lui tend le Christ debout sur les vagues (Abbaye de Saint-Jacques de Provins, 1231 et 1352).

Saint Jean Baptiste. A mi-corps, de face, tenant un disque sur lequel est l'*Agnus Dei* (Guillaume, abbé de Saint-Jean-du-Jard, 1364). Décapité par un bourreau devant sa prison; au-dessus, une main tenant deux clefs (Jean de la Houssoye, doyen du chapitre de Lille, 1283). Sa tête coupée, à côté d'un bras tenant une épée (ville de Mézin, 1243). Sa tête dans un plat (Jean Créte, trésorier du roi, 1385)[3].

---

1. Douët d'Arcq. *Collection de sceaux*, n° 7561.
2. Demay. *Inventaire des sceaux de Flandre*, n° 6774.
3. Id. *Ibid.*, n° 6184 — Bibl. nat. ms. fr. 20906, n° 39, et Cabinet des titres, Pièces orig., t. 930, dossier 20527, n° 2. Voir ces sceaux gravés pl. XXVIII, n° 1 et figure 26.

Saint Jean l'Évangéliste. Ailé et assis sur une chaise, il écrit son évangile (Couvent des frères prêcheurs de Rouen, 1243). A mi-corps dans une chaudière, un bourreau l'inonde d'huile bouillante (Jean, abbé de Cantimpré, 1313)[1].

Saint Jean de Matha. Debout, tenant un livre et exorcisant un possédé à genoux, de la bouche duquel sort un démon (Couvent des Mathurins de Paris, 1253).

Saint Jean et saint Paul frères, martyrs. Ils sont debout côte à côte en vêtements sacerdotaux, leurs deux cous sont traversés par une même épée (Prieuré des Bouches d'Aigre près Châteaudun, xiiie s.)[2].

Saint Josse (*Iodocus*). Debout de profil, devant un autel, il consacre le calice, au-dessus de lui une main bénissante (Abbaye de Saint-Josse-au-Bois, 1281).

Saint Julien de Brioude. Debout, vêtu en chevalier, tenant un étendard (Prieuré de Saint-Julien de Versailles, 1451). Sa tête ruisselante de sang à côté d'un bras armé d'une épée (Abbaye de Saint-Julien de Tours, 1230). Sa tête nimbée posée sur une épée que tient un bras mouvant de droite (Chapitre de Saint-Julien de Brioude, 1376).

Saint Junien. Debout, en costume épiscopal, mitré, crossé, et tenant un cep de vigne chargé de raisins (Ville de Saint-Junien, 1303).

Saint Just de Beauvais. Il est agenouillé en vêtements ecclésiastiques ; une main tenant une épée lui tranche la tête (Abbaye de Saint-Just de Beauvais, xive s.).

Saint Just et saint Pastor. Ils sont à mi-corps, de

---

[1] Demay. *Inventaire des sceaux de Flandre*, n° 6942
[2] Collection Tellot-Champagne, à Dreux.

face et côte à côte, un ange les couronne (Gilles Aycelin, archevêque de Narbonne, 1306).

Saint Lambert. Mitré, agenouillé devant un autel de l'autre côté duquel est la Vierge debout ; deux bourreaux placés au-dessus le percent de leur lance (Jean de Canges, 1286) [1].

Saint Landelin. Debout, en costume ecclésiastique, il fait jaillir une fontaine d'un coup de son bourdon de pèlerin (Jean, abbé de Saint-Landelin de Crespin, 1425).

Saint Laurent. Debout, tenant un gril (Pierre Quesnet, notaire du roi, 1350). Très fréquemment représenté étendu sur un gril au-dessus de flammes ; parfois une main céleste le bénit (Abbaye de Joyenval, 1244 (pl. XXIV, n° 2) ; Frères prêcheurs d'Arras, 1303).

Saint Lazare. Représenté debout sur le sceau de la Maladrerie de Laon (1177), il est plus souvent figuré dans la scène de sa résurrection, Voir au mot Jésus-Christ.

Saint Léger (*Leodegarius*). Il est couché et un bourreau perce sa tête avec une tarière (Jean, curé du Frétoy, xive siècle). Sa tête mitrée, deux bras mouvant du haut actionnent une tarière qui la perce (Abbaye de Saint-Léger de Soissons, 1303) [2].

Saint Lifard (*Lietphardus*). Debout, en costume épiscopal, il frappe d'une baguette un dragon étendu à ses pieds (Église de Mehun-sur-Yèvre, xixe s.) [3].

Saint Louis, roi de France. Assis de face, couronné, tenant un sceptre et une main de justice, il foule aux pieds un lion (Frères prêcheurs d'Évreux, xive s.).

---

1. Demay. *Inventaire des sceaux de Flandre*, n° 6180.
2. *Société de Sphragistique*, 1853, p. 115.
3. *Catalogue de la collection Charvet*, n° 935.

Debout, vêtu de même, sur le champ fleurdelisé (Chartreuse de Vallouis, près Noyon, 1407). Debout, vêtu de même, il abrite sous son manteau les religieuses de Poissy (Dominicaines de Poissy, 1397). Debout, entouré d'un groupe d'aveugles agenouillés, il leur indique l'habitation des Quinze-Vingts qu'il a préparée pour eux (Hôpital des Quinze-Vingts, 1305)[1].

Saints Lucien, Julien et Messien. Debout de face, ils portent leurs têtes dans leurs mains (Godefroi, abbé de Saint-Lucien de Beauvais, 1366).

Sainte Madeleine. Elle est souvent figurée debout, tenant un vase à parfums (Léproserie de Bruges, 1267). Étendue sur le sol, tenant un vase, elle essuie les pieds de Jésus-Christ assis devant elle (Hôtel-Dieu de Rouen, 1401)[2].

Saint Maixent. Assis de profil, nu-tête, crossé et bénissant deux infirmes agenouillés (Abbaye de Saint-Maixent, 1275).

Saint Malo (*Maclovius*). Debout sur les flots, en costume épiscopal ; à sa droite, la ville de Saint-Malo entourée de murailles crénelées (Chapitre de Saint-Malo, 1395).

Saint Mammès. Debout un sceptre à la main, un lion à ses pieds (Guillaume d'Aigremont, évêque de Langres, 1135). Debout, nu-tête, en costume ecclésiastique, entre un cerf et un loup (Chapitre de Saint-Mammès de Langres, 1445)[3].

Saint Marcel. Debout, mitré, crossé, bénissant et

---

1. Bibl. nat. ms. fr. 25990, n° 766.
2. Demay, *Inventaire des sceaux de Flandre*, n° 7574. — *Inventaire des sceaux de Normandie*, n° 3129.
3. Daguin. *Les évêques de Langres*, p. 56 et suivantes.

tenant un dragon enchaîné (Chapitre de Saint-Marcel de Paris, 1340).

Sainte Marthe. Assise de face avec la légende : *Sancta Martha hospita Christi* (Ville de Tarascon, 1211)[1].

Saint Martin. Quelquefois à pied en costume militaire, donnant une partie de son manteau à un pauvre (Chapitre de Saint-Martin d'Angers, 1232), plus souvent à cheval et accomplissant le même acte de bienfaisance (Robert de Vernon, archiprêtre de Loches, 1297). Donnant une coupe à un pauvre (Chantre de Saint-Martin d'Hesdin, 1348). Debout, en vêtements royaux et couronné, il donne un objet indistinct à un pauvre (Martin Evrard, chanoine de Rouen, 1355). Triomphant et assis sur un arc céleste (Geoffroi, abbé de Saint-Martin de Pointoise, 1177)[2].

Saint Maurice. Agenouillé, vêtu en chevalier, tenant un écu, il est entre deux bourreaux dont l'un lève une épée pour le décapiter (Guiffrey de Virieu, chanoine de Vienne, XIIIe s.)[3]. Vêtu en chevalier et galopant (Chapitre de Saint-Maurice de Tours, 1241). Debout, appuyé sur une lance et tenant un écu à une croix (Même chapitre, 1293). Assis de face, couronné, vêtu d'une longue robe et d'un manteau agrafé sur l'épaule, il tient un sceptre (Chapitre de Saint-Maurice de Vienne, 1250 et 1275). Sa tête couronnée de profil (Même chapitre, 1280)[4].

Sainte Mergerie. Debout sur un dragon, elle tient une

---

1. Blancard. *Iconographie des sceaux des archives des Bouches-du-Rhône*, pl. XXXVI, n°s 1 à 3.

2. Bibl. nation. mss. franç. 26000, n° 364.

3. Roman. *Sceaux des familles seigneuriales de Dauphiné*, n° 940.

4. Pilot de Thorey. *Inventaire des sceaux des archives de l'Isère*, n°s 206 à 208.

palme et une croix triomphale (Guillaume, prieur de Sainte-Mergerie, 1339).

Saint Michel. Debout, en robe longue et ailé, il tient un écu et enfonce la hampe d'une longue croix dans la gueule d'un dragon (Chapitre de Saint-Michel de Beauvais, xiii⁰ s.)[1].

Saint Nicaise. Debout, en vêtements pontificaux, devant un autel sur lequel est un calice, tenant à la main sa tête mitrée et nimbée ; un ange volant porte la main sur elle et sur le cou du saint (Gardien des reliques de Saint-Nicaise de Reims, xiiiᵉ siècle)[2].

Saint Nicolas. Debout, en costume épiscopal, il tend la main vers un vaisseau en danger, monté par un groupe de personnes debout (Prieuré de Saint-Nicolas de Laon, 1307). Debout, mitré, crossé et bénissant ; à ses côtés trois enfants dans une cuve ; au-dessus, une main bénissante (P., curé de Saint-Nicolas de Popincourt, xvᵉ s.).

Saint Omer. Debout, en costume épiscopal, il tient une crosse et un château à trois tours (Ville de Saint-Omer, 1304)[3].

Saint Paul. Debout, il tient un livre et une épée (Chapitre de Saint-Paul à Saint-Denis, 1200). A cheval et au pas, il est suivi par un personnage qui paraît le supplier (Jean, cellerier de Saint-Paul, xivᵉ s.). Il est le plus souvent figuré avec saint Pierre.

Saint Piat. Debout, nimbé, tenant son crâne (son

---

1. *Catalogue de la collection Charvet*, n° 731.
2. Charvet. *Collection Dongé*, n° 30.
3. Hermand et Deschamps de Pas. *Histoire sigillaire de Saint-Omer*, pl. IV, n° 11.

« test ») entre ses mains (Chapitre de Saint-Piat de Seclin, 1277). Debout, nu-tête, en dalmatique, tenant une crosse et une banderole (Même chapitre, 1282)[1].

Saint Pierre. Les représentations de ce saint, debout, assis ou en buste, sont innombrables. Il est barbu, vêtu à l'antique, assis, tenant les clefs et un livre (Prieuré de Saint-Pierre de Bucilly, 1303); assis, imberbe, vêtu en pape, avec la tiare et tenant les clefs (Pierre de Margarit, abbé du Masgarnier, 1350); debout, barbu, vêtu en évêque et tenant les clefs (Abbaye de Saint-Pierre de Ferrières, 1189); agenouillé devant le Christ et recevant les clefs de sa main (Prieuré de Saint-Pierre de Rueil, 1240); assis, imberbe, tenant les clefs, et bénissant un personnage agenouillé qui lui présente des balances (Confrérie du pain de l'Église du Mans, XIIIe s.)[2]. Il est très souvent représenté côte à côte avec saint Paul.

Saint Quentin. Debout, tenant une palme et un livre; à ses pieds trois clous, instruments de son martyre (Chapitre de Saint-Quentin de Beauvais, XIIIe siècle). Debout, tenant un bâton fleuri qu'il enfonce dans la gueule d'un dragon (Abbaye de Saint-Quentin-du-Mont près Péronne, 1180). Assis, demi-nu, de profil, deux bourreaux lui enfoncent des clous dans les épaules (Jean Bochet, doyen du chapitre de Saint-Quentin, 1337). Assis de face, les bras passés dans des fourches, deux bourreaux enfoncent des clous dans ses épaules (Chapitre de Saint-Quentin, 1278). A genoux, un bras tenant une épée le décapite; au-dessus, vole une colombe (Abbaye de

---

1. Demay. *Inventaire des sceaux de Flandre*, nos 6079 et 6080.
2. *Catalogue de la collection Charvet*, no 734.

Joyenval, 1244) (pl. XXIV, n° 2). Debout, vêtu à l'antique, tenant une palme et un livre ; des clous sont enfoncés dans ses épaules (Chapitre de Maubeuge, 1427). Assis de face, tenant une palme et une épée (Abbaye de Saint-Quentin-en-l'Ile, 1427). A genoux et priant ; un bourreau lève son épée pour lui trancher la tête ; en face de lui saint Éloi debout le bénit (Nicolas de la Boissière, archidiacre de Noyon, 1260) [1].

Saint Quiriace. A mi-corps, de face, mitré, tenant une crosse et une croix processionnelle (Chapitre de Provins, 1317).

Sainte Radegonde. Debout, couronnée et tenant un sceptre ; devant elle, une croix (Marie, abbesse de Sainte-Croix de Poitiers, 1396). En habits monastiques, couronnée et tenant un sceptre (Abbaye de Sainte-Croix de Poitiers, 1462).

Saint Rambert. A cheval au pas, en tunique, tenant une croix élevée (Abbaye de Saint-Rambert-de-Joux, 1251) [2].

Saint Remi. Debout, en vêtements pontificaux, il baptise Clovis plongé à mi-corps dans une cuve baptismale ; auprès de lui des clercs tiennent une croix ; une colombe apporte la Sainte-Ampoule (Abbaye de Saint-Remi de Reims, 1244).

Sainte Rictrude. Tenant une branche de lis, elle est assise sur une représentation de l'abbaye qu'elle a fondée (Abbaye Sainte-Rictrude de Marchiennes, 1224) [3].

---

1. Demay. *Inventaire des sceaux de Flandre*, n°ˢ 6065 et 6195. — *Catalogue de la collection Charvet*, n° 732.
2. Dufour et Rabut. *Sigillographie de la Savoie*, pl. III, n° 151.
3. Demay. *Inventaire des sceaux de Flandre*, n° 6771.

Saint Rombaud. Debout, mitré et crossé, il foule aux pieds un personnage qui tient une hache (Jean Robin, doyen du chapitre de Saint-Rombaud, 1517).

Saint Salomon, roi des Bretons. Debout, une tarière enfoncée dans chaque œil (Salomon, archidiacre de Goello, vers 1470)[1].

Saint Satur (*Satyrus*). Assis de face, nimbé, tenant une palme et levant la main gauche (Chapitre de Saint-Satur, XIIIe s.)[2].

Saint Sernin. Nimbé, il est attaché à un taureau furieux (Chapitre de Saint-Sernin de Toulouse, 1385).

Saint Servais. Debout, mitré, crossé et tenant une grande clef (Chapitre de Saint-Servais d'Utrecht, xve s.)[3].

Saint Symphorien. Debout de profil, une main tenant une épée coupe sa tête (Abbaye de Saint-Symphorien de Beauvais, 1267). A genoux devant un billot, le bourreau levant son épée; de la bouche de la Vierge debout sortent les mots : *Noli timere mortem* (Abbaye de Saint-Symphorien de Metz, xve s.). Debout tenant sa tête dans ses mains (Abbaye de Saint-Symphorien de Beauvais, xvie s.)[4].

Saint Taurin. Debout, mitré, crossé et bénissant; à côté de lui un bœuf, un sanglier et un cheval à mi-corps (Abbaye de Saint-Taurin d'Évreux, 1472)[5].

Saint Thierri. En buste, de face, les cheveux frisés, la barbe longue, il tient une pomme et un globe (Abbaye de Saint-Thierri-lès-Reims, xiie s.).

---

1. *Bulletin des Antiquaires de France*, 1876, p. 104.
2. Raynal. *Histoire du Berry*, t. II, planche.
3. Demay. *Inventaire des sceaux de Flandre*, n° 6087.
4. *Catalogue de la collection Charvet*, n° 734.
5. *Bulletin des Antiquaires de France*, 1910, p. 156.

Saint Thomas de Cantorbery. Agenouillé devant un autel en vêtements pontificaux: derrière lui, un chevalier lève son épée pour l'en frapper; devant lui, un personnage tenant une croix (Raoul du Val, prieur de l'Hôtel-Dieu de Caen, 1400). Debout, en habits pontificaux; sa mitre est traversée par une épée (Chapitre Saint-Thomas de Lyon, 1307).

Saint Tugdual, évêque de Tréguier. Debout, en vêtements pontificaux, il frappe un dragon de sa crosse (Chapitre de Tréguier, 1381).

Saint Tybery. Priant agenouillé, de profil; devant lui, un possédé de la bouche duquel sort un démon (Abbaye de Saint-Tybery d'Agde, 1303).

Sainte Ursule. Debout, couronnée, tenant une flèche et une palme, et abritant de nombreux religieux sous son manteau (Prieuré de Sainte-Ursule de la Chartreuse, XIVe s.)[1].

Saint Victor. Debout, armé de toutes pièces, il tient une lance, une épée et une dague (Abbaye de Saint-Victor de Marseille, 1272). Debout, tenant une épée et un écu (Abbaye de Saint-Victor de Paris, vers 1150) (pl. XI, n° 1).

Saint Vigor, évêque de Bayeux. Debout, en vêtements épiscopaux, il conduit, avec sa crosse, un dragon qu'il a enchaîné avec son étole (Abbaye de Cérisy, 1232).

Saint Vincent. A mi-corps, coiffé d'une toque, vêtu d'une tunique collante, il sort d'une châsse en forme d'église et tient à la main une longue croix, l'autre main est levée (Ville de Castres, 1232).

Saint Vindicien. Debout, mitré, crossé et bénissant, il

---

[1]. *Catalogue de la collection Schuermans*, pl. II, n° 20.

tient à la main une petite église (Jean de Feucy, abbé du Mont-Saint-Éloi, 1530).

Saint Waast (*Vedastus*). Debout, mitré, tenant une croix et bénissant ; à ses pieds, un ours est couché (Abbaye de Saint-Waast d'Arras, 1195).

Saint Willebrord. Debout, mitré, crossé et bénissant, il est dans une barque conduite par un rameur ; quelquefois un personnage tenant une croix processionnelle l'accompagne (Ville de Gravelines, 1243 à 1406).

Je termine par le sceau suivant qui présente un naïf tableau du Paradis terrestre tel que le concevait un graveur du xve siècle : Au milieu d'une forêt, Adam nu tient une massue sur son épaule et fait pendant à Ève vêtue et debout comme lui ; à leurs pieds est un lion couché (Adam de Blois, clerc, 1406)[1].

§ 3. — *Type armorial.*

Les évêques ont fait tardivement usage du sceau armorial ; on trouve des armoiries sur leurs contre-sceaux dès la deuxième moitié du xiiie siècle, mais sur la face principale elles n'apparaissent qu'à la fin du xive. Quelques évêques ont cependant des sceaux armoriaux avant cette date, mais comme seigneurs féodaux et non comme évêques. Robert de Courtenay, évêque d'Orléans, use en 1273 d'un sceau armorial comme seigneur de Nonancourt, et d'un sceau à type sacerdotal comme évêque ; Guillaume de Melun, archevêque de Sens (1366), a un sceau à l'écu penché et heaumé cimé d'une tête de cerf avec une croix entre les cornes, et supporté

---

[1]. Roman. *Inventaire des sceaux des Pièces originales*, n° 1584.

par deux lions, comme maître d'un fief personnel, et comme archevêque il use d'un autre au type sacerdotal (pl. XXVI, n° 1)[1].

Ce n'est que dans les dernières années du xiv° siècle que nous trouvons de vrais sceaux épiscopaux à type armorial et ce sont, pour la plupart, des sceaux de juridictions spirituelles ou temporelles. Un de leurs caractères distinctifs c'est que l'écu est toujours perpendiculaire, jamais penché, et qu'ils sont généralement surmontés et soutenus par des personnages à mi-corps. Bertrand de Rosmadeuc, évêque de Quimper (1427), a un écu tenu par un ange debout; celui de Thibaud d'Aussigny, évêque d'Orléans (1468), est surmonté d'un buste épiscopal mitré, crossé et bénissant ; celui de Jean Cœur, archevêque de Bourges (1479), d'un squelette à ailes de chauve-souris, de la bouche duquel sort une banderole avec la légende : *Memento mori*[2]. Celui de Robert de Croy, évêque de Cambrai (1529), est un remarquable spécimen de l'art de la gravure au xvi° siècle; l'écu en cartouche est couronné et tenu par un ange debout, à la chevelure flottante (pl. XXVI, n° 2)[3].

Il y a cependant quelques exceptions à cette règle. Gui le Barbu, évêque de Laon (1395), porte sur son sceau deux écus séparés par un lion tenant une crosse droite et devant une mitre ; celui de Guillaume de Boisratier, archevêque de Bourges (1420), est posé sur une croix à long pied; le petit sceau de Thibaud d'Aussigny, évêque

---

1. STEIN. *Double sceau de Robert de Courtenay* (*Bulletin des Antiquaires de France*, 1909, p. 387). — DOUËT D'ARCQ. *Collection de sceaux*, n° 6403.

2. Bibl. nat. ms. lat. 17024, n° 150, et 17027, n° 280.

3. DEMAY. *Inventaire des sceaux de Flandre*, n° 5859.

d'Orléans (1464), est chargé d'un écu penché, timbré d'une croix entourée d'une couronne d'épines[1].

Dans la première moitié du xvi° siècle, le type armorial se vulgarise; l'écu est cimé d'une mitre ou d'une couronne, ou posé sur une crosse ou une croix. Quelques-uns de ces sceaux sont fort bien composés, dans un

Fig. 21. — *Sceau de Toussaint de Hocédy, évêque de Toul*, 1562.

style élégant inspiré par la renaissance italienne. Les sceaux armoriaux de Jean de Lorraine (1523), d'Antoine Pellegrin (1537) et de Toussaint de Hocédy (1562), tous trois évêques de Toul, sont d'excellents exemples à

---

1. Bibl. nat. ms. lat. 17024, p. 148, et 17026, p. 52.

citer de sceaux épiscopaux, l'un timbré d'un chapeau épiscopal, l'autre d'une mitre, et le dernier d'une couronne enfilée d'une crosse[1]. A la fin du xvie siècle, les sceaux épiscopaux sont tous armoriaux, l'écu entouré d'un cartouche, timbré de la mitre, de la crosse, et sommé du chapeau épiscopal avec glands. Au xviie siècle et au suivant, l'écu est entouré de cartouches très découpés, décorés de têtes d'anges, de guirlandes de fleurs ; pour les pairs ecclésiastiques, il est posé sur le manteau étalé, timbré d'une couronne accostée de la mitre et de la crosse, quelquefois de l'épée, et sommé du chapeau épiscopal avec glands étalés dans le champ.

Les abbayes et les prieurés ont eu des sceaux armoriaux dès le xiiie siècle. Celui d'Albert de la Piarre, prieur d'Espagnac (1303), renferme, dans un quadrilobe, un écu soutenu par un aigle ; celui de l'abbé d'Obazine (1317), un écu accompagné dans le champ de trois étoiles et de trois croissants ; celui de Raoul, abbé de Bégard (1381), un écu posé sur une crosse et accompagné de deux cygnes, dans un quadrilatère ; celui de Pierre, abbé de Sainte-Croix de Guingamp (1524), un écu en bannière timbré d'une crosse ; et enfin celui de Jean Chauvin, abbé de Saint-Laon de Thouars (1529), un écu timbré d'un buste mitré, crossé et bénissant[2].

Les chapitres ont rarement fait usage de sceaux armoriaux avant le xviie siècle ; quant aux membres du bas-clergé, ils ont plutôt fait graver sur leurs sceaux des saints ou des symboles pieux que des armoiries que souvent ils n'avaient pas.

1. ROBERT. *Sigillographie de Toul*, pl. XIII, XIV et XV.
2. DOUËT D'ARCQ. *Collection de sceaux*, n°s 8528, 8890, 9516. — Bibl. nat. ms. lat. 5484, p. 77 ; ms. franç. 20903, n° 96.

§ 4. — *Type arbitraire et de fantaisie.*

Il y a dans la série des sceaux ecclésiastiques infiniment moins d'exemples de types singuliers et de fantaisie que dans les sceaux laïcs.

Un certain nombre de dignitaires capitulaires, de prieurs, de docteurs, etc., se sont fait représenter dans l'exercice de leurs fonctions. L'un des sceaux les plus intéressants de cette catégorie est celui d'Hugues de Verdun, inquisiteur de la foi en Gascogne (1391) ; il est figuré assis, tenant devant lui une croix, tandis que quatre personnages agenouillés attendent la sentence qu'il va rendre. Les pénitenciers se font représenter administrant la correction que leur office leur donne le droit d'infliger ; frère Pierre et frère Algise, le premier assis, le second debout, lèvent un paquet de verges sur le dos d'un pénitent agenouillé et demi-nu (XIVe s.).

Le capiscol du chapitre de Vienne, Humbert de Seyssuel (1291), debout, vêtu d'un long manteau à capuchon, tient aux cheveux un enfant agenouillé et lève sur lui une baguette. L'archidiacre Pierre Sorin (1273), assis de profil, montre à trois enfants un modèle sur lequel est écrit le mot : *Ave* (pl. XXVII, n° 1), et Baudouin, trésorier du chapitre de Cambrai (1253), est debout, sortant de sa maison et tenant les clefs de son office, tandis qu'un mendiant lui demande l'aumône [1].

Les docteurs sont souvent assis sur une chaière,

---

1. DOUËT D'ARCQ. *Collection de sceaux*, n° 7740. — DEMAY. *Inventaire des sceaux de Flandre*, n° 6306. — PILOT DE THOREY. *Inventaire des sceaux des archives de l'Isère*, n° 222. — *Catalogue de la collection Schuermans*, pl. V, n°^{s} 14 et 18.

devant un pupitre sur lequel est étalé un livre (Raoul de Reims, archidiacre de Paris, 1213, et Jean de Paris, chanoine de Rouen, 1237). Dino de Marquelles, docteur (1332), est assis dans une chaire en face de deux étudiants ; Renaud d'Aiis est debout, argumentant, et de ses lèvres sortent les mots : *Ergo false* (XIVe s.)[1].

Au lieu d'être debout et de face, conformément au type sacerdotal classique, quelques dignitaires ecclésiastiques se sont fait représenter à genoux et de profil. Raoul, prieur de Saint-Saulve de Valenciennes (1244), est agenouillé, béni par une main céleste ; Alix, prieure d'Oyenville (1303), est agenouillée de même lisant dans un livre [2].

Un type extrêmement répandu est celui de la main ou du bras tenant une crosse, symbole de l'autorité spirituelle, ou tenant une ou deux clefs, témoignage de la suprématie du siège de Saint-Pierre ; beaucoup d'officialités l'ont employé, entre autres celles de Beauvais depuis 1216, et celle de Vienne, depuis 1272. Le sceau de Pierre, abbé d'Ivry (1386), représente un bras tenant une crosse, mais contenu dans un encadrement quadrangulaire. L'officialité d'Avranches (1236) offre le même sujet, mais la crosse est accompagnée d'une mitre (pl. XXVI, n° 3) ; Jacques, archidiacre de Laon (1205), une main tenant une fleur de lys, et enfin G. de Commiers, doyen du chapitre de Saint-André de

---

1. Douët d'Arcq. *Collection de sceaux*, n° 7413. — Demay. *Inventaire des sceaux de Normandie*, n° 2462. — Laplagne-Barris. *Sceaux gascons du moyen âge*, p. 71, n° 102. — *Bulletin de la Société des Antiquaires du Centre*, 1884.

2. Demay. *Inventaire des sceaux de Flandre*, n° 7408.

Grenoble (XIII° s.), un bras saisissant une croix qui surmonte un écusson[1].

Le bras ou la main bénissante sont d'un usage assez fréquent ; l'église de Gap a pour type traditionnel le bras de son patron saint Arnoul en pal, vêtu et bénissant (1204-1222). On trouve un bras semblable sur les sceaux de la collégiale de Saint-Gengoul de Toul (1331-1337)[2].

Les symboles pieux se trouvent sur les sceaux ecclésiastiques en moins grand nombre qu'on ne pourrait le croire, et c'est moins sur ceux des prélats que sur ceux des maisons religieuses ou des membres du clergé inférieur qu'ils sont fréquents. La Grande-Chartreuse, de 1400 environ au milieu du XVI° siècle, a fait graver sur son sceau tous les instruments de la passion, la croix avec le *titulus* et les clous, l'éponge, la lance, le roseau, la couronne d'épines, le coq et les dés. Beaucoup de chartreuses françaises ont adopté pour type une simple croix ou une croix patée, entre autres celles d'Aillon, de Berthaud, de Durbon, des Ecouges, de Sylve-Bénite, de Valenciennes ; celle de Prémol surmonte la croix d'un dauphin. On trouve aussi la croix carrée sur le sceau de l'abbaye de Vauluisant (vers 1200), la croix sur un piédestal sur celui de l'église de Saint-May (XIV° s.), la croix entre une mitre et une crosse sur celui de l'abbaye de Saint-Denis (1381), la

---

1. Pilot de Thorey. *Inventaire des sceaux des archives de l'Isère* n°ˢ 1086 à 1090. — Douët d'Arcq. *Collection de sceaux*, n°ˢ 6955, 6959 et 7390. — Dufour et Rabut. *Sigillographie de Savoie*, pl. VI, n° 85.

2. Roman. *Sigillographie du diocèse de Gap*, pl. II, III, IV, V, XI et XII. — Robert. *Sigillographie de Toul*, pl. XXXII, n°ˢ 107 et 109.

croix double ou de Lorraine sur celui d'Aubon, doyen de l'église de Toul (1160)[1].

Un très beau sceau, qui rentre dans la catégorie de ceux qui font le sujet de ce chapitre, est celui de la Sainte-Chapelle, au milieu duquel on distingue la couronne d'épines et les clous de la Passion (1386)[2].

Un certain nombre d'animaux sont gravés principalement sur les sceaux du clergé inférieur. Henri de Gamaches, chanoine de Bayeux (1236), porte un lion ; R. de Cramoyel, chanoine de Corbeil (1219), une aigle ; Enguerrand, doyen de Meulan (1247), une aigle à deux têtes. Une aigle d'un style remarquable, un rinceau au bec et debout sur un juchoir, est gravé sur le sceau de l'abbaye Saint-Léon, près de Toul (1211); Jean, archidiacre de Paris (1228), en a une autre, posée sur un évangéliaire, allusion évidente à l'apôtre saint Jean. *L'Agnus Dei*, nimbé, avec ou sans pennon, est extrêmement commun; un beau spécimen s'en trouve sur le sceau de Philippe de Savoie, administrateur du diocèse de Valence en 1242. Aimeri de Séverac, évêque de Limoges (1245), porte un dragon ailé, et la collégiale de Saint-Géry de Cambrai (1359), une tête de dragon de la gueule duquel s'élance un coq ; Rostaing, chapelain du Bersac (xiv° s.), une colombe tenant un rameau dans son bec, et l'abbaye de Notre-Dame-de-Coulombs, près Nogent-le-Roi (1380), deux colombes affrontées perchées sur un tau, tandis que quatre autres volent dans le champ.

---

1. VALLIER. *Sigillographie de l'ordre des Chartreux*, pl. II, IV, n° 3, et 8, V, XI et XII. — ROBERT. *Sigillographie de Toul*, pl. XXIII, n° 65.

2. DOUËT D'ARCQ. *Collection de sceaux*, n° 7832.

Le chapitre d'Arles a fait représenter sur sa bulle de 1214 cinq têtes de bélier posées en étoile et une église au revers (pl. XXVII, n° 3)[1].

Quelques types de sceaux paraissent faire allusion aux devoirs du clergé. Celui de Dreux, curé de Liffol-le-Petit (XIVe s.), représente un renard enlevant un coq, allusion, peut-être, à la vigilance dont doit faire preuve le pasteur ; Richard du Passoir, chanoine d'Évreux (1232), a pris pour type un arbre sur lequel est un nid ; un singe dévore les fruits de l'arbre tandis qu'au bas guette un renard, allusion probable aux mauvaises passions qui assiègent les jeunes âmes[2].

On trouve sur les sceaux ecclésiastiques une foule d'objets variés. Sur celui de l'auditeur général des causes de l'évêque de Clermont (1294), un buste épiscopal de face accompagné d'une crosse et d'une épée nue en pal (pl. XXVII, n° 2) ; une tête humaine de profil sur celui d'Étienne Chauvin, prêtre (XIVe s.) ; une tête humaine barbue de face dans un feuillage de chêne, très finement gravée et ayant l'allure d'un mascaron du XVIe siècle sur celui de Gilles de Cambrai, chanoine de la ville dont il porte le nom (1284) ; la fleur de lys simple (R. Teisseire, prêtre XIVe s.) ou florencée (Pierre de Méso, chanoine de Beauvais (1239), ou accompagnée du soleil et de la lune (Jean de Cahors,

---

[1]. DOUËT D'ARCQ. *Collection de sceaux*, n°˚ 7104, 7417, 7731 et 7911. — DEMAY. *Inventaire des sceaux de Flandre*, n° 6037. — BLANCARD. *Iconographie des sceaux des Bouches-du-Rhône*, p. 192, n° 8. — ROBERT. *Sigillographie de Toul*, pl. XXXV, n° 122. — DE BOSREDON. *Notes pour servir à la sigillographie de la Haute-Vienne.* — Bibl. nat. ms. franç. 20903, n° 78, et ms. lat. 5462, p. 71 ; 5482, p. 179. — Musée de Gap.

[2]. *Journal de la Société d'archéologie lorraine*, 1896.

prévôt de Creil (1261) ; le pentalpha avec une étoile au centre (Simon de Bérou, chanoine de Chartres (1214). Un type fort répandu sur les sceaux du clergé inférieur c'est le feuillage stylisé sur lequel sont perchés ou contre lequel sont adossés deux ou quatre oiseaux (Geoffroi d'Orville, chanoine de Chartres, 1213; le curé de Saint-André en Morvan, xive s.). Les léproseries de Croulebarbe, à Paris, et d'Orbec, en Normandie, avaient adopté pour type de leur sceau la cliquette que les lépreux étaient obligés d'agiter pour prévenir de leur passage (1263)[1].

L'officialité de Senlis a pris pour type une grande S enlacée d'une banderole sur laquelle court le mot *Silva-ne-ctis* (1233) ; enfin un joli sceau de Guillaume de Liz, abbé de saint-Jean du Jard (1364), figure un grand G supporté par deux lions accroupis et surmonté du buste de saint Jean-Baptiste vénéré par deux anges à genoux (pl. XXVIII, n° 1)[2].

§ 5. — *Types des contre-sceaux.*

Je n'ai pas trouvé de contre-sceaux aux sceaux ecclésiastiques avant ceux d'Hugues de Montaigu, évêque d'Auxerre en 1126, c'est une empreinte d'intaille

---

1. Douët d'Arcq. *Collection de sceaux*, n° 076. — Demay. *Inventaire des sceaux de Flandre*, n° 7417. — *Catalogue de la collection Schuermans*, pl. III, n° 11. — Bibl. nat. ms. lat. 5417, n° 249; 5469, n° 95; 5481, n° 102, et ms. franç. 20915, n° 173.

2. Douët d'Arcq. *Collection de sceaux*, n° 7022. — Bibl. nat. ms franç. 20906, n° 39.

antique, et de Barthélemy, évêque de Laon à la même date, c'est une réduction du type de la face [1].

Les armoiries paraissent sur les contre-sceaux ecclésiastiques longtemps avant de paraître sur la face principale, c'est-à-dire avant la fin du xiv° siècle. En 1295, Thibaud de Pouancé, évêque de Dol, en 1297, Guillaume de Hainaut, évêque de Cambrai, ont des contre-sceaux armoriaux, ce dernier aux trois lions, armoiries du comté de Cambrai [2]. Depuis cette époque le contre-sceau armorial est très fréquent.

Comme les contre-sceaux des laïcs, ceux des ecclésiastiques ne sont quelquefois qu'une réduction du type de la face ; un personnage debout, mitré, crossé et bénissant (Barthélemy, évêque de Laon, 1126 ; Thibaut, évêque de Bayeux, 1368), ou assis (Burnon, archevêque de Vienne, 1217 ; Robert, abbé de Jumièges, 1251), ou agenouillé (Eudes de Sully, évêque de Paris, 1205), ou debout sous un baldaquin (Isabelle de Valois, abbesse de Fontevrault, 1345) [3].

Parfois une tête seule est gravée sur le contre-sceau, soit de face (Raoul de la Torrette, archevêque de Lyon, 1286, pl. XXVIII, n° 3), soit de profil (Pons, évêque d'Arras, 1226). L'abbaye du Mont-Saint-Éloi, près d'Arras, a sur son contre-sceau (1303) une triple tête d'évêque formée d'une face et de deux profils ; le chapitre d'Arras (1419) a quatre têtes nues et barbues, accolées

---

1. Bibl. nat. ms. lat. 17026, n° 8.
2. Douët d'Arcq. *Collection de sceaux*, n°s 6538 et 6600.
3. Douët d'Arcq. *Collection de sceaux*, n° 6784. — Pilot de Thorey, *Inventaire des sceaux des archives de l'Isère*, n° 133. — Bibl. nat. ms. lat. 5480, n° 360, et 17026, n° 8.

deux par deux et tournées à gauche [1]. Les types les plus usités sont empruntés à l'iconographie religieuse. La figure de Jésus-Christ est assez rare, on peut signaler cependant la représentation de Jésus-Christ assis, tenant un globe et bénissant, sur le contre-sceau de Thibaud, abbé de Fécamp (1306), et quatre scènes de sa vie dans autant de cadres circulaires au-dessous desquels est l'évêque mitré, agenouillé, sur celui de Simon de Beaulieu, archevêque de Bourges (1287) [2].

La figure de la Vierge est au contraire fort commune. Elle paraît debout sur le sceau de Maurice, archevêque de Rouen (1234); debout avec l'évêque agenouillé à ses pieds, sur celui de Guillaume de Thiéville, évêque de Coutances (1318); assise sur celui d'Alberic, évêque de Chartres (1242); assise au-dessus d'un écu armorié, sur celui de Robert, évêque d'Évreux (1347); à mi-corps sur celui de Raoul, également évêque d'Évreux (1269). Les graveurs se sont souvent appliqués à retracer les scènes de sa vie : l'Annonciation (Eudes Clément, archevêque de Rouen, 1256); l'Annonciation au-dessus de l'évêque agenouillé sous une voûte triangulaire (Raymond, évêque de Sisteron, 1312); le Couronnement (Pierre Barbet, archevêque de Reims, 1297), etc. [3].

Des autres figures de saints, de beaucoup la plus fréquente est celle de saint Étienne. Sur le contre-sceau de Renaud de la Porte, archevêque de Bourges (1317),

---

1. DOUËT D'ARCQ. *Collection de sceaux*, n⁰ˢ 6319 et 6161.
2. Bibl. nat. ms. lat. 5421, n° 97, et 17024, n° 112.
3. DOUËT D'ARCQ. *Collection de sceaux*, n⁰ˢ 6349, 6370, 6569. — Bibl. nat. ms. lat. 17025, p. 144 et 17044, n° 91. — Archives des Hautes-Alpes, évêché de Gap, n° 1.

il est représenté debout sous une pluie de pierres ; sur celui de Renaud de Senlis, évêque de Toul (1216), et de beaucoup d'autres, la scène de sa lapidation est figurée avec des variantes diverses [1].

Il me suffira d'énumérer encore quelques représentations de saints parmi les plus communes. Saint Pierre et saint Paul debout (Jean, abbé de Saint-Père de Chartres, 1306) ; saint Maurice à cheval (Jean, archevêque de Tours, 1218) ; saint André étendu sur sa croix (Richard, évêque d'Avranches, 1259) ; saint Georges galopant et portant une bannière (Henri d'Apremont, évêque de Verdun (1331) ; la tête de saint Jean-Baptiste dans un plat, avec la légende : *Caput Iohīs in disco* (Chapitre de Laon, 1285) ; celle de saint Denis (Renaud, abbé de Saint-Denis, 1296) ; les bustes de saint Just et saint Pasteur sous une main bénissante (Chapitre de Narbonne, 1261) ; saint Gervais et saint Protais en buste et affrontés (Chapitre de Séez, 1278) ; les têtes de saint Firmin, saint Julien, saint Oyen, etc.[2]. Cette énumération pourrait être prolongée à l'infini.

Parmi les symboles religieux, c'est la croix qui tient la première place, soit carrée et patée (Hugues, abbé de Charroux, 1240), soit fleuronnée (Manassès, évêque d'Orléans, 1212), soit entourée d'une banderole (Eudes de Sorcy, évêque de Toul, 1228), soit vuidée, cléchée et pommetée (Guillaume, évêque de Cahors, 1202), soit tré-

---

1. Douët d'Arcq. *Collection de sceaux*, n° 6309. — Robert. *Sigillographie de Toul*, pl. III, n° 8.
2. Douët d'Arcq. *Collection de sceaux*, n°ˢ 6491, 6928, 7193, 7237 et 7320. — Bibl. nat. ms. lat. 5417, n°ˢ 177 et 205 ; 5480, n° 124.

flée, aiguisée et cantonnée de deux croissants (Guillaume, doyen du chapitre de Notre-Dame de Paris, 1261). Robert de Cressonissart, évêque de Beauvais (1240), a fait graver sur son contre-sceau une croix carrée, cantonnée de quatre clefs, c'est-à-dire les armoiries de son église, avec la légende : *Crux XPI. claves Petri*[1].

Je citerai parmi les autres types religieux l'*Agnus Dei*, qui est extrêmement fréquent (Gui, archevêque de Sens, 1191) ; le livre des Évangiles avec la légende : *Evangelia* (Officialité de Limoges, 1224) ; le buste d'un ange de face (Jean, abbé de Saint-Benoît-sur-Loire, 1211) ; la colombe de l'arche tenant un rameau dans son bec (Pierre de Colmieu, archevêque de Rouen, 1238) ; un reliquaire sur un autel entre deux flambeaux (Renaud, abbé de la Trinité de Vendôme, 1266)[2].

De nombreux sujets font allusion au pouvoir spirituel ou temporel de l'église : une main bénissante (Anselme de Mauny, évêque de Laon, 1219, pl. XXVIII, n° 2) ; une main bénissante sur un nimbe cruciforme avec la légende ; *Manus dñi* (Officialité de Limoges, 1248) ; une main semblable avec la légende : *Manus doctoris gentium*, allusion à saint Paul (Chapitre de Metz, 1379) ; un bras bénissant en pal (Jean, évêque de Poitiers, 1172 ; Maurice, évêque de Nantes, 1190) ; une clef (Pierre de Dinan, évêque de Rennes, 1200), ou deux clefs en pal sur un champ fleurdelisé (Wermond de

---

1. Douët d'Arcq. *Collection de sceaux*, n°ˢ 6511, 6527 et 6761. — Robert. *Sigillographie de Toul*, pl. IV, n° 10. — Bibl. nat. ms. lat. 5480, n° 129.

2. Douët d'Arcq. *Collection de sceaux*, n°ˢ 6369, 6387. — de Bosredon. *Notes pour servir à la sigillographie de la Haute-Vienne*.

Boissière, évêque de Noyon, 1259) ; une main tenant une clef (Hélie, évêque de Saintes, 1223), ou deux clefs (Maurice, évêque de Poitiers, 1203 ; Guillaume, évêque de Nantes, 1274); une main tenant une croix à long pied (Geoffroi, évêque du Mans, 1231) ; une main tenant une croix grecque accompagnée de deux plus petites, avec la légende : *In hoc signo vinces* (Philippe Berruier, évêque d'Orléans, 1235, pl. XXIX, n° 1) ; un bras tenant une crosse, type très fréquent sur les contre-sceaux des tribunaux ecclésiastiques (Gui, évêque de Carcassonne, 1212) ; une crosse en pal accompagnée de deux fleurs de lys (Guillaume, évêque de Senlis 1310, pl. XXVIII, n° 4), ou supportée par deux lions affrontés (Pierre de Rouen, abbé de Mortemer, 1496), ou deux crosses en pal sur champ fleurdelisé (André le Moyne, évêque de Noyon, 1306) ; une crosse et une épée en pal (Officialité d'Autun, 1309) ; une crosse et une mitre (Officialité de Bayeux, 1284) ; une mitre (Jean du Bois, évêque de Dol, 1315) ; une mitre accompagnée de quatre quintefeuilles (Durand, évêque de Nantes, 1282) ; une mitre et un gant (Officialité de Rouen, 1262). Le contre-sceau de l'abbaye de Notre-Dame de Bonport (1401) représente une barque voguant sur les flots, au-dessus de laquelle est un bras tenant une crosse accostée d'une fleur de lys, d'un soleil et d'un croissant [1].

On voit sur les contre-sceaux la figure d'un grand

---

1. Douët d'Arcq. *Collection de sceaux*, n°ˢ 6512, 6601, 6636, 6748, 6750, 6763, 6833, 6861, 6916 et 6958. — Bibl. nat. ms. lat. 17027, n°ˢ 174 et 179; 17029, n° 220 ; 17042, n° 123 ; ms. fr. 20895, n° 299.

nombre d'animaux : un lion (Renaud, abbé de Saint-Jouin de Marnes, 1286) ; un lion et une crosse (Bouchard d'Avesnes, évêque de Metz, 1296) ; deux lions affrontés (Robert, abbé de Mortemer, 1282) ; un cerf élancé (Jean de Cramailles, archidiacre de Soissons, 1247) ; un cerf passant devant un arbre (Abbaye de Saint-Chéron de Chartres, 1399) ; un cerf avec la légende : *Cervus Remensis* (Officialité de Reims, 1224) ; un cerf couché (Nicolas de Vernoy, abbé de Saint-Hubert en Ardennes, 1466) ; un aigle coiffant un lièvre (Hugues de Luzarches, archidiacre de Meaux, 1229) ; une colombe (Richard, évêque d'Avranches, 1179) ; deux oiseaux affrontés (Bernard, évêque d'Elne, 1241) ; un pélican en sa piété (Thomas, archidiacre de Chartres, 1231) ; un corbeau tenant dans son bec une crosse et deux clefs (Garnier, abbé de Corbie, 1293) ; un éléphant (Robert, évêque d'Angoulême, 1264), etc.[1].

Rarement des monuments sont figurés sur les contre-sceaux ; je dois signaler cependant celui de la Sainte-Chapelle de Paris (1386), sur lequel on voit une très jolie vue de la façade de cet édifice en champ fleurdelisé. Sur celui de Girard, archevêque de Bourges (1211), une église est en perspective ; un château dans une enceinte crénelée sur celui de Garnier, archidiacre de Paris (1270) ; une tour sur celui d'Henri, évêque de Thérouanne (1277)[2].

La fleur de lys apparaît fréquemment, ou florencée

---

1. Douët d'Arcq. *Collection de sceaux*, n°ˢ 6486, 6719, 7011, 7385, 7399, 7455 et 8670. — Bibl. nat. ms. lat. 5417, n° 97 ; 5441, n° 31 ; 5449, n° 31 ; 17025, n° 63, 2ᵉ partie ; ms. fr. 20906, n° 13.

2. Douët d'Arcq. *Collection de sceaux*, n°ˢ 6302, 6889, 7126 et 7832.

(Gilles de Sorcy, évêque de Toul, 1265), ou accostée de l'A et de l'Ω (Geoffroi de Tressy, évêque de Meaux, 1208). On trouve aussi des quintefeuilles, des étoiles, des coquilles, des rosaces, etc.[1].

Beaucoup de symboles n'offrent aucune difficulté d'interprétation; on devine aisément, par exemple, que le heaume gravé sur le contre-sceau de l'abbaye de Saint-Victor de Paris (1271) est une allusion au saint patron de cette maison; que le demi-vol qui se voit sur celui de Benoît d'Alignano (1268) et le laurier qui orne celui de Pierre de Montlaur, tous deux évêques de Marseille (1214 et 1229), sont des rébus tirés de leurs noms de famille; que l'S sous une fleur de lys d'Adam, évêque de Senlis (1258), est l'équivalent du nom de sa ville épiscopale[2], mais beaucoup d'autres types demeurent encore inexpliqués. Hélie, archevêque de Bordeaux (1199), a en contre-sceau un buste de femme tenant une croix; Jean, évêque de Poitiers (1164), un personnage nu, assis de profil sur un trône et joignant les mains; Bernard de Castanet, évêque d'Albi (1307), un buste diadémé de profil[3]. Ces types et bien d'autres sont d'une interprétation difficile.

Voici deux contre-sceaux, si toutefois on peut leur donner ce nom, qui sortent de l'ordinaire. Gocius, abbé de Belleval (1262), porte au revers de son sceau l'empreinte d'une pierre hexagone, probablement un chaton

---

1. DOUËT D'ARCQ. *Collection de sceaux*, n° 6700. — ROBERT. *Sigillographie de Toul*, pl. V, n° 14.
2. DOUËT D'ARCQ. *Collection de sceaux*, n° 6858. — ABBÉ ALBANÈS. *Armorial et sigillographie des évêques de Marseille*, p. 53 et 56. — Bibl. nat. ms. lat. 5462, n° 100.
3. DOUËT D'ARCQ. *Collection de sceaux*, n° 6436. — Bibl. nat. mss. lat. 17024, n° 109 et 17042, n° 123.

de bague taillé en pointe [1]. Eustache de Lévis, archevêque d'Arles (1479), a fait sculpter au dos du sien, dans la cire même, des arabesques en guise de contre-sceau [2].

Un des contre-sceaux les plus récents que je connaisse est celui de Robert de Croy, archevêque de Cambrai en 1529 ; l'écu de France y est figuré, couronné et entouré de la légende : *Contres. Robert de Croy* [3]. A partir de cette époque les sceaux étant presque toujours plaqués, ou tout au moins l'empreinte étant apposée sur une mince épaisseur de papier, les contre-sceaux disparaissent à peu près complètement.

---

1. Douët d'Arcq. *Collection de sceaux*, n° 8533. Le Cabinet des médailles possède une bague en or dont le chaton est formé d'un saphir de fort relief, taillé en cabochon, et serti dans une monture hexagone sur laquelle est gravée en creux la légende : + *Anulus Ludovici de Gallucii[s]*. Ce bijou, qui date du xv° siècle et provient du cabinet de M. le baron Pichon, nous montre ce que devait être le contre-sceau de l'abbé de Belleval dont il est question ici.

2. Douët d'Arcq. *Collection de sceaux*, n° 6289.

3. Demay. *Inventaire des sceaux de Flandre*, n° 5859.

CHAPITRE X

DES LÉGENDES [1]

Les légendes doivent être étudiées au double point de vue paléographique et historique, c'est-à-dire sous le rapport de leur composition et de leur signification.

La légende est gravée, en général, sur le pourtour du sceau dont elle suit le contour quelle que soit sa forme, et elle commence en haut et à droite, étant presque toujours précédée d'une croisette qui, à partir du xive siècle, se transforme parfois en une fleur de lys, une rose ou un fleuron. Cependant, par de rares exceptions, quelques légendes commencent au bas à gauche (Guillaume, évêque de Poitiers, 1136; Guillaume, abbé de Notre-Dame de Ré, 1499) [2].

Les lettres convergent de l'extérieur au centre du sceau, le haut des lettres étant à l'extérieur; les exemples d'une légende où le haut des lettres est tourné vers le milieu du sceau sont peu communs (Chapitre de Saint-André d'Avranches, 1163; Amauri de Sublugné, vers

---

1. DEMAY. *La paléographie des sceaux.* (Extrait de l'*Inventaire des sceaux de Normandie.*)
2. Bibl. nat. ms. fr. 20897, n° 5; ms. lat. 5480, p. 356.

1180)[1]. Quelquefois la légende ayant été gravée sur la matrice telle qu'elle doit être lue, elle paraît renversée sur l'empreinte; il existe d'assez nombreux exemples de cette erreur du graveur (Jean d'Acy, 1223)[2].

Au reste on constate des irrégularités de toute sorte dans les légendes: lettres renversées, retournées, redoublées, changées, oubliées, preuve certaine qu'elles n'étaient pas gravées au burin, mais enfoncées dans le bloc de bronze à l'aide de poinçons d'acier. On trouve dans les dessins de Gaignières le sceau d'Eudes, fils d'Ernuis (vers 1300), dont la légende est composée de lettres juxtaposées au hazard et sans aucun sens. La légende de celui de Jean Toppet, prieur de Millançay (1403), est de la barbarie pure : QPORBEAGATI [3].

L'obligation de renfermer les légendes dans l'étroit espace qui leur était destiné a contraint quelquefois le graveur à inscrire dans le champ deux légendes concentriques, par exemple : *S. Giraudi de Montilio dñi Gra = + niani et de Rupih.* (Giraud Adhémar de Monteil, seigneur de Grignan et de Roupiac, 1295); *S' domini Philippi de Vienna d = omini Paignei* (Philippe de Vienne, seigneur de Pagny, 1287)[4]. L'un des exemples les plus frappants de ces légendes concentriques interminables se voit sur le sceau de Charles le Téméraire, reproduit dans nos planches (pl. IX).

---

1. Douët d'Arcq. *Collection de sceaux*, n° 7114. — Léchaudé d'Anisy. *Recueil de sceaux normands*, pl. V, n° 3,
2. Douët d'Arcq. *Collection de sceaux*, n° 1129.
3. Bibl. nat. ms. lat. 5424, n° 87 et Pièces originales du Cabinet des titres, t. 2858, dossier 63555, n° 2.
4. Roman. *Sceaux des familles seigneuriales de Dauphiné*, n°ˢ 11 et 931.

Mais lorsque la légende n'excédait que de quelques lettres la place qui lui était impartie, le besoin de deux légendes concentriques ne se faisait pas sentir; on se contentait alors d'empiéter quelque peu sur le champ du sceau. Dans celui de Guillaume, fils aîné du comte de Valentinois (vers 1225), la première lettre, l'S initiale du mot *Sigillum* ayant été omise, on l'a gravée après coup dans le champ; dans celui d'Aymar, seigneur d'Annonay (1270), c'est au contraire la dernière lettre du mot *Annoni*A. qui n'ayant pu trouver place dans le cercle de la légende a été rejetée dans le champ. Dans le grand sceau du dauphin Humbert II (1334), l'énumération des titres est si longue que, bien qu'elle se poursuive sur la face et le revers, les six dernières lettres du mot : *Montisl*VPELLI qui la termine, ont dû être gravées dans le champ et sont coupées en deux groupes par la pointe du clocher de Saint-Maurice de Vienne représentée sur ce revers (pl. XVII, n° 1). Dans celui d'Hugues, archevêque de Rouen (1154), les deux mots : *Dei gra.* ont dû être inscrits perpendiculairement dans le champ des deux côtés du personnage représenté. Sur celui de Guillaume Paynel (1393), qui est armorial, le nom de la seigneurie d'Andentes a dû être gravé des deux côtés de l'écu sous la forme suivante [1] :

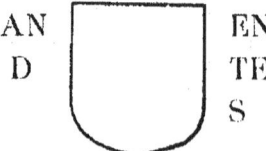

---

1. Douët d'Arcq. *Collection de sceaux*, n° 6262. — Roman. *Sceaux des familles seigneuriales de Dauphiné*, n°ˢ 609, 739 et 850.

Souvent aussi, au lieu de se terminer dans le champ, soit en double légende concentrique, soit en quelques ettres supplémentaires, l'inscription se poursuit au revers du sceau; par exemple : *Sigillum Delphini comitis Albonii = et Vienne palatini* (André, dauphin de Viennois, 1210), et *S' Bernardi deu Roi = domini de Cuseliaco* (Bernard de Roy, 1256)[1].

On voit aussi très souvent dans le champ de courtes légendes complémentaires et explicatives, soit du type, soit de la légende principale. Par exemple G. de Commiers, doyen de Saint-André de Grenoble (xive siècle), a fait graver sur son sceau de juridiction la légende : *S. curie decani de Sto Andrea*, mais son nom est inscrit dans le champ, près de son écu, sous la forme : *G. d'Comer*. Dans le champ du sceau de Gui de Champdivers (1345), représentant la résurrection de Lazare, on lit : *Lazare veni foras*; sur celui de frère Gilbert (xive siècle), représentant l'apparition du Christ à Madeleine, on lit : *Noli me tangere*; sur celui de l'abbaye de Saint-Symphorien de Metz (xve siècle), sont gravés les mots : *Noli timere mortem*, adressés par la Vierge au saint qui subit le martyre. On lit : *Merci*, dans le champ du sceau de Conon de Béthune (1202), prêtant un hommage; *Jura* sur celui de l'official de Cahors (1209), recevant un serment; *Ergo false*, sur celui de Renaud d'Aiis, docteur, argumentant (xve siècle)[2].

---

1. DOUËT D'ARCQ. *Collection de sceaux*, n° 3175. — ROMAN. *Sceaux des familles seigneuriales de Dauphiné*, n° 173.

2. DEMAY. *Inventaire des sceaux de Flandre*, n° 580. — DUFOUR ET RABUT. *Sigillographie de Savoie — Bulletin des Antiquaires de l'Ouest*, 1880. — *Bulletin des Antiquaires du Centre*, 1884.

Un certain nombre de légendes servent également de type; j'ai eu déjà l'occasion de signaler celles qui sont inscrites en plusieurs lignes transversales au revers de beaucoup de bulles (Humbert, évêque de Die (1237-

Fig. 23.
Bulle d'Humbert, évêque de Die,
1237-1248.

Fig. 24.
Sceau d'Hugues de Béroald,
archevêque d'Arles, 1230.

1248), et même sur quelques sceaux de cire entre autres sur celui d'Hugues Béroald, archevêque d'Arles (1230). Hervé de Montmorency, doyen du chapitre de Notre-Dame de Paris (1884), a pour type son monogramme gravé sur un disque et entouré de la légende : *Sigillum Hervei Parisiensis decani*. Gautier de Vignori (1235) a la légende cruciforme suivante inscrite au revers de son sceau [1] :

---

1. Douët d'Arcq. *Collection de sceaux*, n° 7562. — Blancard. *Iconographie des sceaux des Bouches-du-Rhône*, pl. LXIII, n° 4. — Dom Plancher. *Histoire générale et particulière de Bourgogne*, t. II, p. 524.

SIGIL✝LVM (with GALTERI forming vertical cross)

La légende, je l'ai dit, est presque toujours gravée sur le pourtour du sceau suivant son contour extérieur; cependant les bords de quelques sceaux des xie et xiie siècles sont coupés en biseau et la légende est gravée sur la tranche oblique qui résulte de cette forme; on leur a donné le nom de sceaux en cuvette [1]. Le plus ancien connu est celui d'Hugues de Salins, archevêque de Besançon (1031-1067), le plus récent est celui de Manessier de Rouvilliers (1259) [2]. Ce genre de sceaux, qui n'a jamais été très répandu, se rencontre exclusivement dans le Nord de la France, surtout en Artois, Champagne, Flandre et Ile-de-France.

Les légendes les plus anciennes sont gravées dans le champ sans être séparées du type lui-même par aucun ornement, puis au xiiie siècle, elles sont contenues dans un double filet, qui se transforme en ligne ponctuée au xive et en double ligne de grènetis au xve. A partir du milieu du xve; la légende est souvent inscrite sur une banderole qui fait le tour du champ et dont les extrémités se replient et sont découpées en queue d'aronde.

1. Dupont. *Sceaux portant des inscriptions sur la tranche* (Revue archéologique, 1893, p. 231). On trouvera deux exemples de ces sceaux en cuvette dans nos planches: pl. X, n° 2 et pl. XI, n° 1.

2. Demay. *Inventaire des sceaux de Picardie*, n° 599. — Castan. *Note sur le sceau de Hugues, archevêque de Besançon* (Revue archéologique, 1855, p. 275).

*
* *

Jusqu'au xiiie siècle la langue des légendes sigillaires est toujours le latin et quelques-unes sont composées en vers léonins. Voici par ordre de date la transcription de ces légendes métriques :

Hoc Normannorum Wilelmum nosce patronum (1069, Guillaume le Conquérant, comme duc de Normandie).

Quod mandat scripto firmat comes Hugo sigillo (1090-1125, Hugues, comte de Champagne).

Nomine comperto pastori crede Roberto (1104, Robert, évêque de Langres).

Civitas Valentina juxta Rhodanum cita (xiiie siècle, ville de Valence).

Me manibus voveo fronte genuque Deo (1204, Jordan de Hommet, évêque de Lisieux).

Urbs Arelatensis est hostibus hostis et ensis.

Nobilis in primis dici solet ira leonis (1221, ville d'Arles).

Actibus immensis urbs fulget Massiliensis.

Massiliam vere Victor civesque tuere (1243, ville de Marseille).

Urbs habet hec vere post Remis prima sedere (1254, officialité de Soissons).

Philippum cerne dominum Serrique Valerne (1292, Philippe de Laveno, seigneur de Serres, de Valerne et bailli du Gapençais) [1].

---

1. Douët d'Arcq. *Collection de sceaux*, nos 3613, 7026 et 9998. — D'Arbois de Jubainville. *Essai sur les sceaux des comtes de Champagne.* — Daguin. *Les évêques de Langres.* — Demay. *Inventaire des sceaux de Normandie*, n° 2229. — Blancard. *Iconographie des sceaux des archives des Bouches-du-Rhône*, pl. XXXIV, n° 1, et XXXV, n° 2.

Je n'ai trouvé aucune légende en français avant 1210 ; à cette date, la devise : *Passavant le meillor*, se lit sur le contre-sceau de Blanche de Navarre, comtesse de Champagne. En 1213 on lit sur le sceau du prieuré du Lay, diocèse de Beauvais : *S. Notre Dame du Lai*. En 1220 on trouve : *Ce est le seel Hue de Pessi;* en 1223 : *Ce est li sciaus as borgies de Sarlat*. A partir de cette date les légendes françaises deviennent de plus en plus nombreuses [1].

Outre ces légendes entièrement françaises, il y a au XIII° siècle de nombreuses légendes composées partie en français, partie en latin : *S. Milonis Sans Pitié* (1235) ; *S. Willelmi Sans Avoir militis* (1245), etc. [2].

Au XVI° siècle les noms des possesseurs du sceau sont souvent remplacés par des devises ou des citations de l'écriture sainte [3] ; beaucoup aussi sont anépigraphes.

*
* *

Si l'on veut étudier les légendes au point de vue paléographique, il faut constater tout d'abord que les caractères qui les composent, comme du reste ceux des monnaies, sont généralement un peu archaïques. Pour les monnaies cela se comprend, car la monnaie est une œuvre officielle et ce qui est officiel est généralement

---

1. Douët d'Arcq. *Collection de sceaux*, n°° 571, 5733 et 9404. — D'Arbois de Jubainville. *Essai sur les sceaux des comtes de Champagne*. — Bibl. nat., ms. lat. 5462, n° 199.

2. Bibl. nat., ms. lat. 5424, n° 125, et 5462, n° 313.

3. En 1595 le sceau de François Garnier, conseiller au parlement de Paris, porte pour légende autour de ses armes : *Vive le roi Henry 4°* (Roman. *Inventaire des sceaux des Pièces originales*, n° 5048).

routinier. Quant aux sceaux, il faut observer que les légendes étaient frappées au moyen de poinçons qui dataient souvent d'une époque antérieure, et aussi que les actes auxquels les sceaux sont suspendus sont parfois postérieurs de plusieurs années à l'époque où le sceau-matrice a été gravé.

A l'époque mérovingienne le caractère employé est la capitale romaine barbare, dans laquelle les D, les O et les C sont remplacés par ∆, ◊ et ⊏. Sous les Carolingiens il y a progrès; on use de la même capitale mais plus pure; on trouve cependant le caractère ʳ pour N, et quelques lettres onciales, notamment les σ et les ϵ, commencent à paraître.

Sous les premiers Capétiens l'onciale s'introduit rapidement; en 966 on trouve déjà la lettre ɷ; en 1082 l'ϻ; en 1112 apparaît l'ʊ; en 1125 le ə; en 1127 l'h; en 1141 l'ɑ; en 1144 le ȶ; en 1200 l'ƀ pour D, et en 1204 l'ɲ. Par contre l'◊ persiste jusqu'en 1069, le ɢ jusqu'en 1170, le ᴘ pour P jusqu'en 1263.

Dès 1255 la minuscule gothique commence à faire son apparition mais tout à fait exceptionnellement. Demay signale un ƈ en 1255, mais c'est en 1350 seulement que la minuscule gothique se vulgarise. En 1344 Jeanne de Bourgogne, femme de Philippe de Valois, a une légende composée entièrement de minuscules; c'est l'exemple le plus ancien que l'on connaisse. Presque toujours, à cette époque de transition, les caractères onciaux se trouvent encore mêlés à la minuscule, par exemple : SƐƆRƐTVϻ PƐTRI de foreſta (1348; pl. XXX, n° 5) [1].

---

[1]. Douët d'Arcq. *Collection de sceaux*, n° 206.

De même à partir de 1480 la capitale de la Renaissance se mêle insensiblement à la minuscule gothique. Le sceau de Bernardin de Clermont (1513) a la légende de la face en capitales et celle du revers en gothique. En 1556 on trouve encore la légende : OBLIGaCIONS ὃε La VICONTε ὃε Baieux[1].

La capitale de la Renaissance se caractérise par l'allongement et la maigreur des lettres : A b O E G K, etc.; elle succède à la minuscule gothique et est employée jusqu'à ce que, l'influence italienne aidant, on en revienne à la capitale romaine ou augustale qui règne jusqu'à la fin de la monarchie, sauf quelques modifications de détail, par exemple le remplacement du V par l'U.

Dès la fin du XIe siècle, on constate dans les légendes l'existence de quelques points isolés placés un peu au hasard, puis les mots sont séparés régulièrement par un ou deux points, un ou deux annelets. Dès 1180 les mots qui composent la légende du sceau de Philippe Auguste sont séparés par des étoiles; en 1272, sous Philippe le Hardi, ce sont des annelets; en 1322, sous Charles le Bel, ce sont des sautoirs ou flanchis; en 1376, sous Charles V, ce sont des croisettes. Au XVe siècle les mots sont souvent séparés par des rinceaux ou par des feuillages agrémentés de fleurettes. Au XVIe et au XVIIe siècle on trouve encore des légendes ponctuées par des roses ou des quintefeuilles. En somme la ponctuation des sceaux est irrégulière; quelques-uns en manquent absolument et d'autres en ont avec surabondance, des mots étant coupés par des points, des annelets ou des fleurettes.

1. Demay. *Inventaire de la collection Clairambault*, n° 2594.

L'obligation de faire tenir dans un étroit espace un certain nombre de mots déterminé a contraint les graveurs de sceaux à multiplier les abréviations. Plus un sceau est ancien et moins les abréviations sont nombreuses, parce que plus la légende est brève. Déjà cependant en 1292 on trouve des légendes compliquées comme la suivante : *S' Aymar. d' Castronovo d. Mota Si. Anton. dni.* (*Sigillum Aymari de Castronovo de Mota Sancti Antonii domini*) ; elle est gravée sur le pourtour d'un sceau qui n'a pas plus de 31 millimètres de diamètre[1].

Au xvie siècle, au contraire, certaines légendes sont composées à peu près uniquement d'initiales, par exemple : *G. d. s. m. a. et. p. eb.* (*Guillelmus de Sancto Marcello archiepiscopus et princeps Ebredunensis*, 1571)[2]. Ces exceptions n'infirment pas cependant la règle que je viens de formuler.

Un des procédés les plus usités pour abréger les légendes a été de conjuguer les lettres : ᛒ, Æ, ᚱ, ᚠᛊ, æ, œ, œ, etc., ou de les inscrire l'une dans l'autre : ℂ, ℂ, ℝ, etc. Ce second système d'abréviation est ancien et ne se rencontre que très rarement au xiiie siècle. Enfin on supprime certaines lettres qui quelquefois, mais pas toujours, sont remplacées par des signes abréviatifs. On trouve, par exemple, MGR. et M͞GR. pour *Monseigneur* ; ЄPS. et Є͞P͞S. pour *Episcopus* ; ChLR. Ch͡LR. et Ch'LR. pour *Chevalier* ; DNS., FR., POR., D͞APRI. pour *Dominus, frater, prior, dapiferi*.

Le mot *et* est remplacé dès 1199 par Z. ℨ et 7 ; le

---

1. Archives nationales, J. 77.
2. Roman. *Sigillographie du diocèse d'Embrun*, pl. IV, n° 13.

mot *que*, par ⽊. Du reste le système abréviatif varie suivant les provinces, au moins jusqu'au xiv⁰ siècle, époque où il s'unifie ; P̄, ₽, P' peuvent signifier, suivant les lieux et les époques, *per*, *par*, *pel*, *pro* et même *pis* dans E₽S (*episcopus*); ԋԋ dans ԍVIԋԋ. est l'abréviation de *Guillelmus*, et dans SIԍIԋԋ. l'abréviation de *sigillum*; le sigle 9 peut signifier *con* et *us*, dans 9*ventus* et *convent*9.

Les légendes étant d'une nature et d'une composition très différentes sur les sceaux et sur les contre-sceaux, il y a lieu d'examiner dans un article à part chacune de ces catégories de monuments.

§ 1. — *Légendes des sceaux.*

Les légendes des sceaux des rois de la première race sont toutes conçues de la même manière; sauf celle de Childéric I⁰ʳ (458-481) qui est *Childrici regiz* (pl. II, n° 2), elles donnent le nom du roi au nominatif, suivi de la formule : *rex francorum; Dagobertus, Theodericus, Chlodovicus rex francorum.*

Les légendes carolingiennes sont plus compliquées. Au début elles contiennent une invocation : + *Xre. protege Carolum rege francr.* (Charlemagne, 774, pl. II, n° 4); + *Xre. protege Hludovvicum imperatore* (Louis le Débonnaire, 816, pl. II, n° 5); + *Xre. conserva Pipi.* (Pépin d'Aquitaine, 835); + *Gloria sit Xro. regi victoria Carlo;* + *Ihu. nate di. Carlum defende potenter* (Charles le Chauve, bulle détachée, 840-877); + *Xre. adiuva Hlotarium...* (Lothaire, 843). La dernière formule de ce genre que l'on trouve est celle du sceau de Louis l'Aveugle, roi de Bourgogne (929) : + *Xre aiuva Hludovicum aug. im.*

A partir de Charles le Chauve on trouve une deuxième formule plus simple, donnant uniquement le nom du roi : + *Karolus gratia di. rex* (843) ; + *Karolus misericordia di. imperator aug.* (877) ; + *Hludovvicus imp. r.* (874) ; *D. N. Hludovvicus imp. aug.* (878-879, Louis le Bègue) ; *Karlomannus gra. di. rex* (882, Carloman) ; *Karolus imp. ags.* (883) ; *Karolus imperator* (886, Charles le Gros, pl. III, n° 1) ; *Zventeboldus rex* (895, Zventibold, roi de Lorraine) ; [*R*]*odulfus gracia di rex* (932, Rodolphe II roi de Bourgogne) [*Ludov*]*icus gratia di. rex* (936-954, Louis d'Outremer) ; + *Chuonradus gra. di. rex* (943, Conrad le Pacifique, roi de Bourgogne) ; + *Karolus gratia di. rex* (951, Charles le Simple) ; + *Lothariuz gratia di. rex* (958) ; + *Lotharius dei gracia rex francorum* (966) ; *Lotharius + rex franco.* (966) ; + *Lotharius dei gracia rex* (967, Lothaire) ; *Rodulfus pius rex* (1011, Rodolphe roi de Bourgogne) [1].

On aura remarqué que le titre de *rex francorum* ne paraît que deux fois dans cette liste, sous Charlemagne en 774 et sous Lothaire en 966 ; celui d'*imperator* le primait. Louis le Bègue prend même une fois le titre d'*imperator r*[*omanorum*], ce qui est caractéristique.

Sauf une exception unique, le mot *dei* est toujours abrégé *di* et l'abréviation, aussi bien que celle du mot

---

[1]. Douët d'Arcq. *Collection de sceaux*, n°⁵ 1 à 30. — Halfen. *Recueil des actes de Lothaire et de Louis V*. — Bruel, *Chartes de Cluny*, t. I, pl. II. — Mabillon. *De re diplomatica*. — Pilot de Thorey. *Étude sur la sigillographie du Dauphiné*, p. 50.

gratia (*gra*), est par deux fois, en 882 et 943, marquée par une barre abréviative. Les groupes de lettres IMP, HL, AR et OR sont chacun conjugués une fois.

Avec la dynastie capétienne la légende change aussi bien que le type : + *Hugo dei misericordia francoru. r.;* + *Robertus gracia di. francoru. rex* (pl. III, n° 2); *Henric. dī. gr̄a. francoru. rex.* Cette dernière formule s'est perpétuée immuable jusqu'à Louis XIII, sauf les dérogations suivantes. Le titre de roi de Navarre fut ajouté à celui de roi des Francs par Philippe le Bel qui inscrivit *et Navarre* sur son contre-sceau; ses fils unirent ces mots à la légende de la face : *Ludovicus dei gracia francorum et Navarre rex.* Sous Philippe de Valois le titre de roi de Navarre fut supprimé; il ne fut rétabli sur les sceaux royaux qu'à partir de 1615 pour persister jusqu'en 1790 [1].

Charles VIII, le premier, fait suivre son titre d'un chiffre spécifiant le rang qu'il occupait parmi les rois qui portaient le même nom que lui : *Karolus dei gracia francorum rex octavus,* usage qui fut constant depuis lors.

Comme on peut le constater le mot *sigillum, sceau, scel* ou l'initiale de ce mot, n'est inscrit sur aucun des grands sceaux royaux, mais il paraît sur les sceaux secrets, sceaux en l'absence, sceaux de croisade ou de régence : *S. Ludovici dei gra. franc. reg. in partibus transmarinis agentis* (1270); *S. Phi. dei gr̄a. franc̄. ad regimen regni dimissū.* (1285); *Sigillum regium in absentia magni* (1343); *Sigillum Ludovici regis francorum in absentia magni ordinatum* (1465), etc.

[1]. MABILLON. *De re diplomatica.* — DOUËT D'ARCQ. *Collection de sceaux,* n°ˢ 31 à 190.

Les sceaux des reines de France ne sont pas assujettis à des règles aussi strictes ; les formules sont variables, tantôt le nom est au nominatif, tantôt au génitif et précédé du mot *sigillum* : *Sigillum regine Constancie* (1154-1160); *Elisabet dī. gracia francorum regina* (1180-1190, pl. XIII, n° 2); *Sigillum Blanche dei gracia francorum regine* (1251); *S. Iohane dī gra. francor z Navarre regine Cāpñ. z Bē. cōitisse palat.* (*Campanie et Brie comitisse palatine*, 1300).

Le français fait son apparition sur les sceaux des rois de France, en 1617 : *Louis XIII par la grace d. dieu roy d. France et d. Nav.*; il paraît bien antérieurement sur ceux des reines, témoin la légende suivante du sceau d'Isabeau de Bavière : *S. Ysabel p. la gc̄e. de Dieu royne d' Frāce*. A partir de Claude, femme de François Ier, le français est exclusivement employé pour les sceaux des reines, et la formule est presque invariable : *Catherine par la grace de Dieu royne d' France* (1543-1561).

Les princes de la famille royale inscrivent presque toujours sur leurs sceaux leurs titres de parenté : *Sigillum Ludovici designati regis* (Louis, fils de Philippe I, 1106); *Sigillum Roberti comitis fratris regis* (Robert, comte de Dreux, 1158); *Philippus regis filius et frater* (Philippe, doyen de Saint-Samson, 1225); *S' Alfonsi filii regis Franc'. comitis Picta. z Tholose* (Alphonse de Poitiers, comte de Toulouse, 1254); *Sigñ. Ph. primogeniti rēg. Franc. dei gr̄a. rēg. Navarre* (Philippe, fils de Philippe le Hardi, 1286); *S' Karoli regis Frācie filii comitis Valesii z Alāsonis* (Charles, comte de Valois et d'Alençon, 1294); *Ludovicus regis Francie primogenitus dei gra. rex Navarre Campanie Bricq' comes palatinus*

(Louis le Hutin, 1313); *S. Philippi primogeniti filii Karoli comitis Valesie z Cenoma.* (Philippe de Valois, 1321); *S' Karoli primogeniti francor' regis dalphini Viennensis* (Charles, dauphin de Viennois, 1350).

Tous les grands dignitaires de la couronne ne prennent pas dans leurs légendes sigillaires les titres de leurs offices, mais la plupart les inscrivent : *Sigillum Mathei de Montemorenciaco constabularii domini regis Francie* (1224); *Almaric' comes Montisfortis cõstabularius* (1234); *S' Lanceloti de Sco Mardo marescalli Frãc.* (1269); *S' Mahi de Tric mareschal de Frãce* (1323); *S' Seguini de Brugne dãpri* (dapiferi, xɪvᵉ siècle); *S' Iohis filii I. regis Ierhusalem buticularii Frãcie* (1288); *S' Hugons de Ahies magni pañerii Frãcie* (panaterii, 1226); *Sigill Bartholomei de Roia camerarii Francie* (1220); *S. Iehan de Lyon artilleur du roy* (1364). Plusieurs prennent le titre de leur office sur une seule face de leur sceau; sur la face principale de celui de Jean de Soisi, on lit : *Sigillum Iohannis de Soisiaco militis*, et sur l'autre : *Sc. Ieh. de Soisi eschan' de Frac.* (1274)[1].

Quant aux seigneurs, tantôt ils inscrivent leur nom seul sur leur sceau, témoin Giraud Adhémar de Monteil, seigneur de Montélimar et de Grignan (1184), qui a pour légende : *Sigillum Geraldi Aemari;* tantôt ils ajoutent le titre qui témoigne de leur degré dans la hiérarchie féodale et chevaleresque : *Sigillum Reinaldi comitis* (Renaud, comte de Clermont, 1140); *S. Ade*

---

1. Douët d'Arcq, *Collection de sceaux*, nᵒˢ 192, 217, 219, 235, 275, 278 et 280. — Roman. *Inventaire des sceaux des Pièces originales*, nᵒ 6732. — Bibl. nat., ms. lat. 5473, nᵒ 170.

vicecomitis de Meleduno (Adam, vicomte de Melun, 1204); *S. Btr. vesco'te d. Mŏclar* (Bertrand, vicomte de Monclar, 1369); *S' Mauricii Ataine militis* (1256); *S' Bauduin le Borgne cevàlier* (1275); *S' Guilliaume d'Ivri chevalier* (1293); *S' Gu ii. de Magicourt armig.* (1255); *S' Pierre de Flavacourt equier* (1281); *S' Iehan de Darsit escuier* (1290); *S' Pierre de Moi eschier* (1294); *S. B. de S' Amans donzel* (1256); *S' Astorgii de Chan domiselli* (1284); *S. Petri Lesanti servientis armorum r. Francie* (1370); *S. Robert valet de Reuviler* (1259); *S. G. de Rupeforti valetus* (1269).

La plupart adjoignent à leur nom celui de leur principal fief : *S. Guidonis Campidaveine castelani de Corbia* (1252); *S. Isnardi de Agoito dñi Saornonis* (1292); *S. Guillaume sire du Til et de Marigni* (1293); *S. Regnaut sieur de Maulvrer* (1368).

Ils ajoutent aussi quelques titres honorifiques : *S' monsegneur Guillermes de Chasele* (1238); *S' monsegner Thomas de Manneville* (1272); *S' mesire Gile de la Tornele* (1258); *Saiel misire Giles dou Sart* (1298); *S' monsier Mikiel d'Auci, chevalier* (1278).

Parfois le nom du fief tient lieu de toute autre indication : *Seel le videme de Chartres* (Guillaume de Mello, 1312); *Li sires de Sc̄e Croiz z de Mōtrom* (Guillaume de Sainte-Croix, 1351); *S' le seigneur de Honmet* (Guillaume de Villiers, 1387); *Le seel captal de Buch* (Jean de Grailly, 1368).

Quelquefois le maître du sceau joint à son nom celui de son père : *S' Roberti de la Tournelle filii dñi Roberti* (1222); *S. Willelmi filii Droconis de Merleto* (1245); *S' Iehan le fiz Iehan d'Otel* (1283). Quand sa naissance est illégitime, il l'indique presque toujours : *S. Iacot le bastart de Poitiers* (1385); *Seel Parceval bastart de Coucy* (1428).

Plus on avance dans le moyen âge, plus les formules deviennent longues et encombrées de titres, par exemple: *Seel Charles de Coetivi seigneur de Taillebourg z de Brionne* (1482), ou *S. Iehan sire d'Estouteville visconte de Hocheville ch'lr* (1509).

Les sceaux des dames sont conçus d'après une méthode peu différente. Les légendes les plus anciennes sont fort brèves : *Sigill. dñe. Gertrudis Bullar'* (Gertrude de Bulles, 1208); *Sigillum Beatricis de Phaiel* (Béatrix du Fayel, vers 1220). La plupart joignent cependant au nom de la dame ses titres féodaux ou honorifiques : *Sigill. Matildis comitisse Atrebaten'* (1265) : *S' Gille la vicontesse de Mesi* (1245); *S' Madame Annes dame de Foisi* (1236); *S. Ruesce denme de Claiencourt* (1266); *Dame Iohanne dame de Regni* (1286); *Sigillum madame Aalis Muideble* (1288); *S' Iehanne damoiselle de Vilers* (1280).

Très souvent aussi la légende renferme le nom du père ou de la mère de la dame ou son titre de veuve. Jeanne d'Angleterre, comtesse de Toulouse (1196-1199), a pour légende sur l'une des faces de son sceau : *S. regine Iohe. quondam H. regis Anglorum*[1]. Les suivantes donnent le nom du mari : *S' dñe. Marie ũx. Galchi de Frenoi militis* (vers 1250) ; *S' Lore de Mõtforti uxoris eredis Pontivi* (1267) ; *S' Cateline femme Raoul de*

---

1. EVANS (JOHN). *Le sceau de Jeanne Plantagenet, reine de Sicile et comtesse de Toulouse* (Toulouse, 1897).

Virzi (1270); *S' damisele Iehane la feme Ichan le Clert* (1277). Voici l'exemple d'un titre de veuve : *Sigillum Isabellis dñe de Maillebois vidua* (1276).

Lorsque les sceaux sont à double face, les deux légendes sont le plus souvent indépendantes l'une de l'autre, chacune d'elles correspondant à un état ou titre féodal différent. Par exemple Richard Cœur de Lion (1195), à la fois roi d'Angleterre et duc de Normandie, d'Aquitaine et comte d'Anjou, a fait inscrire sur un côté de son sceau la légende : *Ricardus dei gracia rex Anglorum*, sur l'autre : *Ricardus dux Normannorum et Aquitanorum et comes Andegavorum*. De même Galéran, comte de Meulan et de Bigorre (vers 1180), porte d'un côté : *Sigillum Gualeranni comitis Mellenti*, et de l'autre : *Sigillum Galeranni comitis Wigornie;* Isabelle, comtesse de Joigny (1280), a sur une face : *S' Isabellis comitisse Ioigniaci*, et sur l'autre : *Isabiau dame de Saint Morice*. Cependant cette règle est fort loin d'être absolue et les exceptions sont très nombreuses. La légende du sceau de Béatrix, dauphine (1238), par exemple, se poursuit sur le revers : *S. Beatricis comitisse Albonii = Et Vienne palatine.* De même pour Charles d'Anjou, comte de Provence (1253) : *S. Karoli filii regis Francie comitis Andeg. = Comes et march. Pvinc. et comes Folcalquer'.*

Il existe quelques rares exemples de sceaux à deux faces dont un côté est consacré au mari et l'autre à la femme, entre autres celui de la dame et du seigneur de Pierre Pertuse en Languedoc (1240), cité par Douët d'Arcq. Le sceau de Guillaume de Bolon et de sa femme (1271) en est un autre exemple très curieux; la légende est d'un côté : *S' Willi de Boolun*, et de l'autre : *S. Herembourg sa fame*[1].

* * *

Les légendes des plus anciens sceaux épiscopaux ne sont pas composées suivant un système uniforme ; celle de Walbert, évêque de Noyon en 933, est : *Sigill. Walbti Noviom. Tornacensis epi.* ; celle d'Adalbéron, évêque de Metz en 942, est : *Adalbero Metensis eps.*, celle d'Hugues, archevêque de Besançon en 1036, est : + *Hugo di. gra. Crisopolitanus archipsul* ; celle de Quiriace, évêque de Nantes en 1065, est : *Quiriaci secerdos Nannetensis* ; celle de Richard, archevêque de Bourges en 1088, est : *Metropolitanus arpis. (archiepiscopus) primas Aquitanus*; celle de Robert, évêque de Langres en 1104, est : *Nomine comperto pastori crede Roberto*, et dans le champ : *S. epi. Lingo*[2].

Ces formules sont exceptionnelles ; à partir de la fin du onzième siècle, l'usage s'établit de composer les légendes épiscopales suivant la formule que voici : d'abord le prénom de l'évêque au nominatif ou au génitif, mais alors précédé du mot *sigillum*, *bulla* ou d'un de leurs abrégés, ensuite le nom de l'évêché précédé très souvent des mots *Dei gracia*, puis en dernier lieu le mot *episcopus* ou *archiepiscopus*, très souvent abrégé.

---

1. Douët d'Arcq. *Collection de sceaux*, n°ˢ 3210, 4169 et 4170.
2. Mansy (de). *Sceaux des évêques de Noyon.* — Sauer. *Sur le sceau d'Adalbéron, évêque de Metz.* — Castan. *Note sur le sceau d'Hugues I*ᵉʳ*, archevêque de Besançon.* — Daguin. *Les évêques de Langres.* — Bibl. nat., ms. lat. 17027, n°ˢ 167 et 168.

Par exemple: *Lambertus dī grā Atrebatens. eps.* (1097); *Riquinus dei. gra. Leucor. eps.* (1108-1127); *Hugo Suessorum episcopus* (1170); *Arnulphus Lexoviensis episcopus* (1170). Quelquefois cette formule se modifie légèrement : *S' Odonis dei miseratōne Rothomagñ. archiepi'* (1257); *S' Gaufridi diā. pmission. Cenom. epi* (1267) ; *S' Gaufridi divina consecratione epi. Cenoman.* (1271).

Par exception les noms de famille des évêques sont quelquefois inscrits après leurs prénoms, dès la première moitié du treizième siècle : *S' Willelmi de Sclapo episcopi Vapincensis* (1231); *Bulla Gaufridi de Lausello dei gra. epi. Vapincen.* (1291). Cet usage devient plus fréquent à partir du quatorzième siècle.

Les prélats titulaires de plusieurs évêchés à la fois ont presque toujours un sceau pour chacun d'eux ; il y a cependant des exceptions, entre autres les suivantes : *Sigillum Simonis Novio. et Tornacensis epi.* (1146) ; *S. Cardinalis Lugduneñ. archiepi. Burdigaleñ. Galliarumque Aquitanie primas* (André d'Epinay, 1497). Il est très rare que l'évêque n'inscrive pas sur son sceau le nom du siège dont il est titulaire ; j'en puis cependant donner l'exemple suivant : *S' Hugōis de Manac epi.* (Hugues de Magnac, évêque de Saint-Flour, 1403).

L'évêque non encore confirmé prend le titre d'élu : *Sigillum Iohannis Dolensis electi* (1163-1177) ; *S' Othonis electi Vapincensis* (1252). De même les administrateurs d'un diocèse prennent celui de *procurator* ou *administrator* ; Philippe de Savoie, administrateur du diocèse de Valence en 1242, a pour légende : *S' Philippi procuratoris eccle. Valent.* Élu quatre ans plus tard archevêque de Lyon, il la remplace par celle-ci : *Philippus prime Lugd'. eccl'ie electus*[1].

Les évêques appartenant à un ordre religieux font précéder leur nom du mot *frater* : *S' fris Guillm̃i dei grã. Anicien. epi.* (1269) ; *Bulla fris Raimũdi dei. grã. ep̃i. Vapincen.* (1288).

Voici la légende insolite et incorrecte du petit sceau de Thomas d'Estouteville, évêque de Beauvais (1390) : *Parvus Thome dei gra. epi. Belvacen*[2].

A mesure qu'on avance vers les temps modernes, les légendes deviennent longues et encombrées de titres : *S. Eustachi archiepiscopi et principis Arelatensis* (1479) ; *Petrus Paparin miserõne divina ep̃us Vapincen. comesq' Charñtie* (1576) ; *Henricus a Lotharingia archiepiscopus dux Remensis primus par Frãcie* (1635).

Contrairement à ce que nous avons constaté pour les sceaux laïcs, les prélats ont eu des sceaux à légende jusqu'à la Révolution.

Les sceaux des officialités épiscopales se reconnaissent aux mots *officialatus, curia* ou *sedes* inscrits dans la légende : *Mandatum curie Trecensium* (1225) ; *S. curie Meldensis episc.* (1232) ; *Sigillum officialium Carnotensis curie* (1297) ; *Sigillum sedis Tornacensis* (1309) ; *S. curie officialat. Vapincen. d' Balma ad Sistaricum* (xive s.). Au seizième siècle, le nom du prélat paraît quelquefois

---

1. Blancard. *Iconographie des sceaux des archives des Bouches-du-Rhône*, p. 192, n° 8. — Roman. *Sigillographie du diocèse de Gap*, pl. II, n° 7. — Bibl. nat., ms. lat. 17025, n° 38.

2. La légende est identique sur le petit sceau de Sylvestre de la Cervelle, évêque de Coutances (1372). Sur celui de Pierre de Montagu, évêque de Laon (1377), on lit : *Parvus sigillũ.* etc. (Bibl. nat., ms. franç. 20881, n°⁸ 15 et 48 ; 20883, n° 66.)

dans la légende: *S. camere dñi Francisci dei gracia archiepi. z cōitis Lugdunensis* (1501).

Les cours temporelles portent le nom de *curia temporalis* ou *secularis: S' curie secularis de Romanis* (xvɪᵉ s.), et les cours communes entre l'évêque et un autre seigneur celui de *curia communis: S. maius cōis curie civitat. Groñopol.* (1341).

Sur les sceaux capitulaires les plus anciens, sont souvent gravées des légendes où paraît seul le nom du patron de l'église, tandis que les plus récents donnent toujours le nom de la ville où siège le chapitre. Le sceau du chapitre de Gap en 1204 a pour légende : *Dextera scī Arnulfi epi. et conf.*, et celui de 1271 porte : *S. capituli Vapincensis, dextera stī Arnulphi*. Le sceau du chapitre de Saint-Quentin en 1213 a pour légende: *Scī Xr̄i. martir. Quintin.*, tandis qu'on lit sur celui de 1278 : *Sigillum ecclesie Sancti Quintini in Viromandia*[1].

Les légendes des sceaux capitulaires sont très variées, et pour un bon nombre d'entre eux, le texte de la charte qu'ils accompagnent peut seul nous faire reconnaître s'il s'agit d'un sceau de chapitre ou de quelque autre corporation religieuse ; par exemple : *Sigillū. canonicor. sci. Stephani* (Auxerre, 1120); *Sigill. beati Petri Lexoviensis* (xɪɪᵉ s.) ; *S. sancti Vincencii Gratianopolit.* (1257) ; *S. communitatis eccl'ie sci. Benedicti Parisie'* (1379).

Les sceaux des dignitaires capitulaires, dont les titres et les fonctions variaient suivant les églises et leurs traditions, sont extrêmement nombreux ; voici quelques exemples des légendes qu'on y trouve. L'archidiacre :

1. Douët d'Arcq. *Collection de sceaux*, nᵒˢ 7313 et 7314. — Roman. *Sigillographie du diocèse de Gap*, pl. XI, nᵒ 48, et XII, nᵒ 49.

Sigillum Rogerii Belvacensis archidiaconi (1110) ; le doyen : *Sig'. H. decani b'i Martini Andeg.* (1232) ; le sous-doyen : *Sigill. Pagani subdiaconi Aurel'* (1213) ; le prévôt : *S. Nicolai prepositi d'Aversio ī. ecca. Carnot.* (1305) ; l'obédiencier : *S. Hugon. Bruni obedienciar. s. Ivsti L[ugdunensis]* (1293) ; le chantre : *Goslenus cantor Carnotensis* (1224) ; *Sigill. Hugonis Aurelianensis succentoris* (1213) ; le capiscol : *S' Blionis capiscoli ecle Viennēcis* (1231) ; l'écolâtre : *S' mḡri scolastici sci Audon.* (Saint-Ouen xiv⁰ s.) ; le chancelier : *S' Nicholai d' Barro cancellarii Noviom.* (1260) ; le chambrier : *S. L. de Vassall. cam'ar. S. Pauli* (Lyon, 1293) ; le chevecier : *S. Roberti capicerii sāte Marie Corboil'.* (1226) ; le trésorier : *S' Henrici thesaurarii Belvacensis* (1215) ; l'administrateur : *S' regent' curam māiorum ecclie Albia[nensis]* (xiiiᵉ s.) ; l'archiclave : *S. G. de Viriaco can. Vien. et archiclavo* (1275) ; le portier : *S' Renaldi thelonarii Belvacen'* (1279)[1].

On trouve, mais assez rarement, des sceaux communs entre le chapitre et le doyen : *Sigillum decani et capituli Macloviensis* (1395)[2].

Les légendes des sceaux du clergé régulier sont conçues dans le même esprit que celles du clergé séculier ; les plus anciennes sont brèves, peu explicites, et portent souvent le nom seul du patron de la maison religieuse : *Sigillum sancti Cipriani martiris* (abbaye de Saint-Cyprien

---

1. Douët d'Arcq. *Collection de sceaux*, nᵒˢ 7618, 7621, 7631, 7644, 7673, 7681 et 7700. — Pilot de Thorey. *Inventaire des sceaux des archives de l'Isère*, nᵒˢ 219 et 221. — De Rivière. *Sceau du régent de la temporalité d'Albi* (Bulletin de la Société archéologique du midi de la France, 1885, p. 16).

2. Douët d'Arcq. *Collection de sceaux*, nᵒ 7311.

de Poitiers, 1183); *Sigillum almi Petri* (abbaye de Cluny, 1209). Puis paraît le nom de l'abbaye précédé des mots *conventus, capitulum* ou *ecclesia* ce qui peut donner lieu à des confusions: *S. conventus S. Iōhis de Iardo* (abbaye du Jard, 1224); *S. conventus monasterii scti Petri Moysiacen.* (abbaye de Moissac, 1266); *Sigillum capituli sancti Ambrosii* (abbaye de Saint-Ambroix de Bourges, 1303); *Sigillum capituli de Validomonte* (abbaye de Valmont, 1292); *Sigill. ecclesie be. Marie de Bolonia* (abbaye Notre-Dame de Boulogne-sur-Mer, 1314).

Nous avons vu dans le chapitre consacré au type sacerdotal que les plus anciens sceaux abbatiaux servaient à la fois à l'abbaye et à l'abbé; on en trouve quelques-uns pour lesquels cette destination est certaine, leur légende en est la preuve. Un sceau du treizième siècle de l'abbaye de Beauport, porte: *Sigillum commune cōventus Belliportus*; un autre de 1203 de l'abbaye de Clairefontaine, a pour légende: *Sigill. abbatis et ecclie Clarifontis*. Sur quelques autres on lit seulement le titre de l'abbé sans son nom, par exemple: *Sigillū. abbis Vallisluc.* (Vauluisant, 1159); mais presque toujours le nom de l'abbé est inscrit avec celui de l'abbaye: *Sigill. Wichardi Pontiniacensis abbas* (Pontigné, 1152-1165); *Sigill. Ermengardis Paracelctensis abbatisse* (Le Paraclet, 1220); *Sigill. Roberti abbatis Gemmeticensis* (Jumièges, 1290); *S. fris Sanson abbatis be. Marie Savignyacen.* (Savigny, 1371) [1].

Douët d'Arcq a noté une curieuse légende sur le sceau

---

[1]. Douët d'Arcq. *Collection de sceaux*, n°ˢ 8198, 9092 et 9164. — Bibl. nat., ms. lat. 5424, n° 153; 5467, n° 150; 5469, n° 83.

d'Ango, abbé de la Luzerne (1198-1200) : *Manus A. abbatis de Luiserna*, autour d'un bras tenant une crosse. J'y puis joindre celle de Jean Chauvin, abbé de Saint-Laon de Thouars en 1529 : *Sigillum abbatis*, et celle de Jean de Pontarlier, abbé du Mont-Sainte-Marie (1396), qui inscrit sur son sceau le numéro du rang qu'il occupe dans la liste des abbés : *S. fris Iohis, XVII abbīs Mōtis Ste. Marie*.

Les sceaux des prieurés sont astreints aux mêmes règles que ceux des abbayes; les plus anciens ne sont pas antérieurs au milieu du douzième siècle et ne portent qu'un nom de saint : *Sigillū. S' Marie de Longoponte* (Notre-Dame de Longpont, xiie s.) ; *Sigillum Sancte Marie de Gurnaio* (Notre-Dame de Gournay, 1225). Ensuite les mots *conventus* ou *prioratus* apparaissent : *Sigillum conventus eccl'ie de Karitate* (1209) ; *S' conventus Sancti Petri Matiscoñ.* (1307) ; *S. prioratus S. Eligii Par[isiensis]* (1390).

Un grand nombre de prieurs n'ont pas mis leur nom, mais seulement leur titre, sur leur sceau ; c'est un détail caractéristique qui démontre que dans ces petites maisons religieuses le sceau anonyme se transmettait d'un titulaire à l'autre : *S' prioris beate Marie d'Ambileto* (1303) ; *S' priorisse sci Dominici de Monteargi* (1243) ; *S. prioulese du Boulay* (1375). Les légendes qui renferment les noms des prieurs ou prieures ne diffèrent pas de celles des abbés et abbesses : *S. fris Guilli Grosloys pōr de Fōtanis* (1345) ; *S. soror' Yoland' d' Vav pōr. d' Foissiaco* (xve s.).

Les universités, facultés et collèges portent dans la légende de leur sceau les noms d'*universitas, facultas, domus* et *collegium* : *S. universitatis medicorum Montispesulli* (xiii⁰ s.) ; *S. universitatis magistrorum z scolariū. Parisius* (1292) ; *S. magistrorum facultatis medecine Par[isius]* (1398) ; *S. poris z scolar. collegii Cluniacensis* (1444) ; *S. collegii doctorum utriusq. iuris universitatis Cad[omensis]* (xv⁰ s.) ; *S' scolarium domorum de Harocurte* (1512) ; *Sigillum universitatis studii Aquensis* (xvii⁰ s.)[1].

*
* *

Les sceaux des prévôtés, bailliages, sénéchaussées et autres cours royales et seigneuriales sont extrêmement nombreux mais tardifs : jusqu'au quatorzième siècle ils sont peu communs et disparaissent à peu près complètement, sauf pour les cours souveraines, au dix-septième siècle. Voici un certain nombre d'exemples des légendes inscrites sur ces sceaux. Le parlement de Bourgogne siégeant à Beaune : *Sigillum curie parlamenti Belne* (1387) ; baillages de Rouen : *Sigillum ballivie Rothomagensis* (1282), de Caux : *Veci le seel de la ballie de Caus* (1302), des montagnes d'Auvergne : *S' ballie montanearum Alvergnie* (1303), de Limoges : *Sig. autenticū. dn̄i regis Frācie in ballivia Lemovicensi* (1358) ; sénéchaussées de Toulouse : *S' regium senescallie Tholose* (1341), de Boulogne : *Sigillū. senescallie Boulonensis*

---

1. Douët d'Arcq. *Collection de sceaux*, nᵒˢ 8010, 8013, 8015, 8022 et 8029. — Roman. *Sceau du collège d'Harcourt* (*Bulletin des Antiquaires de France*, 1877, p. 48). — *Cartulaire de l'Université de Montpellier*, t. I, p. xxxvii, pl. V.

(1477); prévôtés de Paris; *Sigillum prepositure Parisiensis* (1295), de Saint-Germain : *S. prepositure sci Germani in Laya* (xivᵉ s.); viguerie de Toulouse : *S. curie vicarii Tholose* (1421); vicomté de Verneuil : *S" vice comitatus V̄nolii* (1300) ; châtellenies de Fréteval : *S. castellanie Fractevallis* (xiiiᵉ s.), de la Ferté de Villeneuve : *S' castellanie Feritatis de Villanovio* (xivᵉ s.).

Les légendes suivantes sont sur des sceaux de juridictions seigneuriales : *S. R. 9ᵗᵉ de Motbeliart deq. on use a Mōbilart* (1296); *S. quo utitur in vicecomitatu Lemovicensi pro Guid. vicecoīte* (1314) ; *Seel de la tarre du Perche a Morteinne* (1320) ; *Sigillū. curie Riomi pro dn̄o duce Bituric. z Alvernie comitis Matisconis i. Alvernia constitutū* (1363).

Dans beaucoup de juridictions les sceaux employés étaient différents suivant la nature de l'acte scellé, et la légende variait de l'un à l'autre. Il y avait le sceau aux causes : *Grant seel des causes de la vicomte de Caen* (1368) ; *Le petit s. aux causes du bailliage d'Evreux* (1469) ; le sceau aux contrats : *Scel aux contraux de la chastellenie de Blois* (1403) ; le sceau aux obligations : *S. des obligations de Danfront pour le roi* (1339), *S. obligatōm vicecōitatus Baiocen* (1377). On trouve aussi des sceaux pour le tabellionage, les héritages, les citations, etc., conçus de la même façon que les précédents.

Certaines charges importantes avaient des sceaux à légendes anonymes ; en 1346 le sceau des maréchaux de France avait pour légende : *Le seel des mareschaux de France* ; en 1364 celui du gouvernement de Dauphiné : *Le seel de la liōtenance du Dalphiné de Viennois* ; en 1458 celui de l'administration forestière en Normandie : *S'aus eaus et forests du pais de Normandie* [1].

* * *

Les légendes des sceaux municipaux se rattachent à un petit nombre de formules qui diffèrent suivant la composition de l'administration de la cité et les titres des magistrats municipaux, échevins, consuls, jurats, etc. Les exemples suivants donnent des spécimens d'à peu près toutes les formules usitées, en commençant par celle des marchands de Paris (1210) : *Sigillum mercatorum aque Parisius.* Avignon (1226) : *Sigillum communis Avinionis* ; Senlis (1228) : *Sigillum communie Silvanectensis* ; Bayeux (1351) : *Sigillum communie civitatis Baiocensis* ; Saint-Omer (1247) : *S. communionis Sancti Audomari* ; Biarritz (1351) : *Sigillum concilii de Beiarris* ; Meulan (1195) : *Sigillum concionis de Moulent* (pl. XVIII, n° 1) ; Grenoble (1497) : *Sigillum universitatis civitatis Gratianopolis* ; Toul (1300) : *Universitas civium Tulln.* ; Narbonne (1218) : *Sigillū. pacis civium Narbonensium* ; Clermont-Ferrant (1255) : *Sigillū. reipublice Claromontensis* ; Brignolles (1221) : *Sigillum ville Brinonie* ; Maubeuge (1293) : *C'est li saius de la frāke vile de Maubuege* ; Bourbourg (1237) : *Sigillum burgensium de Broburq* ; Sarlat (1223) : *Ce est li sciaus as borgies de Sarlat* ; Arras (1303) : *S. maioris et scabinorū. Atrebatensium* ; Pontoise (1228) : *Sigillum maioris et*

---

1. Roman, *Inventaire des sceaux des Pièces originales*, n° 7018. — *Sceaux des forestiers*, p. 16. — *Sceaux des familles seigneuriales de Dauphiné*, n° 477. Voir figure 13, p. 116.

parium comunie Pontisarensiū.; Roye (1228) : *Sigillum maioris et juratorum Roie* ; Rethel (1293) : *S. scabinorum Registestensis* ; Pamiers (1267) : *Sigillum consulum Apamie* ; Brusque (1303) : *S. cosols de Brusca* ; Embrun (1254) : *Sigillum consulum civitatis Ebredunensis* ; Saint-Affrique (1303): *S' consulum ville Santi Africani* ; Montesquieu (1303) : *S. consulū. et pbor. hominū. de Montequiu* ; Montblanc (1288) : *S. d'ls proomes d' Moblac*. Les villes d'Arles, de Marseille, de Valence, ont inscrit sur leurs sceaux des vers léonins dont on trouvera la transcription dans la première partie de ce chapitre.

Les pages précédentes présentent un tableau des principaux groupes de légendes gravées sur les sceaux du moyen âge, mais il s'en faut que cet ensemble soit complet. Des milliers de clercs, de bourgeois, de personnages divers, dont on ne connaît ni la patrie ni la profession, ni même quelquefois le nom, ont eu des sceaux sur lesquels ils ont fait graver leur nom, sans plus, ou une devise, ou une sentence pieuse, ou un titre inexpliqué : *Amor vincit omnia* ; *Beve bien gc vou. en prye* ; *S. sponsa Dei*, etc.[1]. Cette catégorie de sceaux défie toute classification et tout catalogue, surtout lorsqu'il s'agit de sceaux-matrices qui, n'étant pas joints à un acte, n'ont pas de date certaine et dont la provenance n'est même pas toujours connue.

§ 2. — *Légendes des contre-sceaux.*

Le contre-sceau est nommé *contra-sigillum* ou *sigillum secretum*, termes qu'on ne trouve pas, semble-t-il, avant

---

1. CHARVET. *Collection Dongé*, nos 434 et 441 et ma collection.

les dernières annés du xiie siècle. Dans le midi on a employé de préférence celui de *sigillum secretum*.

Les légendes des contre-sceaux se divisent en deux catégories distinctes suivant qu'elles ont ou n'ont pas de rapport avec celles du sceau.

Parmi les légendes qui n'ont aucun rapport avec celles des sceaux il faut placer en première ligne celles qui ne sont composées que des mots *contra sigillum, sigillum secretum* ou leurs variantes. Ces variantes sont fort nombreuses ; voici les principales : *Sigillom secretom, Sigillum secreti, Sigillum secreti nostri, C'es li contre sceau, Secretum meum, Contras' tegne* (tene), *Contrasigillum secreti mei, Parvum contra sigillum, Fides sigilli, Fidelis custos sigilli, Sum sera* (cera) *sigilli, S'privatum, Le secret, Secretum, Secreti mei, Secretum meum, Secretum meum michi, Secretum meum michi et tibi, Secretum meum tibi, Secretum meum sit illi, Hoc est secretum meum, C'est mes secres, Secretum sigilli, Secretum est, Sit secretum, Ego secreta tego, Annuncio secreta, Secreti custos, Noster fidelis secreti custos, Cela secretum, Secreti communis, Clavis sigilli, Clavis secreti, Signum secreti, Crede michi, Credendum est michi, Testimonium veri, Signum veritatis, Custodia veritatis, Veritas, Notula actorum, Notula curie, Sigillum ad notulas, Custos sigilli notular'*, etc.

Certaines légendes anonymes sont des formules d'invocation ou d'obsécration : *Confirma hoc Deus* (1201), *Confir' secr' Deus* (1188), *Fugite partes adverse* (1212), *Fac michi quod tibi vis* (1181), ou des allusions à l'usage auquel servaient les contre-sceaux pour cacheter les lettres missives : *Frange, lege, tege* (Laurent, abbé de

Saint-Laumer de Blois, 1226) ; *Frange, inspice, lege, tege, comple* (Pierre, abbé de Saint-Lucien de Beauvais, 1317) [1].

Les contre-sceaux des seigneurs laïcs ont souvent pour légende des devises chevaleresques : *Passavant le meillor* (Blanche, comtesse de Champagne, 1210) ; *Hoc est scutum meum* (Richard de Beaumont, 1234) ; *Passavant la Thibaut* (Thibaut IV, comte de Champagne, 1247), ou un nom de seigneurie ou de ville, siège de la juridiction à laquelle appartient le sceau : *Noerium* (Miles de Noyers, 1211) ; *Mercorium* (Bernard de Mercœur, 1247) ; *Silvanec. urbs regia* (Elisabeth de Châtillon, 1241) ; *Aurelianis* (prévôté d'Orléans, 1295) ; *Civitas* (ville de Sens, 1263).

Sur les contre-sceaux des ecclésiastiques on lit surtout des légendes pieuses : *Agnus Dei* (1285) ; *Ecce agnus Dei* (1125) ; *Agnus Dei miserere mei* (1232) ; *Sancta Trinitas unus ds̄.* (1266) ; *Ave gracia plena d̄n̄s tecum* (1262) ; *Signum Dei vivi* (1234) ; *O crux admirabilis* (1242) ; *Crux sancta in te gloriabor* (1225) ; *Hoc signum crucis erit in celo* (1251) ; *In hoc signo vinces* (1235) ; *Ligat, solvit hec claves Petri* (1317).

Les noms des saints patrons des églises paraissent très nombreux dans les légendes des contre-sceaux : *S'. Mauricius Turonis* (1245) ; *S̄cs Dionisius areopagita* (1296) ; *S̄cs Briocus* (1220) ; *Beatus Ciricus* (1240) ; *Stefanus plenus gracie* (1225), etc.

Une légende fréquente dans les contre-sceaux est : *Gracia Dei sum quod sum.*

---

1. Douët d'Arcq. *Collection de sceaux*, n°ˢ 8523 et 8552.

Parmi les légendes qui ont une relation directe avec celle du sceau, les unes font une simple allusion à la personnalité du sigillant, les autres donnent son nom intégralement ou en abrégé.

Au nombre des premières je signalerai les suivantes : *Contra sigitt. eiusdē.* (Pierre de Gamaches, 1195) ; *Secretum ducis* (Hugues, duc de Bourgogne, 1234) ; *S'cecreti dalfini* (Humbert Ier, dauphin, 1287) ; *Contra. secreti filii regis* (Pierre, comte d'Alençon, 1282). Les suivantes sont déjà plus explicites : *Clipeus Alardi* (Alard de Croisilles, 1211) ; *Gaufridi capiti credite sicut ei* (autour du buste de Geoffroi, abbé de Marmoutiers, 1246) ; *S' Gauchier* (Gaucher de Châtillon, 1322)[1].

Le nom du possesseur du sceau est souvent très abrégé dans la légende du contre-sceau, à cause du peu d'espace dont le graveur pouvait disposer. Quelques-unes de ces légendes sont de vrai logogriphes, par exemple : ꓛⱯ· SOᒣ.Sꓔ·ⱯΘ qui doit se traduire par *contra sigillum Samet Aleaume* (1298). Dans quelques contre-sceaux épiscopaux le nom de la ville épiscopale est seul inscrit : *9ls. Albiensis epi.* (Bernard, évêque d'Albi, 1259), ou bien au contraire le nom de l'évêque paraît seul sans son titre : *S' Clarini epi'.* (Clairin, évêque de Carcassonne, 1200).

La majeure partie des légendes des contre-sceaux, quoique composée très en abrégé, est moins écourtée cependant que les précédentes : *Antisigillum Guidonis de Valle* (Gui de Laval, xiie s.) ; *Signum G. epi. Eduen* (Gérard, évêque d'Autun, 1256) ; *Le secret Raoul d'Estree*

---

1. Douët d'Arcq. *Collection de sceaux*, n° 8822. — Roman. *Sceaux des familles seigneuriales de Dauphiné*, n° 826.

(1274); *Bulete Gillon sire de Malgi cheval'* (Gilles de Mailly, 1314).

Voici trois spécimens de légendes des très nombreux contre-sceaux des tribunaux ecclésiastiques et séculiers : *Nota Belv. curie* (Officialité de Beauvais, 1216); *Veci le côtre seel d. la baillie d'Caus* (1332); *Contre seel de Joy le Chatel* (1350).

Autour d'une représentation du beffroi de Soissons, on lit sur le contre-sceau de cette ville : *Berfridū. Suessonis* (1228) ; sur celui de la Faculté de médecine de Paris : *Secrēt. gloriosissimi Ypocratis*, autour de la figure assise de ce savant docteur. Enfin je signale la légende intéressante qui se lit sur les contre-sceaux du seigneur et de la dame d'Avaugour : *Sub meo scuto et sub scuto patris mei est meum secretum* (1231 et 1233), légende qui est traduite en français sur le contre-sceau d'Isabelle de Fougères : *Sot l'escu mun pere sūt mi secre* (1253 [1]).

---

[1]. Douët d'Arcq. *Collection de sceaux*, n°ˢ 1260, 1261, 5802 et 8022. — Demay. *Inventaire des sceaux de Normandie*, n° 267.

CHAPITRE XI

DES SIGNETS

Le signet c'est l'anneau faisant l'office de sceau-matrice, du moins en principe, car certains sceaux très petits, et dont le type et la légende ont un caractère personnel et énigmatique, doivent être également classés au nombre des signets.

Les signets diffèrent des sceaux et des contre-sceaux en bien des points. En premier lieu ils sont toujours de dimension très restreinte, comme il est naturel à un chaton de bague ; on en trouve de cinq millimètres, et il est rare qu'ils dépassent vingt millimètres. En second lieu la forme en est extrêmement variée ; beaucoup sont ronds ou ovales, mais certaines formes exceptionnelles pour les sceaux ordinaires, l'octogone, l'hexagone, la quadrangulaire, la triangulaire, etc., sont très communes dans les signets. En troisième lieu beaucoup d'entre eux, comme il sied à une bague, ne portent aucune légende, et lorsqu'ils en ont une, elle consiste souvent en de simples initiales, généralement celles du nom de leur possesseur. Au surplus parmi les signets à légende complète, une forte proportion porte, non pas le nom de celui pour lequel ils ont été gravés, mais des devises galantes, chevaleresques, ou à sens secret et énigmatique, qui ont parfois une telle corrélation avec le type lui-même, qu'elles ne peuvent en être séparées. Bien plus, dans certains cas, le type fait partie intégrante de la légende ; ils se complètent l'un l'autre et n'ont aucun sens l'un sans l'autre ; par exemple : *Mon* (un cœur) *avez* ; ou *De ceste* (un paquet de verges) *sarez féru* [1].

Il est rare que le signet soit suspendu comme un sceau ordinaire ; la plupart sont plaqués sur l'acte lui-même et cet usage est général à partir de la fin du xive siècle. Tantôt ils sont plaqués directement sur le parchemin, tantôt rivés au moyen d'une découpure triangulaire au travers de laquelle la cire s'étale au-dessous, tantôt enfin appliqués au point d'intersection des deux bras d'une croix dessinée au moyen d'un frottis de cire à sceller, soit pour procurer une plus large surface de préhension, soit dans une intention pieuse, peut-être pour les deux objets à la fois.

Si nous envisageons maintenant le type, nous constatons que, si la moitié et plus des signets porte des armoiries, si une notable partie est composée d'intailles, beaucoup ont des types très variés, un heaume à cimier, une simple inscription, des animaux, des meubles, surtout des symboles galants ou autres dont parfois le sens nous échappe.

Enfin le travail en est généralement très fin, très délicat, ce qui s'explique non seulement par l'exiguïté de ces bijoux, mais par les procédés des artistes qui les ont gravés, artistes différents de ceux qui gravaient les sceaux ordinaires.

1. *Catalogue du baron Pichon*, n° 72, et Cabinet de M. Chaper à Grenoble.

Comme on en peut juger, le signet occupe une place à part dans la sigillographie ; il diffère du sceau par ses dimensions, ses types, sa technique, son mode d'apposition, sa forme et surtout par ses légendes inséparables du type lui-même qu'elles expliquent et complètent. Il est le descendant direct de l'anneau antique ; de tout temps on en a fait usage, il a précédé le sceau, et lorsqu'au XVII⁰ siècle l'usage de sceller les actes eut à peu près disparu, le signet lui a survécu, car ce sont bien des signets que ces cachets dont se servaient les possesseurs de fiefs à la fin de l'ancien régime pour sceller les actes qu'ils avaient encore le droit de faire, nominations de juges seigneuriaux, de châtelains, de gardes-chasse, etc.

Les rois, les princes ont eu des signets. Jean le Bon en a possédé plusieurs ; l'un porte ses initiales J.R.F. sous une couronne, avec la légende : *Sigillum secretum* ; il est inventorié dans le trésor de Charles V et l'empreinte en existe encore apposée à un mandement de 1362. Un second, également décrit dans cet inventaire, portait gravé le mot : *Iohannes* et une fleur de lys [1].

Charles V en avait un grand nombre ; son inventaire décrit l'un d'eux dans les termes suivants : *Le signet le roy où est la teste d'un roy sans barbe, et est de fin rubis d'Orient, et est celuy de quoy le roy scelle les lettres qu'il escript de sa main*. Ce signet qui porte la légende : *Seel secret*, est apposé sur plusieurs lettres royales, l'une entre autres datée de 1371 (pl. XXX, n⁰ 4) [2].

---

1. Douët d'Arcq. *Collection de sceaux*, n° 62. — Labarte. *Inventaire du mobilier de Charles V*, nᵒˢ 635 et 636.

2. Douët d'Arcq. *Collection de sceaux*, n° 67. — Labarte. *Inventaire du mobilier de Charles V*, nᵒˢ 555, 580, 607 et autres.

Dans l'inventaire du duc de Berry il est fait mention d'un signet comme il suit : *Un signet d'or où est le visage de mon seigneur contrefait au vif*. Le roi René de Provence en possédait également un à ses armes, en or, pesant cinq ducats et demi, qu'il avait fait graver en 1478 [1].

§ 1. — *Type des signets.*

Les quatorze cents signets que j'ai pu examiner en nature ou en empreintes se divisent, quant au type, de la façon suivante : écussons armoriés (800), intailles (155), monogrammes ou inscriptions (125), animaux (118), représentations pieuses, personnages divers, heaumes, fleurs et végétaux, monuments, objets variés, ces six dernières catégories de types au nombre chacune de moins de cent.

Je traiterai des intailles dans le chapitre suivant et j'y renvoie le lecteur.

Fig. 25. — *Signet de Gérard d'Athies, 1391.*

Du type armorial je ne dirai qu'un mot. Les écus sont tantôt simples, tantôt accompagnés de timbres, cimiers et supports. Le travail est, en général, délicat et l'orne-

---

1. Guiffrey, *Inventaires de Jean, duc de Berry*, n°ˢ 472, 473, 474. — Arnaud d'Agnel, *Les comptes du roi René*, t. I, n°ˢ 1013 et 1105.

mentation pittoresque. Une décoration fréquente consiste en une aigle embrassant l'écu et en mordant le sommet, ou en une aigle à tête humaine, portant l'écu sur sa poitrine (Nicolas Martin, clerc des comptes, 1371 ; Jacques L'Empereur, élu pour les aides, 1365). Gérard d'Athies, conseiller général des aides et abbé de Saint-Éloi de Noyon (1391), a fait graver ses armoiries dans la panse d'un grand G terminé en tête de chimère, et sur lequel est posé une crosse (figure 25)[1].

Le type du heaume ne se rencontre pas avant le milieu du xive siècle — le plus ancien exemple que j'en connaisse date de 1346 — et il prend fin cent ans plus tard. Souvent le heaume est surmonté d'un haut cimier et accosté des initiales du nom du sigillant ; presque toujours il est de profil. Le signet d'Olivier de Clisson (1370) représente cependant un heaume ailé de face, accosté de six ℳ, devise de ce célèbre chevalier (pl. XXX, n° 3)[2]. Les signets dont le type ne comporte qu'une inscription ne sont pas antérieurs au xive siècle ; je n'en connais aucun avant celui de Baude de Croisilles (1302) figurant un B entre deux fleurs de lys. En 1368 Jeanne, femme de Philippe le Long, portait sur son signet un I dans un quadrilobe orné d'écussons. Ce type comporte, soit des lettres isolées, comme nous le voyons dans les exemples précédents, soit plusieurs lettres ; ЄO enlacés (Eudes Onfroy, 1399) ; OG conjuguées et couronnées (Oudin Gâteclou, 1403) ; RPQ (Richard Pelletier, clerc, 1381) ; soit des monogrammes. Ainsi Simon Hennin (1375)

---

1. Roman. *Inventaire des sceaux des Pièces originales*, n°[s] 559, 4163 et 7142.
2. Douët D'Arcq. *Collection de sceaux*, n° 200.

a pour type une grande S enlacée avec un Y, dans les intervalles desquels sont semées les lettres hennin; Jean, sire de Saenne (1434), une grande S sur laquelle on lit aene en caractères minuscules ; Mathurin Roger (1361) une grande m dans laquelle sont enfermés un a et une R[1].

D'autres signets ont pour type une légende transversale. Celui d'Étienne Gérard, receveur à Évreux (1370), porte : *Gerardi* en légende transversale, surmonté d'une S entre deux lions, et placée au-dessus d'un P entre deux dragons. Le signet de Jean de la Prévôté (1415) ne porte que la légende transversale PPRe (*prepositure*) dans une couronne de feuillage. Un des plus curieux signets à inscription est celui d'Étienne Boussard, chapelain du roi (1404) ; les mots *St. Boussardi* sont gravés transversalement en caractères cursifs imitant l'écriture ; au-dessus un ange plonge, la tête en bas, tenant les deux S dans ses mains, et au-dessous est un écu armorié supporté par deux anges[2].

La tête du Christ tient la première place dans l'iconographie chrétienne des signets, et quelques-unes de ces représentations figurées sont fort belles. Un commissaire anonyme pour les aides en Normandie (1415) a sur son signet un buste de Christ de face sur nimbe crucifère, à attitude absolument byzantine. Un autre financier

---

1. Douët d'Arcq. *Collection de sceaux*, n° 162. — Demay. *Inventaire des sceaux d'Artois*, n°ˢ 1136 et 1821, de *Normandie*, n° 2975 — Roman. *Inventaire des sceaux des Pièces originales*, n°ˢ 5066 et 5778. — Bibl. nat. Pièces originales du Cabinet des titres, t. 2599, dossier 57814, n° 5.

2. Douët d'Arcq. *Collection de sceaux*, n°ˢ 5213 et 5402. — Roman. *Inventaire des sceaux des Pièces originales*, n° 2010.

anonyme (1369) a une tête de Christ soutenue par deux anges, posée sur un lion couché et surmontée d'une fleur de lys. Puis viennent la Vierge toujours à mi-corps et portant l'Enfant Jésus, saint Pierre, saint Paul ou ces deux saints réunis (Jean Chardon, 1445), saint Jean-Baptiste à mi-corps tenant un disque sur lequel figure l'*Agnus Dei* (Jean Justice, 1346), ou sa tête seule dans un linge (Jean de la Cloche, 1414), ou dans un bassin

Fig. 26. — *Signet de Jean Crête, 1385.*

(Jean Crête, 1385)[1]. Saint Jean l'évangéliste est représenté assis et tenant une banderole à son nom; saint Jacques debout en costume de pèlerin; saint Nicolas auprès de trois enfants; saint Louis en buste et couronné avec la légende *Sant9 Ludovicus* (Pierre de Chambly, 1302); saint Martin à cheval, saint Christophe portant l'Enfant Jésus et appuyé sur son bâton (Gilbert André, 1414); sainte Catherine à mi-corps; saint Michel terrassant le dragon; le buste de saint Antoine; la tête de saint Denis et des anges en assez grand nombre[2]. Naturellement les saints figurés sont presque toujours les patrons des possesseurs du signet.

1. ROMAN. *Inventaire des sceaux des Pièces originales*, nos 2861, 3734 et 6080.
2. DOUËT D'ARCQ. *Collection de sceaux*, n° 246. — ROMAN. *Inventaire des sceaux des Pièces originales*, n° 261.

Les têtes ou bustes, de face ou de profil, de personnages inconnus ne sont pas extrêmement nombreux. Le signet d'Étienne Petit (1373) représente un buste féminin, un voile retombant sur ses épaules, surmonté d'une aiglette et accosté des lettres ЄP couronnées, le tout dans un encadrement de quatre arcs et de quatre angles alternés [1].

Fig. 27. — *Signet d'Etienne Petit, 1373.*

Parmi les animaux figurés, l'aigle tient la première place; la plupart ne sont d'allure ni antique ni héraldique, c'est l'oiseau de saint Jean, portant une banderole sur laquelle est gravé le nom de ce saint. Il en est de même pour le lion et le bœuf qui symbolisent saint Marc et saint Luc. D'autres fois l'aigle tient dans son bec un I, initiale de Jean Macé, conseiller des aides (1406), un lac d'amour (Thomas Massy, 1430), a une tête de femme (conseiller anonyme des aides, 1371), est heaumée (Charles de Montmorency, 1360), ou mantelée aux armes (maître des comptes anonyme, 1408) [2].

Les lions sont fort nombreux, soit avec leur tête seule de face (Jean de Vernon, 1345; Robert Chaivre, 1373), soit

---

1. Bibl. nat. Pièces originales, t. 2240, dossier 50962, n° 4.
2. Roman. *Inventaire des sceaux des Pièces originales,* n°⁸ 6755, 7184 et 7801.

à mi-corps, soit rampants, soit passants, soit couchés ou accroupis. Ils sont quelquefois heaumés (Robert d'Augeran, 1352), ou mantelés aux armes (Jean V, duc de Bretagne, 1407). Le lion du signet de Jean Péleri (1368) a une tête de femme; celui de Jean des Champs (1384) est enfourché par un homme sauvage. Le type du signet de Philippe de Vitry (1350) montre deux corps de lion, affrontés et terminés par une tête unique, chevauchés par deux vieillards barbus; tandis que celui de Vincent de L'Homme, garde du clos des galères de Rouen (1355), représente deux tarasques posées en forme de V et entre lesquelles est un H [1].

Je ne puis songer à décrire tous les signets ornés d'animaux; qu'il me suffise de dire qu'on y trouve le loup, la biche une couronne autour du cou, la tête de cerf, celle de bouc, l'écureuil, la chauve-souris, le cheval, le chien,

Fig. 28. — *Signet de Gui de Châtillon, 1382.*

la colombe, le coq hardi, le corbeau, le dragon combattant la tarasque, le griffon, la grue, l'hermine, le pélican, la hure de sanglier. Parmi les plus intéresssants je signalerai le signet de Gui de Châtillon, comte de Blois

---

1. Douët d'Arcq. *Collection de sceaux*, nos 555 et 5211. — Demay. *Inventaire de la collection Clairambault*, n° 403. — Roman. *Inventaire des sceaux des Pièces originales*, nos 2730 et 5854. — Bibl. nat., Pièces originales, t. 647, dossier 15234, n° 2; t. 2222, dossier 50281, n° 5; t. 2972, dossier 66033, n° 3.

(1382) (fig. 28), sur lequel est figuré un cygne auprès d'une banderole sur laquelle est écrit le mot : *Blois*; celui de Guillaume Ango (1438) (fig. 29) avec une tête d'âne harnaché ; celui d'Hugues L'Allée (1431) (fig. 30) avec une écrevisse accostée des lettres **H** et **L**.

Fig. 29.   Fig. 30.
Signet de Guillaume Ango, 1438.   *Signet d'Hugues L'Allée, 1431.*

Le signet de Jean de Beaumont (1431) (fig. 31) représente un éléphant portant une tour à deux étages, avec la légende : *A la beste* ; celui de Jean Mouche (1340) (fig. 32) un papillon très bien exécuté, dans une bordure engrelée. Jean IV, duc de Bretagne (1385), porte une

Fig. 31.   Fig. 32.
Signet de Jean de Beaumont, 1431.   *Signet de Jean Mouche, 1340.*

hermine mantelée, et Pierre de Chevreuse (1371) une harpie ailée, à tête de femme, à griffes d'oiseau[1].

1. Douët d'Arcq. *Collection de sceaux*, n° 550. — Roman. *Inventaire des sceaux des Pièces originales*, n°ˢ 162, 316, 1123, 2987, 3106 et 7972.

Les monuments reproduits sont rares ; les plus fréquents sont les châteaux à trois tours. Un clerc des comptes anonyme porte, en 1376, un petit château à tourelles entouré d'une enceinte crénelée ; un autre, la même année, a une chapelle gothique avec flèche centrale accompagnée de deux clochetons. On peut joindre à cette série une chaière vue de profil avec dais ouvragé (Pascal de La Fargue, 1433) et une fontaine à côté de laquelle est un lion accroupi [1].

On trouve beaucoup de fleurs sur les signets, des pensées, des roses, des marguerites, avec des légendes galantes. On y voit aussi des arbres morts ou feuillus, un palmier, des épis ou des gerbes de blé, un vase de fleurs, un raisin avec ses pampres. Jean, comte de Sommerset (1440), porte un chardon couronné d'un chapel de fleurs, avec légende française ; Guillaume Alington (1421), une feuille de platane sur laquelle sont gravés des caractères hébraïques [2].

Beaucoup de types ne peuvent rentrer dans les classifications précédentes ; on y voit un soleil à rayons ondulés, des étoiles, un chaperon déplié, un ceinturon, un bourdon de pèlerin avec sa pannetière, un hanap, une buire, un fer à oublies, une paire de besicles, une harpe, une enclume, un rouleau de parchemin, etc. Puis des objets symboliques ; un cœur percé de flèches, une main ouverte, des fleurs de lys, des couronnes, des coquilles, des quintefeuilles, etc. Thomas Burch (1430) a une aile

---

1. CHARVET. *Collection Dongé*, n° 528. — ROMAN. *Inventaire des sceaux des Pièces originales*, n° 4402.
2. ROMAN. *Inventaire des sceaux des Pièces originales*, n° 157. — Bibl. nat., Pièces originales, t. 65, dossier 1381, n° 34.

passée dans une couronne et accostée de la lettre 5 (*fermesse*) ; Gui du Châtel (1416) un bouquet de plumes d'autruche monté sur une hampe ; Jean Paphain (1422) une barque terminée par un col de cygne ; Geoffroi de Bertrimont, chevalier (1356), a fait graver sur son signet une tête portée par deux jambes grêles, de chaque oreille sort un poisson et au-dessus est un lion issant[1].

Quelques types sont des rébus véritables : R. de Coulons (1376) porte une colombe ; Étienne Braque (1368), un chien braque ; Arnaud de Corbie, chancelier de France (1391), un corbeau ; Jean Garbe (1369), une gerbe ; Pierre Colombel (1404) a une colombe suivie de la syllabe *bel* gravée dans le champ[2].

§ 2. — *Légendes des signets.*

Dans leurs légendes les signets sont dits *signet, soignet, sinet, ségné, sael* et même *parvum* ou *contra sigillum* et *parvum contra sigillum*, mais la plupart sont anépigraphes ou n'ont en fait de légende qu'une ou deux initiales, comme il convient à des bagues. Parmi ceux qui ont une vraie légende le plus grand nombre porte le nom de leur propriétaire en abrégé : S' I· B· D· S· C· (Signet Jean-Baptiste de Salins, clerc, 1324) ; G. D. FON. (Guillaume de Fonvent, 1342) ; S' P. D. PRS (Pierre des Préaus, 1347) ; N· D· LS (Nicolas de Lettes, 1369), ou même son seul prénom : *Odoardus* (Oudart

---

1. DEMAY. *Inventaire de la collection Clairambault*, n° 962. — ROMAN. *Inventaire des sceaux des Pièces originales*, n°ˢ 2333 et 2967.
2. DOUËT D'ARCQ. *Collection de sceaux*, n°ˢ 209, 4143 et 5255. — ROMAN. *Inventaire des sceaux des Pièces originales*, n°ˢ 2091 et 5002.

Bertin, 1396), *André* (André de Grolée, 1386), ou encore une portion de ces noms : *da-vi* (Davy Aloust, 1365) ; *Dur.* (Michaud Durand, 1436) ; *Arnt.* (Arnaut de Boymel, 1413) [1].

Le nom propre est souvent remplacé par le cri de guerre : *Blois* (Gui de Châtillon, comte de Blois, 1382) ; *Mōtferran* (Aimeri de Biron, 1348) ; *Mōtagu* (Gérard de Montagu, 1387) ; *Brumeval* (Nicolas de Brumeval, grand veneur, 1403) ; *Armaignac* (Jean II, comte d'Armagnac, 1373) [2].

Les légendes complètes, comme, par exemple, la suivante : *Sigillum G. de Dormano militis* (1364), sont exceptionnelles ; presque toutes ont quelque abréviation : *Sigillum secreti Ph'i.* (Philippe de Vitry, 1369) ; *Le segne d'Preivois* (Jean de Clamecy, seigneur de Prévois, 1385) [3].

Certaines légendes sont découpées lettre par lettre par le type du signet. Guillaume de Dormans (1394) sépare chaque rayon ondulé du soleil gravé sur le sien par une lettre de son nom ; Thomas Le Misier (1314) procède de même pour son prénom deux fois répété : T-V-ᛘ-A-S-T-V-ᛘ-A-S, faisant sans doute ainsi un jeu de mots à propos d'une dame. Jean La Cuque (1380) fait diviser son nom par les pointes d'une étoile [4].

1. DEMAY. *Inventaire de la collection Clairambault*, nos 105 et 4277. — ROMAN. *Inventaire des sceaux des Pièces originales*, nos 1368, 2056 et 6365. Voyez figure 45.

2. DOUËT D'ARCQ. *Collection de sceaux*, n° 351. — ROMAN. *Inventaire des sceaux des Pièces originales*, nos 2259, 2987, 5274 et 7629. Voyez figure 28.

3. DEMAY. *Inventaire de la collection Clairambault*, n° 2540. — ROMAN. *Inventaire des sceaux des Pièces originales*, n° 4045.

4. ROMAN. *Inventaire des sceaux des Pièces originales*, n° 4046.

Les légendes pieuses sont assez nombreuses : *Verbum caro factum est*, sur le signet de Guillaume Flotte, chancelier de France (1347); *Vocabitur Iohannes*, sur celui de Jean Crète (1385); *Da pacē. doñe*, sur celui de Nicaise Cavelier (1365); *Dieu me pourvoit, En Dieu me fie*, etc.[1].

Mais les légendes les plus intéressantes sont les devises galantes ou chevaleresques qui ont souvent une intime corrélation avec le sujet gravé. En voici quelques unes, parfois charmantes. *Prenez à vostre cuer l'autre.*

Fig. 33. — *Signet d'un conseiller des aides, 1409.*

autour d'une pensée, sur le signet d'un conseiller des aides anonyme (1409) (fig. 33); *Belle et bonne*, autour d'une marguerite (Bérard de Montferrand, 1429); *Oiseau va mi a mon ami*, autour d'une colombe (Grégoire, chanoine de Paris, 1218); *Je vous salue* (Clément Petit, chapelain du roi, 1391); *Celle que j'èmc m'ymmera, C'est mon désir*, etc.[2].

Une devise qui se retrouve à plusieurs reprises, se compose des initiales d'un nom de femme suivies des

---

[1]. Demay. *Inventaire de la collection Clairambault*, n° 3654. — Roman. *Inventaire des sceaux des Pièces originales*, n° 3734. — *Catalogue du baron Pichon*, n° 79. Voyez figure 26.

[2]. Douët d'Arcq. *Collection de sceaux*, n° 7782. — Demay. *Inventaire de la collection Clairambault*, n° 6325. — Bibl. nat., Pièces originales, t. 2248, dossier 50962, n° 7.

mots *me tient*; *P. E. me tient*, *Y. me tient*, entourant une fleur (Richard Wideville, 1422) (fig. 34), ou un porc-épic (Pierre Baille, 1443) (fig. 35)[1].

Fig. 34.   Fig. 35.

Signet de Richard Wideville, 1422.   *Signet de Pierre Baille, 1443.*

Beaucoup de signets de grands seigneurs sont ornés de devises chevaleresques : *Ma voulenté*, est celle de Charles, duc d'Orléans (1440); *Bien me plait*, celle de la duchesse de Bedford (1425); *A ma vie*, celle de Jean, duc de Bretagne (1385); *Je le vous commande*, celle de Jean de Ligne (1415); *Nul ne s'y frotte*, celle du grand bâtard de Bourgogne; *Loyaltés passe tout*, *Je le dy*, *Nul que lȳ*, *Justice*, *Ne mentez*, etc. On peut tout citer[2].

Ces petits monuments, curieux à étudier de très près, donnent une idée plus juste de la société galante et raffinée des XIVe et XVe siècles que des objets plus importants, les grands sceaux, par exemple, les monnaies et les médailles.

---

1. ROMAN. *Inventaire des sceaux des Pièces originales*, n° 784. — Bibl. nat., Pièces originales, t. 2653, dossier 58930, n° 7.

2. DOUËT D'ARCQ. *Collection de sceaux*, n° 550. — ROMAN. *Inventaire des sceaux des Pièces originales*, n° 1211. — *Catalogue du baron Pichon* n°^{s} 73 et 76.

CHAPITRE XII

DE L'EMPLOI DES INTAILLES
OU PIERRES GRAVÉES[1].

Depuis l'époque mérovingienne les graveurs de sceaux ont fait constamment usage d'intailles en les enchâssant dans les matrices. Comme ces intailles, pour être solidement fixées dans leurs alvéoles, ont dû être serties dans une feuillure ménagée sur les bords du métal qui les enserre (ce qui produit, suivant les épaisseurs relatives de la pierre ou du métal, tantôt une dépression, tantôt une saillie qui épouse les contours de l'intaille et ressort en contre-partie sur l'épreuve en cire), il est assez facile de reconnaître si ce qu'on a sous les yeux est l'épreuve d'une intaille ou d'une gravure sur métal. Alors même que ce moyen de contrôle serait insuffisant, on reconnaîtrait presque toujours la gravure sur pierre à l'exiguïté des personnages représentés, au fini de l'exécution et à la pureté du

---

[1]. DEMAY. *Les pierres gravées employées dans les sceaux au moyen âge*. Paris, 1877 (Extrait de *l'Inventaire des sceaux d'Artois et de Picardie*). — BABELON. *La glyptique à l'époque mérovingienne et carolingienne.* Paris, 1895 (*Comptes rendus de l'Académie des Inscriptions*). *Histoire de la gravure sur gemmes en France* (*Société de propagation des livres d'art*).

style, qui décèlent un travail pratiqué par des artistes experts à inciser les matières dures.

Les matrices ornées d'intailles qui subsistent encore sont en très petit nombre. On a pu voir dans la vente du baron Pichon un petit sceau ovale en argent, muni d'un appendice percé d'un trou rond, dans lequel était enchâssée une cornaline où était gravée une tête d'Hercule, entourée de la légende : *S. Soffredi Morardi* inscrite sur la monture [1]. Dans la vente Charvet était catalogué un autre sceau ovale orné également d'une intaille figurant le buste d'un jeune homme vêtu du paludament et entouré de la légende : *S. Symōis d'Vētura militis* [2].

Le Cabinet des Médailles s'est enrichi depuis peu de

Fig. 36. — Sceau de Jean Bullant, XVI° s.

deux intéressants monuments de ce genre. Le premier est un nicolo à deux couches sur lequel est gravé un aigle, devant un arbre, tenant un lièvre dans ses serres (fig. 36). Il est serti dans une monture ovale en bronze sur laquelle est gravée la légende : *Seel Jehan Bullant*. Le revers est muni d'un appendice conique avec trou de sus-

---

1. *Catalogue du baron Pichon*, n° 231.
2. *Catalogue Charvet*, n° 1669.

pension. Le second est un onyx figurant la Victoire et l'Abondance debout, se faisant face. Il est également serti dans une monture ovale de bronze, sur laquelle on lit : *S. Simonis Buel Rot. de Burgo*[1]. Ces sceaux datent tous du xiv⁰ siècle, sauf celui de la vente Charvet qui paraît un peu moins ancien et de travail italien. On pourra étudier sur ces quatre rares monuments la technique du moyen âge pour la monture des intailles antiques et leur transformation en sceaux.

Il est à remarquer que, sauf pour les princes carolingiens, on a rarement employé dans les sceaux des intailles d'une dimension un peu grande ; presque toutes sont même fort exiguës et ont été, en conséquence, réservées pour les contre-sceaux et les signets ; une des plus grandes que je connaisse est la superbe intaille figurant la Victoire érigeant un trophée, qui sert de sceau à Thibaut IV, comte de Champagne (1226), elle mesure 36 millimètres. Un Eros sur un cheval marin transformé en sceau pour Eustache de Lowdham (1222) n'a pas plus de 30 millimètres. Enfin un admirable buste de Diane, sceau secret de Béatrix, dame de Faucigny (1269), mesure un peu plus de 22 millimètres [2].

Le fabricant de la matrice de sceau ne se préoccupait guère du sujet représenté sur l'intaille qu'il employait, il ne cherchait qu'un effet décoratif. On trouve des intailles visiblement payennes, et même à sujets fort lestes,

---

1. Le premier est un don de M. Guelette; le deuxième provient de la vente Gay.
2. Douët d'Arcq. *Collection de sceaux*, n° 572. — Demay. *Inventaire des sceaux de Normandie*, n° 2618. — Cibrario et Promis. *Sigilli de' principi di Savoia*, n° 21.

enchâssées dans les sceaux de dignitaires ecclésiastiques ; Geoffroi, archidiacre de Paris en 1230, use d'une pierre gravée représentant Omphale nue portant les armes d'Hercule ; André, archidiacre de Soissons en 1189, d'une autre sur laquelle figure l'accouplement de Léda et du cygne ; le chanoine Richard de Kolm (1202) étale sur son sceau un grylle sur lequel le contour de deux oiseaux combinés donne l'impression d'un phallus [1].

Les légendes accompagnant le type montrent que souvent le graveur ne se doutait pas de ce que représentait la pierre gravée qu'il mettait en œuvre. Un buste d'Omphale coiffée de la peau de lion est accompagné sur le sceau de Guillaume Flotte (1347) de la légende : *Verbum caro factum est*. L'orfèvre a vraisemblablement confondu Omphale avec Jésus-Christ [2].

Rarement l'intaille fait partie d'un ensemble décoratif ; presque toujours elle est isolée et sans relation avec ce qui l'environne. Cependant je puis signaler le sceau de Mahaut, dame de Werchin (1268), qui est en losange, les angles occupés par quatre écussons dans des rinceaux et le centre par une intaille représentant un sacrifice. Sur celui d'Eudes, duc de Bourgogne (1345), une charmante tête d'éphèbe est entourée d'une guirlande semée de petits écus en losange aux armes de Bourgogne ancien [3].

Ce sont là des exceptions ; généralement l'intaille est

---

[1]. Douët d'Arcq. *Collection de sceaux*, nos 7418, 7450 et 10245.
[2]. Demay. *Inventaire de la collection Clairambault*, n° 3654.
[3]. Demay. *Inventaire des sceaux de Flandre*, n° 1809. — Petit. *Histoire des ducs de Bourgogne*, t. IX, pl. III, n° 6.

un ornement placé par surcroît dans le champ. Par exemple, dans le sceau équestre d'Archambaud, sire de Bourbon (1247), une intaille est sertie derrière la croupe du cheval sans que rien le justifie [1].

Non contents d'orner leurs sceaux d'une intaille, les orfèvres en ont prodigué parfois deux, trois et même quatre. Sur le sceau d'Amédée de Roussillon, évêque de Valence (1282), deux intailles sont superposées ; celui des foires de Champagne de 1332 en a deux également placées aux flancs de l'écu (pl. XXVIII, n° 5) ; celui d'Hugues IV, duc de Bourgogne (1234), en a trois enchâssées en triangle ; de même le contre-sceau du sire de Joinville (1255). Enfin le sceau de Thibaud-le-Posthume, comte de Champagne (1234), en porte quatre posées en losange [2].

Je dois signaler le sceau de Sébrand Chabot, évêque de Limoges en 1192, dont le revers porte deux empreintes juxtaposées du même anneau ovale représentant deux personnages, l'un assis, l'autre debout, et un coq ; ce qui tend à démontrer que les diverses empreintes n'étaient pas nécessairement faites en même temps [3].

**

Plusieurs causes ont concouru à répandre au moyen âge l'usage des intailles sigillaires. En premier lieu les

---

1. DOUËT D'ARCQ. *Collection de sceaux*, n° 446.
2. DOUËT D'ARCQ. *Collection de sceaux*, n°ˢ 573 et 4493. — DEMAY. *Inventaire des sceaux de Normandie*, p. IX, n°ˢ 59 et 255. — PETIT. *Histoire des ducs de Bourgogne*, t. IV, pl. VI. — PILOT DE THOREY. *Inventaire des sceaux des archives de l'Isère*, n° 177.
3. DE BOSREDON. *Notes pour servir à la Sigillographie de la Haute-Vienne*, pl. XV, n°ˢ 76 et 76 bis.

graveurs trouvaient dans ces petits monuments un travail tout fait et généralement supérieur à celui qu'ils se sentaient capables de faire. Puis l'intaille était un objet considéré comme très précieux, et l'étaler sur son sceau c'était faire montre de son opulence. Enfin, et c'est là, je crois, la raison principale, les gemmes étaient censées posséder des vertus surnaturelles, talismaniques et capables de conjurer le mauvais sort ; à ce titre leur place était tout à fait indiquée dans les sceaux dont les empreintes devaient rendre authentiques des actes desquels dépendaient parfois la fortune et l'honneur des contractants.

Jusqu'au xive siècle, on a fait un usage constant de l'intaille sigillaire ; on en trouve dans la France entière, mais nulle part elle n'a été prodiguée davantage que dans le nord-est, en Champagne surtout. A partir du xive siècle les orfèvres furent moins prodigues d'intailles ; les graveurs étaient devenus assez habiles pour pouvoir reproduire les ornements les plus délicats et les idées superstitieuses sur la vertu occulte des gemmes tendaient à disparaître. Cet abandon était, en outre, justifié par la fragilité de ces petits monuments et le peu de résistance de la sertissure. On constate, en effet, quand on examine l'empreinte de certains sceaux à intailles, que celles-ci étaient brisées quand l'empreinte a été faite. On préféra, en conséquence, les remplacer par des gravures ciselées à même le métal.

A partir du milieu du xive siècle, le sceau orné d'intailles se fait de plus en plus rare et la pierre gravée antique ou moderne est réservée pour les anneaux ou signets.

*
* *

De ces intailles, combien sont des produits de l'art antique, combien des œuvres du moyen âge? C'est ce qu'il est impossible de déterminer a *priori* ; on peut cependant établir certains principes qui aideront à résoudre ce problème.

Les sceaux des rois mérovingiens sont tous gravés sur métal, sauf celui de Childéric III (743-752) qui représente un buste impérial lauré et drapé, tourné à droite[1]. Les quelques bagues sigillaires ayant une intaille pour chaton qui sont venues jusqu'à nous ont toutes leur légende gravée sur le rebord métallique et non sur la pierre elle-même. Cela dénote l'impuissance technique des graveurs de ce temps pour inciser la pierre fine.

Cependant l'intaille et le camée étant très recherchés à cause du rôle magique et talismanique que leur attribuait cette époque superstitieuse, les personnes opulentes firent rechercher à grands frais les pierres antiques, ou s'en procurèrent en les faisant venir d'Orient où l'art de la gravure sur pierre fine était encore pratiqué ; les autres se contentèrent d'imitations en pâte de verre ou en substance similaire.

A l'époque carolingienne, une renaissance se produit et des artistes graveurs se forment à l'école des byzantins et par l'étude des monuments de l'antiquité. Les empereurs carolingiens scellent couramment avec des intailles ; un seul roi mérovingien l'avait fait avant eux, tandis que sur trente-cinq sceaux divers qui sub-

---

1. MABILLON. *De re diplomatica.*

sistent depuis Pépin le Bref (750) jusqu'à Rodolphe le Fainéant, roi de Bourgogne (1011), vingt-deux, près des deux tiers, sont le produit d'intailles. Un certain nombre est certainement antique, par exemple la tête de Bacchus ou de Silène couronnée de pampres de Pépin (753), celle de femme renversée et les cheveux noués de Carloman (769), et le buste de Sérapis de Charlemagne (812). Pour d'autres il y a doute ; la matrice originale n'est pas venue jusqu'à nous, et nous sommes contraints de porter un jugement basé sur des empreintes généralement défectueuses et mal conservées.

Voici cependant quelques faits décisifs. Louis le Débonnaire a en 816 un sceau qui le représente de profil, imberbe, lauré, vêtu du paludament, ressemblant vaguement à l'empereur Commode jeune, tel que nous le montrent ses monnaies (pl. II, n° 5). Ce profil a une ressemblancefr appante avec celui qui paraît sur les deniers du même Louis le Débonnaire frappés à Arles, Milan, Orléans, Pavie, Sens, Toulouse, etc. ; c'est donc un portrait qu'on a voulu faire. La légende est gravée sur l'entourage métallique de l'intaille. De l'an 834 on a un sceau presque semblable, mais produit par une intaille différente ; la légende, gravée également sur le métal, n'est plus la même. De ces deux intailles, l'une a donc été copiée sur l'autre et l'une des deux au moins est carolingienne.

Charles le Chauve (843), Louis le Bègue (879), Carloman (882), ont des sceaux faits de pierres gravées étroitement apparentées avec les précédentes et représentant comme elles un profil imberbe et lauré, mais d'un dessin différent. La légende est également gravée ur le cadre métallique.

Charles le Gros a eu deux sceaux différents avec intailles, en 886 et 887 ; la figure gravée n'a plus aucun rapport avec celle de Commode, et rappelle plutôt Caracalla dont elle a les cheveux frisés, la barbe courte et le profil ramassé (pl. III, n° 1), et, fait remarquable, ces deux sceaux, quoique presque identiques, ne le sont pas absolument. Comme pour les sceaux de Louis le Débonnaire, ils sont le produit de deux intailles dont l'une est certainement la copie de l'autre, mais en diffère par le dessin des plis du paludament, par l'inclinaison de la lance et du bouclier que tient l'empereur, et par les caractères de la légende qui sont gravés sur la pierre elle-même et non sur la monture.

On peut en dire autant des deux sceaux de Louis l'Aveugle, roi de Bourgogne (921 et 929) ; l'un est au type commodien, l'autre rappelle le profil de Galba, avec des légendes gravées sur la pierre et fort différentes l'une de l'autre.

Il résulte de ces constatations qu'à l'époque carolingienne les empereurs ne se sont pas servis, pour sceller leurs diplômes, d'intailles antiques donnant les profils de Commode, de Caracalla et de Galba, mais qu'ils avaient probablement eux-mêmes une lointaine ressemblance avec ces empereurs ; qu'il existait sous leur règne des artistes capables de graver des intailles d'assez grande dimension, de reproduire et de recopier les traits de personnes vivantes avec une certaine habileté et d'imiter les procédés de l'antiquité [1].

1. Ces intailles sigillaires doivent être rapprochées d'autres intailles de plus grande dimension et figurant des sujets religieux, que M. Babelon a décrites et fait reproduire dans les ouvrages précédemment cités. Elles seules peuvent donner une idée exacte de l'habileté des inciseurs carolingiens.

On ne s'attend pas, sans doute, à ce qu'il existe de nombreux spécimens de ces intailles carolingiennes : M. Babelon en a cependant signalé deux ; l'un est un cristal de roche ovale, du trésor d'Aix-la-Chapelle, dans lequel est gravé le buste de Lothaire II (855-859) avec la légende : + *Xre adiuua Hlotharium reg.*, imitation brutale d'un portrait impérial lauré et drapé. L'autre est une calcédoine ovoïde du musée de Lyon figurant un ecclésiastique nu-tête, assis, tenant une crosse et un livre. On ne peut affirmer que ce bijou soit un sceau, vu l'absence de légende, mais il a un type sigillaire et date du xe ou du xie siècle.

A partir du xie siècle les intailles se font plus nombreuses sur les sceaux. Louis le Jeune se sert en 1176 d'un buste antique de Diane comme contre-sceau, et ses successeurs recherchent ces petits bijoux qui, montés en anneaux, sont décrits dans leurs inventaires. On en trouve un grand nombre dans ceux de Charles V, des princes d'Orléans-Valois, du duc de Berry et du roi René de Provence. Au xve siècle, les graveurs sur pierre fine arrivent à être d'une très grande habileté.

*
* *

Les intailles utilisées pour les sceaux se divisent en trois catégories : les intailles antiques, celles qui ont été retouchées au moyen âge, et enfin celles du moyen âge auxquelles on peut joindre les intailles byzantines qui s'en rapprochent beaucoup, au moins quant à la nature des sujets gravés.

Il est extrêmement rare que les sceaux soient ornés,

non d'intailles, mais de camées, c'est-à-dire que l'empreinte soit en creux et non en relief; les sceaux de Guillaume des Roches (1204) et d'Eustache de Granville (1214) nous donnent cependant des exemples de cette anomalie; le premier est le produit d'un camée représentant une tête de profil, le second d'un camée figurant un lion[1].

On connaît actuellement plus de sept cents intailles utilisées dans l'ornementation des sceaux. Si on veut classer, d'après le sujet qui y est gravé, les intailles antiques, on constate qu'elles figurent des dieux, des vertus divinisées, des héros ou personnages célèbres, des empereurs romains, les portraits d'un certain nombre d'inconnus, des scènes de la vie réelle, des animaux vrais ou imaginaires, des objets usuels, et enfin des hermès, grylles ou abraxas.

De tous les dieux, le plus fréquemment figuré est Hercule et il ne l'est nulle part d'une manière aussi remarquable que sur le contre-sceau royal pour les Juifs (1206) qui représente son triomphe. Il est debout sur un lion couché, tenant à bras tendu la biche qu'il vient de saisir et couronné par la Victoire[2]. A côté d'Hercule on peut placer Omphale portant les attributs du héros; le sceau de Geoffroi, archidiacre de Paris (1230), qui la représente nue et debout, est d'une rare beauté[3].

Après Hercule c'est Vénus qui paraît le plus souvent; son buste se voit sur le sceau de Guillaume de Champagne, archevêque de Sens (1174), gravé très

1. DOUËT D'ARCQ, Collection de sceaux, n°s 290 et 2316
2. Ibid., n° 4495.
3. Ibid., n° 7418.

délicatement (pl. XXIX, n° 2). Puis viennent Mars, Jupiter, Apollon, Diane, Mercure, Bacchus et Minerve. Le buste de Diane chasseresse sur le sceau de Béatrix, dame de Faucigny (1269), celui de Bacchus jeune couronné de pampres et tourné de trois quarts sur le signet d'un maître des comptes anonyme (1409), le Jupiter-Sérapis dont usait Charlemagne en 812, sont d'un style superbe. J'en dirai autant de la tête de Mercure de face qui orne le sceau de Jean de Thuin, pourvoyeur de l'hôpital de Valenciennes en 1353 (pl. XXIX, n° 3)[1].

Parmi les demi-dieux, celui qui paraît le plus souvent est Eros, puis Pan, Faune et Silène. Une tête de Pan, de face, barbu, cornu, hérissé, sur le signet de Bernard Pille (1516), et le triomphe de Silène, dont se sont servis successivement Nicolas, Jean et Pierre, abbés de Saint-Martin-des-Fossés (1245-1260), sont dignes de remarque (pl. XXIX, n° 4)[2].

Les vertus divinisées et portant des attributs sont fort communes; la Fortune, la Justice, la Providence, la Concorde, etc., mais, de toutes, la plus fréquente est la Victoire. L'intaille admirable du sceau de Thibaud IV, comte de Champagne (1226), la représente érigeant un trophée[3].

L'iconographie des empereurs romains est repré-

---

1. Douët d'Arcq. *Collection de sceaux*, n° 16. — Demay. *Les pierres gravées*, n° 78. — *Inventaire des sceaux de Flandre*, n° 7568. — Roman. *Sceaux des familles seigneuriales de Dauphiné*, n° 181. — Bibl. nat. Pièces originales, t. 1333, dossier 30174, n° 17.
2. Douët d'Arcq. *Collection de sceaux*, n°⁸ 9052 à 9054.
3. *Ibid.*, n° 572.

sentée par un grand nombre de portraits depuis Jules César jusqu'à Julien l'Apostat. Un seul empereur, Antonin le Pieux, reparaît jusqu'à sept fois. Le buste de Tibère sur le sceau de Jean Maurel (1259), celui de Titus sur celui de Jean Tarenne (1406), et les bustes affrontés de Sévère et de Julia Domna sur celui de Thierry de Bréderode (1298), sont des portraits vivants et largement traités (pl. XXX, n° 2)[1].

Je me contente de signaler plus de soixante portraits d'inconnus qui mériteraient une étude spéciale, et un grand nombre de scènes, auriges conduisant des chars, cavaliers, guerriers combattant ou au repos, chasseurs portant leur gibier suspendu au *pedum*, chevriers gardant leur troupeau, laboureurs conduisant leur attelage, scènes de vendanges, éducation de Bacchus, combat de géants sur le petit sceau d'Anceau de Roncherolles (1302). Sur celui d'Alphonse de Portugal (1325) on voit un guerrier courbé chaussant ses cnémides ; sur celui du chanoine Milon de Vaux (1241), Ulysse tendant un grand arc avec effort, figures remarquables par le réalisme et la souplesse de leurs mouvements[2].

Les représentations d'animaux réels ou chimériques sont très nombreuses, depuis la louve allaitant Romulus et Rémus, jusqu'à l'hippocampe, le sphinx et la chimère. Celui qui reparaît le plus souvent est le lion, puis viennent l'aigle et le taureau. Un lion déchirant une proie sur le contre-sceau d'Hugues d'Amiens, arche-

---

1. Demay. *Inventaire des sceaux de Flandre*, n° 651.
2. Demay. *Inventaire de la collection Clairambault*, n° 7925. — *Inventaire des sceaux de Normandie*, pl. XVI, n°ˢ 178 et 179.

vêque de Rouen (vers 1148), est d'un style remarquable [1].

Puis viennent les objets inanimés, masques tragiques et comiques, canthares, caducées, cornes d'abondance, trépieds, trirèmes, trophées, etc., et enfin les hermès, grylles et abraxas, pierres la plupart gnostiques, dont le nombre considérable démontre bien que le préjugé superstitieux du moyen âge relativement aux gemmes et intailles fut l'une des raisons dominantes de leur emploi comme sceaux.

Les hermès les plus fréquents sont le résultat de la tête de Minerve combinée avec celle de Silène ; ce profil caractéristique de Silène paraît également uni à des têtes d'hommes, de femmes et d'aigles. Parfois un type grotesque naît de la juxtaposition de trois, quatre et jusqu'à six visages, trois siléniques, trois féminins (Servais, abbé du Mont-Saint-Éloi, 1299) [2]. Des masques humains sont combinés de manière à figurer un phallus, une grappe de raisin, un oiseau. Puis viennent des monstruosités ; un personnage composé uniquement d'une tête et de deux jambes, et surtout des génies anguipèdes à bec d'oiseau, volant, type spécial à l'abraxas. L'abraxas de Marguerite de Flandre (1285) présente cette particularité assez rare d'avoir le mot ABPAΞAC gravé dans le champ (pl. XXX, n° 1) [3].

1. DOUËT D'ARCQ. *Collection de sceaux*, n° 6361.
2. *Ibid.*, n° 8852.
3. DEMAY. *Inventaire des sceaux de Flandre*, n° 165. Rien n'est plus rare qu'une intaille sigillaire antique avec inscription. Le signet de Thomas Morus (1510), avec la tête de Vespasien et la légende *Vespasianus augustus*, publié par Demay, est visiblement un travail de la Renaissance.

*
* *

Les entailleurs du moyen âge ont parfois travesti par un travail additionnel les intailles antiques en intailles chrétiennes. La Victoire est transformée en ange sur le contre-sceau de Nicolas, abbé de Saint-Étienne de Caen (1282), où elle est entourée de la légende : *Ecce mitto angelum meum* (pl. XXIX, n° 5) [1]. Autour d'un cavalier poursuivant une biche qui sert de sceau au chapitre du Mans (1291), on lit : *Capite vulpes parvulas*, citation extraite du Cantique des Cantiques. La branche de laurier que tenait une Victoire a été transformée en une croix dont la hampe frappe le démon (Jean de Plainville, 1262). Un cavalier devient saint Georges grâce à l'addition d'une lance et d'un dragon ; Hercule étouffant le lion de Némée est assimilé à Samson ; l'aigle qui se voit sur le contre-sceau de Jean de Craon, archevêque de Reims (1364), devient l'oiseau de saint Jean, grâce à la légende ajoutée : *Johannes est nomen ejus*[2], et un lion antique est transformé en lion de saint Marc par l'addition d'une banderole au nom de ce saint. La différence très reconnaissable entre le travail antique et le travail plus moderne sur le même monument ne laisse aucun doute à cet égard.

On trouve également un petit nombre d'intailles byzantines. Pour l'une d'entre elles qui sert de sceau au prieuré de la Charité-sur-Loire (1270) il ne peut y avoir

---

1. DOUËT D'ARCQ. *Collection des sceaux*, n° 8574.
2. *Ibid.*, n° 7211. — Bibl. nat., mss. franç. 20887, n° 26.

de doute (fig. 37) ; elle représente la Vierge assise entre un ange et un personnage agenouillé ; au-dessus vole le Saint-Esprit sous la forme d'une colombe. Dans la pierre est gravé le mot ΕΜΜΑΝΟΥΗΛ qui marque suffisam-

Fig. 37. — *Sceau du prieuré de la Charité-sur-Loire, 1270.*

ment la provenance de l'objet. Le sceau de Jean, comte de Vendôme (1210), représente deux anges affrontés tenant une longue croix placée entre eux ; c'est un type fréquent sur les monnaies byzantines[1]. La provenance byzantine n'est pas douteuse non plus pour l'intaille représentant saint Michel pesant une âme dans des balances, qui sert de sceau à Chrétien, chanoine d'Amiens (1210) ; elle est probable pour celles qui représentent un cavalier tenant une croix transversale et foulant un serpent ; un autre cavalier tenant une croix droite, et enfin un troisième cavalier enfonçant sa lance dans le corps d'un dragon ailé (Robert de Mondeville, vers 1200 ; Gilles de Hallu, 1237 ; Jean de la Faye, archevêque de Tours, 1210 ; un official de Cambrai, 1362 ; Joret Lari, 1415)[2].

1. Douët d'Arcq. *Collection des sceaux*, n°s 987 et 9392.
2. *Ibid.*, n°s 2350 et 6413. — Demay. *Inventaire des sceaux de Flandre*, n° 5987. — *Inventaire des sceaux de Normandie*, pl. XXII n°s 316 et 411.

Pour un certain nombre d'intailles, le sujet représenté en fixe l'époque, qui ne peut être que le moyen âge. Ce sont, par exemple, le célèbre saphir du Louvre qui représente un roi debout couronné et nimbé, accosté des lettres S. L., et le saphir de la collection du baron Pichon, figurant un homme assis, artistement drapé, les mains appuyées sur les accotoirs de son fauteuil, œuvres tous deux d'un artiste du xve siècle [1]. Ce sont encore une abbesse crossée (abbaye de la Trinité de Caen, 1220) ; un abbé à mi-corps tenant une crosse et un livre (Guillaume Lambert, abbé de Saint-Jean de Falaise, 1384) ; un buste mitré (commanderie de Saint-Antoine de Paris, 1489) ; un roi debout tenant un sceptre et un globe (Élie Chevalier, 1352) ; un buste couronné entre deux fleurs de lys (Guillaume le Coutelier, 1367) ; un fou à mi-corps, ailé, tenant un perroquet et une marotte (Raphaël des Champs, 1343) ; une main tenant une crosse (Marie, abbesse de la Marquette, 1409) ; une Mélusine tenant un miroir (Bernard de Saverdun, 1323) [2].

On peut en dire autant d'intailles représentant des cavaliers brandissant leur épée ou leur lance à pennon, types évidemment copiés sur les sceaux, et de certains bustes de Jésus-Christ, de la Vierge, de saint Paul, de saint Pierre, de sainte Catherine, etc., qui n'ont rien de byzantin.

---

1. *Catalogue du baron Pichon*, n° 45. Cette intaille a atteint le prix de 8200 francs.
2. Douët d'Arcq. *Collection de sceaux*, n°ˢ 9193 et 9946. — Demay. *Inventaire des sceaux de Flandre*, n° 7265. — *Inventaire des sceaux de Normandie*, p. XXII, n° 311. — Roman. *Inventaire des Pièces originales*, n°ˢ 2808 et 3092. — Bibl. nat., Pièces originales, t. 2652, dossier 58925, n° 2.

Dans d'autres intailles, les accessoires dénotent une invention relativement moderne ; l'accoutrement des personnages est, entre autres, un sûr moyen de contrôle. Les cornettes, les chapeaux de fleurs ou d'orfèvrerie qui coiffent les têtes féminines, les chaperons qui surmontent les têtes viriles, le type même du profil, ne laissent aucun doute sur l'âge du monument. Une admirable bague du Cabinet des médailles a pour chaton une calcédoine laiteuse quadrangulaire, dans laquelle est gravé un buste viril, imberbe, de profil, coiffé d'un bonnet à retroussis orné de trois coquilles. La légende :

Fig. 38.   Fig. 39.
Signet de B. de la Tour, XV⁰ s.   *Signet de Richard de S... 1391.*

S. B. de Turre, est gravée sur la monture métallique (fig. 38). Ce bijou est l'un des plus beaux spécimens d'intaille annulaire du XV⁰ siècle encore en place. Il présente comme technique une affinité évidente avec un certain nombre de signets qui ne sont plus connus que par des empreintes. Celui de Richard de S..... (1391) (fig. 39), par exemple, représente une tête de femme coiffée d'une couronne ornée de pierreries et les cheveux tombant sur les oreilles ; celui de Martin de Domp (1412) (fig. 40) représente un profil d'homme aux cheveux ras. Tous deux sont visiblement du moyen âge assez avancé [1].

---

1. Bibl. nat., mss. franc. 20586, n° 22, et 20904, n° 53.

J'en dirai atanut d'une tête d'enfant de face issant d'une fleur de lis qui sert de signet à un clerc des comptes

Fig. 40.
Signet de Martin de Domp, 1412.

Fig. 41.
Signet d'un anonyme, 1409.

anonyme de 1409 (fig. 41). Une tête d'homme coiffée d'un large chapeau surmonté d'un globule (1394), un buste de femme entre deux lions (Regnaud Pinart, 1382)[1] rentrent dans la même catégorie, aussi bien que les lions, les aigles et autres animaux à tournure héraldique qui évidemment ne peuvent être antiques.

Mais à côté de ces intailles il en est d'autres au sujet desquelles le doute est permis, car, si elles ne sont pas antiques, ceux qui les ont gravées se sont inspirés de l'antique dont ils ont quelquefois imité le travail dans la perfection. Certaines Minerves casquées, certains bustes féminins de profil rappelant des divinités, Diane ou Vénus, par exemple, sont évidemment des copies d'intailles antiques.

Le signet de Philippe de Vitry (1349) est l'une des plus curieuses parmi ces imitations ; il représente Hercule de face, et si la facture de la draperie, l'exiguïté de la massue et l'ornementation de l'écu, ne peuvent laisser de doute sur l'époque où il a été gravé, il n'est pas

1. Bibl. nat. Pièces originales, t. 1479, dossier 33506, n° 15 ; t. 1511, dossier 31225, n° 6 ; t. 2282, dossier 51606, n° 14.

douteux non plus que le pastiche ne soit fort habile (Fig. 42). De même on hésite à décider, en présence du personnage qui figure sur le sceau de Gui Crestien (1384), si c'est Hercule ou Samson étreignant un lion qu'on y a voulu représenter [1].

Fig. 42. — *Signet de Philippe de Vitry, 1349.*

Quoi qu'il en soit, il n'est pas douteux que dès l'époque carolingienne l'art de la gravure sur pierre fine n'ait été cultivé en France par des artistes de plus en plus nombreux, formés à l'école des byzantins et par l'étude directe des monuments de l'antiquité. Inexpérimentés au début, ils ont fini par acquérir une grande habileté et se sont rapprochés de leurs modèles.

1. Bibl. nat. Pièces originales du cabinet des titres, t. 930, dossier 20520, n° 10, et t. 3032, dossier 67183, n°ˢ 8 et 11.

CHAPITRE XIII

SIGILLOGRAPHIE RÉGIONALE
BIBLIOGRAPHIE ET CARACTÉRISTIQUE

Il peut y avoir, me semble-t-il, un certain intérêt à constater quels sont les progrès actuellement accomplis par la science sigillographique, l'une des dernières venues parmi celles qui s'occupent du moyen âge, à énumérer, en conséquence, les principaux ouvrages qui ont été composés sur la sigillographie des provinces, et surtout à définir autant que possible les caractères particuliers qui distinguent les sceaux de chaque région de la France.

Le travail bibliographique est rendu facile par celui qu'a publié sur ce sujet M. Adrien Blanchet en 1902; il suffit de le mettre au courant[1]. On trouvera dans son opuscule les titres des traités généraux de sigillographie française ; je n'ai pas besoin d'y revenir, les ayant énumérés précédemment à mesure que j'en ai fait usage. Je ne m'occuperai pas, non plus, de l'admirable série des sceaux des rois de France qui commence à Childéric Ier

---

1. BLANCHET (ADRIEN). *Bibliothèque de bibliographies critiques... Sigillographie française.* Paris, Picard, 1902, in-8°, 53 pages, 528 numéros.

(458) pour finir avec Louis XVI (1792), et qui ne présente qu'un petit nombre de lacunes au début, ou plutôt je n'en parlerai que pour formuler le vœu qu'un savant soit assez bien inspiré pour donner une nouvelle édition de la *Généalogie de la maison de France* du P. Anselme, augmentée des sceaux afférents à chaque personnage. Il y trouverait l'occasion d'un travail des plus utiles, des plus intéressants au point de vue de l'art, et aussi d'un grand nombre d'additions et de corrections à l'admirable ouvrage du savant bénédictin[1].

Dans chaque région de la France les sceaux ont eu des caractères particuliers, du moins au début, car à partir du XIVᵉ siècle l'unité française s'affirme de plus en plus et on en ressent les effets dans la sigillographie comme dans les autres branches de l'art. Les provinces ont adopté soit de très bonne heure, soit plus tardivement l'usage du sceau ; la plupart ont des traditions spéciales au point de vue du type, de la forme ou de la matière du sceau ou de son mode d'apparition. Je me suis efforcé de dégager autant que j'ai pu ces caractères particuliers à l'aide d'un examen des monuments eux-mêmes et à

---

[1]. Sur les sceaux de la maison de France, outre les ouvrages de Mabillon, Douët d'Arcq, Demay, etc., on trouvera d'utiles indications dans celui de M. de Bosredon intitulé : *Répertoire des sceaux des rois et des reines de France et des princes et princesses des trois races royales de France* (Périgueux, 1892, in-4°, XII et 240 p.) ; des dessins précieux de sceaux disparus dans les manuscrits de Gaignières (Bibl. nat., mss. lat., 5417, 5450, 5473, 5480, 17031, 17043, et mss. franç. 20349, 20367 à 20371, 20388) ; en outre près de cent cinquante sceaux originaux, dont un certain nombre sont inédits dans les pièces scellées de Gaignières (Bibl. nat. mss. franç. 20363, 20372 à 20374, 20380, 20381, 20383 à 20385, 20390, 20392, 20393, 20395 à 20398, 20400, 20402 à 20405, 20407).

leur défaut par l'étude des ouvrages dans lesquels ils sont décrits.

1. Anjou, Maine[1].

C'est en Anjou que l'on trouve les plus anciens sceaux des princes séculiers[2]; Geoffroy-Martel, comte d'Anjou (1040-1060), et ses successeurs Geoffroi le Barbu (1060-1109), Foulques (1109-1129) et Geoffroi V (1129-1150), sont représentés à cheval au pas, regardant en face et tenant leurs lances à pennon droites ou en arrêt, et des écus, soit portés transversalement, soit vus par dedans. Les plus anciens de ces sceaux étaient unifaces et rivés à l'acte. Geoffroi Plantagenet (1149) a un sceau à double face et équestre; d'un côté il porte sa lance à pennon sur l'épaule, de l'autre il brandit l'épée. Les rois d'Angle-

---

1. BIBLIOGRAPHIE. HUCHER. *Catalogue de la collection de sceaux-matrices de M. Eugène Hucher.* Paris et Caen, 1863, in-8°, 23 p. (Extrait du *Bulletin Monumental*). — 110 sceaux.

Sigillographie du Maine. Évêques du Mans (*Mémoires de la Société d'agriculture, sciences et arts de la Sarthe*, mars 1873, juin 1873, janvier 1875). — 7 sceaux.

Monuments funéraires et sigillographiques des vicomtes de Beaumont au Maine (*Revue historique et archéologique du Maine*, 1882, p. 319), 33 sceaux.

GODARD-FEUTHIER. *Inventaire du musée d'antiquités Saint-Jean et Toussaint.* Angers, 1884, in-8°. — 56 sceaux.

FARCY (L. DE). *Sceaux du chartrier de Goué aux archives de la Mayenne.* Laval, 1885, in-8°. — 12 sceaux.

BERTRAND DE BROUSSILLON ET DE FARCY. *Sigillographie des seigneurs de Laval.* Paris, Picard, 188, in-8°, 152 p. — 214 sceaux.

La maison de Craon. Paris, Picard, 1893, in-8°, 2 vol., 388 et 402 p. — 175 sceaux.

2. Cela doit s'entendre, on le comprend, en faisant abstraction de ceux des rois de France.

terre, depuis Guillaume-longue-épée, ont pris sur leurs sceaux le titre de comtes d'Anjou, qu'ils ont cessé de porter à partir de 1263.

Les puissantes familles de Laval et de Craon ont eu des sceaux depuis le xıı^e siècle. Gui V de Laval, en 1144, a un sceau à deux faces, avec heaume pointu à nasal, broigne renfoncée de disques métalliques, épée haute, écu vu en dedans, sur chacune d'elles. Ses successeurs usent du sceau équestre classique avec contre-sceau armorial. Maurice (1206) et Amaury de Craon (1223) ont aussi des sceaux équestres à revers armorial ; celui d'Amaury est remarquable par le heaume cylindrique et le caparaçon du cheval, tous deux aux armes. Après cette date, les Craon usent du sceau équestre ordinaire avec contre-sceau. Les vicomtes de Beaumont depuis 1211 ont des sceaux équestres ou armoriaux avec contre-sceau. Juhel de Mayenne en 1158 a un sceau équestre uniface ; à partir de 1211 cette famille n'use plus que du sceau armorial.

Le sceau municipal de la ville d'Angers représente un pont surmonté de trois tours et chargé d'un écusson ; le contre-sceau est armorial. Nous n'avons de ce sceau que des épreuves assez modernes (1506).

On connaît les sceaux des évêques d'Angers depuis Geoffroi (1081) qui est debout, coiffé d'une mitre cornue et tenant une crosse et un livre. En 1182 Raoul, son successeur, est coiffé de la mitre droite qui depuis lors persiste. Les sceaux des évêques du Mans commencent à Hildebert (1120), qui est assis, nu-tête, crossé, bénissant. Guillaume de Passavant (1147) est debout avec la mitre cornue et quelques années plus tard il adopte la mitre droite. L'usage du contre-sceau ne commence que sous son successeur Hamelin (1191-1203) et à l'évêché d'Angers également vers la même époque.

Le chapitre d'Angers a pour type (1262) un évêque assis de face, et celui du Mans (1291) saint Julien dans la même attitude. Les abbayes de Saint-Vincent et de la Couture au Mans ont des sceaux au xiie siècle. La première a pour type une façade d'église, la seconde l'abbé debout. C'est aussi le type du sceau de l'abbaye de Saint-Aubin d'Angers (1232).

Comme on peut le voir au xie siècle, les sceaux d'Anjou et du Maine sont unifaces et rivés sur le parchemin ; à partir du xiie, ils sont suspendus et ont deux faces de même dimension ; à partir de la fin du même siècle, ils ont deux faces de dimensions inégales, l'une pour le sceau proprement dit, l'autre pour le contre-sceau. Les sceaux épiscopaux datent de la fin du xie siècle ; l'évêque y figure ou nu-tête ou coiffé de la mitre cornue ; à la fin du xiie paraissent à la fois la mitre droite et le contre-sceau.

2. Artois[1].

Les sceaux des comtes de Flandre (voir cette province) ont servi également pour l'Artois jusqu'en 1180 environ. Le sceau de Robert d'Artois, premier comte de race fran-

---

1. BIBLIOGRAPHIE. TERNINCK. *Essai historique et monographique sur l'ancienne cathédrale d'Arras, suivi d'un sommaire sur les évêques... es sceaux et les monnaies du chapitre et des évêques.* Arras et Paris, 1853, in-4°, 112 p. — 20 sceaux.

DESCHAMPS DE PAS. *Sceaux des comtes d'Artois.* Paris, Didron, 1857, in-4°, 48 p. — 15 sceaux.

çaise (1237), est équestre, le cavalier brandissant l'épée, avec contre-sceau à la fleur de lys accostée de quatre châteaux[1]. Robert, comte de Dreux (1158), Enguerrand de Campdavène, comte de Saint-Pol (1144-1150), usent d'un type identique, mais sans contre-sceau. Les successeurs d'Enguerrand, Hugues III en 1190, Hugues IV en 1201 ont des contre-sceaux qui sont la réduction du type équestre de la face; celui de Gaucher de Châtillon (1200) est au contraire armorial.

Les châtelains d'Arras depuis Baudouin (1191) et Nivelon, maréchal et bailli d'Artois en 1213, copient les sceaux des comtes de Flandre. L'influence flamande est sensible dans cette région.

Les sceaux municipaux d'Artois sont remarquables par leur nombre et leur beauté. Aire (1199) porte un lion; Saint-Omer (1199) la figure de son saint patron avec parfois les magistrats municipaux assis au revers; Arras (1240) un monument circulaire à plusieurs étages orné de colonnes et qui est entouré plus tard d'une bordure de rats (pl. XVI, n° 2); Frévent (1416), le maire, debout et encapuchonné.

HERMAND ET DESCHAMPS DE PAS. *Historique sigillaire de la ville de Saint-Omer.* Paris, Didron, 1860, in-4°, 159 p. — 330 sceaux.

GUESNON. *Sigillographie de la ville d'Arras,... précédée d'un essai sur les sceaux de la commune.* Paris et Arras, 1865, in-4°. — 375 sceaux.

TERNINCK. *Recherches sur les monuments et les objets d'art relatifs à l'abbaye de Saint-Vaast, suivi d'un essai sur la numismatique et la sigillographie de cette abbaye.* Arras, 1869, in-4°, 127 p. — 25 sceaux.

DEMAY. *Inventaire des sceaux de l'Artois...* Paris, 1877, in-4°, 319 p. (avec les sceaux de Picardie). — 2942 sceaux.

DESCHAMPS DE PAS. *Descriptions de quelques sceaux-matrices relatifs à l'Artois et à la Picardie.* (*Mémoires de la Société des Antiquaires de France*, 1888, p. 229.) — 137 sceaux.

1. Voyez page 87.

Le plus ancien sceau épiscopal est celui de Lambert, évêque d'Arras (1097), qui est assis avec la mitre cornue ; elle n'est remplacée par la mitre doite qu'un siècle plus tard. A Thérouanne [1], Jean de Commines (1128) est debout, crossé, bénissant et tête nue ; son sceau est circulaire ; Didier (1189), son successeur, et les autres évêques sont mitrés. Les contre-sceaux ne commencent qu'avec Frumaldus, évêque d'Arras en 1176.

Le chapitre d'Arras a pour type (1179) la Vierge et une intaille antique pour contre-sceau. Les abbayes de Saint-Bertin (1126), du Mont-Saint-Éloi (XIIIᵉ s.), d'Auchy (1219) ont pour type de leur sceau la figure de leur abbé ; Alardin, abbé de Saint-Vaast (1091), est aussi représenté sur le sceau de cette abbaye, qui, en 1195, adopte comme type son patron assis, avec contre-sceau figurant un monument.

L'influence flamande est prépondérante en Artois ; les sceaux des seigneurs n'ont pas de revers, mais des contre-sceaux, qui commencent en 1175 environ. Les sceaux municipaux ont au contraire quelquefois des revers. Les évêques ont d'abord la tête nue ou la mitre cornue ; un assez grand nombre de sceaux sont en cuvette.

3. AUVERGNE, VELAY [2].

Les plus anciens sceaux seigneuriaux d'Auvergne datent du milieu du XIIᵉ siècle. En 1145, Robert III,

---

[1]. Je ne parle pas de la bulle de Dreux ou Drogon, évêque de Thérouane (1065), dont la fausseté parait très probable (voir page 41).

[2]. BIBLIOGRAPHIE. AYMARD. *Mémoire historique sur les armoiries et le sceau de la ville du Puy* (Annales de la Société d'agriculture, sciences, arts et commerce du Puy, 1863, p. 30). — 3 sceaux.

comte de Clermont et d'Auvergne, a un sceau équestre uniface. Robert IV (1182) use tantôt d'un sceau semblable, tantôt d'un sceau à revers armorial figurant le gonfanon d'Auvergne, et ses successeurs font de même. Les dauphins d'Auvergne, au contraire, ont eu dès 1199 un sceau équestre avec contre-sceau au dauphin. Les vicomtes de Turenne ont usé d'abord du sceau équestre avec contre-sceau (Bernard de Turenne, 1226); Raymond, fils de Bernard, en 1247, a un type beaucoup plus archaïque; son sceau est à deux faces, d'un côté équestre, le cavalier tenant une lance à gonfanon, de l'autre il représente un château debout sur un rocher. Les vicomtes de Carlat, depuis Guillaume vivant en 1208, les sires de Montpensier, depuis Imbert de Beaujeu (1270), les vicomtes de Murat, depuis Pierre III (1258), les sires de Montferrand, depuis Robert en 1225, ont eu des sceaux équestres avec contre-sceau.

Jean, duc de Berry, qui hérita, en 1389, de l'Auvergne du chef de sa femme Jeanne, a fait graver toute une série de sceaux splendides dont j'ai eu l'occasion de parler à plusieurs reprises au cours de ce travail (pl. XII et XV, n° 3).

Parmi les sceaux municipaux intéressants, je citerai ceux d'Issoire (1308), les deux consuls assis et encapuchonnés; de Clermont (1255), le buste de la Vierge avec la légende : *Sigillum reipublice Claromontensis*; de Maurs (1308), les quatre consuls assis, le contre-sceau

---

Bosredon (De). *Sigillographie de l'ancienne Auvergne.* Brive, 1895, in-4°, 672 p. — 1559 sceaux.

Chaludet (Abbé). *Notice sigillographique sur les évêques d'Auvergne et de Saint-Flour.* Aurillac, 1899, in-8°, 212 p. — 145 ceaux.

représentant saint Césaire ; du Puy (xiiiᵉ s.), une aigle sur champ fleurdelisé ; de Riom (1283) et d'Aurillac (1284), des fleurs de lys ; de Montferrand (1225), un lion.

On n'a pas retrouvé de sceaux des évêques de Clermont antérieurs à Étienne de Mercœur en 1157 ; il est debout, nu-tête, tenant une crosse et un livre. Son successeur Pons (1175) est assis, mitré et une main sur la poitrine. Gilbert (1190) est debout, mitré, tenant une crosse et un livre. Les contre-sceaux ne commencent que sous Robert d'Auvergne son successeur (1196). L'évêque de Clermont était qualifié d'abord d'*episcopus Arvenorum*, c'est Gui de la Tour, en 1258, qui remplaça ce mot par celui d'*episcopus Claromontensis*. Les sceaux que l'on possède des autres évêchés d'Auvergne, Le Puy, et Saint-Flour, ne sont pas antérieurs au xiiiᵉ siècle. Ceux du chapitre de Clermont sont au type de la Vierge (1221).

En résumé, les plus anciens sceaux seigneuriaux d'Auvergne, du milieu du xiiᵉ siècle, sont unifaces ; à la fin du même siècle il existe un petit nombre de sceaux à deux faces ; au milieu du siècle suivant presque tous les sceaux ont des contre-sceaux. Les plus anciens sceaux épiscopaux représentent le personnage nu-tête ; dans la deuxième moitié du xiiᵉ siècle, il est mitré. Les contre-sceaux apparaissent dans les dernières années de ce même siècle.

4. Béarn, Armagnac, Foix, Navarre, Roussillon [1].

Les plus anciens sceaux seigneuriaux de cette région sont ceux des comtes de Foix qui ne datent que de la fin du xiie siècle; Raymond-Roger (1188) a un sceau équestre au revers figurant un château au bord des flots. La plupart de ses successeurs ont eu des sceaux équestres unifaces; après Raymond-Bernard (1284), ils usent de sceaux équestres avec contre-sceaux armoriaux ou de sceaux purement armoriaux. Les rois de Navarre de la maison de Champagne ont apporté le type champenois, le cavalier brandissant une épée, avec un contre-sceau; les sceaux de Thibaud de Champagne (1247) et de ses successeurs jusqu'en 1271 sont ainsi faits. Philippe, premier roi de Navarre de la maison de France (1285), use du même type. Louis le Hutin (1315) inaugure le type de majesté au revers équestre, qui reste en usage jusqu'à la fin du xive siècle. Les sceaux des comtes

---

1. Bibliographie. Fouchier (De). *Sphragistique roussillonnaise. Iconographie de certains sceaux autrefois en usage dans les comtés de Roussillon et de Cerdagne.* (Société agricole, scientifique et littéraire des Pyrénées-Orientales, 1863, p. 205.) — 47 sceaux.

Raymond. *Description des sceaux conservés dans les archives départementales des Basses-Pyrénées.* Pau, 1863, in-8°, 382 p. — 1077 sceaux.

Lahondès (De). *Sur les sceaux de Pamiers* (*Bulletin de la Société archéologique du Midi de la France*, 1878-1879). — 3 sceaux.

Pasquier. *Sceaux des comtes de Foix au moyen âge* (*Bulletin de la Société ariégeoise des sciences, lettres et arts*, 1886, p. 273). — 15 sceaux.

La Plagne-Barris. *Sceaux gascons au moyen âge* (Rois de Navarre et autres personnages de cette région). Paris, 1888, 1889, 1892, in-8°, 646 p. — 783 sceaux.

de Comminges sont archaïques; en 1226, Bernard V a un sceau à type équestre et à double face, le cavalier tenant sur l'une l'épée haute, et sur l'autre la lance en arrêt. A partir de Bernard VI (1249) le revers devient armorial. Les comtes de Bigorre depuis Gui de Montfort (1218) n'ont eu que des sceaux armoriaux. Gaston VII, vicomte de Béarn (1266), a un sceau uniface figurant un château surmonté de l'écu de Béarn; Gaston VIII (1286) a un sceau équestre avec revers représentant un château à trois tours. Les comtes d'Armagnac à partir de Géraud V (1272) ont d'abord des sceaux équestres unifaces, puis des sceaux armoriaux. Il en est de même des sires d'Albret; jusqu'à Bernard-Ézi (1340), leurs sceaux sont d'abord équestres et unifaces, puis armoriaux. Ces sceaux des seigneurs d'Albret et d'Armagnac offrent aux xive et xve siècles des spécimens fort élégants de gravure et de décoration.

Les sceaux municipaux sont assez nombreux et quelques-uns sont remarquables par leur type : Pamiers (1267) a un château à trois tours et au revers la légende de saint Antonin; Collioures (1369) porte un écu d'Aragon entre deux châteaux perchés sur des rochers et la légende : *S. Curie de Coquoliberi*; Pau (xve s.) quatre écussons de Béarn et de Navarre posés en croix; Lectoure (1303) un bélier et au revers un évêque debout entre deux écus de France; Bayonne (1351) un léopard passant; Saint-Jean-Pied-de-Port (1328) un arbre accosté d'un saint debout et d'un château à trois tours; Lezat (1308) une crosse accostée de deux coqs adossés.

La série épiscopale d'Auch commence à Guillaume de Montaut (1088) qui est debout, crossé et tête nue;

Gérard de la Barthe (1176) est coiffé de la mitre cornue ; la mitre droite commence à Garcie de l'Ort (1215). Le plus ancien évêque de Comminges dont le sceau soit venu jusqu'à nous est Raymond Arnaud de la Barthe (1189-1204); il est en navette et à revers, d'un côté l'évêque coiffé de la mitre cornue et de l'autre la Vierge. Les sceaux des évêques de Pamiers, Elne-Perpignan, Mirepoix, Bazas, Lectoure et Consérans sont en petit nombre et assez récents. Le plus ancien contre-sceau est celui de Bernard Bergès, évêque d'Elne en 1241. Le type au baldaquin commence à Bernard Saisset, évêque de Pamiers en 1301.

Le sceau de l'officialité de Perpignan en 1290 représente l'évêque assis prononçant les mots : *Ite judicate*. Le chapitre de Pamiers a comme type la légende de son patron saint Antonin (1301); celui de Consérans l'Agneau pascal (1256); celui d'Auch la Vierge ou un arbre ; celui de Bazas le chef de saint Jean-Baptiste ; celui d'Elne sainte Eulalie et sainte Julienne.

Comme on peut en juger, les sceaux de la région pyrénéenne sont assez tardifs et ont conservé jusqu'à la fin du xiiie siècle un caractère archaïque. Ceux des grands seigneurs sont d'abord équestres avec revers et d'assez bonne heure armoriaux. Le type de majesté des rois de Navarre est une conséquence de l'acquisition de ce fief par les rois de France ; c'est un des rares exemples de ce type hors des sceaux royaux.

5. Berry [1].

Nous n'avons aucun sceau des souverains du Berry avant sa réunion au domaine royal en 1160. Les comtes de Sancerre ont des sceaux à partir d'Étienne Ier en 1158 ; ils sont équestres sans revers ni contre-sceau. Au xive siècle, le comte de Poitou a pour sa juridiction du Berry un sceau à l'écu de France sous un baldaquin gothique. On trouvera dans Douët d'Arcq (t. I p. 129-131) la description des sceaux remarquables de Jean, duc de Berry (1374-1402).

La série sigillographique des archevêques de Bourges à partir de Richard II (1088) est fort belle. Cet évêque est représenté assis, mitré, crossé et bénissant, avec la légende : *Metropolitanus archiepiscopus primas Aquitanie*. Léger, son successeur (1098-1120), est également assis, mais nu-tête et tenant un livre ; il porte le titre de : *Bituricensis patriarche*, que ses successeurs ont conservé jusqu'à la fin du xive siècle. Henri, son successeur (1199), est debout, mitré, crossé, bénissant, avec contre-sceau ; son sceau est piriforme. Depuis lors le type ne change plus.

Le chapitre de Bourges a d'abord pour type l'effigie de saint Étienne, son patron (1195), puis la lapidation

---

[1]. BIBLIOGRAPHIE. RAYNAL. *Histoire du Berry*. Bourges, 1844-1845, in-8°, 4 vol. 32 sceaux.

MATER. *Collection sigillographique du musée de Bourges*. Bourges 1884, in-8°, 71 p. — 135 sceaux.

BUHOT DE KERSERS et autres. *Bulletin numismatique et sigillographique* (*Mémoires des Antiquaires du Centre*, 1877, p. 320 ; 1881, p. 321 ; 1884, p. 313 ; 1887, p. 303 ; 1888, p. 273 ; 1889, p. 301 ; 1897, p. 239 ; 1901, pl. II et IV). — 45 sceaux.

de ce saint. Dès le xiiᵉ siècle la célèbre abbaye de Saint-Satur a un sceau au type de son saint patron debout.

6. Bourbonnais, Lyonnais, Forez, Beaujolais, Bugey.

Aucune province en France n'est aussi dépourvue de publications sigillographiques que le Lyonnais et le Bourbonnais. Les archevêques de Lyon et l'illustre chapitre de Saint-Jean n'ont été l'objet d'aucun travail d'ensemble qui eût été cependant digne de tenter quelque savant.

Des comtes de Bourbonnais nous ne connaissons les sceaux qu'à partir de celui d'Archambaud IX (1230) ; son sceau est équestre avec contre-sceau armorial. Celui de Jean de Bourgogne, comte en 1266, est armorial. Les sceaux de Louis II (1357-1392) sont parmi les plus beaux de cette époque qui en compte de si somptueux. Les comtes de Forez n'ont pas imité leurs voisins de Bourbonnais. En 1218, Guigues V a un sceau équestre à revers ; sur une face il tient l'épée, sur l'autre la lance à gonfanon. Guigues VI (1242) a un sceau purement armorial. Jean Iᵉʳ (1312) a eu des bulles de juridiction avec une face équestre et l'autre armoriale.

On ne connaît aucun sceau des archevêques de Lyon avant la bulle d'Aymar Gerry (1236-1246) ; sur une face l'archevêque est assis, mitré, crossé et bénissant et sur le revers est une inscription en plusieurs lignes transversales. Philippe de Savoie, son successeur (1259), a un sceau de cire en navette et une bulle de plomb, tous deux au type de l'évêque élu. Les sceaux suivants sont au type sacerdotal classique. Les sceaux des évêques de

Bellay sont plus récents encore ; on n'en a publié aucun d'antérieur à celui de Jean de Plaisance (1253).

L'officialité de Lyon (1284) a un sceau au type de l'évêque debout. Ceux des chapitres de Saint-Jean (1232) et de Saint-Paul (1307) représentent leurs saints patrons ; celui du chapitre de Saint-Thomas (1307) figure saint Thomas Becket la mitre traversée par une épée et aux genoux de la Vierge.

Les sceaux municipaux de Lyon sont à double face (1271 et 1320) ; d'un côté ils représentent les quartiers de Fourvières et de la Croix-Rousse, séparés par le pont de la Saône, sur lequel se dresse une croix ; de l'autre sont figurées deux églises séparées par un lion héraldique. Le bourg d'Amplepuis (xiv° s.) a pour type de son sceau la Vierge assise.

C'est dans cette région que l'on a trouvé les dernières bulles de plomb ; plus au nord on n'en signale aucune.

7. Bourgogne, Nivernais[1].

Le sceau d'Eudes Ier, duc de Bourgogne (1101), le plus ancien que l'on connaisse de ces princes, est uniface ;

---

1. Bibliographie. Duchesne (André). *Histoire généalogique de la maison de Vergy.* Paris, 1625, in-fol. — 13 sceaux.

Plancher (Dom). *Histoire générale et particulière de Bourgogne.* Dijon, 1739-1781 4 vol. in-fol. — 77 sceaux.

Sirand. *Courses archéologiques dans le département de l'Ain.* Bourg, 1846-1854, in-8° — 12 sceaux.

Soultrait (Cte de). *Notice sur les sceaux du cabinet de Mme Febvre, de Mâcon.* Paris, 1854, in-8°. — 217 sceaux.

— *Notice sur les sceaux du cabinet de feu M. Bouchage, de Mâcon.* Paris, 1855, in-8°. — 120 sceaux dont 21 décrits.

le duc tient une lance à pennon et un écu vu par dedans. A partir d'Eudes II (1150), le cavalier brandit une épée, et ce type ne varie pas jusqu'à Hugues V (1315) qui monte un cheval caparaçonné, tient un petit gonfanon et est représenté assis sur le contre-sceau. Les sceaux des ducs de la branche de Valois sont parmi les plus beaux monuments sigillographiques connus, un peu surchargés d'ornements, mais jusqu'à celui de Charles le Téméraire (pl. IX) d'une rare magnificence.

On connaissait autrefois un sceau de Renaud, comte de Nevers, de 1035 environ ; il n'a pas été retrouvé. Celui de Guillaume II (1140) est équestre et uniface, le cavalier tenant la lance à pennon ; celui de Pierre de Courtenay (1190) est semblable, mais avec un contre-sceau armorial. Les comtes de Joigny à partir de Guillaume Ier

QUANTIN. *Les sceaux des archevêques de Sens et de leurs juridictions.* Paris, 1852, in-8°, 16 p. — 6 sceaux.

— *Les sceaux du chapitre cathédral de Sens* (Bulletin de la Société des sciences historiques et naturelles de l'Yonne, 1861, p. 17). — 3 sceaux.

JULLIOT. *Armorial des archevêques de Sens* (Bulletin de la Société archéologique de Sens, 1868, p. 227). — 4 sceaux.

Fragments de sigillographie sénonaise (Bulletin de la Société archéologique de Sens, 1867, p. 202, 1892, p. 65). — 10 sceaux.

PETIT (ERNEST). *Seigneurie de Montréal en Auxois* (Bulletin de la Société des sciences historiques de l'Yonne, 1865, p. 68). — 4 sceaux.

QUANTIN. *Recueil de pièces pour faire suite au Cartulaire général de l'Yonne.* Auxerre et Paris, 1873, in-8°, 492 p. — 16 sceaux.

PETIT (ERNEST). *Les sires de Noyers* (Bulletin de la Société historique de l'Yonne, 1874, p. 67). — 9 sceaux

— *Histoire des ducs de Bourgogne de la race capétienne.* Paris, Picard, 1885-1905, in-8°, 9 vol. — 39 sceaux.

L'*Inventaire des sceaux de Bourgogne* par M. Coulon, description d'un grand nombre de sceaux qu'il a recueillis au cours d'une mission dans cette ancienne province, est sous presse et ne peut tarder à paraître. J'ai le regret de n'avoir pu me servir de cet ouvrage.

(1180) ont des sceaux unifaces équestres, le cavalier tenant une épée ; le contre-sceau armorial commence à partir de Gaucher en 1210. Les Courtenay, comtes d'Auxerre de 1184 à 1355, ont eu à la fois au début un sceau à double face sur lequel est représenté d'un côté un cavalier tenant la lance à pennon, de l'autre un cavalier tenant l'épée, et un sceau équestre à revers armorial (Pierre de Courtenay, 1210, 1212). Ce dernier type persiste jusqu'à la fin. Guillaume de Barres, comte de Chalon (1200), Jean de Braine, comte de Mâcon (1223), et leurs successeurs usent du même type. De simples seigneurs, ceux de Montréal (1170-1285), de Noyers (1173-1239), de Vergy (1190), ont aussi des sceaux équestres. Manassès, comte de Bar-sur-Seine (1168), a un sceau en navette, figurant une aigle et ses successeurs ont des sceaux armoriaux. Certains sceaux des Vergy représentent des buissons de rosiers, sur lesquels sont perchés des oiseaux et entourant des tours ; type singulier.

Les sceaux municipaux de Dijon, sur lesquels figure le maire à cheval entouré des têtes des conseillers (1308), sont parmi les plus beaux de cette série. La ville de Sens (1263) a fait graver sur le sien, d'un côté un château dans une enceinte crénelée, de l'autre un buste de femme personnifiant la cité, avec la légende : *Civitas*. Un type presque semblable se voit sur le sceau de Beaune (1218) ; la ville y est représentée par une femme tenant une épée haute.

La série des archevêques de Sens commence à Richier (1067) qui est assis nu-tête, crossé et bénissant ; Hugues de Toucy en 1147 est debout, coiffé de la mitre cornue et a un contre-sceau. Ses successeurs ont tantôt la mitre droite, tantôt la mitre cornue de 1188 à 1224. La mitre cornue disparaît à partir de Gilles Cornut (1252-1258). Sur le contre-sceau le prélat est souvent figuré à genoux. Les évêques d'Autun à partir de 1140, ceux de Mâcon à partir de 1228, sont assis ou debout avec le type épiscopal classique. Hugues de Montaigu, évêque d'Auxerre en 1126 (pl. XX, n° 5), porte la mitre cornue et a déjà un contre-sceau qui est peut-être le plus ancien connu ; c'est l'empreinte d'une intaille. En 1152 la mitre droite remplace la mitre cornue. Gautier, évêque de Nevers en 1201, tient un livre et sa crosse en biais ; ses successeurs ont le type épiscopal ordinaire. L'officialité de Sens (xii° s.) a pour type un buste épiscopal ; celle d'Autun (1240) un buste de même, accosté d'une épée haute, avec la légende : *Ecce gladii duo hic.*

Les chapitres de Sens (1191) et d'Auxerre (1120) ont fait représenter sur leurs sceaux saint Étienne leur patron ; celui de Mâcon (1228) saint Vincent en pied ; celui d'Autun (1302) saint Lazare assis ; celui de Beaune (1307) la Vierge assise ; celui de Nevers (1317) saint Cyr à mi-corps.

Les grandes abbayes bourguignonnes ont des sceaux à partir du xii° siècle et presque toutes ont pour type leur patron en pied ou en buste : saint Germain à Saint-Germain d'Auxerre (1133), saint Pierre à Cluny (1209), à Saint-Pierre de Melun (1180), à Saint-Pierre de Ferrières (1189) ; sainte Madeleine à Vézelay (1205) ; l'aigle de saint Jean à Saint-Jean de Sens (1207) ; un bras tenant une crosse à Pontigny (1105).

Il faut remarquer que les sceaux ecclésiastiques bourguignons, surtout ceux des abbayes, sont parmi les plus anciens qui existent dans cette série ; un certain nombre sont en cuvette ou piriformes ; ils offrent les premiers exemples connus de contre-sceaux. Les sceaux des ducs de la branche de Valois ont subi visiblement une influence flamande.

8. Bretagne [1].

Le plus ancien sceau ducal de Bretagne est celui du duc Alain IV Fergent (1084-1112) ; il est vêtu de mailles, avec la lance à gonfanon et l'écu vu en dedans. Eudes (1155) a un type semblable. Conan (1162) a un sceau à deux faces, le cavalier brandissant une épée. Geoffroi (1181) a un sceau également à deux faces ; sur un côté le cavalier tient la lance à pennon, sur l'autre il brandit l'épée. Conan IV et Jean Ier (1237) ont des sceaux unifaces. Ceux de Jean IV (1380) et de ses successeurs sont remarquables au point de vue de la composition. Jean V en 1440 a usurpé le type de majesté. Les sceaux de Geoffroi de Dinan (vers 1120) et des Rohan à partir du vicomte Alain (1184), sont équestres et unifaces. Les autres seigneurs bretons ont parfois des sceaux à revers : Hoël, comte de Nantes (1239), et André de Vitré (1230) galopent la lance en avant ; Jean, sire de Dol (1147), est appuyé sur sa lance ; les revers sont armoriaux ou hagiologiques, quelquefois même le sceau n'a pas de revers.

---

1. Bibliographie. Lobineau (Dom), *Histoire de Bretagne*. Paris, 1707, in-fol., 2 vol. — 275 sceaux.

Morice (Dom). *Mémoires pour servir de preuves à l'histoire de Bretagne*. Paris, 1742-1746, in-fol., 3 vol. — 536 sceaux.

Les seigneurs de Montfort, de Penthièvre, de Thouars, de Solignac, usent du type armorial. Le contre-sceau ne paraît pas avant le premier tiers du XIIIe siècle.

Le plus ancien sceau épiscopal est celui de Quiriace, évêque de Nantes (1064), visiblement imité des bulles papales sur lesquelles les bustes de saint Pierre et de saint Paul sont séparés par une croix ; il est rivé sur l'acte et porte pour légende: *Quiriaci sacerdos Nannetensis*. Ses successeurs sont debout, mitrés, crossés, bénissant, tantôt avec la mitre droite (Robert, 1181), tantôt avec la mitre cornue (Maurice de Blason, 1190), qui disparaît au XIIIe siècle. Les évêques de Rennes sont d'abord tête nue, crossés et bénissants (Hamelin, 1136), puis mitrés, debout ou assis. Ceux de Saint-Malo sont d'abord nu-tête (Robert, 1126 ; Raoul, 1140-1158) ; puis ils sont coiffés de la mitre cornue (Albert, 1163), pour revenir à la tête nue (Aubert, 1180), ensuite à la mitre cornue (Pierre Girard, 1187), et adopter enfin le type ordinaire. Le plus ancien évêque de Saint-Brieuc dont nous ayons un sceau, Jean (1129), est à mi-corps, nu-tête, crossé et bénissant ; ses successeurs sont assis ou debout avec le type ordinaire. Il en est de même à Quimper ; Robert (1126) est nu-tête et à mi-corps ; ses successeurs adoptent le type épiscopal classique. Hugues Le Roux, évêque de Dol (1158), est debout, nu-tête, crossé et bénissant ; le sceau de Jean, comme évêque élu (1163), le représente debout avec la mitre cornue, le pallium et étendant les bras comme un orant. Les contre-sceaux commencent à paraître en 1181.

Le chapitre de Dol a pour type sigillaire son patron saint Samson (1270), celui de Rennes (1153) saint Pierre ;

celui de Nantes (xiie s.) saint Pierre et saint Paul; celui de Quimper (1303) un buste épiscopal de profil; celui de Saint-Malo (1395) une vue de la ville baignée par les flots et saint Malo, en costume épiscopal, debout sur la mer; celui de Saint-Paul-de-Léon (1427) un *Agnus dei* sur des rinceaux. L'abbaye de Saint-Melaine de Rennes (1174) a fait graver sur son sceau son saint patron debout; celle de La Joie, diocèse de Vannes (1284), est armorial.

Les sceaux bretons aussi bien laïcs qu'ecclésiastiques sont généralement archaïques; ils ont des types particuliers et leur travail, aux xiie et xiiie siècles, est rude et spécial. Les sceaux seigneuriaux sont très souvent à revers, même lorsqu'ils sont armoriaux, et ils n'ont des contre-sceaux qu'assez tardivement. Les sceaux ecclésiastiques sont quelquefois en cuvette et un seul est rivé sur l'acte.

9. CHAMPAGNE[1].

Hugues (1095-1125) est le plus ancien comte de Champagne dont un sceau nous soit parvenu; il est

---

1. BIBLIOGRAPHIE. ARBOIS DE JUBAINVILLE (D'). *Essai sur les sceaux des comtes et des comtesses de Champagne.* Paris, 1856, in-4°, 44 p. — 36 sceaux.

FLEURY (de). *Inventaire sommaire des sceaux originaux des archives de la Haute-Marne.* Paris, 1874, in-8°, 23 p. — 627 sceaux.

DAGUIN. *Les évêques de Langres. Étude épigraphique, sigillographique et héraldique.* Nogent, 1880-1883, in-4°, 189 p. — 63 sceaux.

LE CLERT. *Catalogue de la collection sigillographique du musée de Troyes.* Troyes, 1886, in-8°, 114 p. — 439 sceaux.

SAIGE (GUSTAVE). *Sceaux extraits du trésor des chartes du comté de Rethel. Catalogue des moulages exposés au pavillon de Monaco à l'Exposition universelle.* Monaco, 1889, in-8°, 40 p. — 122 sceaux.

équestre, le cavalier projetant une lance en avant, et rivé sur l'acte. Thibaut (1125-1152) porte sa lance sur l'épaule et son sceau est appendu. Henri Ier (1152-1181) quitte la lance pour l'épée ; Henri II (1181-1187) a le premier un contre-sceau qui est une empreinte d'intaille. Depuis lors le type ne varie plus. Manassès, comte de Rethel (1190), a un sceau uniface équestre, le cavalier tenant l'épée ; son successeur Hugues Ier (1198) a un contre-sceau armorial. Les comtes de Porcien et de Grandpré, les vicomtes de Meaux et de Ronay, ne sont pas connus par leurs sceaux avant les dernières années du xiie siècle, et ils sont au type équestre classique.

Les sceaux des maréchaux et sénéchaux de la Champagne, depuis Geoffroi de Joinville (1195), forment une belle série à type équestre. Les forestiers de Champagne depuis le xive siècle ont adopté le type armorial, l'écu encadré dans un paysage forestier ; ce type est devenu celui de l'administration forestière à partir du xvie siècle. Les sceaux des foires de Champagne, ornés de nombreuses pierres gravées, sont aussi à remarquer (pl. XXVIII, n° 5).

Les sceaux municipaux sont nombreux : Troyes (1232) a pour type le maire assis entouré des têtes de douze conseillers ; Beaumont en Argonne (1351) a d'un côté sept têtes d'échevins en cercle et le buste du maire en contre-sceau ; Fismes (1308) a trois hommes debout tenant une épée, une lance et une hallebarde ; Meaux et Vaucouleurs (1308) ont un chevalier debout ; Reims (1368), des rinceaux, allusion à son nom ; Saint-Dizier (1308), un château ; Provins (1368), une porte de ville avec deux écussons ; Langres (1405), un bras bénissant en pal ; Saint-Hubert en Argonne (1200), saint Pierre et saint Hubert, ses patrons.

Harduin, évêque de Langres (1049), est figuré assis, nu-tête, tenant une crosse et un livre ; Joscerand de Brancion, son successeur (1120), également. Robert de Bourgogne, prédécesseur de celui-ci (1104), est au contraire représenté de profil, à mi-corps, crossé, bénissant et encapuchonné. Geoffroi de Rochetaillée (1162) est également de profil, mais assis et coiffé de la mitre cornue. La mitre droite commence à Manassès de Bar en 1180, et, depuis, le type ne varie pas. Renaud de Martigny, archevêque de Reims (1128), est nu-tête, crossé et bénissant ; à partir de Samson (1145), la mitre est cornue ; à partir de Guillaume de Champagne (1180), les contresceaux apparaissent ; depuis Aubry (1209) la mitre est droite et le type reste invariable. Les plus anciens évêques de Troyes sont également nu-tête ; Philippe de Pons (1108) est assis, tenant sa crosse en biais ; Mathieu (1179) coiffé de la mitre cornue, tient une crosse et un livre ; Manassès de Pougy (1180) adopte le type épiscopal ordinaire. Les évêques de Meaux (Manassès II, 1149) sont d'abord à mi-corps, nu-tête, crossés et bénissant ; à partir de Renaud (vers 1160), c'est le type ordinaire. A Châlons, Hugues en 1111 est assis, coiffé de la mitre cornue ; ses successeurs sont debout avec la mitre droite.

L'officialité de Reims fait figurer en 1228 sur son sceau une vue de la ville dans une enceinte crénelée, et, en 1243, la cathédrale. Le chapitre de Langres (XIIe s.) a pour type le bras bénissant de saint Mammès son patron, celui de Provins a fait représenter sur son sceau le Christ à mi-corps (xiiiᵉ s.) ; celui de Reims, la Vierge assise (1237) ; celui de Troyes, saint Étienne debout aux pieds duquel est agenouillé Henri, comte de Champagne (xivᵉ s.) ; celui de Meaux, saint Étienne à mi-corps (1217) ; celui de Saint-Martin de Champeaux, son patron, en costume épiscopal (1212).

Les sceaux de la plupart des abbayes sont à type hagiologique : celles de Bonne-Espérance (1155), Farmoutiers (1197) et Juilly (1202) ont le buste de la Vierge ou la Vierge debout; Saint-Thierry de Reims (xiiᵉ s.), Jésus-Christ debout tenant le globe du monde ; Chaumes (1203) le buste de saint Pierre ; Saint-Remy de Reims (1241) a choisi pour type de sceau et de contre-sceau la scène intéressante du baptême de Clovis.

Les sceaux de Champagne se font remarquer par l'abondance des intailles dont on les a ornés ; les sceaux à deux faces sont inconnus dans cette province ; les contre-sceaux commencent à être en usage en 1180 ; les sceaux en cuvette sont nombreux de 1049 à 1217.

10. Dauphiné, Vivarais [1].

Le plus ancien sceau civil de Dauphiné est un petit sceau équestre et uniface de Guillaume de Châteauneuf (1170), sur lequel ce seigneur tient un écu armorié et

---

[1]. Bibliographie. — Valbonnais. *Histoire de Dauphiné et des princes qui ont porté le nom de Dauphins.* Genève, 1722, in-fol., 2 vol. — 68 sceaux.

Roman. *Sigillographie du diocèse de Gap.* Paris, 1870, in-4°. — 122 sceaux.

— *Sigillographie du diocèse d'Embrun.* Paris, 1873, in-4°. — 72 sceaux.

brandit son épée. Les dauphins n'ont pas eu de sceau avant Hugues de Bourgogne (1188) ; son sceau est à deux faces, d'un côté il chevauche au pas, tenant une épée haute et un bouclier, de l'autre est la représentation grossière de la ville de Vienne. Ses successeurs jusqu'à Humbert Ier (1282) ont eu le même type pour leurs grands sceaux. Le revers du sceau d'Humbert Ier est armorial ; au lieu d'un revers, son fils Jean II (1309) a un contre-sceau. Humbert II (1334) revient au sceau à double face avec la ville de Vienne au revers (pl. XVII, n° 1). Les sceaux des dauphins de France sont tous équestres avec contre-sceau, et ce type a persisté jusqu'à la fin de la monarchie. Les dauphins ont eu de petits sceaux armoriaux à partir de 1259 et des contre-sceaux à partir de 1287. Les comtes de Valentinois de la maison de Poitiers ont eu d'abord des sceaux équestres unifaces (Aymar, 1187) ; devenus comtes de Diois (1197), ils ont usé d'un sceau à deux faces, équestre d'un côté et de l'autre orné d'une étoile. En 1308, l'étoile du revers est remplacée par un contre-sceau armorial. Les Poitiers ont eu des petits sceaux armoriaux à partir de 1230 et ils n'ont plus que des sceaux

PILOT DE THOREY. *Étude sur la sigillographie du Dauphiné*. Grenoble, 1879, in-8°, 176 p. — 28 planches, 78 sceaux.

— *Inventaire des sceaux relatifs au Dauphiné conservés dans les archives départementales de l'Isère*. Grenoble, 1880, in-8°. — 314 sceaux.

ROMAN. *Sigillographie des gouverneurs de Dauphiné* (*Mémoires de la Société des Antiquaires de France*, t. XLVIII, p. 1). — 19 sceaux.

VALLIER. *Sigillographie de l'ordre des Chartreux*. Montreuil-sur-Mer, 1891, in-8°. — 480 sceaux. (Cet ouvrage est consacré à l'ensemble des sceaux de l'ordre des Chartreux dans le monde entier.)

ROMAN. *Sceaux des familles seigneuriales de Dauphiné*. Paris, 1906, in-8, 402 p. — 967 sceaux.

armoriaux à partir de 1322. Les sceaux à double face ont été le privilège des grands barons dauphinois, les Artaud, les Bressieu, les Montauban, les Mévouillon, les Adhémar. Ces trois derniers ont été scellés avec des bulles de plomb équestres sur une face, armoriales sur l'autre. La plus ancienne bulle des Adhémar de Monteil date de 1184 (voyez figure 43) et la plus récente de 1580 environ. Les dauphins ont aussi employé la bulle de plomb pour quelques-unes de leurs juridictions, surtout les juridictions communes avec l'évêque de Grenoble et l'archevêque d'Embrun.

La série des sceaux des gouverneurs du Dauphiné depuis 1346 jusqu'à 1425 est des plus remarquables ; ceux de Geoffroi le Meingre et de Guillaume de Laire sont parmi les plus beaux spécimens des sceaux pédestres (voyez figure 11).

Le sceau municipal d'Embrun (1254) est à deux faces, sur l'une les cinq consuls sont debout, sur l'autre, la ville est grossièrement représentée ; sur celui de Grenoble (1497) est gravée une fort jolie vue de cette ville (voyez figure 17) ; ceux de Valence (XIIIe s.) et de Die (XIIIe s.) sont des bulles de plomb au même type ; celui de Tournon (1355) est parti d'un demi-château et d'une demi-croix de Toulouse.

Le plus ancien sceau épiscopal connu de Dauphiné est celui de Grégoire, évêque de Gap (1175) ; le prélat est debout, crossé et bénissant, coiffé de la mitre cornue ; celui de Pierre, évêque de Die (1176), est au même type ; Pierre, archevêque d'Embrun (1177), est représenté assis, de trois quarts, coiffé de la mitre droite, tenant sa crosse en biais ; Eudes, évêque de Valence

(1184), est dans une attitude presque semblable. Geoffroi, évêque de Saint-Paul-Trois-Châteaux (1204), est à mi-corps avec la mitre cornue ; on n'a pas de sceaux des archevêques de Vienne avant 1217 ; le prélat y est figuré assis. Guillaume, évêque de Viviers (1218), et Bertrand, évêque de Die (1223), ont des bulles, le premier à l'effigie de saint Vincent, le second au type de la Vierge avec des légendes transversales au revers. L'usage des bulles, pour les sceaux de juridiction, a été très répandu au xiiie siècle en Dauphiné dans les évêchés. A partir du xive siècle les évêques reviennent partout, à cette époque, aux sceaux de cire à type épiscopal ordinaire.

Les officialités de Vienne et de Valence ont pour type un bras tenant une crosse ; celle de Grenoble un buste épiscopal, celle de Gap une crosse et une épée avec la légende : *Ecce gladii duo hic*. Le chapitre de Grenoble a un sceau à l'effigie de saint Vincent (1257), puis la Vierge (1312) ; Vienne a saint Maurice assis en costume royal (1250) ou en buste ; Die (1295) et Embrun (1383) la Vierge ; Valence, saint Apollinaire (1244), Gap le bras de saint Arnoul en pal (1204). Les sceaux des abbayes sont en petit nombre et assez récents ; cependant celle de Saint-Antoine en Viennois a, dès le xiiie siècle, un sceau qui représente son saint patron entouré de malades ; Saint-Ruf a dès 1204 un sceau sur lequel son patron est figuré à mi-corps avec le geste d'un orant. Les sceaux des chartreuses ne sont pas antérieurs au xiiie siècle. Certains prieurés, Saint-Victor de Valence, Saint-Géraud d'Aspres ont des sceaux assez beaux de la même époque.

En Dauphiné, les sceaux apparaissent tardivement, dans la deuxième moitié du xiie siècle ; ceux des principaux barons sont à double face et un grand nombre de sceaux seigneuriaux ont la forme d'écus soit triangulaires soit arrondis par le bas. Les bulles, dont les évêques ont fait un grand usage pour leurs juridictions, apparaissent à la fin du xiie siècle et disparaissent généralement à la fin du xive. La plupart ont du reste été en usage concurremment avec des sceaux de cire. Les contre-sceaux sont peu nombreux, toujours nommés *Sigillum secretum*, et ne sont pas antérieurs au xiiie siècle.

11. Flandre, Hainaut[1].

La série des sceaux des comtes de Flandre est des plus intéressantes ; tous sont, à peu de chose près, au même type à partir de Robert le Frison (1076), un cavalier brandissant son épée. Seul Guillaume Cliton (1127), au lieu de l'épée, tient la lance à gonfanon. Leurs écus sont armoriés au lion de Flandre de très bonne heure, dès 1169. Leurs heaumes ont une forme cylindrique très élevée (pl. VIII, n° 1) et sont parfois armoriés. Le plus ancien contre-sceau connu, une tête très barbare, est au revers du sceau de Robert le Frison (1076), puis il y a une interruption et le contre-sceau ne s'établit définitivement qu'à partir de Philippe d'Alsace (1164).

---

1. Bibliographie. Wrée (Olivier de). *La Généalogie des comtes de Flandre*. Bruges, 1642-1644, in-fol., 2 vol. — 604 sceaux.

Carlier. *Notice historique sur le scel communal, les armoiries et les cachets municipaux de la ville de Dunkerque.* Dunkerque, 1855, in-8°, 73 p. — 16 sceaux.

Demay. *Inventaire des sceaux de la Flandre.* Paris, 1873, in-4°, 2 vol., 527 et 499 p. — 7689 sceaux.

Tantôt il est armorial, tantôt c'est une réduction de type équestre, le cavalier tenant une lance à pennon. Les comtes de Hainaut à partir de Baudouin II (1089), et les comtes de Guines à partir du XIIe siècle, ont usé d'un type équestre visiblement imité des comtes de Flandre.

Une particularité à noter en Flandre c'est l'existence dès le XIIIe siècle de sceaux très nombreux de paysans et d'hommes de fief, très barbares comme composition et comme travail, et faits la plupart au moyen de matrices de plomb.

Les sceaux municipaux sont nombreux : Valenciennes (1197), Mortagne (1446) et Tongres (1431) ont pour type des portes de ville ; Lens (1228) et Cambrai (1282), une ville entière dans une enceinte crénelée (pl. XVI, n° 1) ; le Quesnoy (1245), trois chênes ; Maubeuge (1293), un arbre chargé de fruits ; Hesdin (1211), le maire à cheval tenant une massue ; Lille (1199), une fleur de lys à laquelle s'adjoint en 1230 un lion ; Aire, (1199) un lion ; Bourbourg (1237), saint Jean-Baptiste ; Douai (1226), saint Georges à cheval, terrassant un dragon et accompagné de deux hommes debout.

Les sceaux ecclésiastiques débutent en Flandre au milieu du XIe siècle. Liébert, évêque de Cambrai (1057), est assis, nu-tête, crossé et bénissant ; son sceau est piriforme et en cuvette. Eudes, son successeur (1110), est coiffé de la mitre cornue ; la mitre pointue apparaît avec Liétard (1133) et est seule en usage au XIIIe siècle. Les sceaux en cuvette persistent jusqu'à la fin du XIIe.

L'officialité de Cambrai a fait graver une église sur

son sceau (1211). Le chapitre de la même ville a pris pour type la Vierge assise (1322).

Les très nombreuses abbayes flamandes ont presque toutes leur patron comme type de leur sceau : La Chaise-Dieu (1149), Notre-Dame d'Eaucourt (1162), Notre-Dame de Cantinpré (1207) ont la Vierge assise ou debout ; Honnecourt (1201), saint Pierre ; Saint-André de Cateau-Cambrésis (1168), saint André ; Saint-Jean de Valenciennes (1180), saint Jean-Baptiste ; Saint-Étienne de Fémy (1212), la lapidation de saint Étienne ; Saint-Lambert de Liesses (1180), saint Lambert assis ; Saint-Aubert de Cambrai (1143-1180), saint Aubert debout, assis ou à mi-corps ; Sainte-Aldégonde de Maubeuge (xiie s.), la sainte tenant une crosse et un livre ; Sainte-Rictrude de Marchiennes (1167), la sainte assise ; Saint-Ghislain de Cambrai (1217), le saint à mi-corps tenant une crosse ; le Saint-Sépulcre de la même ville (xiie s.), un ange assis sur le sépulcre du Christ.

Il n'y a en Flandre aucun sceau à revers ; les contre-sceaux sont les plus anciens de France ; les sceaux en cuvette sont extrêmement nombreux ; on trouve quelques sceaux piriformes. Le type équestre y est très remarquable ; les écus armoriés y paraissent de très bonne heure. Les paysans y ont usé au xiiie siècle de sceaux-matrices, la plupart de plomb.

12. Franche-Comté [1].

On n'a publié aucun sceau des comtes de Bourgogne antérieur à 1199. Celui de Gautier d'Avesnes qui est

---

1. Bibliographie. Castan, *Les sceaux de la commune, l'hôtel de ville et le palais de justice de Besançon* (*Mémoires de la Société d'Émulation du Doubs*, 1870-1871, p. 443). — 10 sceaux.

de cette date est au type du cavalier tenant l'épée avec contre-sceau armorial et ses successeurs usent du même type. Il existe des comtes de Montbéliard des sceaux plus anciens. Celui de Thierry II (1125-1165) le représente à cheval et au pas, encapuchonné, la tête tournée de face, tenant un écu et la lance à gonfanon transversale. A partir de Thierry III (1263), le cheval galope et le cavalier brandit l'épée. Les sires de Salins, à partir de la fin du xiie siècle, paraissent avoir eu des sceaux équestres à revers ; à partir du xiiie ils usent de contre-sceaux. Des comtes de la Roche on ne connaît que des sceaux relativement récents et armoriaux.

Les sceaux de juridiction sont très variés et très nombreux ; ils représentent des châteaux à trois tours, des enceintes crénelées avec tour centrale, des aigles à deux têtes, etc. Le sceau municipal de Besançon

GAUTHIER (JULES). *Inventaire des sceaux des archevêques de Besançon* (Académie des sciences, belles-lettres et arts de Besançon, 1878, p. 116). — 102 sceaux.
— *Quatre sceaux inédits des archevêques de Besançon.* (Mémoires de l'Académie des sciences, belles-lettres et arts de Besançon, 1879, p. 86). — 4 sceaux.
— *Les sceaux et les armoiries des villes et bourgs de la Franche-Comté* (Mémoires de l'Académie de Besançon, 1882, p. 52). — 74 sceaux.
— *Inventaire des sceaux et juridictions souveraines et domaniales du comté de Bourgogne* (Mémoires de l'Académie de Besançon, 1884, p. 205). — 160 sceaux.
— *Les sceaux de l'officialité de Besançon* (Mémoires de l'Académie de Besançon, 1887-1888, p. 179). — 44 sceaux.
— *Étude sur les sceaux des comtes et du pays de Montbéliard* (ibid., 1899, p. 341). — 143 sceaux.
— *Catalogue descriptif de deux cent six sceaux-matrices, la plupart francs-comtois, conservés dans les collections publiques ou privées.* Besançon, 1900, in-8°, 56 p. — 206 sceaux.

est d'abord la reproduction embellie de l'arc de triomphe antique qu'on voit dans cette ville et le revers porte un bras bénissant (1259) ; ce type, modifié par l'adjonction de l'aigle impériale qui soutient les deux colonnes, a persisté jusqu'au xviie siècle. Le sceau municipal de Salins (1250) représente les quatre échevins entourant le prévôt royal assis. Les autres sceaux municipaux sont assez récents et généralement armoriaux.

La remarquable série des sceaux des archevêques de Besançon débute par celui d'Hugues de Salins (1031-1067); le prélat est à mi-corps, nu-tête, les bras écartés, tenant une crosse et un livre et sortant d'une sorte de châsse ; il porte le titre de *Crisopolitanus arch*. Ce sceau est rivé sur l'acte. Les sceaux suspendus commencent à Ponce (1102) qui est également en buste et nu-tête, mais bénissant et tenant une crosse en biais ; il porte le titre de *Bisuntinus episcopus*. Ce sceau est en cuvette. Le premier archevêque qui use de la mitre est Ébrard de la Tour-Saint-Quentin (1173) ; c'est le premier aussi qui ait un contre-sceau. A Hugues IV de Chalon (1302) commence l'usage du baldaquin. L'officialité de Besançon avait pour type une tour quand le siège était vacant (1244 et 1302) et un buste épiscopal quand il était occupé (1246 et 1282).

On trouve parmi les sceaux francs-comtois des sceaux rivés et des sceaux en cuvette et dans les sceaux épiscopaux quelques-uns ont des types archaïques fort curieux ; les prélats y sont nu-tête jusqu'à la fin du xiie siècle.

13. Guyenne, Gascogne, Quercy, Rouergue[1].

Le plus ancien sceau connu des ducs de Guyenne est celui d'Éléonore de Guyenne (1152), en navette et uniface que j'ai décrit précédemment (voy. p. 101). Les princes anglais, ses descendants, ont pris sur leurs sceaux le titre de ducs d'Aquitaine jusqu'en 1263. Richard Plantagenet (1185) et Othon de Brunswick (1196-1199) ont des sceaux équestres et unifaces ; leurs successeurs ont des sceaux à revers, d'un côté au type de majesté, de l'autre au type équestre. Hugues, comte de Rodez (vers 1200) a fait graver sur son sceau une aigle ; Guillaume (1208) a un sceau à revers, équestre sur une face, orné d'une aigle sur l'autre. Les comtes de Pardiac (1227), de Duras (1261), Henri de Trubleville, sénéchal de Gascogne (1235), ont également des sceaux équestres à revers ou contre-sceaux armoriaux. Puis les sceaux deviennent purement armoriaux.

La série des sceaux municipaux est nombreuse et remarquable; vingt villes : Penne d'Agenais (1229), Verdun (1242), Agen, Lauzerte, Moissac, Montcuq, Capde-

---

1. Bibliographie. Raymond. *Description des sceaux conservés aux archives départementales des Basses-Pyrénées*. Pau, 1873, in-8°, 382 p. — 1077 sceaux.

La Plagne-Barris. *Sceaux gascons du moyen âge publiés par la Société historique de Gascogne*. I. Sceaux ecclésiastiques, rois de Navarre, grands feudataires. II. Sceaux des seigneurs. III. Sceaux des villes, sceaux de justice, sceaux des bourgeois. Paris, 1888-1892, in-8°, 646 p. — 783 sceaux.

Tholin. *Les sceaux et armoiries des villes de l'Agenais* (Revue de l'Agenais, 1899, p. 193). — 14 sceaux.

nac (1243), Bordeaux (1297), Aiguillon (xiiie s.), Condom (vers 1300), Rocamadour (1308), l'Albenque, Belaye, Castelnau, Martel, Sauveterre (1309), Bayonne (1351), Puymirol (1355), Laverdac (xive s.), ont pour type un château-fort, une porte de ville ou une ville dans une enceinte crénelée ; Marmande et Penne d'Agen (1243) ont un plan de ville dessiné horizontalement (voir p. 136); Saint-Girons (1303) et Monclar (1355) un tour ; Caussade (1308), une maison entre une chausse et une fleur de lys ; Font (1308), un pont à deux arches ; Cahors (1309), un pont à six arches fortifié de tours ; Bessoles (xive s.), un cavalier l'épée haute entre une crosse et une croix ; Bretenoux (1309), ses cinq consuls, et Figeac (1309), ses sept consuls assis ; Biarritz (1351), une pêche à la baleine (pl. XIX, n° 1) et au revers la légende de saint Martin ; Mont-de-Marsan (1311), une clef, et Condom (vers 1300), deux clefs en pal; le Mas d'Agenais (1355), trois mains levées et apaumées ; Montauban (1309), une montagne sommée d'un feuillage, et Monclar (1309), le même type, la montagne étant accostée de deux lions rampants ; Saint-Émilion (1300) et Montréal (1354), un évêque debout ; Mézin (1243), le chef de saint Jean-Baptiste accompagné du bras du bourreau tenant l'épée ; Caylus (1243), un brochet en bande; Tauriac (1309), un taureau passant, entre une crosse et une fleur de lys ; Gabarret (xive s.), un lion tenant une épée haute ; Castelfranc (xive s.), un chêne chargé de glands. Le revers de ces sceaux est parfois héraldique ou orné d'une croix de Toulouse, d'une aigle, d'un léopard, etc.

Le plus ancien sceau des archevêques de Bordeaux est celui de Geoffroi de Louroux (1147) ; le prélat est à mi-corps, nu-tête, bénissant et tenant une croix en biais. A partir d'Hélie de Malmort (1199), l'évêque est debout, mitré, crossé et bénissant et le sceau, rond auparavant, devient en navette. Armand Guilhem, évêque de Tarbes en 1212, est debout, la tête de profil. Les évêques de Rodez depuis 1219, et de Bayonne depuis le xiv° siècle, ont usé du type épiscopal ordinaire. On ne trouve pas de contre-sceau dans ces évêchés avant 1219.

Les chapitres de Rodez (1303) et de Bayonne (1308) ont adopté la représentation de la Vierge ; celui de Lodève (1303) un saint évêque en pied.

Les sceaux de cette région ne sont pas très anciens ; les barons et les municipalités ont usé assez souvent de sceaux à deux faces ; les contre-sceaux sont très tardifs. La plus intéressante série est celle des sceaux municipaux.

14. Ile-de-France [1].

On possède les sceaux, à partir du début du xii° siècle, d'une foule de grands barons possessionnés dans l'Ile-de-France et dont la plupart remplissaient de grandes

---

[1]. BIBLIOGRAPHIE. DUCHESNE (ANDRÉ). *Histoire généalogique de la maison de Montmorency et de Laval.* Paris, 1624, in-fol. — 25 sceaux.

GAIGNIÈRES. Les dessins de Gaignières conservés à la Bibliothèque nationale sont la source la plus riche à consulter pour l'étude des sceaux de l'Ile de France. J'en ai publié l'inventaire dans les *Mémoires des Antiquaires de France*, t. LXIX, p. 67. — 3340 sceaux.

DOUËT D'ARCQ. *Collection de sceaux des Archives impériales.* Cet ouvrage, auquel j'ai eu recours à chaque instant, est également une source inappréciable pour les sceaux de cette région.

charges à la cour. Le type le plus répandu est de beaucoup le type équestre, le cavalier brandissant l'épée. Les comtes de Soissons en ont fait usage dès 1115, les sires de Chevreuse dès 1140, les barons de Montmorency dès 1160, les comtes de Meulan en 1165, les seigneurs de Pierrefonds en 1168, les comtes de Clermont en 1170, ceux de Beaumont en 1173, ceux de Montfort en 1176, ceux de Dreux en 1184, ceux de Dammartin en 1189, les comtes de Corbeil en 1199, les sires de Poissy et ceux de Maintenon en 1200, les châtelains de Neyon en 1203, les vicomtes de Melun en 1204. Galeran, vicomte de Meulan (vers 1165), a un sceau à deux faces, d'un côté le cavalier tenant la lance à gonfanon, et de l'autre le cavalier brandissant l'épée. Raoul, comte de Clermont (1170), est représenté sur son sceau uniface, marchant au pas, coiffé d'un chapeau de fer et portant la lance à gonfanon. Les comtes de Montfort (1176) ont des sceaux à deux faces, d'un côté au type de chasse (pl. VII, n° 2), de l'autre au type équestre ordinaire. L'usage du contre-sceau commence pour les

Marsy (De). *Sceaux des évêques de Noyon.* Paris, 1865, in-8°. — 20 sceaux.

Coetlogon (de) et Tisserand. *Les armoiries de la ville de Paris sceaux, emblèmes,* etc. Paris, 1874-1875. in-4°, 2 vol. — 150 sceaux.

Moutié. *Recherches historiques, archéologiques et généalogiques sur Chevreuse.* Rambouillet, 1876, in-8°. — 6 sceaux.

Thomas. *Numismatique et sigillographie pontoisiennes.* Pontoise, 1883, in-8°. Avec les *Additions à la sigillographie pontoisienne* de M. de Marsy (*Mémoires de la société historique de Pontoise et du Vexin*, 1883, p. 21). — 45 sceaux.

Poquet (Abbé). *Essai de sigillographie soissonnaise.* Reims, 1886, in-8°, 16 p.

Muller (Chanoine). *Vingt-neuf chartes originales de l'abbaye de Chaalis* (*Comité archéologique de Senlis,* 1891, p. 25). — 31 sceaux.

comtes de Soissons en 1115, pour les autres beaucoup plus tard. Le type armorial existe dès 1204 pour les vicomtes de Melun ; les autres seigneurs adoptent ce type presque aussitôt après cette date.

Le nombre des sceaux des chambres de justice et de finance, des juridictions diverses, des trésoriers, conseillers des aides ou des comptes, des administrateurs, etc., de l'Ile-de-France, est immense et défie tout inventaire et toute classification.

Les sceaux municipaux sont très nombreux et plusieurs ont des types du plus haut intérêt. Je ne parlerai pas de la galère parisienne (1200) qui est assez connue. Les sceaux de Meulan (1195) (pl. XVIII, n° 1) et de Beaumont (xiie s.) représentent les têtes des échevins de ces deux villes ; celui de Mantes (1208), le maire à cheval ; ceux de Laon (1228), de Chaumont en Vexin (1211), d'Athies (1228), le maire à pied le premier portant une épée haute au fourreau ; ceux de Soissons (1228) (pl. XIV, n° 1) et de Compiègne (xiiie s.) figurent le prévôt royal entouré des échevins ; celui de Noyon (1259) un homme d'armes au haut d'une tour, tenant une épée et une bannière ; celui de Beaumont (1228), un château fort ; celui de Beauvais (1228), une vue de la ville dans une enceinte crénelée ; celui de Pontoise (1228), un pont fortifié ; celui de Poissy (1205), un poisson entre deux fleurs de lys ; celui d'Asnières (1259), le maire debout entre deux ânes.

Le sceau épiscopal le plus ancien de France est celui de Walbert, évêque de Noyon en 933 ; il est ovale et le prélat y est nu-tête. Puis vient celui de Roricon, évêque de Laon (949-976), sur lequel il est en buste de face, mitré, crossé et bénissant ; ce sceau est également ovale. Puis viennent par ordre d'ancienneté Héligot (1085) et Hugues de Pierrefonds (1093), évêques de Soissons, et Élinand (1096), évêque de Laon, les deux premiers debout, le dernier assis, nu-tête, crossé et bénissant. Le sceau d'Élinand a la forme d'une baie en plein cintre. Le sceau le plus récent sur lequel un évêque de l'Ile-de-France ait la tête nue est celui d'Étienne de Nemours, évêque de Noyon en 1189. La mitre cornue se rencontre à Beauvais en 1156, à Noyon en 1157, à Paris en 1159, à Laon en 1173. On trouve quelques exemples de la mitre pointue antérieurs à ces dates et elle est exclusivement employée à partir de 1175.

L'officialité de Laon (1251) a pour type un château ; celle de Noyon (1234), un château dans une enceinte fortifiée, surmonté d'une rose ; celle de Soissons (1254), un portique ; celle de Beauvais (1216) une main tenant deux clefs ; celle de Senlis (1263) un monogramme.

Les chapitres de Notre-Dame de Paris (1146), de Laon (1181) et de Senlis (1213) ont pour type la Vierge ; celui de Saint-Marcel de Paris (1202), saint Clément et saint Marcel ; celui de Saint-Denis (1200), saint Paul ; celui de Beauvais (1222), saint Pierre en costume épiscopal. La Sainte-Chapelle de Paris (1386 et 1480) a fait graver sur son sceau saint Louis et sa mère vénérant les reliques ; puis la vue du monument lui-même ; la Sainte-Chapelle de Vincennes (1406) est également figurée sur son sceau (pl. XVII, n° 2).

On trouve des sceaux abbatiaux dès le milieu du xiie siècle et presque tous représentent le patron de l'abbaye. Cependant les sceaux de Notre-Dame de Soissons (1287) et de Sainte-Geneviève de Paris (1224) représentent saint Pierre; celui de Montmartre (1216) et de Saint-Antoine-des-Champs (1217), saints Denis, Rustique et Éleuthère; celui de Chelles (xii. s.), sainte Bathilde; ceux de Longpont (1160), de Montetif (1220) et de Poissy (1223), la Vierge; celui de Saint-Prix de Noyon (1219) une église surmontée de trois clochers.

Les sceaux ecclésiastiques de l'Ile-de-France sont les plus anciens de France (933); leurs formes sont aussi à remarquer, l'un est en forme de baie en plein cintre, d'autres sont piriformes et un assez grand nombre sont en cuvette (1146-1213). Plusieurs sont rivés et non appendus. Les sceaux laïcs à deux faces sont fort rares; les contre-sceaux apparaissent au milieu du xiie siècle. Les sceaux de l'Ile-de-France sont généralement en avance au point de vue de l'art sur ceux des autres provinces.

15. Languedoc, Gévaudan[1].

La plupart des sceaux des seigneurs de Languedoc sont à deux faces; les comtes de Toulouse même à partir de Constance (pl. IV, n° 2), comtesse en 1194, n'en

---

1. Bibliographie. Vaissette (Dom). *Histoire générale de Languedoc.* Paris, 1730-1745, in-fol., 5 vol. — 174 sceaux.

Castellane (De). *Sceau de Guillaume V, seigneur de Montpellier* (*Mémoires de la Société archéologique du Midi de la France*, 1840-1841, p. 343). — 2 sceaux.

Roschach. *Étude sigillographique sur les archives communales de Toulouse.* Toulouse, 1865, in-8°. — 36 sceaux.

Dumas de Rauly. *Sur les sceaux des Capitouls de Toulouse* (*Bulletin de la Société archéologique du Midi de la France*, 1885-1886, p. 14). — 8 sceaux.

ont pas d'autres. Celle-ci est assise sur une face, à cheval sur l'autre. Jeanne Plantagenet (1196-1199) est debout sur une face et assise sur l'autre. A partir de 1201, les comtes ont usé du type de majesté sur une face, leur épée couchée sur leurs genoux, et au revers du type équestre. Simon de Montfort, lui-même, s'est servi de ce type. La plupart des grands seigneurs de Languedoc, Raymond, comte d'Alet (1217), Aimeri, vicomte de Narbonne (1242), Raymond Trencavel, vicomte de Béziers (1211), Bernard Hatton, vicomte de Nîmes (1214), Maffre de Castelnau (1237), Pilfort de Rabastens (1242), ont des sceaux de grande dimension, équestres et avec revers armorial. Les sceaux en forme d'écu sont très répandus dans la noblesse languedocienne. A partir de la fin du xiie siècle, l'usage de la bulle de plomb s'introduit parmi les seigneurs laïcs ; Raymond, comte de Toulouse (1195), Guillaume IV, seigneur de Montpellier (1180), même Alphonse de Poitiers (1249) et plus tard Philippe III, roi de France (1270), ont eu pour leurs juridictions languedociennes et provençales des bulles de plomb, tantôt à type équestre avec revers armorial, tantôt avec type armorial sur chaque face. Bernard d'Anduze (xiiie s.) et quelques autre s usent du type chevaleresque sur une face et du type de chasse sur l'autre. Les bulles disparaissent dans le cours du xive siècle.

EVANS (JOHN). *Le sceau de Jeanne Plantagenet, comtesse de Toulouse.* Toulouse, 1897, in-8°. — 2 sceaux.

LAHONDÈS (DE). *Quelques sceaux toulousains* (*Bulletin de la Société archéologique du Midi de la France*, 1901, p. 471). — 7 sceaux.

HOYM DE MARIEN (DE). *Sceaux ecclésiastiques languedociens du moyen âge et de la Renaissance* (*Mélanges de littérature et d'histoire publiés à l'occasion du jubilé épiscopal de Monseigneur de Cabrières.* Paris, 1899, t. II, p. 29). — 110 sceaux.

Plus de soixante-dix villes ou bourgades languedociennes ont eu des sceaux. A Toulouse chaque quartier, et ils étaient au nombre de sept, a eu son sceau particulier, sans préjudice de celui de la commune (1299), qui représente l'église Saint-Sernin et le château Narbonnais séparés par un *Agnus Dei* soutenant la croix de Toulouse. Dix-huit autres villes (Castelsarrazin, Castelnaudary, Albi, Castres, etc.), ont fait figurer sur leurs sceaux leurs principaux monuments : châteaux, portes, entre autres les arènes de Nîmes. On trouve encore comme type assez répandu sur les sceaux municipaux, la croix de Toulouse (très commune), le consul à cheval, à pied ou en buste, un homme d'armes galopant la lance ou l'épée en main, des écus aux pals d'Aragon, des animaux aigle ou lion, etc. Le bourg de Montblanc (1288) a pour type une montagne avec la légende : *S. d'ls proomes de Môblanc ;* Rabastens (1242), trois raves ; Olargues (1303), une marmite.

On ne connaît jusqu'à ce jour aucun sceau épiscopal languedocien antérieur à la bulle d'Adalbert d'Uzès, évêque de Nîmes en 1174. La plupart des évêques ont usé de sceaux de cire pour leur chancellerie particulière et de bulles de plomb pour leurs juridictions, dans les évêchés de Montpellier, Mende, Nîmes et Uzès; dans les autres évêchés la bulle n'a pas pénétré. Adalbert de Tournel, évêque de Mende (1179), Guillaume de Roquessels, évêque de Béziers (1199-1205), Guillaume de Fleix, évêque de Maguelonne (vers 1202), sont debout, coiffés de la mitre cornue. Au contraire Bertrand de Béceiras, évêque d'Agen (1183), Guillaume de Peyre, évêque d'Albi (1218), sont debout avec la mitre droite, qui à partir de cette époque est toujours en usage. Beaucoup d'évêchés tardivement créés (Lavaur, Castres, Saint-Papoul, Rieux, Mirepoix, Montauban, etc.), n'ont que des sceaux à type banal. Sur la plupart des bulles, dont l'usage ne dépasse guère le début du xive siècle, les évêques sont à mi-corps, et le revers porte une légende transversale en plusieurs lignes. Les contre-sceaux sont rares et tardifs.

Le chapitre de Carcassonne a fait graver sur son sceau (1248) un professeur enseignant ; celui de Narbonne (1261), saint Just et saint Pastor ; celui de Toulouse (1280), la lapidation de son patron saint Étienne ; celui d'Albi (1303), une femme debout tenant une croix processionnelle ; celui d'Agen (1217) saint Étienne.

Quelques abbayes, Saine-Gilles (1157), Franquevaux (1191) Psalmody, (1209) ont des sceaux qui représentent leur patron.

Le Languedoc doit se diviser en deux régions, celle des bords du Rhône où la bulle a été en usage de 1174 à 1310 environ, et le haut Languedoc où elle est inconnue. Un grand nombre de sceaux seigneuriaux sont à double face, les contre-sceaux sont peu communs et récents ; les sceaux sont souvent en forme d'écu.

16. Limousin, Marche [1].

Aimar, comte de la Marche (1199), a un sceau équestre, le cavalier tenant l'épée, avec contre-sceau

---

1. Bibliographie. Guibert. *Sceaux et armes des villes, églises, cours de justice, chancelleries, communautés, corporations des trois départements limousins* (*Bulletin de la Société archéologique et historique du Limousin*, 1878, t. II. p. 62 et 1885). — 44 sceaux.

armorial. Les Lusignan, devenus comtes de la Marche, y introduisirent leur type sigillaire à double face si connu, d'un côté le cavalier, en costume de chasse, caressant un animal placé sur la croupe de son cheval et de l'autre un écusson armorié. Depuis Hugues de Lusignan (vers 1200) jusqu'au xive siècle, ce type a été immuable, sauf pour Aimeri (1217) qui use d'un sceau armorial à deux faces. Les vicomtes de Limoges à partir de Gui IV (vers 1140), adoptent le type équestre ordinaire ; Aymar, à la même époque, a un sceau au même type, avec contre-sceau armorial. Les vicomtes de Turenne ont des sceaux à double face ; Raymond III (1211) est représenté d'un côté au galop avec la lance à pennon en arrêt, et au revers est un château sur un rocher. Raymond IV (1214) remplace la lance par l'épée ; Bernard en 1226 remplace le revers par un contre-sceau armorial. Les Comminge, vicomtes de Turenne en 1308 et les la Tour d'Auvergne qui leur ont succédé, n'ont que des sceaux armoriaux. Les vicomtes de Ventadour ont usé de sceaux du même genre, depuis 1263.

La ville de Limoges a pris pour type de son sceau municipal (1228) une enceinte fortifiée, qu'elle troqua en 1229 contre le buste de saint Martial, son patron, avec contre-sceau armorial ou orné d'un *Agnus Dei*. Saint-Julien et Saint-Léonard (1308) ont fait graver sur le leur l'effigie de leurs saints patrons.

Le plus ancien sceau épiscopal connu de Limoges est

Bosredon (De) et Rupin. *Sigillographie du Bas-Limousin*. Brive. 1886, in-4°. Avec le *Supplément*. Brive, 1896, in-4°. — 1208 sceaux.
— *Notes pour servir à la sigillographie de la Haute-Vienne*. Limoges. 1892, in-8°. — 580 sceaux.

celui de Sébrand Chabot (1196,), à type classique, avec une empreinte d'intaille comme contre-sceau. Ce type n'a pas varié sous ses successeurs, sauf pour le contre-sceau qui figure la Vierge. Des évêques de Tulle on n'a que des sceaux beaucoup plus récents encore. Le chapitre de Limoges a fait graver sur le sien (1236) saint Étienne à mi-corps.

Les plus anciens sceaux de la Marche et du Limousin n'ont pas été retrouvés jusqu'à présent. Beaucoup de ceux que nous connaissons sont à double face. Les contre-sceaux apparaissent vers le milieu du xiie siècle.

17. Lorraine [1].

Les sceaux des ducs de Lorraine commencent en 1078, celui de Zwentibold, roi de Lorraine en 897, dont j'ai déjà parlé (p. 72 et 230), mis à part. Thierri en 1078 a un sceau rivé représentant un cavalier la lance en arrêt, l'écu vu à revers. Simon (1132) a un sceau semblable et apposé par le même procédé. En 1172 Mathieu se fait représenter brandissant une épée; Simon II en 1178 est le premier qui porte un écu chargé des alérions de Lorraine. En 1196 Ferri de Bitche revient à la lance à

---

1. Bibliographie. — Calmet (Dom). *Histoire ecclésiastique et civile de Lorraine.* Nancy, 1745-1757, in-fol., 7 vol. — 101 sceaux.

Robert (Charles). *Sigillographie de Toul.* Paris, in-4°. — 146 sceaux.

Wiener. *Musée historique lorrain. Catalogue des objets d'art et d'antiquité.* Nancy, 1887, in-8°. — 61 sceaux.

Ferry. *Sigillographie de Saint-Dié (Bulletin de la Société philomatique vosgienne,* 1886-1899, p. 103). — 105 sceaux.

Dony. *Monographie des sceaux de Verdun.* Verdun, 1890, in-4°. — 75 sceaux.

gonfanon, et ce type s'immobilise jusqu'à Ferri V (1312-1329). On reprend ensuite le type du cavalier l'épée haute qui, avec des variantes bien naturelles dans le costume et l'ornementation, persiste jusqu'à Léopold (1710). A partir du xvie siècle, le champ du sceau est orné de trophées d'armes, de paysages et de fleurettes. Le contre-sceau armorial commence en 1225.

Les comtes de Bar à partir d'Henri Ier (1179), ont usé du type équestre ordinaire, avec contre-sceau figurant un buste viril. Gérard, comte de Vaudemont (1174-1179), se sert tantôt d'un sceau sur lequel le cavalier tient une lance à pennon, tantôt d'un autre sur lequel il brandit une épée ; ses successeurs n'emploient que ce dernier type, de même que les comtes de Brienne à partir de Jean (1209).

Il existe en Lorraine un grand nombre de sceaux de juridiction, ou armoriaux, ou figurant le duc assis ; les sceaux-matrices ont servi pendant de longues années ; quelques-uns datant du xiiie ou du xive siècle sont encore utilisés au xviie.

La ville de Metz avait des sceaux particuliers pour chaque quartier du pariage ; le sceau de la cité (1297) représentait la lapidation de saint Étienne, qui est aussi figurée sur celui de la ville de Toul (1300). Sur celui de Sarrebourg (1472), le même saint paraît debout dans un porche d'église. Verdun en 1390 avait fait graver sur son sceau une ville dans une enceinte fortifiée, et Épinal, en 1444, une tour.

Le sceau d'Adalbéron, évêque de Metz (942), est l'un des plus anciens sceaux épiscopaux de France ; le prélat est nu-tête, debout, tenant une crosse et un livre ;

ce sceau est rivé sur le parchemin. A partir de Conrad, évêque en 1223, les sceaux sont au type épiscopal classique. Les plus anciens sceaux des évêques de Toul représentent Riquin (1108-1127) (figure 20, p. 161) et Henri de Lorraine (1127-1165) en buste, tenant une crosse et un livre, avec le titre de *Leucorum episcopus*. Ensuite les prélats sont assis ou debout avec la mitre droite, la crosse et un livre sur laquelle est écrit le mot : *Pax*. Les contre-sceaux datent de Renaud, évêque en 1213. Thierri, évêque de Verdun (1047-1089), est debout, nu-tête, tenant une crosse et un livre. A partir d'Albert de Hirgis (1186-1208), le prélat est coiffé de la mitre droite, debout ou assis, tenant un livre et une crosse. Cependant Jean d'Apremont, évêque élu (1218), est nu-tête, une main posée sur sa poitrine et tenant de l'autre une fleur. Les grands prévôts de Saint-Dié, qui portaient le titre épiscopal avant d'être évêques en réalité, ont d'abord pour type de leurs sceaux leur saint patron (1097), puis une aigle (1135) ; à partir de Mathieu de Lorraine (1200), le prévôt est assis de face, mitré, crossé et bénissant.

Le chapitre de Toul avait fait graver sur son sceau saint Étienne debout (1140) ; celui de Sainte-Madeleine de Verdun (1238), sainte Madeleine debout et voilée ; celui de Saint-Étienne de Metz (1379), saint Paul ; celui de Saint-Dié (1260), son patron assis. L'abbaye de Mouzon avait pris pour type la Vierge (1239) ; celle de Beaupré, un bras tenant une crosse en pal (1178) ; celle de Saint-Hubert des Ardennes (1135), l'effigie de son saint patron.

Les sceaux de Lorraine sont remarquables par leur

ancienneté. Plusieurs sont rivés sur l'acte, un plus grand nombre encore sont en cuvette. La série ducale est des plus intéressantes. Les évêques n'ont jamais porté la mitre cornue ; les sceaux à double face n'ont pas été en usage dans cette province ; les contre-sceaux datent de la fin du XIIe siècle seulement.

18. Normandie, Perche [1].

Guillaume le Conquérant, roi d'Angleterre et duc de Normandie, a en 1069 un sceau à deux faces, d'un côté au type de majesté, l'épée haute et le globe à la main comme roi, de l'autre au type équestre, le visage de face, une lance à gonfanon sur l'épaule comme duc (pl. VII, n° 1). Ce type a persisté jusqu'à Henri III en 1263. Il faut excepter Geoffroi Plantagenet (1149) et Henri II, avant son accession au trône (1151-1189), qui, n'étant pas rois, ont usé du type équestre sur les deux côtés de leur sceau et tiennent sur la face la lance à gonfanon, sur le revers l'épée haute. Les comtes du Perche à partir d'Étienne (1190) ont eu des sceaux au type équestre

---

1. Bibliographie. — Léchaudé d'Anisy. *Extrait des chartes et autres actes normands qui se trouvent dans les archives du Calvados.* Caen, 1834-1835, in-8°, 2 vol. — 461 sceaux.

Gervais. *Musée de la Société des Antiquaires de Normandie. Catalogue et description des objets d'art et d'antiquité.* Caen, 1864, in-8°. — 13 sceaux.

Farcy (De). *Sigillographie de Normandie. Évêques de Bayeux.* Caen, 1875-1876, in-4°, 329 p. — 85 sceaux.

Demay. *Inventaire des sceaux de Normandie.* Paris, 1881, in-4°, 454 p. — 3187 sceaux.

Souancé (Vte de). *Sigillographie des anciens comtes du Perche (Documents sur la province du Perche,* 1895, in-8°). — 27 sceaux.

ordinaire; les contre-sceaux commencent à Geoffroi III (1197). Celui d'Enguerrand de Coucy (1206) est une réduction du type équestre, le cavalier tenant la lance à gonfanon. Les comtes d'Alençon à partir de Robert III (1211) ont également des sceaux équestres avec contre-sceaux. Les sceaux de Pierre II, comte d'Alençon (1381-1394), sont remarquables par leur décoration surchargée et magnifique. Les sceaux des comtes de Mortain (1193), d'Harcourt (1339), de Beaumont-le-Roger (1325), d'Aumale (xiie s.), des vicomtes d'Auge (1251), des sires de Fougères (1163), sont au type équestre ordinaire, la plupart avec contre-sceaux armoriaux. Les comtes de Tancarville (1355) ont des sceaux armoriaux. Les seigneurs de Parthenay (1220) ont affectionné la représentation de Samson terrassant un lion et coiffé d'une mitre.

La ville de Rouen a des sceaux municipaux d'un beau style figurant un lion léopardé (1222) (pl. XVIII, n° 2), celle de Verneuil (1228) également. La ville d'Eu porte une aigle (1308), celle de Saint-Valery un navire (1303); celles d'Aumale (1308) et de Vétheuil (1218) ont fait graver sur leurs sceaux leur maire à cheval tenant un bâton noueux.

Les sceaux des administrateurs anglais pendant l'occupation, du milieu du xive siècle au milieu du xve, des Bedford, Beauchamp, Talbot, Salisbury, etc., sont armoriaux et remarquables par leur dimension, leur ornementation délicate et surchargée. Les officiers de justice et de finance ont fait un très grand usage du signet; les paysans et hommes de fief ont eu dès le xiiie siècle des sceaux nombreux et grossiers produits en général par des matrices de plomb. Les sceaux de juridiction, des vicomtés, châtellenies, etc., sont très abondants en Normandie ; la plupart figurent des châteaux et des écus armoriés.

Les sceaux des archevêques de Rouen commencent à Hugues d'Amiens (1146) qui est assis, crossé, bénissant et coiffé de la mitre cornue; Gautier de Coutances (1201) et ses successeurs ont la mitre pointue et usent du contre-sceau. Les sceaux des évêques de Bayeux débutaient par celui d'Eudes de Conteville (1050-1097), qui existait au xviie siècle et n'a pas été retrouvé ; Philippe de Harcourt (avant 1163) est assis, coiffé de la mitre cornue ; Robert des Ablèges (1206-1231) et ses successeurs adoptent la mitre pointue. Les contre-sceaux commencent à Henri (1164-1205) (pl. XXI, n° 1). A Lisieux, en 1170, Arnoul est assis avec la mitre cornue ; Raoul (1182-1191) adopte la mitre ordinaire. A Avranches, Herbert (1159) est assis coiffé de la mitre cornue qui disparaît sous ses successeurs pour reparaître en 1194 avec Guillame de Chemillé et disparaître définitivement au commencement du xiiie siècle. A Sées, Gérard, en 1145, est debout, nu-tête, crossé et bénissant ; Froger (1157-1184) est debout avec la mitre cornue et a un contre-sceau, ainsi que ses successeurs jusqu'en 1205. Après cette date commence l'usage de la mitre droite. Rotrou, évêque d'Evreux (1139-1165), est debout avec la mitre droite ; ses successeurs jusqu'en 1204 adoptent la mitre cornue qui est remplacée en 1264 par la mitre droite Les contre-sceaux ne commencent qu'en 1204. Algar, évêque de Coutances (1135), est debout, nu-tête ; Richard de Bohon, son successeur (1150-1178), est assis, coiffé de la mitre cornue ; après lui commence la mitre droite.

Les chapitres de Rouen (xiiᵉ s.), d'Évreux (xiiᵉ s.) de Bayeux (xiiiᵉ s.), de Coutances (xiiᵉ s.) ont des sceaux représentant la Vierge ; celui de Lisieux (1200) représente saint Pierre assis ; celui d'Avranches (1366), saint André. Les sceaux des officialités d'Évreux (1234) et de Rouen (1237) figurent l'évêque debout ; celui de Bayeux (1284) un buste épiscopal de profil accosté d'une crosse ; celui de Coutances (1260) un bras tenant une crosse entre deux fleurs de lys et deux annelets ; celui d'Avranches (1236) un bras tenant une crosse et une mitre (pl. XXVI, n° 3). On ne trouve pas de sceaux abbatiaux avant le premier tiers du xiiᵉ siècle ; le plus ancien est celui de Sainte-Catherine de Rouen (1137) représentant l'abbé debout, type qui se voit aussi sur ceux de Saint-Wandrille (1178) et de Saint-Nicolas-du-Bois (1144). La Vierge paraît sur ceux de Sainte-Marie-de-Ressons (1187) et du Bec (1221) ; saint Pierre sur celui de Jumièges (1217) ; sur celui de Cérisy, à Bayeux (1222), figure saint Vigor enchaînant le démon ; ceux de Fécamp (1204) et de Lessay (xiiᵉ s.) ont pour type la Trinité. La plupart des autres abbayes ont fait graver sur leur sceau l'image de leur patron.

La sigillographie de Normandie est extrêmement riche et remarquable au point de vue de l'art. On y trouve plusieurs sceaux en cuvette ; les sceaux à double face n'ont été employés que par les ducs ; les contre-sceaux commencent au milieu du xiiᵉ siècle. A partir du xivᵉ, les sceaux normands subissent visiblement l'influence de l'art anglais, plus surchargé que l'art français et auquel on doit le gothique flamboyant.

19. Orléanais, Touraine[1].

Les princes de la maison de France qui ont eu la Touraine et l'Orléanais pour apanage, Philippe, duc d'Orléans (1353), Louis, duc de Touraine (1380), et leurs descendants ont eu de très beaux sceaux équestres dont le champ est parfois très orné. Ceux des comtes de Blois commencent à Thibaud IV (1138) ; ce seigneur use d'abord du type équestre, le cavalier portant sur son épaule la lance à pennon, puis il adopte celui du cavalier brandissant l'épée qui a été en usage sous tous ses successeurs. Le contre-sceau armorial commence à Thibaud VI (1215). Les Châtillon, comtes de Blois, ont eu, en cette qualité, de fort beaux sceaux et des signets très élégants. Les comtes et vidames de Chartres, depuis Guillaume de Mello (1190), ont usé du type équestre ordinaire ; le contre-sceau commence en 1202, et le sceau purement armorial en 1265. On connaissait autrefois un sceau de Geoffroi, vicomte de Châteaudun (avant 1134) ; il n'a pas été retrouvé, et on n'en connaît pas pour cette seigneurie d'antérieur à celui d'Hugues V, son descendant (1189) ; il est au type équestre ordinaire. Raoul, mort en 1163, est le premier comte de Vendôme dont

---

1. Bibliographie. Duchesne (André). *Histoire de la maison de Châtillon-sur-Marne* (Comtes de Blois). Paris, 1631, in-fol. — 13 sceaux.

Delaville-Leroux. *Note sur quelques sceaux tourangeaux* (*Bulletin de la Société archéologique de Touraine*, 1883-1885, p. 131). — 9 sceaux.

Métais (Abbé). *Sceaux des vicomtes de Châteaudun* (*Bulletin de la Société dunoise*, 1893, p. 321). — 40 sceaux.

Merlet (L. et R.). *Dignitaires de l'Église Notre-Dame de Chartres*. Paris, 1900, in-8°. — 44 sceaux.

Stein. *Quelques sceaux inédits du Gâtinais* (*Annuaire de la Société archéologique du Gâtinais*, 1895, p. 267). — 17 sceaux.

le sceau soit venu jusqu'à nous ; il représente un cavalier marchant au pas et tenant une lance à pennon. Jean II (1206) use du sceau équestre classique ; Bouchard (1263) y joint un contre-sceau armorial ; Jean V (1285) use d'un sceau purement armorial ; néanmoins le type équestre s'est maintenu jusqu'au xve siècle dans ce comté. Les sires d'Alluye, seigneurs de la Charité-sur-Loire, avaient en 1222 un sceau équestre avec revers armorial.

En 1506 la ville de Tours avait un sceau représentant son enceinte et ses monuments, copié certainement sur un sceau beaucoup plus ancien ; Mondoubleau en 1326 avait adopté comme type une église ronde à coupole dans une enceinte. L'administration de la monnaie de Tours avait au xive siècle un admirable sceau sur lequel l'écu de France était timbré d'un buste épiscopal et accosté de deux tours.

La série sigillaire des archevêques de Tours est remarquable. Elle débute à Hugues de Châteaudun (1005-1023) qui est assis, nu-tête, crossé et bénissant ; ce type a duré jusqu'à Engelrand de Preuilly (1148) qui est debout et coiffé de la mitre cornue ; Josse, son successeur (1157-1173), est vêtu de même, mais assis. A partir de Geoffroi du Lude (1207), les archevêques sont assis ou debout avec le type sacerdotal ordinaire et le contre-sceau est quelquefois une réduction du type de la face. Geoffroi de Lévis, évêque de Chartres (1116-1149), est debout, nu-tête, crossé et bénissant ; Robert (1163) est coiffé de la mitre cornue. Au xiiie siècle règne le type sacerdotal classique. Jean II, évêque d'Orléans (1111), est debout, nu-tête ; en 1197, Henri de Dreux porte la mitre cornue et a un contre-sceau. Au xiiie siècle commence le type sacerdotal ordinaire.

Le chapitre de Tours avait fait graver au xiie siècle sur son sceau saint Martin armé de toutes pièces ; en 1215 le saint a le costume d'évêque. Le chapitre de Saint-Maurice de Tours (1241) avait adopté le type de son saint patron à cheval ; celui de Sainte-Croix d'Orléans (1209) figurait le buste du Christ une croix à la main ; celui de Chartres représenta d'abord la Vierge (1207), puis la sainte tunique ; sur celui de Saint-Père de Chartres (xiie s.) figurèrent saint Pierre et saint Paul à mi-corps.

Sur leurs sceaux qui commencent en 1137, les abbés de Marmoutiers sont représentés tantôt à mi-corps, tantôt en pied. Garnier, abbé de 1137 à 1157, a un sceau en forme de baie en plein cintre. Saint-Chéron de Chartres (1190), Saint-Julien de Tours (1160), Turpenay (1195), Saint-Laumer de Blois (1217), ont aussi fait figurer sur leurs sceaux leurs abbés parfois mitrés et crossés. Saint-Euverte d'Orléans (xiie s.) y a fait représenter son patron, et la Trinité de Vendôme (1205) la relique célèbre de la Sainte-Larme.

Les sceaux d'Orléanais et de Touraine sont remarquables au point de vue de l'art ; on ne trouve pas de contre-sceau avant 1200. Un sceau abbatial a la forme peu commune d'une baie en plein cintre.

20. Périgord [1].

A partir d'Hélie VI (1248), les Talleyrand, comtes de Périgord, ont un sceau équestre, le chevalier tenant l'épée ; à partir d'Archambaud III (1251-1295) leurs

---

1. Bibliographie. Bosredon (De). *Sigillographie du Périgord*. Brive, 1891, in-4°. — 596 sceaux.

sceaux ont deux faces, l'une équestre, l'autre armoriale ; à partir d'Hélie VII (1295), ils deviennent purement armoriaux. Les Rudel, sires de Bergerac, ont depuis Hélie (1224) des sceaux équestres à type classique, avec revers ; celui d'Hélie a au revers une aigle du plus beau style. A dater de 1251 les sceaux des Rudel sont simplement armoriaux. Les Gaillard, sires de Baynac (1238), ont également des sceaux armoriaux.

Le sceau municipal de Périgueux représente en 1204 une aigle, en 1223 un homme d'armes armé de toutes pièces, en 1240 saint Front, qui jusqu'à cette date n'avait paru qu'en contre-sceau. La ville de Sarlat (1223) a pour type une fleur de lys avec la curieuse légende que j'ai déjà signalée : *Ce est li sciaus as borgies de Sarlat* (p. 225).

On ne connaît aucun sceau épiscopal de Périgueux antérieur à celui de Raymond de Mareuil (1150) sur lequel ce prélat est représenté à mi-corps, crossé, bénissant, coiffé de la mitre cornue. Ramnulphe de la Tour (vers 1226) est debout avec la mitre droite et a un contre-sceau. Depuis lors le type ne se modifie pas.

L'abbaye d'Aubeterre avait pour type, vers 1226, une croix à double croisette.

En résumé les sceaux de Périgord ne sont pas anciens, ou du moins les plus anciens ne sont pas venus jusqu'à nous. Ceux des comtes de Périgord et des principaux barons sont à double face ; on ne trouve pas de contre-sceaux avant le début du xiiie siècle.

21. Picardie, Ponthieu, Vermandois [1].

Les sceaux des comtes de Vermandois commencent à celui de Raoul I*er*(1116-1152) ; il est équestre, le cavalier vêtu de mailles tient une lance à gonfanon. Son successeur Philippe d'Alsace (1164) a apporté en Vermandois le type des comtes de Flandre, le cavalier brandissant une épée, avec contre-sceau figurant un cavalier tenant la lance à pennon. Pierre de Courtenay (1191) inaugure le contre-sceau armorial. Les comtes de Braine, Gautier (vers 1100) et Gautier III (vers 1170), ont des sceaux au type de chasse, le second avec contre-sceau armorial. Guillaume en 1260 a le type équestre ordinaire. Robert Guiscard, comte de Roucy (1166), a un sceau uniface au type équestre ; Hubert en 1189 use du type armorial ; Raoul en 1190 revient au type équestre auquel ses successeurs ajoutent un contre-sceau armorial. Gérard, comte de Boulogne (avant 1181), use d'un sceau équestre uniface au type classique ; Renaud (1204) y ajoute un contre-sceau armorial. Jean, comte de Ponthieu (1161), a un sceau équestre, le cavalier tenant

---

[1]. Bibliographie. Gaignières. Les dessins de Gaignières conservés à la Bibliothèque nationale sont très précieux et très abondants pour cette région. Voir l'inventaire que j'en ai publié dans les *Mémoires des Antiquaires de France*, t. LXIX, p. 67. — 3340 sceaux.

Clairambault (N.-P. de). *Extrait de la généalogie de la maison de Mailly*. Paris, 1157, in-4°. — 15 sceaux.

Gomart. *Étude sur les sceaux du Vermandois* (*Bulletin monumental*, 1862, p. 507). — 26 sceaux.

Demay. *Inventaire des sceaux de Picardie*. Paris, 1877, in-4°, 215 p. — 1533 sceaux.

Belleval (M*is* de). *Les sceaux du Ponthieu*. Paris, 1896, in-8°. — 772 sceaux.

la lance à gonfanon ; Jean (après 1191) remplace la lance par l'épée ; Guillaume Talavas (1195) a, par exception, un sceau représentant un saint nimbé à mi-corps, qu'on n'a pu identifier ; je n'ai pas trouvé de contre-sceau avant Simon de Dammartin (1232). Les vicomtes de Pontremy (vers 1230), les barons de Saint-Valery (1208) et de Fontfaines (1200) ont des sceaux à type équestre avec contre-sceau armorial. Raoul d'Airaines (1230) et Henri, son descendant (1247), ont par exception des sceaux à deux faces, l'une équestre, l'autre armoriée.

Les sceaux municipaux de cette région sont très nombreux et leurs types sont extrêmement intéressants. Ils représentent soit un cavalier brandissant ses armes (Doullens, xii⁰ s. ; Airaines, 1211 ; Abbeville, 1217 ; Péronne, 1228 ; Mayoc, 1230 ; Saint-Quentin, 1303 ; Poix, 1303 ; Saint-Josse-sur-Mer, 1345 ; Boulogne-sur-Mer, 1407), soit le maire à cheval tenant une massue (Roye, 1228, (pl. X, n° 2) ; Chaudarde, 1308), soit le maire dans la même attitude suivi par une foule armée (Wailly, 1260 ; Chauny, 1303), soit le maire en costume civil et nu-tête (Ham, xii⁰ s. ; Montreuil-sur-Mer, 1210 ; Corbie, 1228), soit les têtes des magistrats municipaux rangées en cercle autour d'un quintefeuille (Amiens, 1228). Rue (1303) a pour type un chevalier combattant un lion ; Calais un navire (1308) ; Arguel, un cerf (1230) ; Saint-Riquier, une tour avec revers armorial (1487).

Le plus ancien sceau de l'évêché d'Amiens est le sceau-matrice d'ivoire de Foulques II (1036-1058) qui le représente sur les deux faces, nu-tête, debout, avec des détails un peu différents. En 1113, Geoffroi, son successeur, est debout, nu-tête, tenant une crosse et un livre. Thierry (1144-1164) est tantôt debout, tantôt assis, coiffé de la mitre cornue, crossé et bénissant. Richard (1205) est debout au type sacerdotal ordinaire, avec un contre-sceau sur lequel est gravé son buste.

Le chapitre d'Amiens (1365) a fait représenter sur son sceau saint Firmin, son patron ; ceux de Saint-Quentin (1213) et de Saint-Furcy de Péronne (1220) ont aussi pour type leurs patrons. Sur le sceau de l'abbaye du Mont-Saint-Quentin (1177) est figuré saint Georges perçant un dragon de sa lance ; sur celui de l'abbaye de Corbie (1188), saint Pierre debout ; sur celui d'Homblières (1223), la Vierge assise tenant un livre et un globe surmonté d'une branche de lis.

Les sceaux seigneuriaux et municipaux de cette province sont très nombreux et remarquables. Les sceaux à revers sont fort rares ; les contre-sceaux commencent vers 1160. Il y a un certain nombre de sceaux à cuvette.

22. Poitou, Saintonge, Aunis, Angoumois [1].

Depuis Alphonse de Poitiers (1249), les fils de France qui ont possédé le Poitou en apanage ont eu pour type de leurs sceaux le cavalier brandissant l'épée, avec

---

1. Bibliographie. Vallet de Viriville. *Sceaux du XIVe siècle ayant servi à diverses juridictions de la sénéchaussée du Poitou.* (*Mémoires de la Société des Antiquaires de France*, 1865, p. 231). — 6 sceaux.

Bosredon (De) et Mallat. *Sigillographie de l'Angoumois.* Périgueux, 1872, in-4°. — 421 sceaux.

Audiat. *Sceaux inédits de la Saintonge et de l'Aunis.* Saintes, 1875, in-8°. — 11 sceaux.

contre-sceau armorial. Ceux de Philippe (1316) et de Jean (1347), grand sceau et sceau secret, sont particulièrement intéressants. Les comtes d'Angoulême, depuis Aimar (1199), ont usé du même sceau équestre ; les Lusignan ont importé en Angoumois, depuis Hugues X (1224), leur type de chasse si caractéristique, avec un animal couché sur la croupe du cheval, et un revers armorial. Aimeri, comte de Thouars (1199), use également du type de chasse, mais avec revers au type équestre ordinaire. Ses successeurs au contraire, à partir d'Audebert (1221), ont adopté celui du cavalier, la lance en arrêt, avec revers armorial, et ce type persiste avec quelques variantes jusqu'à Louis, vicomte en 1350, qui porte la lance haute et, au lieu d'un revers, a un contre-sceau. Geoffroi de Rançon, vicomte d'Oigny (1235), a un sceau armorial avec contre-sceau figurant le chef de saint Jean-Baptiste. Savari de Mauléon, sénéchal de Poitou (1222), a un sceau à revers, d'un côté équestre et de l'autre armorial.

Le sceau municipal de Poitiers (1303) représente d'un côté le maire à cheval, un bâton sur l'épaule, et de l'autre la vue de la ville dans une enceinte fortifiée. Celui de la Rochelle (1440) représente également le maire à cheval.

Le plus ancien sceau épiscopal de Poitiers est celui de Guillaume (1117-1140) qui est assis nu-tête, crossé et bénissant ; Gilbert de la Porée (1148) est d'abord dans

---

BARBIER. *Inventaire des sceaux-matrices du musée de la Société des Antiquaires de l'Ouest.* Poitiers, 1881, in-8°, 117 p. — 197 sceaux.

MALLAT. *Sigillographie ecclésiastique de l'Angoumois.* Arras, 1880, in-8°. — 76 sceaux.

la même attitude, mais coiffé de la mitre cornue, puis en 1150 il reparaît la tête nue. La mitre droite n'apparaît qu'au début du xiii° siècle. Bernard, évêque de Saintes (1147), est à mi-corps, nu-tête, bénissant et tenant sa crosse en biais ; à partir d'Hélie (1223), c'est le type épiscopal classique. Hugues de la Rochefoucauld, évêque d'Angoulême (1150), a un sceau qu'on dirait copié sur celui de Bernard, évêque de Saintes ; Ayquelin de Blaye, en 1243, est debout, mitré, crossé et bénissant, sur champ réticulé. On ne trouve aucun contre-sceau avant les premières années du xiii° siècle.

L'officialité d'Angoulême (1280) a un sceau au type de l'évêque à mi-corps. Les divers chapitres de Poitiers ont fait graver sur les leurs la Vierge, saint Hilaire et saint Pierre. C'est saint Pierre qu'on trouve également sur ceux des chapitres de Saintes (1245) et d'Angoulême.

On a le sceau de Geoffroi, dernier abbé de Maillezais et qui en fut aussi le premier évêque (1317) ; il est représenté debout et nu-tête. La plupart des autres abbayes, Saint-Martin de Poitiers (1117), Saint-Cybard d'Angoulême (1226), Saint-Amand (1274) ont pris pour type leur saint patron ; celle de la Couronne (1138) et celle de Sainte-Croix de Poitiers (1462) ont fait figurer sur leurs sceaux leurs fondateurs, sainte Radegonde et le bienheureux Laurent.

Les sceaux seigneuriaux de Poitou sont très souvent à revers ; le type des évêques à tête nue s'est prolongé assez tard ; les contre-sceaux ne paraissent pas avant le début du xiii° siècle.

23. Provence, Orange, Comtat[1].

Les comtes de Provence, depuis Raymond- Bérenger (1150), ont des sceaux à revers; sur une face ils brandissent l'épée, sur l'autre ils portent la lance à pennon. Les sceaux des marquis de Provence, également à revers, sont différents; Alphonse Ier, roi d'Aragon, marquis de Provence (1193), est assis sur une face et galope sur l'autre, la lance en main ; Alphonse II est représenté avec la lance sur chaque face. Raymond IV, comte de Toulouse et marquis de Provence (1241), a introduit sur la rive gauche du Rhône le type toulousain ; il est figuré d'un côté assis, l'épée transversale sur ses genoux et de l'autre galopant avec la lance à pennon. Les comtes de Forcalquier ont aussi des sceaux à revers; d'un côté ils galopent la lance en avant, sur l'autre face est gravée la croix pommetée de Toulouse. Les seigneurs d'Orange sont représentés d'un côté de leur sceau brandissant leur épée et au revers est un huchet ou cornet enguiché. A partir du milieu du XIIIe siècle, ils usent du sceau purement

---

1. BIBLIOGRAPHIE. ANIBERT. *Mémoires historiques et critiques sur l'ancienne république d'Arles.* Verdon, 1779-1781, 4 vol. in-12. — 9 sceaux.

DASSY. *Les sceaux de l'église de Marseille au moyen âge.* Marseille, 1857, in-8°. — 34 sceaux.

BLANCARD. *Iconographie des sceaux et bulles conservés aux archives des Bouches-du-Rhône.* Marseille, 1860, in-fol., 2 vol. — 643 sceaux.

BARTHÉLEMY (D[r]). *Inventaire chronologique et analytique des chartes de la maison des Baux.* Marseille, 1882, in-8°, 680 p. — 44 sceaux.

ALBANÈS (ABBÉ). *Armorial et sigillographie des évêques de Marseille.* Marseille, 1884, in-4°, 200 p. — 47 sceaux.

ROMAN. *Les sceaux de la famille de Savoie-Tende.* Valence, 1906, in-8°, 15 p. — 7 sceaux.

armorial avec le huchet, la croix de Toulouse ou l'étoile rayonnante. La plupart des sceaux des barons provençaux, des Sabran, des d'Agoult, des Simiane, des Castellane, des Amic, des Blacas, des Sacriste, etc., sont également à deux faces, l'une au cavalier, l'autre armoriée. Garcinde, comtesse de Provence (1220), Galburge, princesse d'Orange (1256), et Galburge, dame de Serres (1259), sont représentées à cheval armées de toutes pièces, rareté qu'il est bon de signaler. Dans la deuxième moitié du xII° siècle, les bulles de plomb font leur apparition; Guillaume, comte de Forcalquier, en avait une en 1174 qui n'a pas été retrouvée. Usitées principalement comme sceaux de juridiction, les bulles deviennent très nombreuses au xIII° siècle. Les comtes de Forcalquier s'y font représenter en costume de guerre d'un côté, en costume de chasse de l'autre (1206) ; les princes d'Orange (1215-1480), avec une étoile, une croix de Toulouse ou un cor enguiché au revers ; les Sabran, les Porcelet, les Trets, les Boulbon, les Mondragon, etc., usent de la bulle de plomb ; il est même des bulles communes pour les juridictions de deux seigneurs ; on en trouve quelques-unes au nom de simples clercs et d'ouvriers. Non seulement les princes angevins ont usé de la bulle de plomb, mais même on trouve deux exemples de bulles d'or appendues à des actes souscrits par eux en Provence (Charles II, 1292 ; Robert, 1325), importation tout à fait exceptionnelle de leur chancellerie de Naples. Ces princes d'Anjou, à cause de leur descendance de la maison royale de France, ont usé pour leur grand sceau du type de majesté qui s'est perpétué depuis le xIII° siècle jusque sous le roi René (1434-1480). Les bulles diminuent en nombre à partir du xiv⁰ siècle ; les princes d'Orange en ont cependant fait usage jusqu'au xvi⁰.

Marseille use comme sceau municipal d'une bulle représentant d'un côté saint Victor à cheval et de l'autre une ville fortifiée baignée par la mer (1237) ; en 1189 Avignon fait figurer sur son sceau ses quatre consuls et au revers une aigle ou un gerfaut ; en 1226 c'est une vue de la ville qui y paraît, avec le célèbre pont sur le Rhône. Tarascon y fait représenter son château et la tarasque (1211) ; Arles a un lion rugissant et l'église Saint-Trophime (1221) ; Menerbe deux tours et un gerfaut (1242). Quelques-uns de ces sceaux municipaux ont des légendes en vers léonins.

On possède un assez grand nombre de sceaux des légats d'Avignon ; la plupart sont d'un travail assez médiocre et gravés par des artistes italiens. Le plus ancien sceau ecclésiastique connu de Provence est celui de Gibelin, archevêque d'Arles (1112) ; le prélat est à mi-corps, nu-tête, et tient une crosse ; Hugues Béroald (1230) a un sceau en navette sur lequel il est représenté assis et au revers est une inscription en plusieurs lignes transversales (figure 24, p. 222) ; àpartir de Jean des Baux (1257) règne le type épiscopal ordinaire. En 1189, Hugues de Montlaur, archevêque d'Aix, est debout avec la mitre cornue ; en 1196, Gui de Fos a un sceau à revers sur lequel il est figuré d'un côté avec la mitre droite, tandis qu'au revers est le buste de saint Maximin. En 1189, Rostaing, évêque d'Avignon, est debout avec la mitre cornue ; en 1229, Nicolas de Corbie est debout avec la mitre droite. Foulque de Thorame, évêque de Marseille (1170-1188), a un sceau ovale sur lequel il est debout, mitré, crossé et bénissant, et un contre-sceau sur lequel il paraît en buste. Rainier, son successeur (1206), est assis, coiffé de la mitre cornue ; Pierre de Montlaur est représenté à mi-corps sur sa bulle (1213), avec la mitre droite, et au revers est une vue de la ville de Marseille ; sur son sceau de cire il est en pied et avec un contre-sceau. Pierre de Sabran, évêque de Sisteron (1168), est à mi-corps, crossé, mitré, bénissant ; Henri de Suze (1241-1250) est de même mais en pied, et de plus il est accosté de deux bustes de saints de face encadrés, type qui se retrouve sur quelques sceaux ecclésiastiques de Provence. Alain, son successeur (1263), a un contre-sceau ; Raymond d'Oppède (1312) est sous un baldaquin gothique. Pierre de Saint-Paul, évêque d'Apt (1175), et Didier, évêque de Toulon (1197), sont coiffés de la mitre cornue. Des autres évêchés provençaux : Cavaillon, Antibes, Riez, Fréjus, Vaison, nous n'avons pas de sceaux antérieurs au xiiie siècle.

Les officialités d'Avignon, de Carpentras, d'Arles, de Marseille, d'Orange et de Vaison font, dès la fin du xiie siècle, usage de bulles ; elles y ont été même employées quelquefois pour la chancellerie ordinaire. Quelques-unes sont anonymes. Celles d'Avignon représentent un buste impérial opposé à un buste épiscopal ou une mitre, celles de Carpentras le mors de saint Siffren. Le chapitre d'Arles a d'abord une bulle avec cinq têtes de bélier en sautoir et au revers une église (1214) (pl. XXVII, n° 3), puis cinq têtes humaines également en sautoir accostées de quatre aigles (xive s.). Celui de Vaison a cinq têtes humaines de face (1254 ; celui de Forcalquier, saint Mary son patron en costume épiscopal (xve s.) ; celui de Sisteron, la Vierge foulant aux pieds le serpent (xvi⁰ s.) ; celui de Riez, un saint évêque debout sous un baldaquin (xv⁰ s.). L'abbaye de Montmajour a fait graver sur sa bulle (1228) saint Pierre à mi-corps sur une face, et sur l'autre l'abbé et un écolâtre affrontés ; Saint-André-lès-Avignon (1226) a adopté également pour type saint Pierre et au revers une église.

Les sceaux de Provence sont assez récents puisqu'aucun n'est antérieur au xii⁰ siècle. Beaucoup sont à revers ; on trouve même des sceaux à revers parmi les sceaux ecclésiastiques en cire, ce qui n'existe pas dans d'autres provinces. Un grand nombre de sceaux seigneuriaux sont en forme d'écu ; les contre-sceaux ne se trouvent pas avant les dernières années du xii⁰ siècle. Quelques dames paraissent armées de toutes pièces et galopant sur des chevaux de bataille, type qu'on ne retrouve pas ailleurs. Les bulles ont été introduites au plus tard en 1174, elles sont très nombreuses au xiii⁰ siècle ; leur centre est Avignon ; puis elles diminuent au xiv⁰ et disparaissent à la fin du xv⁰. Par exception quelques-unes sont carrées.

24. Savoie[1].

Le plus ancien sceau d'un comte de Savoie est celui d'Humbert III (1150) ; il est rivé à la charte, ce qui est anormal à cette date, et à type équestre, le cavalier brandissant une épée. Dès le xiii⁰ siècle les comtes deviennent princes

---

[1]. Bibliographie. Cibrario et Promis. *Sigilli dé principi de Savoia*. Turin, 1834, in-4°. — 209 sceaux.

Dufour (Général) et Rabut. *Sigillographie de la Savoie. Sceaux religieux*. Turin, 1882, in-4°. — 185 sceaux.

purement italiens et leurs sceaux subissent une influence marquée de l'art transalpin; dès lors ils n'appartiennent plus à la sigillographie française. Les écus armoriés apparaissent en 1221, les contre-sceaux en 1239. Plusieurs sceaux des comtesses sont au type de chasse. Les seigneurs de Faucigny ont eu dès le xiiie siècle des sceaux au nombre desquels il faut noter celui de Béatrix de Savoie qui use en 1269 de l'empreinte d'une superbe intaille antique figurant un buste de Diane. Hugues de la Tour, son héritier (1314), a un sceau équestre à contre-sceau et plusieurs petits sceaux armoriaux.

Les sceaux ecclésiastiques n'existent que pour les évêchés de Maurienne et de Tarentaise, le reste de la Savoie dépendant de ceux de Grenoble et de Genève. On ne connaît aucun sceau épiscopal antérieur à 1230 et ils sont au type ordinaire. L'évêque de Maurienne usait comme sceau de juridiction d'une bulle qui est la seule que l'on connaisse pour cette région. Dès 1278 le chapitre de Saint-Jean de Maurienne plaçait sur son sceau la main bénissante de son patron. Celui d'Annecy était au xve siècle au type de la Vierge.

Quelques abbayes ont eu des sceaux mais assez tardifs. Celle de Montjoux ou du Saint-Bernard avait fait graver sur le sien saint Bernard de Menthon enchaînant le démon (1443).

Les sceaux de Savoie sont peu nombreux et relativement récents, les plus anciens n'ayant probablement pas été encore retrouvés ou publiés. La sigillographie du Dauphiné n'a eu aucune influence sur celle de Savoie, qui ne possède, par exemple, aucun sceau seigneurial à revers ou en forme d'écu, si communs dans la province voisine.

CHAPITRE XIV

L'ART ET LES ARTISTES GRAVEURS DE SCEAUX

L'art de la gravure sur métal est l'un de ceux dont les traditions et les procédés avaient le plus complètement disparu après la chute de l'empire d'occident ; il suffit pour s'en convaincre de comparer les premières monnaies mérovingiennes avec celles des derniers empereurs ; la décadence est sensible. La gravure sur pierre fine, qu'une élite seule pouvait apprécier, fut encore plus rapidement oubliée que la gravure sur métal ; il fallut des siècles pour que les artistes occidentaux redevinssent familiers avec les procédés des graveurs antiques. Lorsque les princes mérovingiens voulaient faire graver un cachet, ils s'adressaient certainement à un artiste byzantin. Le cachet annulaire de Childéric Ier (pl. II, n° 2) est un pastiche évident des monnaies d'Honorius, de Théodose II et des autres empereurs de la décadence, qui les représentent casqués et de face. Quant aux anneaux ordinaires, ils ne comportent en général qu'une légende et un monogramme assez peu élégant, et l'art, excepté en ce qui concerne la monture, y est complètement étranger.

La mauvaise conservation des sceaux de la première race ne permet pas de se rendre un compte bien exact de la manière dont étaient gravées les effigies des mérovingiens ; ils me font l'effet d'être de la barbarie pure (pl. II, n° 3).

A partir de Charlemagne, on constate, au contraire, une renaissance artistique qui prend pour base l'imitation de l'antiquité et des artistes byzantins. Les sceaux de Charlemagne, de Louis le Débonnaire, de Lothaire II, de Charles le Gros sont imités des monnaies romaines de l'époque antonine, dont ils rappellent l'agencement du vêtement, la couronne et le port de la tête. Sans doute les graveurs ont voulu faire les portraits des princes carolingiens, mais ils les ont faits, en s'inspirant de ceux de Galba, de Commode et de Caracalla (pl. II, n° 5, et III, n° 1).

Cette imitation de l'antique, constante sous les premiers carolingiens, ne tarde pas à s'atténuer ; à force d'imiter, les graveurs finissent par devenir assez habiles pour inventer. Le type de l'empereur couronné, de face, à mi-corps et tenant un sceptre, qui paraît sous Lothaire (958) ne doit rien à l'antiquité, et peu à peu il se transforme en type de majesté [1].

Au point de vue de l'art, les sceaux du début du moyen âge n'ont aucune unité ; ceux des grands seigneurs et ceux des seigneurs inférieurs, ceux des évêques des diocèses importants et ceux des prieurs et des chanoines, sont très différents comme travail et comme conception. Dès la deuxième moitié du xi° siècle, les sceaux

---

1. Voyez page 73, figure 8.

des rois et des grands feudataires ont déjà une certaine allure, tandis qu'à la fin du xiie ceux du vulgaire sont encore barbares. Le sceau de Guillaume le Conquérant, par exemple (pl. VII, no 1), présente dès 1069 une silhouette qui ne manque pas de caractère, d'un travail rude et brutal, sans doute, mais point banal. On peut en dire autant de ceux des comtes d'Anjou de 1040 et des années suivantes. Cependant cent ans plus tard les simples seigneurs avaient des sceaux très inférieurs à ceux-là, sur lesquels les chevaux n'avaient aucun caractère de réalité ni les cavaliers de forme humaine. Le graveur Mathieu qui a signé la bulle de Géraud Adhémar, seigneur de Montélimar (1184), a gravé quelque chose d'informe que l'on dirait dessiné par la main inexpérimentée d'un élève des écoles primaires [1].

Même dans les sceaux des grands seigneurs des xie et xiie siècles, tout dénote l'inexpérience. Les muscles des chevaux n'ont aucune saillie et leurs jambes sont placées suivant une fausse perspective, pour qu'elles puissent être bien vues ; le corps du cavalier est carré, les bras sont cassés et les jambes raidies. De même dans les sceaux ecclésiastiques, le personnage est debout sur ses pieds jetés en dehors, les mains disproportionnées ; le corps ressemble à un paquet d'étoffe dont les plis sont à peine accusés par quelques maigres hachures. Les écussons armoriés, isolés au milieu d'un champ qu'ils recouvrent d'une manière insuffisante, renferment des animaux dont on peut à peine discerner l'identité, loups, lions ou chimères, aigles ou colombes *ad libitum*.

---

[1]. Voyez page 359, figure 43.

Cependant à force de produire, les graveurs deviennent plus habiles. Dès le début du xiiie siècle, ils acquièrent l'art de recouvrir le champ entier du sceau avec les figures qu'ils ont à graver, sans laisser de vides, et ils donnent aux animaux du style et de l'élégance. Les vêtements se débrouillent et leurs plis sont accusés avec fermeté. Les bras des cavaliers, les jambes des hommes et des chevaux acquièrent des mouvements justes et on voit la saillie des muscles se prononcer.

Bientôt les graveurs comprennent l'utilité d'ornements accessoires destinés à couvrir le vide du champ ; ils inventent le cadre orné, composé de multiples combinaisons de lignes droites et de lignes courbes qui forment un riche encadrement au milieu duquel l'écusson armorié fait saillie. Pour cela, l'art antique ne leur avait fourni aucun modèle.

Dans les sceaux ecclésiastiques ils ornent parfois le champ d'un semis régulier de petits animaux ou de fleurettes pour simuler une tenture déroulée derrière le personnage debout ou assis [1]. A la fin du xiie siècle, les vêtements ne manquaient pas d'ornements, ils en avaient quelquefois trop ; certains sceaux épiscopaux, celui de Pierre de Brixey, évêque de Toul en 1166, par exemple [2], nous les montrent couverts de broderies mises à profusion et au hasard. Au xiiie siècle, les graveurs, maîtres de leur art, apprirent à être simples ; ils

---

1. L'intention de représenter une draperie est souvent certaine. Par exemple, derrière Jean de Craon, archevêque de Reims (1364), un ange tient des deux mains une draperie réticulée et semée de roses qui se déroule. (Bibl. nat., ms. franç. 20887, n° 26.)
2. Robert. *Sigillographie de Toul*, pl. II, n°s 3 et 5.

ornèrent les vêtements d'orfrois et de bandes brodées, autour du cou, des manches et dans la partie inférieure, mais ils ne les prodiguèrent plus sans nécessité et sans mesure. Ils soignèrent leur dessin qui devint pur et correct, leurs draperies dont les plis brisés offrent une agréable symétrie, et le style des silhouettes qui prirent un grand caractère.

Ils ornèrent également les cavaliers et les chevaux jusqu'alors presque nus. Les premiers furent habillés de cottes d'armes armoriées et les seconds revêtus de housses brodées de pièces héraldiques. La même ornementation sobre et riche paraît sur les vêtements et les harnachememts.

Dès lors, c'est-à-dire dès la première moitié du XIIIe siècle, le sceau a atteint son plus haut point de perfection ; le dessin est correct, l'ornementation remarquable par son élégante simplicité. On constate aussi que l'art de la gravure s'est vulgarisé ; les sceaux des grands personnages ne sont plus les seuls à mériter le nom d'œuvres d'art, ceux des simples particuliers sont également bien composés et gravés habilement.

Cette période intéressante dure jusqu'aux environs de 1300, puis commence une longue décadence qui coïncide avec une très grande habileté de main acquise par les graveurs. Lorsqu'aucune difficulté matérielle ne les arrête plus, ils tiennent à faire parade de leur maîtrise et surchargent leurs œuvres.

Les sceaux équestres perdent peu à peu leur allure robuste et militaire pour prendre un aspect d'apparat ; les cavaliers s'allongent démesurément et sont encastrés dans une selle haute et étroite, leurs armures se cachent sous des broderies, leur heaume se surmonte d'un cimier disproportionné. Les fonds ouvragés acquièrent une importance exagérée ; au réticulé d'autrefois, qui avait pour but de faire saillir la silhouette sans attirer l'œil, succèdent des ornements grillagés, contournés de cent manières, dont les claires-voies renferment des devises, des animaux, des symboles multipliés, gravés avec autant de préciosité que les personnages eux-mêmes.

Dans les sceaux ecclésiastiques, des figures assises ou debout, bien drapées, bien posées, dessinées purement, ne suffisent plus à contenter les graveurs devenus trop habiles ; ils les entourent de toute une architecture, de gâbles, de pinacles à crochets, de colonnettes droites ou torses, avec des niches remplies de statuettes ou d'écussons. Bien plus, le personnage principal finit par être relégué au bas du sceau sous une voûte, et au-dessus de lui se superposent un ou deux étages où s'étalent des scènes complexes avec nombreux acteurs, au milieu de toute une efflorescence d'architecture gothique.

Pour les sceaux armoriaux on a recours à des procédés décoratifs analogues. Les écus sont penchés, timbrés de heaumes cimés d'animaux ou de symboles immenses, avec volets et lambrequins couvrant le champ. Ils sont supportés par deux et parfois quatre personnages avec des poses tourmentées et des accoutrements bizarres, et entourés, par surcroît, d'encadrements compliqués, fleuronnés, festonnés, cantonnés d'animaux et de devises.

Si bien qu'au XVe siècle les graveurs en sont arrivés, pour faire parade de leur virtuosité, à prodiguer les ornements accessoires hors de toute mesure, et à reléguer au second plan les objets les plus importants, c'est-à-dire les armoiries et la figure du possesseur du sceau.

Cette exagération décorative amena une réaction, et au xvie siècle on en vint à une simplicité qui confine souvent à la platitude ; pas toujours cependant, et certains sceaux de cette époque, particulièrement soignés et gravés par des artistes de valeur, ont une élégance tout italienne.

En résumé l'art de la gravure sur métal, et particulièrement de la gravure de sceaux, a accompli au moyen âge la même évolution que les autres arts, et notamment que l'architecture. D'abord c'est la barbarie et le tâtonnement, puis au xiiie siècle, quand les ouvriers sont en possession de tous leurs procédés, c'est l'efflorescence de l'art, enfin, à partir du xive siècle, c'est une habileté de main extraordinaire qui engendre la surcharge et parfois le mauvais goût. A partir de la fin du xve, c'est la renaissance et l'imitation de l'art italien.

* * *

Les graveurs sur pierre fine ont été, naturellement, beaucoup moins nombreux au moyen âge que les graveurs sur métal ; la grande majorité des intailles utilisées pour les anneaux sigillaires et les matrices de sceaux est antique ; les intailles byzantines ou du moyen âge sont beaucoup moins nombreuses. Ce genre de bijou était considéré comme très précieux, ce qui prouve que les artistes capables de le faire se comptaient.

Les pierres gravées du moyen âge, parfaitement authentiques, sont aujourd'hui fort rares, surtout si on les compare au nombre immense d'intailles antiques encore existantes ; cela tend à démontrer qu'au moyen âge elles ne devaient déjà pas être très communes. Je m'en suis occupé dans un chapitre spécial auquel je prie le lecteur de se reporter.

*
* *

Un petit nombre de noms de graveurs de sceaux du moyen âge sont venus jusqu'à nous, voici la liste de ceux qui intéressent la France [1].

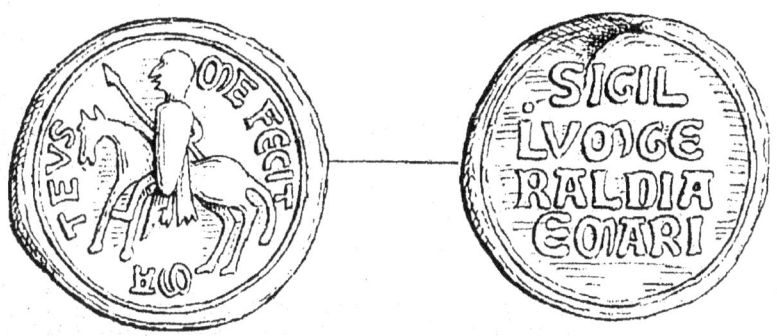

Fig. 43. — *Bulle de Géraud Adhémar par le graveur Mathieu, 1184.*

1184. *Mathieu* grave la bulle de Géraud Adhémar, seigneur de Montélimar, et signe son œuvre :

[1]. PINCHART. *Recherches sur les travaux des graveurs de médailles, de monnaies et de sceaux des Pays-Bas* (Bruxelles, 1858). — DEHAISNES (Mgr). *Documents et extraits divers concernant l'histoire de l'art en Flandre.* Lille, 1886, 3 vol. in-4°. — RONDOT ET DE LA TOUR. *Les médailleurs et les graveurs de monnaies, jetons et médailles en France.* Paris, 1904.

Mateus m̃e fecit, autour de la silhouette d'un cavalier tenant une lance et un écu. Cette bulle, d'un travail barbare, se retrouve encore appendue à des chartes de 1222 [1].

Fig. 44. — *Sceau de maître Étevin, orfèvre, fin du XIIIe siècle.*

1229. Maître *Gérard*, orfèvre, vraisemblablement parisien, reçoit 20 sous pour avoir gravé le sceau d'Eudes Clément, abbé de Saint-Denis.

Fin du XIIIe siècle. Une matrice de sceau ronde de cette époque représente à droite un roi assis jouant de la harpe et à gauche un orfèvre travaillant sur une enclume, un marteau à la main ; les personnages sont séparés par un arbre. La légende est ✠ GE SVI VN REI KI ICI VOS

---

[1]. ROMAN, *Sceaux des familles seigneuriales de Dauphiné*, n° 1.

ARP (*Je suis un roi qui ici vous harpe*), A CEST ORFEIVRE M. ETEVIN E. (*A cet orfèvre maître Étevin est*) (fig. 44). Il est probable que le possesseur de ce sceau en fut aussi le graveur [1].

1324. *Pierre et Jean de Montpellier*, frères, orfèvres à Paris, reçoivent 8 livres parisis pour la gravure du sceau de Charles le Bel à son avènement. C'est le sceau de majesté de ce roi, dont il existe encore plusieurs exemplaires [2].

1326. *Jean de Tournay, taillator sive scultor sigillorum*, reçoit 24 livres tournois pour des travaux faits pour Charles le Bel. Le même fait pour Robert de Béthune un scel d'or à une pierre vermeille où Notre-Dame est entaillée, ainsi qu'on le lit dans l'inventaire de ce seigneur.

1326. *Maréchal*, orfèvre, reçoit cent sols pour avoir fait un signet secret pour la comtesse de Hainaut, comme en font foi les comptes de cette princesse.

1332. *Perronnet*, orfèvre à Grenoble, grave le grand sceau du dauphin Humbert II. C'est celui, connu à plusieurs exemplaires, qui représente d'un côté le Dauphin et de l'autre la ville de Vienne (pl. XVII, n° 1) [3]. En 1335 le même grave le sceau du chapitre de Saint-André à Grenoble.

1349. *Jean de Saint-Mor*, graveur, fait pour le compte

---

[1]. LONGPÉRIER (DE). *Sceau de Maître Étevin* (*Bulletin des Antiquaires de France*, 1859, p. 127 et 133).

[2]. DOUËT D'ARCQ. *Collection de sceaux*, n° 52.

[3]. ROMAN. *Sceaux des familles seigneuriales de Dauphiné*, n° 850.

du duc de Normandie, un sceau et un contre-sceau pour sceller les sentences de l'Echiquier de cette province.

1359. *Blanc Leusseour* grave le sceau d'argent de la ville de Tours.

1361. *Jean* ou *Joannin de Vaux*, orfèvre et graveur à Paris, fait un nouveau sceau secret pour Louis de Male, comte de Flandre ; l'ancien fut immédiatement brisé. Il avait travaillé antérieurement pour le même prince.

1364. *Simon de Maubeuge*, graveur de sceaux à Paris, reçoit, le 22 mai, quatre francs d'or pour avoir gravé une plaquette de plomb destinée à être placée dans la tombe du roi Jean le Bon.

1364. *Jean de Nogent*, graveur de sceaux à Paris, grave le sceau du duc de Bourgogne, probablement son grand sceau. En 1369, il grave celui de la duchesse de Bourgogne. En 1370, il grave ceux de Charles le Mauvais, roi de Navarre, et ceux de son fils en 1384. Il travaille pour le duc de Bourgogne et Jean, son fils, et grave le grand sceau du duc pour la Flandre, moyennant 110 francs d'or. Ce sceau existe à plusieurs exemplaires [1].

1376. *Jean Lallecy*, orfèvre à Dijon, originaire de Valenciennes, grave le sceau du parlement de Beaune et neuf sceaux et autant de contre-sceaux pour les châtellenies de Bourgogne [2].

---

1. Douët d'Arcq. *Collection de sceaux*, n° 475.

2. Douët d'Arcq a publié du sceau du parlement de Beaune une empreinte de 1387; *Collection de sceaux*, n° 4431.

1382. *Ghislain le Carpentier*, orfèvre à Tournay, reçoit par lettres du 2 juin, 20 francs pour la gravure et 8 onces, 2 esterlins, pour le métal du sceau de Louis de Male, comme comte d'Artois. Il grava aussi le sceau secret du même prince et travaillait encore en 1400. Le sceau secret figurant un lion mantelé et heaumé et accompagné de quatre écussons, existe encore [1].

1384. *Jean Fovet*, orfèvre, demeurant à Paris, grave pour le duc de Bourgogne dix-neuf grands sceaux et autant de contre-sceaux, deux autres grands sceaux et quatre petits destinés aux bailliages d'Aval et d'Amont du comté de Bourgogne et reçoit comme rémunération 100 francs d'or. En 1389 il est fixé à Dijon et grave un nouveau sceau pour le duc. En 1409 il grave de nouveaux sceaux pour le même prince et reçoit 27 francs pour la même façon.

1386. *Colins Lours*, orfèvre à Arras, reçoit cinq francs d'or pour la façon d'un scel avec chaîne, qu'il a gravé pour le comte de Nevers.

1393. *Jeannin du Bois*, graveur de sceaux à Avignon, grave ceux de la vicomté de Saint-Sauveur-le-Vicomte.

1394. *Pierre Blondel*, orfèvre, et *Jean du Boys* (peut-être le même que le précédent), graveur de sceaux à Paris, font pour le duc d'Orléans le sceau d'argent des Grands Jours d'Orléans.

1398. *Pasquier Bonivon*, graveur à Paris, fait pour la

---

1. PINCHARD, *Ghislain Le Carpentier, graveur de sceaux à Tournay* (*Revue numismatique belge*, 1861, p. 404).

reine deux sceaux d'argent destinés au bailliage de Montargis, dont la masse avait été fondue par Mathelin Neveu, de Paris.

1398. *Pierre Hure*, graveur à Paris, grave les sceaux d'argent du bailliage de Senlis, de la prévôté de Pontoise et de la châtellenie de Pont-Sainte-Maxence, et reçoit 9 livres tournois pour la matière employée à ce travail [1]. En 1404 il grave pour la reine deux paires de sceaux d'argent avec chaîne, pour les bailliages de Montargis et de Crécy.

1401. *Hennequin*, orfèvre à Dijon, grave un grand scel pour la chambre des comptes et quatre petits en laiton pour la cour du bailliage de Dijon, moyennant 6 livres tournois.

Fig. 45. — *Signet d'Arnault de Boymel, graveur de sceaux, 1413.*

1404. *Arnault de Boymel*, orfèvre et graveur de sceaux, demeurant au Palais, à Paris, livre trois sceaux d'argent, avec leur chaîne, pour les Grands Jours, les bailliages de Coucy et de Soissons. En 1405 il grave un sceau avec contre-sceau de laiton pour le tabellionnage de Soissons et Ham. En 1413, il grave le sceau et le contre-sceau du bailliage du Valois moyennant 12

---

1. ROMAN. *Le graveur Pierre Hure* (*Bulletin des Antiquaires de France*, 1878, p. 73).

livres tournois. Son signet représente un chevalier galopant l'épée haute avec la légende : *Arnt*, et sa signature est accompagnée d'un papegay volant dessiné avec une remarquable habileté [1] (*fig. 45*).

1407. *Pupin*, orfèvre à Grenoble, grave le sceau de de cette ville qu'on peut identifier avec le sceau représentant l'ensemble des monuments de Grenoble, dont il reste une empreinte de 1497. Les caractères de la légende assignent à sa fabrication une époque plus ancienne [2].

1413. *J. de Dieppe*, demeurant au Palais, à Paris, était graveur de sceaux.

1416. *Thierry Van Stavesen*, orfèvre, grave un sceau secret et un signet à lettres closes, pour Jean sans Peur, duc de Bourgogne, pesant un marc, trois onces, trois esterlins, et reçoit pour sa peine 108 heaumes d'or, le heaume compte pour 40 gros.

1416. *Jean Mainfroy*, graveur de sceaux, fait un signet pour le duc de Bourgogne.

1419. *Jean et Robert de Gouy*, frères, habitant le premier Valenciennes, le second Quesnoy-le-Comte, font le sceau de Philippe le Bon, duc de Bourgogne. Le travail de gravure est l'œuvre personnelle de Robert de Gouy. Cette œuvre est payée trois marcs d'argent pour la

---

1. ROMAN. *Le graveur Arnoulx de Boymel* (*Correspondance historique et archéologique*, 1894, p. 342).

2. PILOT DE THOREY. *Étude sur la sigillographie du Dauphiné*, p. 130. Voir ce sceau gravé ci-dessus, page 135, figure 17.

matière et 20 écus d'or pour le travail et les frais d'un voyage à la cour du duc. Il s'agit probablement du grand sceau équestre dont ce prince fit usage après son élévation au trône [1]. Les mêmes gravent également le sceau de la ville de Lille.

1421. *Ernoul Clotin*, orfèvre, grave pour le duc de Bourgogne un signet d'or à ses armes, pour lettres closes ; ce travail, y compris une chaîne, est payé 16 écus d'or.

1427. *Jean de Heylen*, graveur à Bruxelles, grave pour le même duc un signet pour le Brabant et un sceau secret en or fin, pesant avec la chaîne 6 onces, 5 esterlins ; il reçoit 47 francs 10 sols pour son salaire. L'année suivante, et jusqu'en 1435, il grave encore divers sceaux pour le même prince. En 1430, notamment, il livre le grand sceau de Brabant, deux autres sceaux et deux signets pesant trois marcs d'argent, et reçoit pour ce travail 92 livres, 16 sols. Le sceau de Brabant existe encore à plusieurs exemplaires, figurant un lion heaumé et entouré de quatre écussons. En 1434 le même graveur fait pour le même prince un sceau avec contre-sceau pour l'ensemble de ses terres, un signet à ses armes, un sceau et cinq signets pour son chancelier et ses secrétaires, et reçoit 69 francs pour ses émoluments.

1435. *Collin Vassal*, orfèvre et graveur de sceaux,

---

1. Douët d'Arcq. *Collection de sceaux*, n° 481.

est admis au nombre des bourgeois d'Arras où il demeure.

1445. *Jean Poquin*, graveur de sceaux à Rouen, reçoit 21 livres tournois du receveur du duc d'York en Normandie, pour un travail de gravure exécuté pour son maître.

1448. *Charles Raoulin* grava, si l'on en croit Lecoy de la Marche, le grand sceau de l'Ordre du Croissant, pour le roi René d'Anjou. C'est un grand sceau, arrondi aux extrémités, de 110 millimètres et d'un travail médiocre [1].

1449. *Guillaume de May*, orfèvre et graveur de sceaux à Paris, reçoit 8 livres, 4 sols, 5 mailles pour avoir gravé le sceau de la vicomté d'Évreux [2].

1455. *Jean l'Essayeur*, orfèvre de Charles, duc d'Orléans, lui fournit un signet d'argent à ses armes.

1467. *Jean Van Lombèque*, graveur de sceaux à Bruxelles, grave le grand sceau de l'Ordre de la Toison d'or pour le prix de 72 sols. Il devient plus tard graveur de Marie de Bourgogne et de l'empereur Maximilien.

1468. *Nicolas de Spinelli*, graveur de sceaux du duc de Bourgogne, grave le sceau et le contre-sceau de la chancellerie de Brabant et celui de la grande chancellerie ainsi qu'un sceau

---

1. ROMAN. *Inventaire des sceaux des Pièces originales du Cabinet des titres*, n° 3758.
2. CHARVET. *Collection Dongé*, p. 134. Voir plus bas à la date 1511.

secret du duc de Bourgogne, en or, pour 20 livres de Flandre [1].

Vers 1468. *Gérard Loyet*, graveur de sceaux, était orfèvre et valet de chambre de Charles le Téméraire.

1477. *Thomas Pigne*, graveur du roi René de Provence, grave son portrait avec une devise sur un camaïeu et reçoit 15 ducats. Il grave la même année un second portrait de ce prince en camée et touche 20 ducats pour ce travail.

1478. *Pierre de Souleignac* grave, pour le prix de 18 florins d'or, un signet aux armes du roi René ; on y constata quelque défaut et il fut retouché par *Antoine d'Arles*, orfèvre.

1495-1496. *Jacques de Sauveterre*, tailleur de la monnaie de Nantes, grave les premiers sceaux des brefs faits après la réduction de cette ville au roi ; il les refait, les premiers étant défectueux. Il grave aussi les sceaux aux contrats de la prévôté de Nantes, ainsi que le grand et le petit sceau de la Chambre des comptes de Bretagne. Il reçoit pour l'ensemble de ces travaux, auxquels il a employé environ quatre marcs d'argent, la somme de 264 livres, 16 sols, 3 deniers tournois.

1512. *Jacques Augier*, graveur, grave un sceau aux armes de la ville de Bourges [2].

1514. *Guillaume le May*, graveur à Paris, grave deux

---

1. Pinchard. *Nicolas Spinelli, graveur des sceaux de Charles le Téméraire* (Revue numismatique belge, 1860, p. 186).

2. Raynal. *Histoire du Berry*, t. III, à la fin.

sceaux avec contre-sceaux et chaînes, aux armes d'Orléans et de Bretagne ; ce travail où il emploie 3 marcs 5 esterlins moins un demi-félin d'argent, lui est payé 47 livres et 7 sols. Pour un autre grand scel il touche en outre 36 sols.

1553. *Jean Bérard*, orfèvre, est chargé par le corps de ville de Tours de graver deux sceaux, un grand représentant Turnus, fondateur de Tours, et un petit aux armoiries de cette ville [1].

1573. *Aubin Olivier*, graveur de sceaux demeurant à Paris, reçoit 40 livres tournois pour avoir refait le sceau et le cachet de la ville de Paris.

1579. *Claude de Héry*, graveur général des monnaies à Paris, grave le grand sceau de l'ordre du Saint-Esprit qui nous est encore connu par de nombreuses empreintes [2].

1599-1626. *Pierre Turpin*, fils de Claude, graveur, fut, pendant cette période, graveur ordinaire des sceaux de la chancellerie de France et des cachets du roi [3].

A partir du XVIIe siècle des graveurs en petit nombre ont signé leur œuvre en inscrivant leur nom au revers de la matrice de sceau; je ne connais rien de pareil pour les temps antérieurs. Jean Guerguy a signé de la façon

---

1. GRANDMAISON (DE). *Documents inédits pour servir à l'histoire des arts en Touraine*, p. 320.

2. MAZEROLLE. *Graveurs de sceaux et de jetons* (*Correspondance historique et archéologique*, 1894, p. 5). — DORËT D'ARCQ. *Collection de sceaux*, n° 9954.

3. Archives nationales, Z, 1341 et 3213.

suivante la matrice de sceau du couvent des Récollets de Moissac qu'il a gravée vers 1625 : *A Tolo*[se] *J*[ean] *Guerguy fecit* [1].

*
* *

Ces graveurs de sceaux du moyen âge ne se paraient pas du titre ambitieux d'artistes, ils se contentaient de ceux, plus modestes, d'orfèvres et de tailleurs ou entailleurs, mais ils ont travaillé pendant des siècles à retrouver les procédés, en partie perdus, de l'antiquité et l'usage de certains instruments délicats dont on ne savait plus se servir.

Les plus anciens gravaient directement leur matrice en creux, d'après un dessin de leur invention ou fourni par un enlumineur. La pointe du compas qui a servi à prendre les mesures sur les blocs de bronze a souvent laissé des traces, soit une dépression centrale, soit des traits circulaires, insuffisamment cachés par le grènetis.

Je possède la matrice du sceau en navette d'Étienne Vincent, prieur de Veynes, sur laquelle on distingue très bien deux points creux placés en avant du grènetis intérieur qui encadre la légende ; c'est la marque laissée par la pointe du compas qui a tracé deux segments de cercle du même rayon se coupant, pour former un double arc en tiers-point soudé par la base.

Un travail fait dans ces conditions devait être nécessairement incertain et d'un relief médiocre.

Il n'est pas douteux même, que certains sceaux de cette époque aient été gravés à l'aide de poinçons. Sur

---

1. Collection Tellot-Champagne, à Dreux.

son premier sceau, le visage du roi Philippe Ier est identique à celui de son père Henri Ier ; il y est représenté barbu comme lui, quoique encore enfant ; on s'est donc servi pour sa tête du même poinçon que pour celle de son père. C'est en 1088 seulement qu'on se décida à graver un nouveau poinçon pour la tête du jeune roi, qui depuis lors fut représenté imberbe, comme son âge l'exigeait.

A partir du xiiie siècle, les fabricants de sceaux procèdent avec une meilleure méthode. Pour les sceaux importants ils commencent par modeler une maquette en cire, sur laquelle ils tirent un creux, puis un deuxième relief en plâtre ; sur ce deuxième relief ils coulent leur matrice de bronze ou d'argent dont ils reprennent ensuite les détails à l'échoppe, à l'onglette et au burin, de manière à l'amener à un degré de perfection achevé. Les maquettes en cire portaient le nom de *molles*, et ceux qui les modelaient se nommaient *molleurs*. Jusqu'au milieu du xve siècle, ce procédé fut employé à peu près exclusivement, au moins pour les sceaux d'une certaine importance.

Pour ceux dont le type était courant, l'orfèvre devait certainement préparer à l'avance des matrices incomplètes que l'on pouvait livrer en peu de temps complétées par une légende, et pour les sceaux armoriaux par l'adjonction des meubles de l'écu frappés au moyen de poinçons. J'ai eu entre les mains une matrice ronde représentant une Salutation angélique fort bien gravée, dont la légende commençait par une S, et se poursuivait par une série de jambages sans signification ; un graveur de sceaux avait certainement voulu donner au moyen de cet objet, un spécimen de son savoir-faire. Sur une autre, au musée des Antiquaires de l'Ouest, est gravé un château et aucune légende n'est inscrite entre les deux cercles de grènetis ; c'est un sceau-matrice préparé, auquel il ne reste plus qu'à ajouter le nom de l'acheteur. On en connaît même sans aucune gravure.

Quant aux légendes, on devait procéder pour la plupart d'entre elles comme pour celles des monnaies, on les enfonçait dans le bloc de métal préalablement chauffé, lettre par lettre à l'aide de poinçons d'acier. Ce qui le démontre ce sont les nombreuses erreurs qu'on y constate, lettres en désordre, hors de l'axe voulu, retournées, redoublées, interverties, oubliées. Si on les eût gravées au burin, on s'en fût aperçu assez à temps pour les corriger, tandis qu'après un premier coup de marteau appliqué sur un poinçon mal présenté le mal était irréparable. J'ai même constaté dans quelques sceaux que des lettres ayant un certain défaut avaient été employées deux fois dans la même légende ; on s'était donc servi à deux reprises du même poinçon défectueux.

A partir de la deuxième moitié du XVe siècle, les sceaux ayant beaucoup moins de relief que précédemment, et les graveurs étant devenus très habiles, ceux-ci gravèrent de nouveau directement sur la matrice, peut-être d'abord à l'eau-forte avec reprise au burin, et la charge de graver les légendes fut confiée à des ouvriers spéciaux. Sauf pour les sceaux tout à fait exceptionnels à cause de l'importance des personnages auxquels ils étaient destinés, on a dû procéder généralement ainsi.

La plupart des sceaux du XVIIIe siècle, dont la décoration est parfois si charmante, ont été gravés comme les jetons, c'est-à-dire à l'aide d'une série de poinçons préparés à l'avance, avec lesquels on composait, pour chaque sceau particulier, un ensemble décoratif différent.

*
* *

Je connais vingt-huit sceaux datés entre les années 1211 et 1500; en voici la liste avec les formules employées pour les dates. Il en existe sans doute d'autres que je ne connais pas, je crois cependant que les sceaux de ce genre ont été en petit nombre avant le XVIe siècle ; il me suffit d'avoir passablement allongé la liste que Douët d'Arcq en a donnée précédemment[1], sans essayer d'être complet.

1211. Adam, seigneur de Beaumont : ACTVM MILO CC. XI.

1216. Chapitre de Notre-Dame de Paris : S. RENOVATV. ANNO GRE. M. CC. XVI.

1220. Renaud d'Amiens : M̊. DVCENTESIMO VIGESIMO.

1222. Chapitre de Notre-Dame de Paris : S'RENOVATVM ANNO GRACIE M°. CC°. XXII.

1224. Gui, abbé de Saint-Père de Chartres : ANNO M°. CC°XXIIII. NON. OCTOBRIS.

1228. Officialité de Tours : S. RENO[vatum] ANO M. CC. XXVIII.

1229. Chapitre de Saint-Outrille de Bourges : Ā. M°CC° XXIX.

1235. Abbaye de Marmoutiers : RENOVATVM ANNO DOMINI M. CC. XXXV.

---

1. DOUËT D'ARCQ. *Collection de sceaux*, Introduction, p. CVII.

1246. Officialité de Paris : 9TRAS.FCM.ANO.DNI.M.CC. XLVI.

1253. Même officialité : S.FCM.ANO.M.CC.LIII.

1254. Ville de Compiègne : CE FV FAIT EN L'AN DE GRACE M.CC.LIIII.

1255. Archambaud d'Argy : ANO.DNI.M°.CC° L° V°.

1255. Hôpital Saint-Lazare à Paris : 9TRAS.FACTVM ANNO DNI.M.CC.LV.

1255. Chapitre de Melun : S.RENOVATVM ANNO DNI.M. CC.LV.

1266. Châtellenie de Nogent : ANNO [domini] M.CC. LXVI.

1287. Prévôté de Melun : LE IOVR S.ADRIAN L'AN M.II^c. IIII^{xx}VII.

1301. Jean, abbé de Saint-Père de Chartres : ANNO DOMINI M°.CCC° PRIMO.

1309. Officialité de Troyes : S.FCM.ANNO M.C[CC]NONO.

1322 ? Chapitre de Saint-Thomas du Louvre, à Paris : S.FCM.ANNO DO[mini M.CCC.vigin]TI II ?

1324. Officialité de Thérouanne : ANNO DNI M.CCC.VICES. IIII.

1338. Confrérie des bourgeois de Paris : S.RENOVAT. ANNO DNI.M.CCC.XXX.VIII.

1356. Prieuré de Saint-Éloi à Paris : ANO.DNI.M.CCC. LVI.

1404. Grande Chartreuse : S'.MAGNV.MAIOR.DOM'.VERE CARTVS'.M°.CCCC°.IIII° [1].

1404. Même Chartreuse. S'·MEDIV.MAIOR.DOM' CARTVS'. M°.CCCC° IIII°.

---

1. VALLIER. *Sigillographie de l'ordre des Chartreux* (Montreuil-sur-Mer, 1891), p. 14 et suiv.

1410. Officialité de Paris : F̄CM.ANO.M.CCCC.X.

1423. Concile de l'église gallicane : FACTVM ANNO M. CCCC.XXIII.

1437. Grande Chartreuse : S'MEDIV.MAIORIS DOMVS CARTVSIE M.CCCC.XXX.VII.

1450. Jean Cœur, archevêque de Bourges : ANNO DNI. M.CCCC.L^{MO} [1].

On voit que ces sceaux datés sont plus nombreux à Paris qu'ailleurs, puisque sur vingt-huit sceaux de la liste précédente, neuf appartiennent à cette ville.

A partir de 1500, on trouve un assez grand nombre de sceaux sur lesquels la date est inscrite en chiffres arabes.

Certains sceaux-matrices ont servi fort longtemps. Celui de la Confrérie des bourgeois de Paris, qui fait partie de la liste précédente et qui date de 1338, était encore utilisé en 1430, c'est-à-dire quatre-vingt-douze ans après son émission.

Je possède un exemplaire du sceau du chapitre de Riez, qui, par sa composition et les caractères de sa légende, remonte évidemment au xve siècle, et qui scelle un certificat de 1732. Il y a mieux encore : le contre-sceau du chapitre de Noyon en usage en 1209 servait encore en 1462, c'est-à-dire deux cent soixante-trois ans plus tard ; le sceau de l'abbaye de Saint-Vaast d'Arras a été utilisé de 1212 à 1532, c'est-à-dire pendant trois cent vingt ans, et celui de l'abbaye de Saint-Aubert de Cambrai, représentant le saint debout, dont on connaît une empreinte en 1188, servait encore en 1444, soit trois cent soixante-six ans plus tard.

1. Bibl. nat. ms. lat. 17024, n° 150.

Les noms et prénoms des simples particuliers étant gravés sur leurs sceaux, on ne pouvait pas se servir de ces derniers après la mort de leurs propriétaires. Par exception, j'ai constaté que Jean Odoard, seigneur de Fiancay en Dauphiné, avait apposé en 1575 à une quittance le sceau de son trisaïeul, qui portait le prénom de Pierre et vivait en 1400. Les caractères onciaux de la légende et le style de l'écusson armorié reculent ce petit monument jusqu'à cette date[1].

1. ROMAN. *Sceaux des familles seigneuriales de Dauphiné*, n° 575.

CHAPITRE XV

DE LA CONSERVATION DES SCEAUX ET DE LEUR REPRODUCTION [1]

La cire devient, après plusieurs siècles d'exposition à l'air, à la fois dure et cassante ; les sceaux ne doivent donc pas subir une pression qui les briserait infailliblement. Relier des pièces scellées est un procédé barbare qui doit être absolument proscrit ; on doit procéder à leur enliassement même avec infiniment de précaution car il présente des dangers, le lien qui entoure la liasse pouvant opérer une pression inégale qui ne tarde pas à briser le sceau en plusieurs morceaux.

Le seul procédé qui puisse être recommandé est le dépôt des documents scellés à plat dans des cartons où ils ne soient pas tassés outre mesure et ne remplissent que les trois quarts de l'espace.

Tout sceau qui se détache accidentellement de son titre doit y être replacé, soit en rattachant les lacets de suspension s'ils sont brisés, soit en recousant le parchemin si la fente dans laquelle passaient les lacets a été

---

1. LABORDE (M¹ˢ DE). Préface à l'*Inventaire de la collection de sceaux des Archives* par Douët d'Arcq, p. 38 et suiv.

déchirée, soit enfin en recollant à sa place primitive le sceau s'il est en papier et plaqué. En effet tout sceau détaché a perdu son certificat d'origine, on n'en peut préciser la date et dès lors son importance est beaucoup amoindrie.

Les fragments d'un sceau en cire brisé peuvent malaisément être resoudés, car la colle la plus adhésive prend mal sur la cire. Le procédé le plus pratique, lorsque les fragments ne sont ni trop nombreux ni trop menus, consiste à faire fondre leur tranche à la flamme d'une bougie et à les rapprocher les uns des autres ; parfois ce procédé réussit parfaitement et sans produire de détérioration grave, mais il sera bon de l'essayer d'abord sur quelque sceau sans valeur, car il demande une certaine habileté de main et, dans ce cas, l'inexpérience ne serait pas sans danger.

Les bulles de plomb n'ont pas cet inconvénient de se briser, mais elles sont parfois dévorées par un oxyde qui, au bout de peu de mois, les réduit, si on n'y obvie, en un amas de poussière grisâtre. Le meilleur moyen de les guérir de cette maladie est de les enduire d'une couche de vernis à tableau que l'on doit laisser sécher pendant plusieurs semaines avant d'y porter la main. Cette couche intercepte l'air et arrête la morsure de l'oxyde. Au besoin on doit recommencer l'opération. Pour les bulles détachées on peut employer un autre procédé de préservation et les laisser plongées pendant plusieurs mois dans de l'huile d'olive ; elles s'en imprègnent et deviennent à peu près inaltérables.

Mais on doit recommander par-dessus tout de procéder au moulage des sceaux, non seulement des plus beaux et des mieux conservés, mais de tous ; c'est le seul moyen d'assurer leur conservation à l'avenir. Quelques précautions que l'on puisse prendre, tout sceau doit tôt ou tard être détruit ; un creux pris sur l'objet lui-même peut seul le rendre immortel à cause de la facilité qu'on a dès lors d'en multiplier les reproductions.

Pour mouler les sceaux, on peut employer toutes les matières malléables, terre glaise humide, mie de pain pétrie, mastic de vitrier, cire à modeler, etc., mais, en principe, il faut éviter toute opération par pression comme dangereuse pour la conservation des parties délicates du sceau. On peut, à la rigueur, admettre une empreinte prise par pression avec une matière très ductile, sur les sceaux épais, résistants et sans grandes finesses, des XIIe et XIIIe siècles, mais passé cette époque le gâteau de cire s'amincit de plus en plus, le sceau est surchargé d'ornements délicats, et l'empreinte ne doit plus être faite qu'au moyen du coulage de plâtre très fin ou mieux encore de gélatine [1].

Avant l'opération on doit nettoyer à plusieurs reprises et délicatement le sceau avec un blaireau et de la mousse de savon pour le débarrasser des impuretés qui, depuis des siècles, s'y sont collées. On l'entoure ensuite d'une bande de carton mince et on remplit ce récipient factice de plâtre ou de gélatine. Le moule une fois sec et séparé du sceau, on en double l'épaisseur avec du plâtre, puis on le laisse séjourner dans de l'huile grasse dont il s'imprègne de telle sorte qu'il devient inaltérable.

Les seules bonnes empreintes à tirer des creux sont en

---

1. Dupasquier. *Du moulage à la gélatine* (*Mémoires de l'Académie de Lyon*, 1846, p. 209).

plâtre teinté; on les recouvre quelquefois d'un mince épiderme de soufre, mais le soufre présente l'inconvénient d'éclater à la chaleur.

*
* *

Dans tous les anciens auteurs, Valbonnais, dom Vaissète, dom Plancher, dom Lobineau, etc., les figures de sceaux ne sont gravées que par deux procédés, sur bois ou à l'eau-forte reprise à la pointe. Parmi ces gravures il en est d'exécrables, il en est aussi de fort bien exécutées, je n'en connais aucune d'exacte [1]. Ce défaut ne tient pas au procédé de la gravure, mais aux artistes eux-mêmes et au temps où ils ont vécu.

On n'avait pas alors la moindre idée du style du moyen âge, on en a maintenant beaucoup mieux l'intuition, les procédés sont plus perfectionnés et cependant les reproductions de sceaux sont rarement parfaites. Il suffit, pour s'en convaincre, de comparer entre elles les planches de divers ouvrages de sigillographie parmi les plus récents ; les sceaux d'une même époque ont, dans deux ouvrages différents, des aspects très dissemblables et n'ont aucune affinité de style ; ces reproductions sont donc inexactes.

Quelques-unes, charmantes, flatteuses à l'œil, sont évidemment le résultat d'une fâcheuse interprétation [2] ;

---

1. Les 604 sceaux reproduits dans les planches de la *Généalogie des comtes de Flandre*, par Olivier de Wrée, sont des chefs-d'œuvre de gravure aussi remarquables par leur finesse que par leur désolante inexactitude.

2. Dans l'ouvrage de Cibrario et Promis sur les sceaux de la maison de Savoie, par exemple, les chevaliers sont tous affublés du même harnois, quelle que soit la date du sceau.

dans d'autres le travail sec et heurté de l'eau-forte donne exactement au sceau l'aspect qu'il ne devrait pas avoir ; mais rien ne produit un effet aussi désastreux que la lithographie. Ces planches, dessinées par leurs auteurs avec une déplorable facilité, sont peut-être ce qu'il y a de pis[1]. Admissible pour la reproduction de sceaux très usés, la lithographie produit, pour ceux dont le relief est accentué, un flou des plus médiocres.

La gravure sur bois est peu susceptible de reproduire les finesses des détails, ces lignes redoublées ou triplées, ces bordures engrelées, ces rosaces découpées à jour dont les graveurs du xive et du xve siècle aimaient à surcharger leurs œuvres.

Reste l'héliogravure ou photogravure d'après des photographies directes.

Pour un sceau à fort relief et parfaitement conservé, la photographie donne de bons résultats ; il n'en est pas de même pour ceux dont le type et les légendes ont été écrasés par une pression séculaire. Un œil exercé parvient à tout voir dans un sceau pareil, mais à la condition de le faire tourner dans un rayon de soleil auquel on le présente sous toutes ses faces et dans des angles divers. La photographie, ne pouvant donner qu'un seul aspect du monument, est dans ce cas insuffisante.

Je ne puis que répéter ce que me disait un jour Douët d'Arcq : pour reproduire un sceau rien ne vaut une plume sincère et habile. Un dessin à l'encre de Chine fait avec le soin le plus minutieux et surtout avec

---

1. Voir les planches lithographiques dessinées par M. Laugier pour l'ouvrage de M. Blancard, sur les sceaux des archives des Bouches-du-Rhône.

une scrupuleuse exactitude, exempte de toute interprétation, donne une idée beaucoup plus juste et plus complète du sceau que toutes les photographies du monde [1]. Mais rien n'est moins aisé que de faire un dessin de sceau irréprochable ; il y a des finesses de détail, des traits redoublés ou triplés qui ne peuvent être aperçus qu'à la loupe. Le dessin, au surplus, ne doit pas être trop poussé, et les ombres portées doivent être indiquées légèrement pour éviter la surcharge.

Il faut surtout bien se pénétrer de cette idée que le sceau n'est pas en marbre, en ivoire, en métal dur et brillant, mais en une substance sans reflet, malléable et affaissée, et, préalablement à tout, s'imprégner du style de son modèle. Les plis des vêtements, l'allure des animaux héraldiques, les rinceaux et les feuillages stylisés, ont un caractère très particulier que bien des dessinateurs, fort habiles du reste, ne saisissent pas.

C'est pendant des siècles que les graveurs de sceaux ont travaillé ; leurs œuvres sont donc de styles variés, et dans des planches elles ne doivent pas paraître, quand elles sont juxtaposées, être sorties toutes à un jour donné du même atelier. Les à peu près surtout sont dangereux, et une bonne et minutieuse description serait préférable à des reproductions hâtives qui trompent sur le caractère, le style, l'époque et les détails du monument reproduit.

La reproduction des sceaux à l'aide de la plume et de l'encre de Chine demande un long apprentissage. Le

---

[1]. Je ne connais rien de meilleur comme reproductions de sceaux que les planches de la *Sigillographie de Toul* de Charles Robert; elles ont été exécutées par le procédé que j'indique.

dessin une fois terminé, il est préférable de le faire reproduire par l'héliogravure ou la phototypie; plutôt que de le confier au burin d'un graveur qui est toujours porté à interpréter ce qu'il a sous les yeux; il vaut mieux faire usage d'un procédé qui reproduit servilement et mécaniquement ce qu'on lui présente.

ADDITIONS ET CORRECTIONS

P. 1, l. 7 et 17. Gaignères, *lisez* : Gaigniéres.

P. 36, l. 17. Il existait dans la collection Charvet (n° 808 du catalogue) une matrice de sceau en plomb sur laquelle était gravée une aigle tenant un rameau au bec, avec la légende : + s' GALFRIDI DE HISTVNE (XIVe siècle).

P. 38, l. 21. Giraud Adhémar, *lisez* : Hugues Adhémar. Après examen plus attentif j'ai reconnu que cette bulle n'était pas en bronze, mais en plomb avec une forte addition d'étain.

P. 40 et 64. Ce manuel était déjà en grande partie imprimé lorsque M. Schlumberger, membre de l'Institut, a communiqué à l'Académie des Inscriptions et Belles-Lettres, un objet du plus haut intérêt et jusqu'à présent unique qui révèle quel était le procédé usité à l'époque byzantine pour frapper les bulles de plomb (*Comptes rendus de l'Académie des Inscriptions et Belles-Lettres*, 1911, p. 411). Ce *boullotirion* ou coin à bulles consiste en deux marteaux de fer unis l'un à l'autre comme des forces ou un moule à gaufres. Ces deux marteaux, s'appliquant exactement l'un sur l'autre, portent gravés en creux l'un le type de la face, l'autre celui du revers de la bulle. Celle-ci, composée de deux disques de plomb enserrant entre eux le cordon de suspension, était placée, très chaude, pour être plus malléable, entre ces deux coins, et un vigoureux coup de marteau faisait saillir sur le métal le type et les légendes. Ce mode de procéder est certain, car avec le *boullotirion* on a découvert le marteau qui servait à la frappe. Je ne sache pas qu'on ait jamais trouvé un instrument pareil datant du moyen âge, mais le procédé usité à cette époque ne devait pas différer sensiblement de celui de l'époque byzantine. C'est à peu près le même que celui dont on se servait pour la fabrication de la monnaie. Cette note complétera utilement ce que j'ai dit de la bulle et de son mode d'apposition.

P. 113, l. 1. ornées et posées, *lisez* : ornés et posés.

P. 172, l. 7. Dinant, *lisez* : Dinan.

P. 212, l. 1. Séez, *lisez* : Sées.

P. 234, l. 5. *S'Gu ii*, *lisez* : S'*Guilti*.

P. 241, l. 15. *māiorum ecclie*, *lisez* : *maiorum ecclie*.

P. 241, l. 3. *subdiaconi*, *lisez* : *subdecani*.

P. 244, l. 17. baillages, *lisez* : bailliages.

P. 266, l. 12. On peut tout citer, *lisez* : On ne peut tout citer.

P. 268, l. 15. xvie siècle, *lisez* : xive siècle.

P. 306, l. 2. Solignac, *lisez* : Soligné.

P. 328, l. 3. *Supprimez* Mirepoix.

P. 374, l. 22. *Ajoutez* : 1335, Abbaye de Clairlieu : CONSTITVTV . ANNO . DNI . M . CCC . XXXV. (*Société de Sphragistique*. T. IV, p. 83).

INDEX ALPHABÉTIQUE

Agen (Chapitre d') : 328 — (Évêques d') : 327.
Agenais et Gascogne (Sénéchal d') : 33.
Aides (Commissaires et conseillers des) : 256, 259, 265.
Aix-Artaud (Seigneurs d') : 89, 112, 115, 312.
Aix-en-Provence (Archevêques d') : 348 — (Université d') : 177, 244.
Albi (Administrateur du chapitre d') : 241 — (Chapitre d') : 328 — (Évêques d') : 216, 250, 327.
Albret (Sires d') : 123, 297.
Alençon (Ducs, comtes et duchesses d') : 9, 99, 100, 126, 232, 250, 334.
Alet (Comte d') : 326.
Alexandrie (Patriarche d') : 50, 166.
Amiens (Chanoine d') : 282 — (Évêques d') : 36, 54, 63, 160, 312

— (Official d') : 282 — (Prévôt d') : 139.
Andentes (Seigneurs d') : 220.
Andelys (Châtellenie des) : 132.
Anduze (Seigneurs d') : 90, 326.
Angers (Abbaye de Saint-Aubin d') : 291 — (Chapitre d') : 291 — (Doyen de chapitre d') : 241 — (Évêques d') : 290, 291.
Angleterre (Rois d') : 22, 63, 78, 79, 80, 236, 289, 290, 333, 354.
Anglo-normands (Sceaux) : 262, 266, 334.
Angoulême (Chapitre d') : 345 — (Comtes d') : 344 — (Évêques d') : 215, 345 — (Officialité d') : 345 — (Abbaye de Saint-Cybard d') : 345.
Anjou (Comtes et ducs d') : 33, 45, 48, 50, 81, 122, 236, 289, 354 — (Maréchaux du duc d') : 128.
Annecy (Chapitre d') : 351.
Apt (Évêques d') : 349.
Aquitaine et Guyenne (Ducs et

---

1. Cet index est restreint aux personnages et sujets les plus importants : rois, princes, prélats, abbés, prieurs, officialités, universités, communes, fonctionnaires royaux, etc. Je n'ai pas relevé ceux d'une importance moindre et en général ceux dont le nom n'est cité qu'une fois dans le cours de l'ouvrage.

duchesses d') : 23, 76, 78, 79, 80, 85, 101, 236, 319.
Aragon (Rois d') : 79.
Arbalétriers (Grand Maître des) : 128.
Argenteuil (Prieur d') : 170.
Arles (Archevêques d') : 158, 217, 222, 239, 348 — (Chapitre d'):208,349—(Officialité d'):349.
Armagnac (Comtes d') : 264, 297.
Arras (Abbaye de Saint-Vaast d') : 375 — (Archidiacre d') : 170 — (Chapitre d') : 172, 210, 293 — (Châtelains d'): 292 — (Évêques d'): 160, 210, 238, 293. (Abbé de Saint-Vaast d'): 293.
Artois (Comtes et comtesses d'): 80, 87, 104, 116, 154, 235, 291 — (Bailli d') : 292.
Aspres (Prieuré de Saint-Géraud d') : 313.
Auch (Archevêques d') : 297, 298.
Auchy (Abbaye d') : 293.
Auge (Vicomtes et comtesses d'): 103, 334.
Aumale (Comtes d') : 334.
Autun (Chapitre d'): 304 — (Évêques d') : 165, 250, 304 — (Officialité d') : 214, 304 — (Sénéchal d') : 143.
Auvergne (Bailliage d') : 33, 244 — (Comtes d') : 154, 294.
Auxerre (Abbaye de Saint-Germain d') : 151, 304 — (Chapitre d') : 240, 304 — (Comtes d') : 122, 152, 303 — (Évêques d') : 151, 160, 164, 209.
Avignon (Abbaye de Saint-André d') : 350 — (Évêques d') : 348 — (Légats d') : 348 — (Officialité d') : 349.

Avranches (Chapitre d') : 218, 336 — (Évêques d') : 162, 212, 215, 335 — (Officialité d') : 336.

Bar (Comtes et comtesses de) : 105, 153, 331.
Bar-sur-Seine (Comte de): 303.
Bayeux (Chanoine de) : 207 — (Chapitre de): 172, 336 — (Évêques de) : 22, 162, 210, 335 — (Officialité de) : 214, 336 — (Vicomtes de) : 227, 245.
Bayonne (Chapitre et évêques de): 321.
Bazas (Chapitre et évêques de): 298.
Béarn (Vicomtes de): 297.
Beaumont (Seigneurs, comtes et vicomtes de): 102, 249, 261, 290, 322, 334.
Beaune (Chapitre de): 172, 304 — (Parlement de): 244.
Beauport (Abbaye de): 212.
Beaupré (Abbaye de): 332.
Beauvais (Abbés de Saint-Lucien de): 168, 249 — (Archidiacre de): 241 — (Chanoine de) : 208 — (Chapitre de) : 324 — (Évêques de): 213, 239, 324 — (Officialité de) : 251, 324 — (Portier du chapitre de) : 241 — (Trésorier du chapitre de) : 241.
Bégard (Abbé de) : 203.
Bellay (Évêques de) : 301.
Belleval (Abbé de): 216.
Bergerac (Seigneurs de) : 340.
Berry (Ducs de): 9, 99, 122, 176, 255, 276, 300.
Bersac (Chapelain du): 207.
Besançon (Archevêques de) : 28, 157, 161, 223, 237, 318.

BEUVRIÈRE (Prieur de la) : 170.
BÉZIERS (Évêques de) : 327 — (Vicomtes de) : 83, 326.
BIGORRE (Comtes de) : 236, 297.
BLOIS (Abbaye de Saint-Laumer de) : 248 — (Abbaye de Saint-Laurent de) : 339 — (Châtellenie de) : 245 — (Comtes de) : 155, 264, 337.
BONNE-ESPÉRANCE (Abbaye de) : 310.
BONPORT (Abbaye de) : 214.
BORDEAUX (Archevêques de) : 162, 216, 238, 320, 321.
BOULAY (Prieuré de) : 243.
BOULLOTIRION : 384.
BOULOGNE (Abbaye de Notre-Dame de) : 242 — (Comtes de) : 341 — (Sénéchaussée de) : 244.
BOURBONNAIS (Comtes, comtesses, ducs et sires de) : 9, 80, 99, 114, 118, 121, 126, 271, 301.
BOURGES (Abbaye de Saint-Ambroix de) : 242 — (Archevêques de) : 47, 61, 201, 211, 215, 237, 300 — (Chapitre de) : 300 — (Sainte-Chapelle de) : 176.
BOURGOGNE (Bâtard de) : 266 — (Chambellan de) : 100 — (Comtes de) : 316, 317 — (Ducs et duchesses de) : 50, 80, 84, 86, 89, 125, 126, 219, 250, 270, 271, 302 — (Rois de) : 3, 61, 72, 73, 230, 274, 275 — (Sénéchal de) : 24.
BOUTEILLIER DE FRANCE : 233.
BRAINE (Comtes de) : 341.
BRETAGNE (Ducs de) 9, 82, 99, 156, 261, 266, 305 — (États de) : 55.
BRIENNE (Comtes de) : 331.

BRIVES (Prieur de) : 168.
BRUIS (Seigneur de) : 83.
BUCH (Captal de) : 234.
BUCILLY (Abbé de) : 168.
BULLANT (Jean) : 37, 268.

CAEN (Abbaye de la Trinité de) : 29, 283 — (Abbé de Saint-Étienne de) : 281 — (Université de) : 244 — (Vicomtes de) : 245.
CAHORS (Évêques de) : 212 — (Official de) : 221.
CAMBRAI (Abbaye du Saint-Sépulcre de) : 316 — (Abbaye de Saint-Aubert de) : 167, 316, 375 — (Chapitre de) : 172, 316 — (Chanoine de) : 208 — (Collégiale de Saint-Géry de) : 207 — (Doyen du chapitre de) : 170 — (Évêques de) : 50, 157, 160, 162, 163, 164, 174, 201, 210, 217, 315 — (Official de) : 282 — (Officialité de) : 315 — (Trésorier du chapitre de) : 204 — (Université de) : 177.
CAMÉRIER DE FRANCE : 233.
CANDAVÈNE (Agnès de) : 177.
CANTIMPRÉ (Abbaye de Notre-Dame de) : 316.
CAPITAINES DE NEFS : 136.
CARCASSONNE (Chapitre de) : 328 — (Dominicains de) : 176 — (Évêques de) : 63, 214, 250.
CARLAT (Vicomtes de) : 294.
CAROLINGIENS (Empereurs) : 27, 38, 40, 61, 62, 70, 71, 72, 73, 74, 75, 229, 230, 273, 274, 275, 276, 278, 353.
CARPENTRAS (Officialité de) : 349.
CASSAN (Prieur de) : 171.

CASTRES (Évêques de) : 328.
CATEAU-CAMBRÉSIS (Abbaye de Saint-André de) : 316.
CAZENEUVE (Prieur de) : 173.
CAUX (Bailliage de) : 244, 251.
CÉRISY LA FORÊT (Abbaye de) : 336.
CHAISE-DIEU (Abbaye de la) : 316.
CHALON (Comtes de) : 303.
CHALONS (Évêques de) : 309.
CHAMBELLANS DE FRANCE : 153, 154, 155.
CHAMBLY (Pierre de) : 82, 86, 258.
CHAMPAGNE (Comtes et comtesses de) : 25, 61, 249, 269, 271, 278, 307, 308 — (Foires de) : 94, 271, 308 — (Forestiers de) : 308 — (Maréchaux de) : 308.
CHAMPEAUX (Chapitre de Saint-Martin de) : 310.
CHANCELIERS DE FRANCE : 20, 263, 265, 270.
CHAPELAIN DU ROI : 265.
CHARITÉ (Abbaye de la) : 243 — (Prieuré de la) : 281 — (Seigneurs de la) : 338.
CHARROUX (Abbé de) : 212.
CHARTRES (Abbaye de Saint-Chéron de) : 215, 339 — (Abbaye de Saint-Père de) : 212, 339 — (Archidiacre de) : 215 — (Chanoine de) : 209 — (Chantre du chapitre de) : 241 — (Chapitre de) : 172, 339 — (Évêques de) : 211, 338 — (Geôlier de) : 99 — (Hôpital de) : 137 — (Officialité de) : 239 — Prévôt du chapitre de) : 241 — (Robert de) : 113 — (Vidames de) : 234, 337.
CHARTREUSES : 206.
CHATEAUDUN (Abbé de Saint-Séverin de) : 168 — (Vicomtes de) : 337.

CHATEAUNEUF (Seigneurs de) : 228, 310.
CHATEL (Seigneurs du) : 99, 263.
CHATILLON (Chanoine de) : 54 — (Seigneurs de) : 249, 250, 260, 337.
CHELLES (Abbaye de) : 325.
CHEVREUSE (Seigneurs de) : 261, 322.
CHOISEUL (Guillaume de) : 96.
CITEAUX (Abbaye de) : 131.
CLAIRECOMBE (Abbé de) : 168.
CLAIREFONTAINE (Abbaye de) : 242.
CLÉRIEU (Seigneurs de) : 113, 117.
CLERMONT (Auditeur des causes de) : 208 — (Chapitre de) : 172, 295 — (Comtes et barons de) : 84, 124, 233, 294, 322 — (Évêques de) : 160, 295.
CLUNY (Abbaye de) : 28, 242, 304 — (Collège de) : 177, 244.
COLIGNY (Baronnie de) : 32.
COMMINGES (Comtes de) : 297 — (Évêques de) : 158, 298.
COMPTES (Clercs, auditeurs et conseillers des) : 55, 256, 259, 262, 285.
CONDOM (Clarisses de) : 176.
CONNÉTABLES DE FRANCE : 233, 256.
CONSÉRANS (Chapitre de) : 298 — (Évêques de) : 298.
CORBEIL (Chanoine de) : 207 — (Chapitre de) : 172 — (Chevecier du chapitre de) : 241 — (Comtes de) : 322.
CORBIE (Abbaye et abbés de) : 215, 343 — (Châtelain de) : 234.
CORNILLAN (Prieur de) : 173.
COUCY (Bailliage de) : 132 — (Seigneurs de) : 147, 235, 334.
COURONNE (Abbaye et abbés de la) : 162, 168, 345.

COUTANCES (Chapitre de) : 172, 336 — (Évêques de) : 211, 335 — (Officialité de) : 336 — (Penancier de) : 175.
CRAON (Seigneur de) : 58, 290.
CREIL (Prévôt de) : 208, 209.
CRÉMIEU (Trinitaires de) : 175.
CROISSANT (Ordre du) : 48.

DAMMARTIN (Comtes de) : 322.
DAUPHINÉ (Gouverneurs de) : 97, 98, 116, 125, 245, 312
DAUPHINS ET DAUPHINES : 9, 43, 49, 50, 64, 80, 116, 121, 130, 153, 220, 221, 233, 236, 250, 311.
DELPHINAL (Conseil) : 48.
DIE (Chapitre de) : 172, 313 — (Comtes de) : 31, 50, 311 — (Évêques de) : 312, 313.
DINAN (Seigneurs de) : 305.
DOL (Chapitre de) : 306 — (Évêque de) : 164, 210, 214, 238, 306 — (Seigneurs de) : 305.
DÔLE (Chapitre de) : 172.
DOMFRONT (Cour de) : 245.
DOUAI (Archidiacre de) : 171 — (Doyen de Saint-Pierre de) : 170.
DRAVET (Église de) : 32.
DREUX (Comtes et comtesses de) : 102, 232, 292, 322.
DUNKERQUE (Seigneur de) : 28.
DURAS (Comtesse de) : 91.

EAUCOURT (Abbaye d') : 316.
EAUX ET FORÊTS (Maîtres et enquêteurs des) : 128, 129, 139, 246.
ÉCHANSON DE FRANCE : 233.
ELNE (Chapitre d') : 298 — (Évêque d') : 215.
EMBRUN (Archevêques d') : 163, 165, 174, 228, 312 — (Chapitre d') : 172, 313.
ESPAGNAC (Prieur d') : 203.
ÉTAMPES (Prévôté d') : 33.
ÉTRUN (Abbesse d') : 169.
ÉVREUX (Bailliage d') : 245 — (Chanoine d') : 208 — (Chapitre d') : 172, 336 — (Comtes d') : 23, 78, 90 — (Évêques d') : 163, 174, 211, 335 — (Officialité d') : 336.

FABLIAUX (Types pris dans les) : 141.
FALAISE (Abbé de Saint-Jean de) : 283.
FARMOUTIERS (Abbé de) : 310.
FAUCIGNY (Baron et baronne de) : 87, 103, 156, 269, 351.
FÉCAMP (Abbaye de la Trinité de) : 211, 336.
FÉMY (Abbaye de Saint-Étienne de) : 316.
FERRIÈRES (Abbaye de Saint-Pierre de) : 304.
FERTÉ DE VILLENEUVE (Châtellenie de la) : 245.
FIENNES (Seigneurs de) : 86, 119.
FLANDRE (Comtes et comtesses de) : 46, 58, 83, 101, 151, 152, 154, 280, 291, 314.
FLAVIGNY (Archiprêtre de) : 173.
FLINES (Abbesse de) : 168.
FOISSY (Prieure de) : 243.
FOIX (Vicomtes et comtes de) : 82, 296.
FONTAINES (Prieur de) : 243.
FONTENELLE (Abbesse de) : 169.
FONTEVRAULT (Abbesse de) : 210.
FORCALQUIER (Chapitre Saint-Mary de) : 349 — (Comtes de) : 4, 28, 140, 346, 347.

Forez (Comtes de) : 301.
Fougères (Seigneur et dame de) : 92, 111, 251, 334.
France (Reines de) : 24, 36, 102, 104, 226, 232, 256.
France (Rois de) : 9, 20, 21, 23, 24, 25, 28, 34, 43, 45, 50, 73, 75, 76, 77, 78, 80, 107, 227, 231, 232, 254, 276, 287, 288, 326, 371.
Franquevaux (Abbaye de) : 328.
Fréteval (Châtellenie de) : 245.
Froidmont (Abbaye de) : 12, 167.
Gap (Chapitre de) : 205, 240, 313 — (Évêques de) : 28, 162, 165, 238, 239, 312 — (Officialité de) : 239, 313.
Gascogne (Inquisiteur de la foi en) : 204 — (Sénéchal de) : 319.
Gif (Abbesse de) : 49, 175.
Gorran (Gilles de) : 46, 96.
Gorze (Abbaye de) : 173.
Gournay (Abbaye Notre-Dame de) : 243.
Grandpré (Comtes et comtesses de) : 104, 308.
Grand veneur de France : 264.
Graveurs de sceaux : 57, 140, 359 à 369.
Grenoble (Chapitre de) : 172, 240, 313 — (Cour commune de) : 240 — (Doyen du chapitre de) : 205, 221 — (Évêque de) : 173 — (Officialité de) : 313 — (Parlement de) : 33.
Guines (Comtes de) : 315.
Guingamp (Abbé de Sainte-Croix de) : 203.

Hainaut (Comtes de) : 315.
Hautes-Bruyères (Prieuré des) : 175.

Hierre (Abbaye d') : 25.
Homblières (Abbaye d') : 343.
Honnecourt (Abbaye d') : 316.

Ivry (Abbé d') : 205.

Jard (Abbaye du) : 12, 209, 242.
Joie (Abbaye de la) : 307.
Joigny (Comtes et comtesses de) : 236, 302, 303.
Jouy-le-Chatel (Cour de) : 251.
Joyenval (Abbaye de) : 172.
Juilly (Abbaye de) : 310.
Jumièges (Abbaye de) : 210, 242, 336.

Kent (Comte de) : 22.

Langres (Chapitre de) : 309 — (Évêques de) : 237, 309.
Laon (Archidiacre de) : 205 — (Chapitre de) : 172, 212, 324 — (Évêques de) : 47, 157, 161, 201, 210, 213, 323, 324 — (Officialité de) : 324.
La Roche (Comtes de) : 317.
La Trémouille (Seigneurs de) : 23.
Laval (Seigneurs de) : 250, 290.
Lavaur (Évêques de) : 328.
Lectoure (Évêques de) : 298.
Légendes barbares : 219 — Françaises : 225 — Franco-latines : 225 — Métriques : 224 — Servant de type : 148, 149, 222, 223, 257.
Léproseries : 209.
Lessay (Abbaye de) : 336.
Lettres conjuguées et initiales formant légende : 228, 256.
Liessies (Abbaye de Saint-Lambert de) : 316.

LIFFOL-LE-PETIT (Curé de) : 208.
LIMOGES (Bailliage de) : 244 — (Chapitre de) : 330 — (Évêques de) : 58, 207, 271, 330 — (Officialité de) : 213 — (Vicomté de) : 245.
LISIEUX (Chapitre de) : 245, 336 — (Évêques de) : 238, 335.
LODÈVE (Chapitre de) : 321.
LONGPONT (Abbaye de Notre-Dame de) : 243, 325.
LORRAINE (Ducs de) : 61, 81, 330, 331 — (Roi de) : 3, 61, 72, 230, 330.
LOYE (Cour de la) : 154.
LUZERNE (Abbé de la) : 243.
LYON (Archevêques de) : 210, 238, 229, 301 — (Chambrier du chapitre de) : 241 — (Chapitre de Saint-Jean de) : 172, 301 — (Chapitre de Saint-Paul de) : 301 — (Chapitre de Saint-Thomas de) : 301 — (Obédiencier du chapitre de) : 241 — (Officialité de) : 240, 301.

MACON (Chapitre de) : 304 — (Évêques de) : 304 — (Comtes de) : 303 — (Prieuré de Saint-Pierre de) : 243.
MAESTRICHT (Abbaye de Saint-Servais à) : 37.
MAGUELONNE (Évêque de) : 337.
MAILLEZAIS (Abbé et évêques de) : 162, 345.
MALNOUE (Abbesse de) : 169.
MANS (Abbaye de la Couture du) : 291 — (Abbaye de Saint-Vincent du) : 291 — (Chapitre du) : 281 — (Évêques du) : 160, 214, 238, 290.
MANTES (Chapitre de) : 172.

MARCHE (Comtes de la) : 89, 328, 329.
MARCHIENNES (Abbaye de Sainte-Rictrude de) : 316.
MARÉCHAUX DE FRANCE : 33, 127, 233, 245.
MARMOUTIERS (Abbés de) : 47, 168, 169, 250, 339.
MARQUETTE (Abbesse de la) : 283.
MARSEILLE (Évêques de) : 216, 348, 349 — (Officialité de) : 349.
MAUBEUGE (Abbaye de Sainte-Aldegonde de) : 316 — (Abbesses de) : 168, 169.
MAURIENNE (Chapitre de Saint-Jean de) : 351 — (Évêques de) : 351
MEAUX (Archidiacre de) : 215 — (Chapitre de) : 310 — (Évêques de) : 157, 216, 309 — (Officialité de) : 239 — (Vicomtes de) : 308.
MELUN (Chapitre de) : 172 — (Vicomtes de) : 234, 322, 323.
MENDE (Chapitre de) : 172 — (Évêques de) : 327.
MÉROVINGIENNES (Reines) : 35, 51, 74.
MÉROVINGIENS (Rois) : 20, 35, 51-70, 71, 229, 273, 287, 352.
METZ (Abbaye de Saint-Symphorien de) : 221 — (Chapitre de), 172, 213, 332 — (Évêques de) : 157, 160, 215, 237, 331, 332.
MEULAN (Doyen du chapitre de) : 207 — (Comtes, vicomtes et seigneurs de) : 156, 236, 322, 323.
MÉVOUILLON (Barons et baronnie de) : 43, 88, 312.
MILLANÇAY (Prieur de) : 219.
MILLY (Seigneurs de) : 82, 155.
MIREPOIX (Évêques de) : 298.
MOISSAC (Abbaye de) : 242.

Monclar (Vicomte de) : 234.
Mondragon (Seigneurs de) : 55, 113, 138, 347.
Monnaie (Types imités de la) : 148.
Montargis (Prieuré de) : 243.
Montauban (Barons et baronnie de) : 43, 47, 312 — (Chapitre de) : 172 — (Évêques de) : 328.
Montbéliard (Comtes de) : 81, 317 — (Cour de) : 245.
Montélimar (Seigneurs de) : 38, 42, 82, 102, 113, 118, 219, 233, 312, 354.
Montetif (Abbaye de) : 325.
Montferrand (Seigneurs de) : 265, 294.
Montfort (Comtes, comtesses et seigneurs de) : 89, 91, 103, 152, 155, 233, 306, 322.
Montjoux (Abbaye de) : 131, 351.
Montmajour (Abbaye et Prieuré de) : 350.
Montmartre (Abbaye de) : 169, 325.
Montmorency (Seigneurs de) : 154, 233, 259, 322.
Montpellier (École de médecine de) : 178, 244 — (Évêques de) : 327 — (Seigneurs de) : 140, 326 — (Université de) : 178.
Montpensier (Seigneurs de) : 294.
Montres (Receveur des) : 127.
Mont-Saint-Eloi (Abbaye du) : 210, 280, 293.
Mont-Saint-Quentin (Abbaye du) : 343 — (Chapitre de) : 240, 343.
Mont-Sainte-Marie (Abbé du) : 243.
Morard (Soffrey) : 37, 268.
Mortain (Comtes de) : 334.
Mortemer (Abbaye de) : 214, 215.
Mouzon (Abbaye de) : 332.

Municipaux (Sceaux) : 4, 24, 92, 93, 94, 106, 107, 108, 109, 130, 132, 133, 134, 135, 136, 137, 139, 140, 144, 145, 146, 149, 154, 156, 172, 246, 247, 249, 251, 290, 292, 294, 297, 301, 302, 303, 308, 312, 315, 317, 318, 319, 323, 327, 329, 331, 334, 338, 340, 342, 344, 348.
Murat (Vicomtes de) : 294.

Nantes (Chapitre de) : 307 — (Comte de) : 305 — (Évêques de) : 157, 213, 214, 237, 306.
Naples (Rois de) : 32, 34, 38, 78.
Narbonne (Chapitre de) : 212, 328 — (Duchesse de) : 79 — (Vicomtes de) : 326.
Navarre (Rois et reines de) : 23, 78, 117, 232, 296.
Nevers (Comtes et comtesses de) : 103, 302 — (Évêques de) : 304.
Nimes (Chapitre de) : 172 — (Évêques de) : 42, 327 — (Vicomtes de) : 326.
Nonancourt et Damville (Seigneur de) : 22, 200.
Normandie (Ducs de) : 22, 23, 45, 48, 61, 78, 79, 80, 82, 236, 333.
Nouaillé (Abbé de) : 168.
Noyon (Abbé de Saint-Éloi de) : 256 — (Chancelier du Chapitre de) : 241 — (Chapitre de) : 47, 172, 175 — (Châtelains de) : 322 — (Évêques de) : 157, 160, 214, 237, 238, 323, 324 — (Officialité de) : 324.

Obazine (Abbé d') : 203.
Oigny (Vicomtes d') : 344.
Orange (Chapitre d') : 172 — Offi-

cialité d') : 349 — (Princes et Seigneurs d') : 88, 346, 347 — (Université d') : 177.

ORLÉANS (Abbaye de Saint-Euverte d') : 339 — (Chantre du Chapitre d') : 241 — (Chapitre d') : 339 — (Ducs et duchesses d') : 80, 85, 88, 89, 126, 266, 276, 337 — (Évêques d') : 22, 160, 200, 201, 212, 214, 338 — (Prévôté d') : 148, 249 — (Sous-doyen du Chapitre d') : 241.

OULX (Prévôt d') : 64.

PAMIERS (Chapitre et Évêques de) : 298.
PANETIER DE FRANCE : 233.
PARACLET (Abbaye du) : 242.
PARDIAC (Comtes de) : 319.
PARIS (Abbaye et commanderie de Saint-Antoine de) : 283, 325 — (Abbaye de Saint-Éloi de) : 243 — (Abbaye de Sainte-Geneviève de) : 167, 325 — (Abbaye de Saint-Martin de) : 278 — (Abbaye de Saint-Victor de) : 93, 216 — (Archidiacres de) : 205, 207, 215, 270, 277. — (Chanoine de) : 265 — (Chapitre de Notre-Dame de) : 172, 324 — (Chapitre de Saint-Benoît de) : 240 — Chapitre de Saint-Marcel de) : 324 — (Collège d'Harcourt de) : 177, 244 — (Confrérie des bourgeois de) : 375 — (Doyen du Chapitre de) : 213, 222 — (Évêques de) : 176, 210 — (Prévôté de) : 245 — (Sainte-Chapelle de) : 131, 207, 215, 324 — (Université de) : 177, 244, 251.

PARTHENAY (Seigneurs de) : 139, 150, 334.

PENTHIÈVRE (Seigneurs de) : 306.
PERCHE (Comtes du) : 28, 333 — (Cour du Perche à Mortain) : 245.
PÉRIGORD (Comtes de) : 339.
PÉRONNE (Chapitre de) : 343.
PERPIGNAN (Évêques de) : 298 — (Officialité de) : 163, 298.
PÉZÉNAS (Comtesse de) : 103.
PIERREFONDS (Seigneurs de) : 102, 322.
PIERREPERTUSE (Seigneur et dame de) : 91, 92, 236.
POISSY (Abbaye de) 325 — (Seigneur de) : 84, 322.
POITIERS (Abbaye de Sainte-Croix de) : 345 — (Abbaye de Saint-Cyprien de) : 241 — (Abbaye de Saint-Martin de) : 345 — (Chapitre de) : 172, 345 — (Évêques de) : 58, 213, 214, 216, 218, 344.
POITOU (Comtes de) : 85, 88, 300, 343, 344 — (Sénéchal de) : 344.
PONTHIEU (Comtes de) : 172, 341, 342.
PONTIGNÉ (Abbaye de) : 242.
PONTIGNY (Abbaye de) : 304.
PONTRÉMY (Vicomtes de) : 342.
PONT-SUR-VIENNE (Église de) : 32.
PORCIEN (Comtes de) : 308.
PORT-ROYAL (Abbesses de) : 169.
PORTUGAL (Alphonse de) : 279.
PRÉCY (Abbé de) : 157.
PRÉMONTRÉ (Abbaye de) : 131.
PROVENCE (Comtes, comtesses et marquis de) : 30, 33, 34, 38, 48, 78, 80, 88, 110, 126, 236, 276, 346, 347. — (Gouverneur et sénéchal de) : 22, 33 — (Légat en) : 28.
PROVINS (Chapitre de) : 309.
PSALMODY (Abbaye de) : 328.

INDEX ALPHABÉTIQUE

Puy (Évêques du) : 165, 239, 295.

Quimper (Chapitre de) : 307 — (Évêques de) : 201, 306.
Quincy (Marie de) : 102, 104.

Ré (Abbé de Notre-Dame de) : 218.
Rébus formant type : 141, 142, 216, 263.
Reims (Abbaye de Saint-Remy de) : 310 — (Archevêques de) : 162, 164, 211, 239, 281, 309, 355 — (Chapitre de) : 172, 310. — (Officialité de) : 215, 309.
Rennes (Abbaye de Saint-Melaine de) : 307 — (Chapitre de) : 306 — (Évêques de) : 156, 213, 306.
Ressons (Abbaye de Sainte-Marie de) : 336.
Rethel (Comtes de) : 308.
Rieux (Évêques de) : 328.
Riez (Chapitre de) : 350, 375.
Riom (Chapitre de) : 172 — (Cour de) : 245.
Rodez (Chapitre de) : 172, 321 — (Comtes de) : 319 — (Évêques de) : 321.
Rohan (Vicomtes de) : 305.
Romans (Cour temporelle de) : 240.
Ronay (Vicomtes de) : 308.
Roucy (Comtes de) : 341.
Rouen (Abbaye de Sainte-Catherine de) : 336 — (Archevêques de) : 173, 211, 213, 220, 238, 279, 335 — (Bailliage de) : 244 — (Chanoine de) : 205 — (Chapitre de) : 172, 336 — (Officialité de) : 214, 336.
Roussillon (Seigneur de) : 85.
Royaumont (Abbé de) : 28.

Sainte-Agashille (Prieur de) : 173.
Saint-Amand (Abbaye de) : 345.
Saint-André en Morvan (Curé de) : 209.
Saint-Antoine en Viennois (Abbaye de) : 29, 313.
Saint-Benoît-sur-Loire (Abbé de) : 213.
Saint-Bertin (Abbaye de) : 293.
Saint-Brieuc (Évêques de) : 161, 306.
Saint-Denis (Abbaye de) : 55, 167, 206, 212 — (Chapitre de) : 324.
Saint-Dié ((Chapitre de) : 332 — (Grand prévôts et évêques de) : 332.
Saint-Thierry (Abbaye de) près Reims : 310.
Saintes (Chapitre de) : 345 — (Évêques de) : 162, 214, 345.
Saint-Flour (Chapitre de) : 172 — (Évêques de), 238, 295.
Saint-Germain-en-Laye (Prévôté de) : 139, 245.
Saint-Ghislain (Abbaye de) : 316.
Saint-Gilles (Abbaye de) : 328.
Saint-Hubert-des-Ardennes (Abbaye de) : 215, 332.
Saint-Jouin-de-Marnes (Abbé de) 215.
Saint-Malo (Chapitre de) : 241, 307 — (Évêques de) : 160, 306.
Saint-May (Église de) : 206.
Saint-Médard (Prieur de) : 171.
Saint-Nicolas-aux-Bois (Abbaye de) : 336.
Saint-Omer (Châtelains de) : 86 89.
Saint-Ouen (Écolâtre de) : 241.
Saint-Papoul (Évêques de) : 328.

INDEX ALPHABÉTIQUE

SAINT-PAUL-DE-LÉON (Chapitre de) : 307.
SAINT-PAUL-TROIS-CHATEAUX (Évêque de) : 313.
SAINT-POL (Comtes de) : 111, 152, 292.
SAINT-PRIX (Prieur de) : 170.
SAINT-PRIX (Abbaye de) : 325.
SAINT-SAMSON (Doyen de) : 170, 232.
SAINT-SATUR (Abbaye de) : 300.
SAINT-SAULVE (Prieur de) : 205.
SAINTS FIGURÉS SUR LES SCEAUX : 179 à 200.
SAINT-VALERY (Barons de) : 342.
SAINT-WANDRILLE (Abbaye de) : 165, 174, 336.
SALINS (Sires de) : 317 — (Jean-Baptiste de) : 263.
SANCERRE (Comtes de) : 300 — (Louis de) : 121.
SAUMUR (Abbé de Saint-Florent de) : 167.
SAUSSAYE (Prieuré de la) : 24.
SAVIGNY (Abbaye de Sainte-Marie de) : 242.
SAVOIE (Comtes de) : 61, 350.
SCEAUX DATÉS : 373, 374 — Faux : 57, 58, 59 — Matrices en plomb : 36, 315, 334, 384.
SÉES (Chapitre de) : 212 — (Évêques de) : 335.
SENLIS (Chapitre de) : 172, 324 — (Évêques de) : 214, 216 — (Officialité de) : 209, 324.
SENS (Abbaye de Saint-Jean de) : 304 — (Archevêques de) : 157, 200, 213, 277, 303, 304 — (Chapitre de) : 58, 304 — (Officialité de) : 304.
SERGENT DU GUÉ : 150.

SICILE (Reine de) : 36.
SISTERON (Chapitre de) : 349 — (Évêques de) : 211, 349.
SOISSONS (Abbaye de Notre-Dame de) : 168, 324 — (Archidiacres de) : 215, 270 — (Chapitre de) : 172 — (Comtes et comtesses de) : 102, 322, 323 — (Évêques de) : 160, 238, 324 — (Officialité de) : 324.
SOLIGNÉ (Iseldis de) : 105, 125, 306.
SUZE (Abbé de) : 64.

TANCARVILLE (Comtes de) : 334.
TARBES (Évêque de) : 321.
TARENTAISE (Évêques de) : 351.
THÉROUANNE (Évêques de) : 41, 215, 293.
THOUARS (Abbé de Saint-Laon de) : 203, 243 — (Comtes et vicomtes de) : 83, 306, 344.
TOUL (Abbaye de Saint-Léon près de) : 207 — (Chapitre de) : 332 — (Collégiale de Saint-Gengoult de) : 206 — (Doyen du chapitre de) : 207 — (Évêques de) : 52, 61, 161, 167, 202, 212, 216, 238, 332, 355.
TOULON (Évêque de) : 349.
TOULOUSE (Chapitre de) : 328 — (Comtes et comtesses de) : 23, 48, 50, 78, 79, 80, 91, 106, 107, 232, 235, 325, 326, 346 — (Sénéchaussée de) : 244 — (Viguerie de) : 245.
TOURAINE (Ducs de) : 337.
TOUR-DU-PIN (Baronnie de la) : 32.
TOURNAY (Évêque de) : 238 — (Officialité de) : 239.

Tours (Abbaye de Saint-Julien de): 168, 339 — (Archevêques de): 157, 166, 160, 212, 282, 338 — (Chapitre de) : 339.
Trésoriers royaux : 98, 117.
Troyes (Chapitre de) : 310 — (Collégiale de) : 175 — (Comtes de) : 82, 152 — (Évêques de) : 160, 163, 309 — (Officialité de) : 239.
Tulle (Évêques de) : 330.
Turenne (Vicomtes de) : 329.
Turpenay (Abbaye de) : 339.

Uzès (Évêques d') : 327.

Vaison (Chapitre de) : 349 — (Évêques de) : 349 — (Officialité de) : 349.
Valence (Administrateur du diocèse de) : 207, 238 — (Chapitre de) : 313 — (Évêques de) : 23, 271, 312 — (Officialité de) : 313 — (Prieuré de Saint-Victor de): 313.
Valenciennes (Abbaye de Saint-Jean de) 316 — (Chapitre de): 172 (Hôpital de) : 278.
Valentinois (Bâtard des comtes de) : 235 — (Comtes et comtesses de) : 30, 45, 48, 50, 86, 91, 115, 220, 311.
Valmont (Abbaye de) : 242.
Valois (Comtes de) : 122, 232.
Vannes (Évêque de) : 163.
Vaucelles (Abbaye de), 12.

Vaudemont (Comtes de) : 331.
Vauluisant (Abbaye de) : 242.
Vaux-de-Cernay (Abbé des) : 168.
Vendome (Abbaye de la Trinité de) : 213, 339 — (Comtes, comtesses et ducs de) : 85, 126, 282, 337, 338.
Ventadour (Vicomtes de) : 329.
Ventura (Simon de) : 37, 268.
Verdun (Chapitre de) : 332 — (Évêques de) : 61, 212, 332.
Vermandois (Comtes de), 81, 341.
Vergy (Seigneurs de) : 24, 303.
Verneuil (Vicomté de) : 245.
Veynes (Prieur de) : 370.
Vézelay (Abbaye de) : 304.
Vienne (Archevêques de) : 210, 313 — (Archiclave du chapitre de) : 241 — (Capiscol du chapitre de) 204, 241 — (Chapitre de) : 313 : (Doyen du chapitre de) : 170 — (Officialité de) : 313 — (Seigneurs de) : 219.
Vignori (Gautier de): 148, 222, 223.
Villars - Thoire (Dames de) : 25, 46, 103.
Villiers (Guillaume de) : 48, 96.
Vincennes (Sainte-Chapelle de) : 131, 324.
Vitré (André de) : 305.
Vitry (Philippe de) : 260, 264, 285.
Viviers (Évêque de) : 313.

Yerre (Abbaye d'), voy. Hierre.

TABLE DES MATIÈRES

I. Histoire du sceau.......................... 1
II. Utilité de l'étude des sceaux.............. 7
III. Étude et conservation des sceaux......... 11
IV. De l'emploi du sceau.................... 20
V. Diverses sortes de sceaux................ 30
VI. Matière des sceaux...................... 35
VII. Forme et dimension des sceaux........... 44
VIII. Mode d'apposition des sceaux............ 60
IX. Types des sceaux....................... 67

    SCEAUX LAÏCS...................... 70
    1. Sceaux antérieurs à 1025............ 70
    2. Type de majesté.................... 75
    3. Type équestre...................... 80
    4. Type pédestre...................... 95
    5. Type armorial...................... 110
    6. Type topographique................. 129
    7. Type arbitraire ou de fantaisie...... 137
    8. Type des contre-sceaux............. 151

SCEAUX ECCLÉSIASTIQUES.................	157
1. Type sacerdotal...................	160
2. Type hagiologique.................	171
3. Type armorial....................	200
4. Type arbitraire ou de fantaisie.......	204
5. Type des contre-sceaux............	209
X. Des légendes........................	218
1. Légendes des sceaux..............	229
2. Légendes des contre-sceaux.........	247
XI. Des signets........................	252
1. Type des signets.................	255
2. Légendes des signets..............	263
XII. De l'emploi des intailles ou pierres gravées.	266
XIII. Sigillographie régionale, bibliographie et caractéristique...................	287
Anjou, Maine.....................	289
Artois..........................	291
Auvergne, Velay..................	293
Béarn, Armagnac, Foix, Navarre, Roussillon..........................	296
Berry...........................	299
Bourbonnais, Lyonnais, Forez, Beaujolais, Bugey........................	300
Bourgogne, Nivernais...............	302
Bretagne........................	305
Champagne......................	307
Dauphiné, Vivarais.................	310
Flandre, Hainaut..................	314

TABLE DES MATIÈRES 401

  Franche-Comté 316
  Guyenne, Gascogne, Quercy, Rouergue. 319
  Ile-de-France 321
  Languedoc, Gévaudan.............. 325
  Limousin, Marche 328
  Lorraine.......................... 330
  Normandie, Perche................ 333
  Orléanais, Touraine 337
  Périgord.......................... 339
  Picardie, Ponthieu, Vermandois........ 341
  Poitou, Saintonge, Aunis, Angoumois.. 343
  Provence, Orange, Comtat........... 346
  Savoie 350

XIV. L'art et les artistes graveurs de sceaux.... 352

XV. De la conservation et de la reproduction
  des sceaux........................ 377

 Additions et corrections 384

 Index alphabétique 387

MACON, PROTAT FRÈRES, IMPRIMEURS

PLANCHES

PL. I.

Sceau-matrice de Raymond de Mondragon (vers 1200).

PL. II.

1. Marguerite de Villars-Thoire (vers 1300). — 2. Childéric I (458-481).
3. Childebert III (709). — 4. Charlemagne (774). — 5. Louis le Débonnaire (816).

Pl. III.

1. Charles le Gros (886) — 2. Robert, roi de France (vers 997).

Pl. IV.

1. Henri I, roi de France (1035). — 2. Constance, comtesse de Toulouse (vers 1194).

Pl. V.

Saint Louis, roi de France (1240).

Pl. VI.

Charles V, roi de France (1376).

PL. VII.

1

1. Guillaume le Conquérant (1069). — 2. Simon de Montfort (1211).

Pl. VIII.

1. Philippe d'Alsace, comte de Flandre (1170). — 2. Mainsende de Commègnies (1235).

Pl. IX

Charles le Téméraire (1468).

Pl. X.

1

1. Alix de Mercœur (1308). — 2. Ville de Roye (1228).

Pl. XI.

1

1. Abbaye de Saint-Victor (vers 1150). — 2. Blanche de Navarre, reine de France (1368).

Pl. XII

Jean, duc de Berry (vers 1380).

PL. XIII.

1

1. Elisabeth, comtesse de Flandre (1170)
2. Isabelle de Hainaut, reine de France (1180-1190).

Pl. XIV.

1

1. Ville de Soissons (1228). — 2. Garin de Belloy (1212).

Pl. XV.

1. Baudouin de Créquy (1345). — 2. Pierre, duc de Bourbonnais (1352).
3. Jean, duc de Berry (1372). — 4. Jean de Fiennes (xvᵉ siècle).
5. Jacques, sénéchal d'Autun (1272).

Pl. XVI.

1

1. Ville de Cambrai (1227). — 2. Ville d'Arras (1429).

Pl. XVII.

1. Ville de Vienne. Humbert II Dauphin (1343).
2. Sainte Chapelle de Vincennes (1406)

Pl. XVIII.

1. Ville de Meulan (1195). — 2. Ville de Rouen (1262).

Pl. XIX.

1

1. Ville de Biarritz (1351). — 2. Mairie de Calais (xve siècle).

Pl. XX.

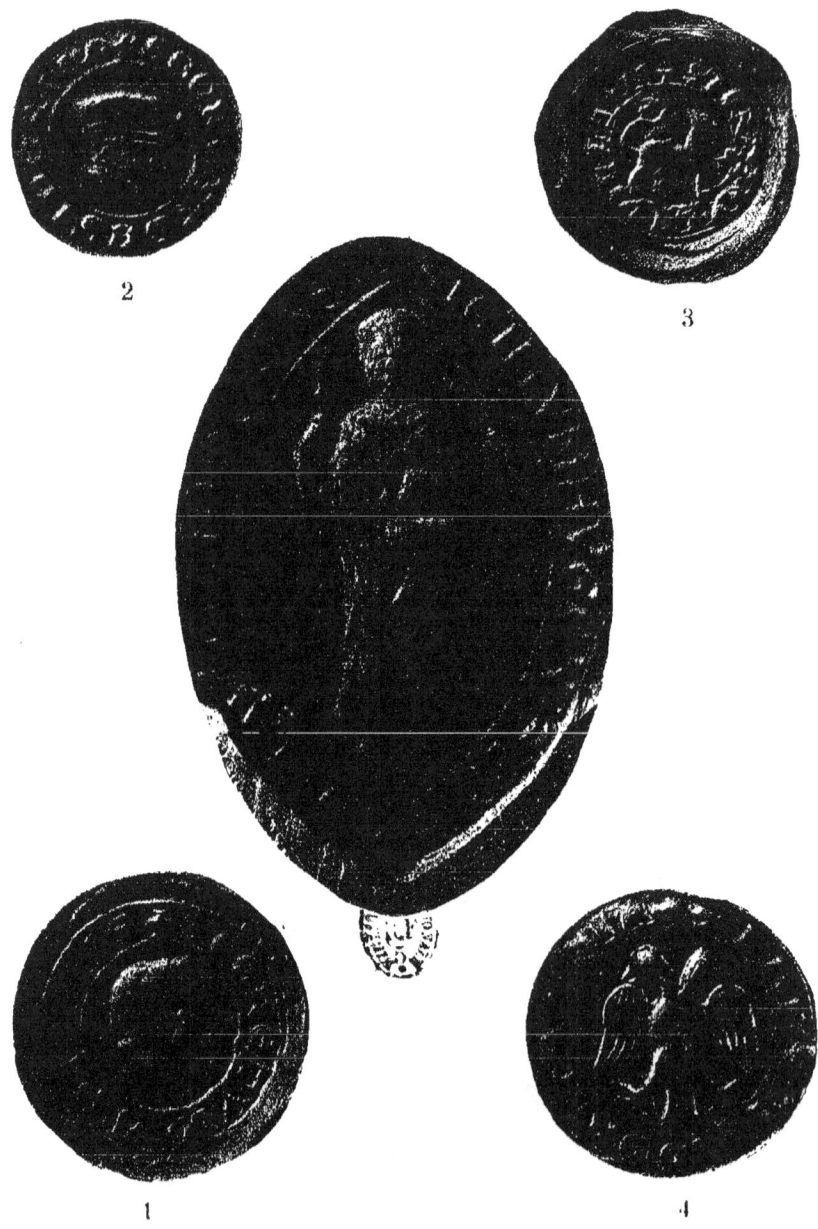

1. Urson, chambellan (1226). — 2. Dierkin de Maldeghem (1226).
3. Amaury de Meulan (1270). — 4. Hamelin d'Anthenaise (1246).
5. Hugues, évêque d'Auxerre (1126)

PL. XXI.

1

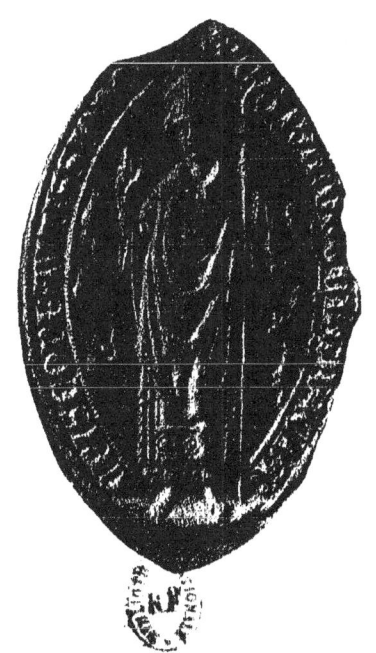

2

1. Henri, évêque de Bayeux (1164-1205). — 2. Erard, évêque d'Auxerre (1271).

Pl. XXII.

Humbert Dauphin, patriarche d'Alexandrie (1354).

Pl. XXIII.

1

2

1. Jean, abbé de Saint-Aubert (1301). — 2. Jeanne de la Fin, abbesse de Port-Royal (1481).
3. Eudes Clément, archevêque de Rouen (1236).

Pl. XXIV.

1

1. André, évêque de Cambrai (1395). — 2. Abbaye de Jovenval (1241).

PL. XXV.

1

2

1. Abbaye de Gorze (1321). — 2. Université de Paris (1292).

Pl. XXVI.

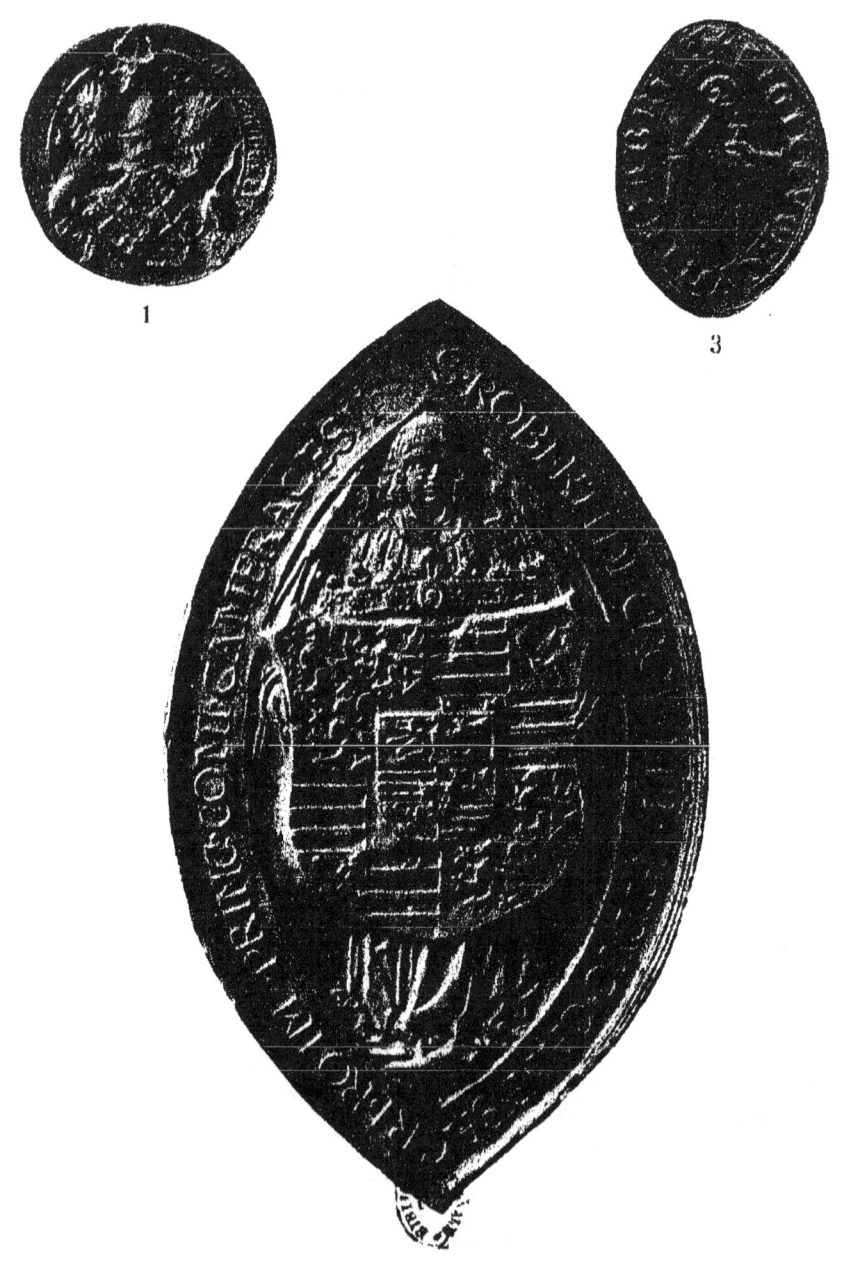

1. Guillaume de Melun, archevêque de Sens (1366).
2. Robert de Croy, évêque de Cambrai (1529). — 3. Officialité d'Avranches (1236).

PL. XXVII.

1. Pierre Sorin, archidiacre de Saintes (1273).
2. Cour de l'évêque de Clermont (1291). — 3. Chapitre d'Arles (1214).

Pl. XXVIII.

1. Guillaume de Liz, abbé du Jard (1364). — 2. Anselme de Mauny, évêque de Laon (1219).
3. Raoul de la Torrette, archevêque de Lyon (1286).
4. Guillaume, évêque de Senlis (1310). — 5. Foires de Champagne (1332).

Pl. XXIX.

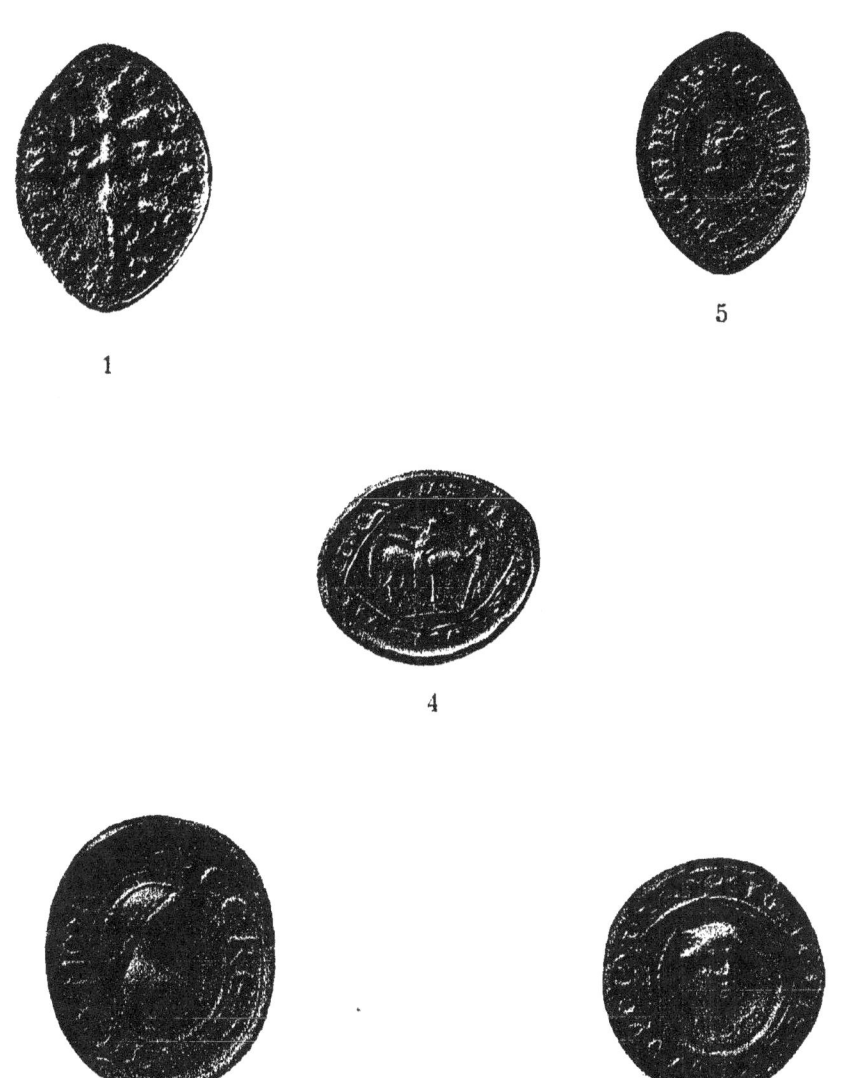

1. Philippe de Berruier, évêque d'Orléans (1235).
2. Guillaume de Champagne, archevêque de Sens (1171). — 3. Jean de Thuin (1353).
4. Nicolas, Jean et Pierre, abbés de Saint-Martin-des-Fossés (1245-1260).
5. Nicolas, abbé de Saint-Étienne de Caën (1282).

Pl. XXX.

1. Marguerite de Flandre (1285). — 2. Thierry de Brederode (1298).
3. Olivier de Clisson, connétable (1370). — 4. Charles V, roi de France (1371).
5. Pierre de la Forêt, chancelier de Normandie (1348).

LIBRAIRIE ALPHONSE PICARD ET FILS
82, RUE BONAPARTE, PARIS

Manuel de numismatique française, par A. BLANCHET et A. DIEUDONNÉ. T. I : Monnaies frappées en Gaule depuis les origines jusqu'à Hugues Capet. — Période de l'Indépendance. — La domination romaine. — Période mérovingienne. — Période carolingienne. Par Adrien BLANCHET, bibliothécaire honoraire à la Bibliothèque nationale. 1 vol. in-8° (450 p.), 249 fig. et 3 pl. h. t. .... 15 fr.
    En préparation. — Tome II. Les monnaies royales de l'avènement de Hugues Capet à la Révolution française (987-1789), par A. Dieudonné.
    — Tome III. Les monnaies féodales. Le papier monnaie.
    — Tome IV. Médailles et jetons.

PROU (Maurice), Membre de l'Institut, professeur à l'École des Chartes.
    Manuel de paléographie latine et française suivi d'un dictionnaire des abréviations et d'un album contenant 24 pl. f. sim., 1910, 3ᵉ édition, 1 vol. in-8° et 1 album in-4° pl. .... 15 fr.
Relié toile .... 17 fr.
    Recueil de fac-similés d'écriture du Vᵉ au XVIIᵉ siècle, comprenant 50 planches, contenant 63 documents divers, accompagnés de modèles d'analyses d'actes et de transcriptions intégrales, 1904, en un carton in-4°, texte et pl. .... 20 fr.

MANUELS DE BIBLIOGRAPHIE HISTORIQUE

Volumes parus :

I. — LES ARCHIVES DE L'HISTOIRE DE FRANCE

Par Ch. V. LANGLOIS, archiviste-paléographe, professeur à la faculté des lettres de Paris, et M. H. STEIN, archiviste-paléographe, sous-chef de section aux Archives Nationales.
1 vol. in-8° broché .... 15 fr.
Le même relié toile, non rogné .... 17 fr.

II. — MANUEL DE BIBLIOGRAPHIE GÉNÉRALE
(BIBLIOTHECA BIBLIOGRAPHICA NOVA)
PAR HENRI STEIN

1 vol. in-8° broché .... 15 fr.
Le même relié toile, non rogné .... 17 fr.

III. — LES SOURCES DE L'HISTOIRE DE FRANCE

PREMIÈRE PARTIE. — **Des origines aux guerres d'Italie** (1494), par AUGUSTE MOLINIER.
I. ÉPOQUE PRIMITIVE. MÉROVINGIENS ET CAROLINGIENS. — II. ÉPOQUE FÉODALE. LES CAPÉTIENS JUSQU'EN 1180. — III. LES CAPÉTIENS, 1180-1328. — IV. LES VALOIS, 1328-1461. — V. INTRODUCTION GÉNÉRALE. VALOIS (suite), 1461-1494. — VI. TABLE GÉNÉRALE rédigée par L. Polain.
DEUXIÈME PARTIE : **Le XVIᵉ siècle** (1494-1610), par H. HAUSER, professeur à l'Université de Dijon.
I. LES GUERRES D'ITALIE. CHARLES VIII et LOUIS XII (1494-1515). — II. FRANÇOIS Iᵉʳ et HENRI II (1515-1559). — III. LES GUERRES DE RELIGION (1559-1589).
    Chaque volume in-8° br. .... 5 fr. Relié toile .... 7 fr.

IV. — BIBLIOGRAPHIE GÉNÉRALE DES CARTULAIRES
FRANÇAIS OU RELATIFS A L'HISTOIRE DE FRANCE
PAR HENRI STEIN.

1 vol. in-8° broché .... 15 fr. Relié toile .... 17 fr.

V. — MANUEL PRATIQUE POUR L'ÉTUDE DE LA RÉVOLUTION FRANÇAISE

Par PIERRE CARON, archiviste aux Archives nationales, avec une lettre-préface de M. A. Aulard.
1 vol. in-8° broché .... 6 fr. Relié toile .... 8 fr.

www.ingramcontent.com/pod-product-compliance
Lightning Source LLC
Chambersburg PA
CBHW070613230426
43670CB00010B/1515